研究型大学图书馆建设与探索

主　编　潘守永　王远弟
副主编　倪代川　郑　维

上海大学出版社
·上海·

图书在版编目(CIP)数据

研究型大学图书馆建设与探索 / 潘守永,王远弟主编；倪代川,郑维副主编. —上海：上海大学出版社，2023.5
ISBN 978-7-5671-4697-6

Ⅰ.①研… Ⅱ.①潘… ②王… ③倪… ④郑… Ⅲ.①院校图书馆-图书馆工作-文集 Ⅳ.①G258.6-53

中国国家版本馆 CIP 数据核字(2023)第 071108 号

责任编辑　王　聪
封面设计　倪天辰
技术编辑　金　鑫　钱宇坤

研究型大学图书馆建设与探索

主编　潘守永　王远弟
副主编　倪代川　郑　维

上海大学出版社出版发行
(上海市上大路 99 号　邮政编码 200444)
(https://www.shupress.cn　发行热线 021-66135112)
出版人　戴骏豪

*

南京展望文化发展有限公司排版
上海光扬印务有限公司印刷　各地新华书店经销
开本 787mm×960mm　1/16　印张 24.5　字数 414 千字
2023 年 5 月第 1 版　2023 年 5 月第 1 次印刷
ISBN 978-7-5671-4697-6/G·3493　定价 68.00 元

版权所有　侵权必究
如发现本书有印装质量问题请与印刷厂质量科联系
联系电话：021-61230114

序　言

图书馆是大学的学习中心、知识中心、文化中心和交流中心,是大学学术共同体的重要成员,被誉为"大学的心脏",是现代大学不可或缺的文化基础设施,在一流大学建设中承载着学习支持、学术服务与学科支撑等重要学术功能。

目前,上海大学图书馆主要由宝山校区的校本部图书馆、延长校区的文荟图书馆、嘉定校区的联合图书馆和宝山校区东区的钱伟长图书馆组成,形成了"一体两翼三区四馆"服务格局,馆舍总面积7.91万平方米,可提供阅览座位5 897个;拥有可供师生讨论交流的研究空间20余个。除国定节假日外,每天开放14小时,每周开放98小时,全馆实行开放式借阅一体化服务,并通过四个校区分馆的馆藏通借通还淡化了校区的界限,为师生提供了良好的阅读和学习环境。图书馆紧密配合学校学科建设发展步伐,持续优化馆藏资源建设,纸质资源持续累积,特藏资源不断扩展,数字资源建设快速推进,馆藏资源业已涵盖学校所有学科,为学校教学与科研提供强有力的文献资源保障。图书馆本着服务第一、读者至上的服务理念,在加强馆藏资源建设的同时,不断扩展与深化学科服务,以上海大学情报研究所、上海大学知识产权信息服务中心等智库平台为依托,主动开展学科情报服务,不断深化与院系部处之间的合作共建,不断提升学科服务内涵与学科服务能级。

一流研究型大学离不开一流研究型大学图书馆。21世纪以来,上海大学图书馆聚焦内涵建设,围绕研究型大学图书馆发展目标,重点从组织建设、课题申报、项目培育、人才培养等方面,全面推进研究型大学图书馆学术生态建设,并积累了一定经验,取得了显著成效。一是深化机构组织创新,强化学术内涵建设。图书馆聚焦研究型大学图书馆建设主题,打造学术机构品牌,形成了上海大学情报研究所、上海大学知识产权信息服务中心、伟长书屋、匡迪书屋、机构知识库等学术品牌,不断提升上海大学图书馆学术服务能级,弘扬上海大学学术精神。二是探索学科馆员体系,设置科研秘书岗,组织课题申报。图书馆主动对接学校科研部门,增设科研秘书全面服务馆员各类科研申报,并组织协调图书馆科研培育课题设置、申报与研讨等,持续优化学术生态环境。近十年,上海大学图书馆获得国家社科基金重大项目1项,国家社科基金青年项目1项,国家社科基金一般项目4项,教育部人文社科基金项目4项,上海市哲学社会科学艺术类项目1项,上海市科研创新项目1项,中国大百科全书第三版·博物馆学卷1项,国家文物局专项委托3项,城乡住房与建设部专项委托1项,企事业委托项目6项。三是积极推进馆内科研培育项目,促进青年馆员学术成长。2021年,图书馆面向全体馆员设置图书馆科研培育项目申报,通过申报、评选,最终2项重点培育项目、8项一般与青年培育项目获得立项,为馆员学术研究和学术成长提供了支持;同时,通过"传帮带"工程,聘请鲍国海等资深馆员担任青年馆员学术导师,进行"一对一"学术写作指导,指引青年馆员学术成长。四是深化馆院融合共建,助力图情档研究生人才培养。图书馆作为学校图书馆学硕士二级学科培养点,与原学校图书情报档案系(现为文化遗产与信息管理学院)长期合作共建,深化学科建设与人才培养。成立专门的图书馆学教研室,将学术研究和人才培养有机结合,聚集学术团体的力量。目前,图书馆有6名教师担任硕士生导师,开设4门研究生专业课程,承担图书馆学学术研究生培养工作,并参与图书情报专业硕士研究生培养工作,为学校图书馆学研究生人才培养作出了卓越贡献。

2022年是上海大学建校100周年,上海大学图书馆以"赓续红色基因,深化内涵发展"为主题开展学术论文征集,汲取馆员学术智慧,检验人才培养成果,探讨新时代研究型大学图书馆建设之路,深化大学图书馆内涵发展,创新图书馆服务模式,推动图书馆高质量发展。本次论文征集主要面向馆员和本馆在读研究生,论文主题涉及图书馆管理服务、资源建设、文化内涵、阅读推广、智慧图书馆五大版块,既体现了上海大学研究型图书馆建设的初步成果,也反映了新时期上海大学图书馆同仁的学术探索精神。我们期待通过此次学术论文的征集,系统回顾研究型大学图书馆建设之路,总结研究型大学图书馆建设成效与经验,为进一步深化研究型大学图书馆内涵建设提供支持。

当前,上海大学正在阔步推进世界一流大学建设战略,图书馆将紧密配合学校建设世界一流、特色鲜明的综合性研究型大学发展目标,持续推进研究型大学图书馆内涵建设,系统优化图书馆学术生态,全面提升上海大学图书馆学术服务能级和学术研究能力,向着建设具有国际化视野、学科化服务、数字化资源的现代化研究型大学图书馆目标不断前进。

潘守永

上海大学图书馆馆长

目　录

管理服务

面向一流大学建设的图书馆实践与思考
……………………………… 王远弟　李　柯　倪代川 /（3）
钱伟长与"双一流"大学图书馆建设 ……………………… 刘　华 /（17）
公共图书馆青少年健康信息服务：模型、需求和路径
………………………………………… 方向明　胡惠芳 /（26）
高校图书馆在人才培养中的效能研究
——以上海大学图书馆为例 …… 李红培　刘　华　魏晓萍 /（50）
高校图书馆空间服务研究与探索
——以上海市31所高校图书馆为例 …… 黄江荟　陆文婷　季颖斐 /（62）
基于同伴教育的高校图书馆一对一写作辅导实践与策略
研究 ……………………………………………… 张荣佩 /（72）
基于 Python 的读者留言分析
——以上海交通大学图书馆为例 ………… 李佳欣　刘　华 /（85）
中日高校图书馆空间改造对比研究
——以上海交通大学包玉刚图书馆与早稻田大学中央图书馆
为例 ……………………………………………… 易　然 /（96）
基于联邦学习的大学机构库建设研究 ……………………… 袁少博 /（109）
"碳中和"目标下基于霍尔三维结构的绿色图书馆建设研究
………………………………………… 肖思琪　倪代川 /（121）

资源建设

基于用户满意度的高校图书馆电子资源应急服务

评价研究……………………………………… 李赛男　刘　华　李红培／(137)
高校图书馆馆际互借与文献传递服务思考
　　——以上海大学图书馆为例……………………………… 桂　珊／(150)
基于零信任安全架构提升高校图书馆数字化服务用户
　　体验和信息安全探究……………………… 康晓丹　高海峰／(158)
高校图书馆科学数据馆藏发展研究
　　——以普渡大学为例………………………… 姜　萃　刘　华／(169)
高校图书馆名人捐赠资源推广O2O互动融合模式探究
　　——基于SWOT分析法……………………… 程梦琦　徐　晓／(180)
利用译书名词对照表(准索引)编制书后索引的探索
　　——以《乌合之众》《花朵的秘密生命》为例……………… 鲍国海／(192)
区块链技术在图书馆馆配文献资源建设中的价值与
　　策略研究…………………………………… 朱雅靓　盛兴军／(201)

文化内涵

融合发展视域下高校图书馆文化IP开发与探索
　　——以上海大学图书馆为例……………………………… 吴明明／(215)
论钱伟长科研精神与大学图书馆文化育人建设…… 倪代川　李　赛／(224)
高校图书馆如何走好展览服务之路……………………………… 张　蕨／(237)
先秦藏书事业的功能演进及其对当代图书馆建设的
　　启发…………………………………………… 范　晶　介　凤／(245)
上海大学图书馆科学家书屋建设实践案例分析…… 付　丽　李　柯／(254)

阅读推广

基于历史维度的图书馆阅读推广合理性问题研究……………… 桂罗敏／(265)
新媒体环境下基于SWOT分析的高校图书馆阅读推广研究
　　——以上海大学图书馆为例……………………………… 阚晨静／(277)
自媒体人短视频阅读推广经验探析…………………… 薛　玥　倪代川／(285)
疫情封控期大学生心理问题产生及应对策略
　　——基于上海"双一流"高校的调研……………………… 康天月／(300)

智慧图书馆

智慧图书馆协同创新联盟的理论与实践研究………… 盛兴军　邓文琪／(317)

高校图书馆智慧转型的路径研究
　　——以上海大学图书馆2010-2020年转型情况为考察
　　　　对象………………………………………………… 周　悦／(329)

AI虚拟主播技术在图书馆智能播报与智慧化服务
　　中的应用…………………………………… 陈静恬　盛兴军／(342)

学术图书馆与云存储联盟
　　——基于云存储联盟的认知调查………………… 沈婷婷　刘　华／(355)

在重大公共事件中高校图书馆电子资源智慧化远程服务模式
　　……………………………………………………………… 牛抗抗／(368)

研究型大学图书馆建设与探索

管 理 服 务

面向一流大学建设的图书馆实践与思考

◎ 王远弟　李　柯　倪代川＊

> **摘　要**：图书馆作为一流大学建设的一项重要工程，新时代探索一流图书馆的建设目标过程中的各种尝试，对整体推动高校图书馆功能提升有着推动作用。这里介绍钱伟长图书馆在建设、运营和落实立德树人工作的一些探索，包括设计和建设理念、运行管理、红色资源的开发和利用、科学家精神传播、服务社区社会和融入人才培养全过程等实践。
>
> **关键词**：高校图书馆；一流大学；立德树人；图书馆转型；管理运行

作为知识中心和学习中心，大学图书馆在服务人才培养和科学研究上有过不可缺少的作用。信息时代的大学图书馆同样在不断探索各种举措，以提升自身在整个教育过程中的作用。郭沫若先生曾在中国科技大学创办时说："没有第一流的图书馆，办不成第一流的大学。"[1]图书馆是一流大学的标志之一，提供各种丰富的文献知识资源和多样化的服务，成为教师教学的强大后盾、学生课外学习的第二课堂、素质教育的重要基地[2,3]。这种多样化的服务，涵盖图书馆传统业务的各个层面，同时也包括不断创新出强烈时代感的新体验。清华大学基于"学在清华·真人图书馆"理念的实践与探索，推出"中国特色、清华风格"的真人图书馆建设和发展模式[4]，把图书馆的发展融入大学发展和国家发展的历史进程中，实现了真人体验和体感育人的目的。

＊ 王远弟，上海大学图书馆博物馆档案馆党委书记，副教授，研究方向：应用数学、钱伟长教育思想；李柯，上海大学图书馆馆员，研究方向：图书馆阅读推广与信息服务；倪代川，上海大学图书馆副馆长，副研究馆员，研究方向：文献学、档案学。

另一方面,信息化的冲击又将图书馆推上了改革和转型的前端。吴建中[5]指出,图书馆转型是一个趋势,也是一种探索。如何转型?如何创新?没有现成的答案和模式可以参考。但转型的目标是明确的,图书馆服务必须跟着人的需求走,以满足社会及用户的期待。就大学而言,就是让图书馆融入大学的教学、研究与社会服务之中,形成一个生命共同体。转型也是一种探索,目前各家高校图书馆都有各种尝试,比如历史悠久的学校图书馆的角色转型,综合性大学图书馆特色分馆制度,新组建大学的信息集成新型图书馆模式等[6-9]。

也有一种新的尝试,就是高校图书馆博物馆一体化发展。这种图书馆的博物馆化在国际上不乏范例,如瑞士圣加仑修道院图书馆就是一个典型,宁波天一阁藏书楼(天一阁博物院)也是一个,但是这些较为古老的例子都不是高校的图书馆转型而成。上海戏剧学院[10]结合自身的专业特色或资源优势,探索高校图书馆博物馆一体化建设对大学生艺术人文素养的培养作用。

作为以著名科学家、教育家和杰出的社会活动家命名的上海大学钱伟长图书馆(以下简称"钱图"),聚焦于以科学和科学家精神为育人核心内涵,贯彻和践行钱伟长教育思想,营造和谐、积极向上的育人环境,以实现整体提升学生爱国主义觉悟和厚植家国情怀,促进一流大学育人为目标。围绕着钱图的目标定位,包括从物理空间的布局设计,爱国主义教育主题的融入以及学生实践活动等一系列实践,初步实现了运行理念和要求。除了吸引兄弟院校上门考察交流之外,这些实践也获得了媒体广泛报道和好评,有力推进了"展读"阅读推广服务品牌的形成,获得了上海图书馆学会2021年图书馆阅读推广与信息素养教育创新案例征集二等奖;同时获得宝山区爱国主义教育基地、民盟中央(首家)传统教育基地,获批全国首批科学家精神教育基地等荣誉。尽管地理上处于离开生活区较远的东校区,同学们还是非常喜欢到这个环形的学习空间,座位总是较其他馆更满员,好在有统一的预约系统。

一、融通透、交流交往理念于一体以实现空间共享

钱图坐落在宝山校区的东区,与校本部隔交通干道南陈路相望。2000年本部图书馆伴随着整个校区建成而投入使用,上海大学当时形成了三个校区三个图书馆的布局,即延长路校区文荟图书馆、嘉定校区联合图书馆和宝山校区校本部图书馆。上海大学宝山校区的校园当初被规划为上海最美观、最实

用、最具规模,也是按照国际先进水平设计的大学校区。这个新校区的建设体现了钱伟长校长对新上海大学的期望和寄托。随着上海大学事业的迅速发展,办学空间需求越显突出,宝山校区东区空间拓展被提上日程。东区的重要建筑之一,新的图书馆也就是钱图已于2019年建成开放。钱图从设计理念、业务架构和管理运行模式都是在总结了本部图书馆将近二十年运行经验的基础上,参考国内外成功案例设计建造的。同时,钱图的运行采用了不同的管理模式,也是在运行中摸索和改进,逐渐形成了目前的这种模式,我们姑且称作为"钱图模式"。钱图在建筑上内外融合通透,功能布局上动静相融,服务上注重红色资源立德树人,运行上机制开放合作,整体管理上立足于探索高校图书馆转型新路。

钱图在空间设计理念和建筑特点上与整个东区建筑群和谐融合,形态上传承了钱伟长校长对新校区整体规划的理念。空中看去,钱图的形态由几层内摆线形状的外轮廓建筑相叠。层层扭转形成建筑自身特有的空间形式,或退台,或收进,或通高,或渗透,这是设计者同时也是使用者希望看到和体会到的。退台之上可以尽情沐浴阳光,私密的隔间里可以沉浸于自我的冥想,通高的中庭内阳光与知识不断涤荡,行走于宽阔的大台阶与伙伴们不期而遇,交流心得。结合实体上围合形态更加方便人聚会和交流,一起畅谈他们的理想和理性探索,交流也带来开放,从而形成不知不觉的共享,成为校园学子们日常学习和生活的延伸。

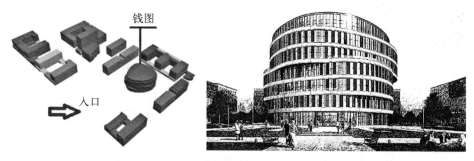

图1 上海大学宝山校区东区一角(左);圆柱形建筑为钱图正面(右)

正像专访吴建中先生的文章[11]中所描述的那样,"图书馆从来就不只是一个物理形态的存在,当博尔赫斯描述或想象图书馆的时候,透过一个个连着的六边形的小图书馆,他看到的是无限延展的宇宙,所以他认为,图书馆就是宇宙,宇宙就是图书馆"。无限空间的延伸结合人与人之间、人与大自然之间的交流有机构建起知识扩散和传播体系的逻辑架构。教育的手段不是封闭式的教与学，而是知识与人性的交流，正像钱伟长校长办学理念中要拆除的"四堵墙"之一的教与学的墙。钱图设计中注入的这种开放交往空间的理念，使得室外和室内具有多种类型的开放空间，给良好的交流交往提供一种氛围。再就是建筑形态上的这种呼应，耦合馆内采用集中中庭设计的方式，给阅览区域带来良好的视线和风景。特别是中庭将日光引导到室内，大大丰富了空间效果，方便学生互动，又将景观引导到楼内，见图2。同时建筑本身也运用节能技术，这种通透的中庭书香谷将阳光引入，减少碳排放量，实现建筑融入自然的宜人生态景观环境。对环境的尊重与保护是设计所关注的另一个层面，外部环境的绿化提供了景观和生态上的双重收益。

图2　钱图近景(左);钱图后院(中);钱图内景(右),即三楼书香谷全景

二、以人为中心布局实现空间多功能化

在功能布局上围绕着"空间都给读者"的理念，形式上空间共存与相互分隔、多种功能互补。整个钱图的各部分空间之间，既相互联系又合理地进行分隔，互不干扰。对各类流线进行合理组织，避免流线交叉。图书馆融学习和参观交流为一体场所，丰富多样的空间同时为学习和校园生活提供更多的选择。室外露台、屋顶天台、一楼咖啡吧等，既有静坐阅读的场所，也含朋友小聚谈天说地的所在，更有文化展示和传播的实体场所，为校园生活增加更多的趣味。

空间管理上考虑校内校外读者的差别，设计者设法将文化展览展示区域与校内读者阅读学习区域从物理空间上分开，也就是校外读者可以自由参观同时不干扰校内读者的阅读学习。校内外读者可以进入展览展示区域参观学习，包括六楼的特藏区域。中间几层的阅览学习空间平常仅针对校内读者开放,对于有特别需求的参观团队也可以安排专人接待,见图3。尽管这种十分复杂的空间分隔给管理上带来了巨大挑战,但是从运行的效果来看的确实现了当初的设想。两个开放式的活动空间也是钱图空间布局的特色之一,即一楼展览大厅和三楼书香谷大厅,见图4。

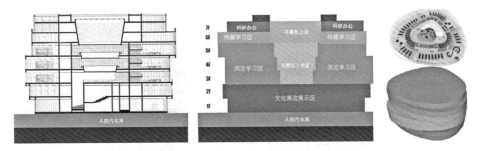

图3　钱图空间结构(左);功能布局(中);层布置图(右)

图4　一楼大厅活动场面(左);三楼书香谷大厅活动场面(右)

三、促进阅读推广活动升级

新的物理空间为图书馆阅读推广业务提供了新的契机。上海大学图书馆一直以"两季两月"(即毕业季、新生季、读书月、服务月)为常态化阅读推广服务,多年来已经有了很好的效果,也形成了优质校园文化品牌。充分利用新的场馆功能,进一步提升阅读推广业务上台阶,"展读"形式的阅读推广应运而生。所谓"展读"是指结合主题展览展示和阅读推广工作,借鉴策展理论与新媒体展现方式,全面提升阅读推广效率,践行立德树人使命。近年来,上海大学图书馆基于钱图新的学习空间,结合重要时间节点主动谋划,聚焦红色资源挖掘,创新阅读推广服务模式,打造"展读"阅读推广新模式,深化红色资源"展读",赓续红色基因,传承革命精神,拓展图书馆阅读推广服务空间。

图5　在钱图三楼书香谷大厅举办的展览

钱图近两年来的一系列展读活动,包括在连续举办全校性"书香上大"主题系列阅读推广活动基础上,进一步聚焦红色资源育人,精心谋划"展读"书推,以主题展览为主要方式,联合校内外多家机构,针对性谋划年度主题,结合红色资源推出"展读"阅读推广服务品牌。具体有2019年"五四运动"100周年纪念展、纪念新中国成立70周年系列老报纸展、改革开放展览等;2020年在严格疫情防控的形势下,在一系列线上"展读"活动之外,也克服困难推出了线下"初心之地　红色之城——上海·党的诞生"巡展等;2021年更是广泛收集和整理举办"钱伟长与毕节试验区扶贫记忆展"、"伟大的开端——南昌起义史实展"、党史文献展等。

钱图的"展读"阅读推广服务实践,探索出了具有自身特色的项目实施方案,创新阅读推广模式,推进新形式的"展读"模式在全校的三校区四馆的实践,形成钱图特色阅读推广机制,也丰富了高校图书馆阅读推广模式。这些实践获得了媒体的广泛报道和好评,有力推进了"展读"阅读推广服务品牌的形成,获得了上海图书馆学会2021年图书馆阅读推广与信息素养教育创新案例征集二等奖。同时也锻炼了"展读"项目工作推进队伍,促进了与校内外各部门或校外机构之间的协调能力提升。

四、依托特藏科学家精神传播与育人

针对性推出特藏,服务学校立德树人核心任务。特藏是作为一个图书馆的重要内容之一,各家图书馆都会对这部分工作加以特别重视。作为上海大学图书馆特藏的一部分,在钱图专设"科学家书房"收藏钱伟长和徐匡迪两位著名科学家捐赠的图书和藏品,分别以"伟长书屋"和"匡迪书屋"的形式列藏。

图6　钱图六楼的科学家书房(局部):伟长书屋一角(左);匡迪书屋一角(右)

钱图妥善保存和展示科学家书房藏品,使得现场阅览和参观人员通过它们实现了与科学家的零距离对话,充分发挥育人作用。伟长书屋收藏的近两万件藏品中有他自己使用的图书、期刊、杂志,以及自己编写和撰写的著作,捐赠物品有录音带、笔、徽章、信件、贺卡、证书、照片、衣服、布料、会议资料、考察资料、手稿等,家具包括书柜、书架、沙发、书桌、健身自行车等原件原物。匡迪书屋收藏徐匡迪的图书近9 000册,以及科技实物标本、模型、雕塑、照片等珍贵实物与图文资料。图书涵盖文史、社科、科技等领域,有如"中华文库""西湖全书"等大型丛书,院士文集、院士文库、院士传记、院士画册等院士专题文献,咨询报告等各类决策咨询文献以及大型画册、地图册、百科全书等,其中的名人签名著作是重要的特色收藏。实物资料包括名人铜像、火箭、飞机、月球车模型、钢铁材料、纪念瓷器等纪念品。此外,还有徐匡迪院士的教学讲义、学习与研究笔记本等具有重要意义的文献资料。

另一方面,新技术的引入也将进一步提升育人效果。科学家书房的两个书屋专门设置了网上虚拟参观平台,这样更加扩大了教育对象的范围,只要通过网络即可全景云游参观学习。再就是各种视频工具的使用，能够扩充展示容量，使得在有限的空间无法全部展示的内容可以在视频交互式的平台上观看和学习。书屋也展示了多个大小不同的视频终端，从而实现了从有限空间展示到无限空间的延伸。

为了深入发挥科学家精神的激励和育人作用，钱图推出一系列的机制以保证效果的实现。科学家书房同钱图其他阅览室一样，对读者开放现场阅读、参观学习。这些机制包括，与学院和人才培养部门组建学生讲解团队，积极邀请在校学生志愿者参加。这里的每一件藏品、每一册图书和资料背后都深藏故事和情怀，志愿者通过学习和讲解科学家爱国、求学和服务国家的经历，在传递给参观者科学家精神的同时，自身也受到深刻的教育，提高了自己对科学家的了解、提升了自己对国家的感情和对社会的责任感。培育一支能讲好科学家故事的志愿者队伍，实现学生多方面能力提升，是高校立德树人工作的主要体现，也是爱国主义思想入脑入心、引领风尚的有力保证。钱图充分发挥馆藏资源优势，在学工管理部门和学院协同下，探究保持一支长期、稳定的志愿者队伍运行机制，包括活动场地、故事资源、宣讲平台以及实地走访参观学习等方面支持，以及荣誉奖励、宣传推广等精神支持和适度的激励措施，从而保证了这支队伍在讲解中乐于学习、在学习中提升讲解能力，深入了解和发扬科学家故事所蕴含的内涵。志愿者还参加了"2019京津冀高校博物馆优秀讲解案例展示"比赛和第八届上海市科普讲解大赛等活动并获得多项奖励。

五、探索图书馆的博物馆化

高校图书馆、博物馆一体化发展的探索有不少案例，例如上海戏剧学院以及国内其他多所高校都有这方面的试验[3]。上海大学在这方面也在推进，近年来的工作就有学校推进图书馆、档案馆和博物馆的融合发展。尽管没有像中山大学那样成立文献与文化遗产管理部这样的实体机构，但是上海大学的图博档三馆依据自身特点，通过资源的相互支撑，推出了一些成熟的案例，例如三馆合力打造的校史馆、钱伟长纪念馆等。这些案例充分体现出博物馆办展的专业性、档案馆资料的权威性和图书馆资源的丰富性。建设过程中，分别由图书馆和档案馆对接博物馆合作建成钱伟长纪念馆和上海大学校史馆。图书馆一直有一个团队致力于钱伟长和其教育思想的研究，充分利用多年来沉淀的丰富数据，实现了钱伟长作为科学家、教育家和社会活动家三个侧面的数据形象塑造,形象化构建出新上海大学首任校长的成长历程和奉献一生的精神。参观者特别是学生能够通过展览零距离接触到作为校长和名人的养成历程,激励他们以钱校长为榜样,践行"自强不息·先天下之忧而忧 后天下之乐而乐"的校训精神,确立远大理想信念。校史档案真实记载了上海大学的整个发展历程,反映了师生在不同阶段奋发向上、努力工作学习的经历,激励后人传承红色基因,建设一流大学和服务社会、服务国家。整个近两千平方米的两个场馆实现了参观流线相互对接,读者可以从两馆的序厅进入进行参观。

尽管这两个纪念性质的场馆功能定位和展陈方式等诸方面与一般的博物馆是有着很大不同,但是这两个馆除了通常介绍性的文献资料外,也有大量的实物展陈品。以钱伟长纪念馆为例,展出的实物有钱伟长生前的生活用品、代表性文献、各种证书证件和模型等。展陈品更加丰富了纪念馆的内涵,能够更加生动展示主人的特点和人物性格,活化了观众心目中的主人的形象。

与这两个纪念性场馆融合在一起的是钱图二楼的常设性展陈馆,有海派文化博物馆、上海方言文化展示体验馆,致力于传承、弘扬传统文化、海派文化、红色文化、江南文化。一楼的展厅先后举办过"民族复兴的百年旗帜——中国历史研究院征集海外中共珍稀文献展""三星堆:人与神的世界特展""越风悠悠——萧山越文化文物展""铭心妙相:龙门石窟艺术对话特展"等,精彩展览连续不断。作为上海13家国家二级馆之一的上海大学博物馆,也是上海市爱国主义教育基地和民盟中央传统教育基地,融入钱伟长图书馆,起到了很好的文化辐射作用。读者在学习和阅读钱图各种经典的同时,还可以随时畅游在悠悠文化长河里,吸取人类文明和文化养分,感受美好。

六、积极参与"三全育人"

高校图书馆是图书资源的集中地,同时也是育人重地,积极参与育人责无旁贷。上海大学图书馆充分利用钱图这个文化地标,落实中央关于"三全育人"要求,开展了一系列活动。

除了在阅读推广系列活动贯彻这一理念,钱图还邀请革命先辈的后人参与各种形式的活动。革命烈士恽代英是早期上海大学的教授,在学校任教期间,其宝贵的文献著作都收录在《恽代英全集》里。他的后人曾多次来钱图宣讲英烈当年的革命故事,还特地捐赠图书《恽代英全集》和油画《恽代英在"五卅"》等珍贵资料。周恩来同志的侄孙女——周蓉女士向钱图赠送了其父亲周尔鎏撰写的九个版本的《我的七爸周恩来》,以供读者学习。周蓉女士还牵线"翔宇学习社"与钱图双方长期合作,通过学习和讲好周恩来的故事,传播革命历史,提升学生人文素养。在捐书现场,周蓉女士讲述了这册图书里面书信和照片背后的故事,许多史料都是首次公布。这也是她第一次将其父亲之作《我的七爸周恩来》的九个版本全套捐赠给一所大学,她希望这本令父亲花费了10年时间撰写的书,不仅能够让大家感悟到周恩来同志崇高的人格魅力和丰富的内心世界,更能让其流传下来的丰功伟绩和光荣传统,走进青年学子的精神世界。此外,于中令(当时上海大学首任校长于右任之子)、周亚南(从上海大学走出去的周大根烈士的孙子)等也带来了历史故事与读者分享。

这些革命者后代亲自讲述"红色故事",资料信息准确、逻辑严谨、引人入胜、形式灵活,往往能让参观者在现场听讲红色故事的同时促进了其对红色故事的思索,又能基于讲述者角色的新鲜感和特色保证效果。他们的讲述增强了红色故事的鲜活性,创新了育人方式、育人路径,提升了育人效果。听众有着对红色故事身临其境的感觉,会发现原来历史故事和历史人物就在身边,这样能够避免红色故事育人出现无根之浮萍、喻理不深刻等现象。

图7 恽代英烈士后人向上海大学捐赠书画(左);《我的七爸周恩来》作者周尔鎏之女——周蓉女士讲述了书信和照片背后的故事(右)

七、践行服务社会的重要责任

大学的重要社会职能之一就是服务社会,钱图充分利用自身资源特点,践行社会责任。一方面对接环上大科技园,推出针对科创公司员工入馆学习和资源服务,扩大了资源利用效率,同时也传播了以钱伟长为代表的科学家"国家的需要就是我的专业"的为国为家的奉献精神。科技园的技术专家也以钱图为基地,通过讲座、交流互动等形式与在校学生交流,将最新的应用科技成果引入校园,让学生开阔思路,活化所学的知识。这样,通过"细化服务内容,打造高品质服务窗口""创新服务形式,打造具有一流环境、一流服务、一流队伍"的服务平台,树立图书馆服务标杆新形象,钱图于2020年10月获批为上海市宝山区"社区书院"示范点。

匡迪书屋中,有十余件与上海市久隆模范中学相关的藏品。久隆模范中学是由当时的徐匡迪市长倡议,市、区共同投资兴建的公办区重点中学。徐市长为学校题写校名,并题词"让每个学生都成为模范公民"。学校招收家庭经济有特殊困难的适龄青少年,在校学生除享受市教委规定的各项待遇外,还享受免除学杂费、书簿费、学服费、午餐费、活动费的福利,除此之外,学校还设奖学金和毕业后追踪辅助等。书屋展出了徐匡迪同夫人捐赠给久隆模范中学100万元的支票对账单,这笔钱是他在2018年获颁中国工程科技界最高奖项——光华工程科技成就奖的奖金。实际上,自这所学校创办以来,徐匡迪把自己和夫人在国外讲学的报酬、著书稿费等捐给学校的总数已经超过60万元。他离开上海去北京之后,仍然惦记着这里的学生们,专门请他们去中国工程院参观学习,并询问关心他们的学习情况。

钱图主动对接久隆模范中学,多次与校长等领导一道商议、讨论参与学校人才培养工作。一方面,钱图牵头上海大学学科专家教授深入久隆模范中学与学生面对面交流,除了开设讲座之外,钱图还指导学生参加科技竞赛等创新活动,拓宽学生视野的同时也给学校带来了新的人才培养理念。钱图还与久隆模范中学签署了长期合作协议,成为久隆模范中学的教学实践基地。钱图在图书资源、图书馆建设等方面与久隆模范中学合作,提升育人环境和学习氛围。另一方面,钱图还会同上海大学学生工作和培养部门积极对接,跟踪培养从久隆模范中学考入的学生。邀请他们参与两个书屋和其他纪念场所的讲解工作,使得他们更加深入地了解到科学家的成才之路,从而激励他们更加努力进取。

钱图积极开展爱国主义教育活动,打造"初心视听室",让参观者能够收听收看馆藏珍贵的视听资料,也提升了图书馆作为学习中心的阅读欣赏鉴赏功能。在这里,参观者可以观看到科学家们工作学习的影视场面,还能够看到他们在世界各地作讲座报告的真实场景照片,使参观者能够直观地感受他们的学术风采和迷人魅力,这其中以中小学生的参观效果最为理想。钱图运用科学家讲堂这个平台邀请知名学者讲座、指导学生的同时,也携带资料走入社区,以多种方式传播科学家的爱国精神。通过努力,钱图于2021年12月荣获上海市宝山区爱国主义教育基地称号。

八、在管理和运营方式上的探索

作为上海大学四大图书馆之一,钱图在管理运行上有自己的特点。其资源建设工作是由图书馆统筹,纸本图书资源结合所在的上海大学东校区学科需求配置,纳入全校图书馆通借通还系统,也就是任何一个图书馆都可以借阅和归还本馆和其他馆的纸本图书。

钱图采用全新的方式运行,设置的是一支人少精干的管理团队,外加部分外包服务人员和学校统筹物业人员。前者尽管人数很少,但是业务精干,学历都是硕士以上,清一色的年轻馆员。不包括博物馆的编制人员,钱图馆员都是具备综合能力的多面手,负责空间管理、物业对接、部门对接、对外联络以及参观接待等工作。团队之间的相互合作也很重要,因为这种模式下的临时性任务较多,经常性的补台现象频发。钱图本身的开放性吸引了大量校外人员入馆参观,经常性的活动开展,也要求馆员具备活动筹划、人员协调的能力,甚至连新闻稿的撰写也要能够完成。

和社会性的公共图书馆相似,高校图书馆也在逐渐大量引入政府购买服务的外包业务[12]。采编服务工作外包是比较通常的外包业务,这种业务也跟随出版商出版信息服务不断进行完善,通常出版商会提供全部图书编目建议,图书馆在此基础上作进一步完善。另外,是数据库的管理和系统开发,例如资源使用情况绩效分析、阅览室座位预约系统管理等。再深层次的业务如情报服务、机构知识库等涉及相对敏感的部门信息,如果采取外包的话,需要更加强化的信息安全保护。这些业务与传统的图书馆业务有着巨大差别,因此服务外包成了必然的选择。当然,外包服务有高效的一面,但同时也会集中反映出一些问题[13]。例如忽视了读者满意度,质量管理与评估的缺乏,对业务规划的系统性和长期性统筹的不足,引入和监督的规范性不完善等问题。这些问题都是图书馆开展这类工作时需要仔细考虑的。

钱图作为上海大学图书馆探索业务转型和提升的试点馆,一开始就引入了服务外包。作为新型理念下的图书馆,学校领导高度重视图书馆提出的运行方案。借助于学校相对完善的招投标管理体制和钱图所在的东校区综合物业管理体制,结合学校全面预算管理和学校岗位制度改革需求,钱图的这类岗位需求主要集中在书库管理和部分空间管理。这类岗位在钱图相对单一，对专业化需求相对确定。当然，操作中也会出现这类员工突然离岗的现象，这就要求对新员工的培训的流程化和机制化，通过程序化的培训能够使得新员工快速胜任岗位工作。管理上，与用工派出机构的合作过程中，学校需要专门与这类机构沟通以尽量避免出现过于频繁的岗位人员变动。

九、总结与思考

高校图书馆在破解资源电子化和读者需求多样化带来的挑战，业界都在不断尝试和探索。钱图作为学校改革试点，通过这段时间运营下来取得的一些经验，对后续深入开展高校图书馆服务立德树人根本任务功能提升，以及新时代下凸显图书馆育人价值都颇有借鉴作用，也在本校的其他馆舍中结合各馆自身特色逐渐推广。这些有益的经验包括读者学习和阅读空间功能提升，借助于"展读"特色，的馆内特色资源推广推介，红色资源的挖掘和引入以增强图书馆的育人功能，与社会机构的合作，拓宽了图书馆资源利用覆盖度的同时也多样化了图书馆阅读推广活动，以及培养了一支精干的馆员队伍等。尽管钱图的这些实践是在这个新建的图书馆上来实现的，借助于"双一流"大学建设工程，上海大学其他三个相对老旧的图书馆也相应做了功能改善，特别是阅读空间方面，有的几乎焕然一新。

图书馆的改革作为大学改革的重要部分，未来如何保持与两个方面的步伐一致，即新时代国家对高等教育育人要求和信息化条件下图书馆功能定位转型。"双一流"建设给高校图书馆服务提出了更高的要求，但是图书馆的现状或者说服务提升速度与学校本身发展之间是有差距的，正如程焕文、刘佳亲的文章《挑战与回应：中国高校图书馆的发展方向》中所说的我国高校图书馆正面临着"缺经费""缺馆员""缺读者"的三重现实困境[14]。要实现图书馆与学校的平行发展，作为服务主体的馆员队伍应该与高校"双一流"建设需求相匹配[15]。本文大部分内容介绍的是图书馆业务方面的改革探索，笔者认为更为重要的还是图书馆馆员思想理念本身的变革。这种变革是一个图书馆，特别是大学图书馆最为根本的，也就是大学图书馆的人才队伍建设应该保持与大学的学科专业师资队伍一致，甚至于要前瞻部署到高于专业教师队伍的要求。

参考文献

[1] 包丽颖,马丽.一流大学图书馆建设的思考与实践[J].北京教育(高教),2011(4):30-32.

[2] 黄晓斌,杨敏.世界一流大学图书馆为本科教学服务的做法与启示[J].图书馆论坛,2019(7):136-143.

[3] 陈进,郭晶.一流大学图书馆建设之关键[J].大学图书馆学报,2018(5):28-32.

[4] 张秋,杨玲,毛李洁,朱京徽.真人图书馆在一流大学建设中的实践探索与发展策略——以"学在清华·真人图书馆"为例[J].图书馆学刊,2020(3):85-92.

[5] 吴建中.从"以书为主体"到"以知识为主体"——澳门大学图书馆转型实践[J].高校图书馆工作,2021(41-202):1-4.

[6] 姜宇飞,刘一伟,刘畅,张廷安."双一流"背景下高校特色学科资源数据库建设实践与思考——以东北大学图书馆"冶金科学与技术文献数据库建设"为例[J].图书馆学刊,2019(3):26-31.

[7] 陈煦蔚,张浩,郭晶.高校图书馆的多功能化设计与实现探索——以上海交通大学李政道图书馆为例[J].图书与情报,2014(5):39-41.

[8] 李海萍.高校图书馆公共文化空间构建研究——以上海J大学图书馆为例[D].硕士学位论文,上海交通大学,2015.

[9] 于夏薇,陈幼华."双一流"建设下高校图书馆学科情报服务体系——以上海交通大学图书馆的实践为例[J].图书情报研究,2020,13(2):22-27.

[10] 李歆.高校图书馆、博物馆一体化发展初探[J].图书馆研究与工作,2016(6):25-28.

[11] 吴建中,郭生山.关于智慧图书馆建设的几点思考——专访吴建中先生[J].图书馆理论与实践,2021,12(5).

[12] 沈博.浅析外包服务在高校图书馆的运用[J].时代教育,2015(5):55.

[13] 敖雪蕾.研究型高校图书馆的外包服务管理研究——以S大学图书馆为例[D].硕士学位论文,上海交通大学,2015.

[14] 程焕文,刘佳亲.挑战与回应:中国高校图书馆的发展方向[J].中国图书馆学报,2020(7):39-59.

[15] 郭淑艳,周丽晴,霍速."双一流"大学图书馆馆员继续教育现状的调查与分析[J].图书馆学研究,2018(12):9-16.

钱伟长与"双一流"大学图书馆建设

◎ 刘 华*

> **摘 要**：钱伟长校长在致力于将上海大学建成研究型大学的过程中，非常重视图书馆的建设，将其视为培养创新人才和科学研究的重要基础平台，他认为建设研究型大学，图书馆大有可为，一所好的图书馆就是一所大学。他策划建设了文荟图书馆、新校区图书馆，他精辟的理念、高瞻远瞩的思想，一直指导着图书馆的建设，回顾和总结钱伟长图书馆建设思想对于指导当今图书馆的发展仍有重要的意义。
>
> **关键词**：钱伟长；图书馆；"双一流"；教育思想

在党中央和上海市领导的信任与支持下，作为新上海大学的缔造者和建设者，钱伟长校长（以下简称"钱老"）将其生命中最后37年的全部心血投入到上海工业大学及上海大学的建设之中，以实践他那博大深邃而富有前瞻性和独特眼光的教育思想。他从新上海大学规划之初，就对标自己年轻时工作过的美国加州理工大学，提出要办一所让人民满意、具有开放创新精神、能解决上海和中国问题的一流大学，并提出了一系列扎实、具体的实现路径和关键举措，使新上海大学在极短时间内能迅速发展，教学与科研快速跻身全国高校前列，取得令人瞩目的成就，为我们今天的"双一流"建设打下了坚实的基础。在这一过程中，他对上海大学图书馆（以下简称"上大图书馆"）建设尤其关注，并为此提出了一系列理念和具体指导意见，为上大图书馆的发展作出了不可磨灭的贡献。

---

* 刘华，上海大学图书馆研究馆员，研究方向：资源建设、战略规划、新媒体应用。

一、从建设研究型综合性大学的战略高度重视图书馆工作

钱老对图书资料和图书馆地位的重视由来已久。早在20世纪50年代，钱老参加我国第一个科技发展纲要的编撰时，面对当时国内对世界科技与学术发展成果普遍缺乏认知的落后状况，就提出将图书馆的工作职能与国家科学技术情报体系建设结合起来，要求重视原版外文重要期刊的采购和摘编工作。他向周恩来总理提出了影印复制国外科技文献的建议，指出：以学术研究为目的的复制是不侵犯版权的，这也是国际通行的做法，以此打破西方国家对中国科学技术的封锁，在科研机构经费普遍困难的状况下，解决科研人员无法得到国际上最新科技文献的掣肘。他的建议得到了周恩来总理和政府的支持和采纳，并由此诞生了上海光华和西安光华图书公司，分别专门负责复制影印英文、俄文科技期刊，在将近半个世纪的特定历史时期，为我国科技工作者提供了大量科技资料。虽然这些资料在观感上与当今的印刷技术、数字期刊相比相形见绌，但在当时起到了极其重要的作用[1]。

1983年，钱老就任上海工业大学（以下简称"上海工大"）校长以后，图书馆成为学校建设的重要一环。在他任期内，上海工大建造的第二幢新楼就是1987年落成的延长校区图书馆，钱老为此亲笔题词："东西文化荟萃一堂"，由此而定馆名为"文荟图书馆"。新上海大学筹建伊始，钱老就明确提出了要建设研究型大学的目标，指出我们不能满足于二类学校，不能以教学为主，要建设如加州理工那样的研究型大学，发展要快，并高度重视图书馆在学校建设中的地位，并指出：建设研究型大学，图书馆可以大有作为，"一个好的图书馆就是大学"。正是由于钱老对图书馆有这样高的定位，才为此后上大图书馆的发展指明了方向，明确了定位。

二、身体力行指导图书馆建设的具体实践

（一）钱老对图书和图书馆的热爱

钱老家学渊博，从小饱学诗书，深深浸染于中国传统文化，尽管家道中落，生活清苦，但家中的大量藏书为他打开了广阔的世界。成年后，又在清华大学、西南联合大学和加拿大多伦多大学三座学术圣殿学习和工作，丰富的图书

资料为他的学习和研究提供了给养,令他对图书资料工作的重要性有了切身的认识。在担任清华大学副校长期间,他主管清华大学的图书馆工作,令他全面了解并亲自参加图书馆馆藏资源的建设工作。清华大学图书馆馆藏建设系统全面,荟萃东西方文献,甚至包括齐全的外交文件,国务院外交部都要到清华大学图书馆查阅近现代外国人对西藏、新疆的调查材料。钱老晚年时回忆说:"当时清华大学每年派人拿一笔外汇到瑞士买书,专门买一些教授去世后的藏书,清华大学的许多藏书就是这样来的。过期书、过期期刊,瑞士最多。"

他谈到多伦多大学图书馆时说:"我的三本博士论文,1942年完成的,其中一本给了图书馆,一本给了系里,一本自己保留。1972年,我去加拿大,他们给我开欢迎会,我请他们复印给我一份,我的那本'文革'抄家时被抄走了。"多伦多大学图书馆迄今保留着他的两篇博士论文,还有全部学籍资料,包括当年吴有训、潘光旦先生给他出具的推荐信、成绩单,他亲笔填写的学籍表等,都完好如初,这些珍贵资料的复印件展示在钱伟长图书馆的展厅内,记录着钱老的学术历程和学术大师对他的关爱。

来到上海工作后,学校里有两处钱老特别喜欢逗留的地方,一个是图书馆,一个是新校区建成后由他亲自规划和命名的泮池。刚到上海工大的初期,他常到图书馆巡视,每次都要去翻看阅览室进馆人员登记册,数一数每天进馆看书的教师有多少、学生有多少。人多了,他很开心,人少了,他会恼火。看到馆舍设施陈旧了,他急在心头。直到他走向生命终点的前几年,他仍对图书馆的发展念兹在兹。

(二)钱老对上大图书馆建设做过的指示和关照

钱老深知"兵马未动,粮草先行",图书资料对于人才培养、科研和创新的重要基础支撑作用,图书资源建设是他老人家殚精竭虑的重要一环。"一个好的图书馆就是大学",钱老一贯强调必须把图书馆办好,主张教师和学生多利用图书馆,养成自由研究、自由学习的习惯。

1983年,钱老担任上海工大校长不久,就特地同上海光华公司商谈,耗资十几万元,将光华公司用于影印的唯一一套近3 000种原版期刊全部购买过来,为我校的师生服务,极大丰富了我校图书馆的外文文献馆藏,这套上万卷的期刊现仍藏于延长校区文荟图书馆旧楼中。上海工大图书馆的老员工都记得,钱老曾凭他一己之力,为学校图书馆一下子争取到外文原版科技期刊,涵盖几乎所有理工科领域,一度使上海工大成为国内高校中拥有外文期刊种类最丰富的大学,令他们都非常骄傲和自豪。

文荟图书馆落成不久,1988年7月7日,钱老亲自参加了图书馆委员会全体委员会议,就图书馆规章制度、工作方针、新馆布局等问题发表讲话[2]。钱老亲临图书馆工作会议,这在国内外高校中都是极其罕见的,体现了他对图书资料、图书馆建设的高度重视。

建设上海大学新校区时,他又特意关照,要把新图书馆建成学校的"标志性建筑",耸立在校园中心位置。2000年落成的新校区图书馆壮丽雄伟、设施先进,建筑面积38 000平方米,成为当时国内高校中单体建筑面积最大的图书馆,全国各地来访学习的宾客络绎不绝,成为学校重要的学习和文化活动场所。

在新校区建设的重要时刻,钱老亲自谋划图书馆的建设蓝图,在2000年1月15日,亲笔撰写了图书馆的建设大纲(图1),提出了上大图书馆——由一总馆、二分馆组成的发展格局,要求用计算机技术管理书目,专架陈列学校教师的学术出版物,向国内外学者、出版社、图书公司征集图书,举办开馆典礼,并展示全体捐书人姓名及其赠书的指示。图书馆领导认真贯彻执行钱校长的指示,向诸多出版社、图书进出口公司发出征集信,得到了热烈响应,在11月8日的开馆典礼上,中国图书进出口公司总经理宋晓红等亲自将捐书交予钱老,中图公司共计捐赠3 000多册、价值300多万元的外文原版图书,清华大学图书馆、上海的各大出版社也向我校图书馆捐赠了书籍,为上大图书馆补充了一批珍贵馆藏。

钱老还身体力行地参与图书馆建设,经常捐赠图书给图书馆。不仅将个人的重要藏书奉献给全校师生,还经常将收到的各方图书转赠给校图书馆。他在世时,图书馆几乎每两三个月就会收到校办的电话,让图书馆员去取钱老赠书,几年下来,钱老陆续向图书馆捐赠了3 000多册图书,图书馆特设立了"钱伟长赠书室"陈列展示。他去世后,他的全部个人藏书也转赠给校图书馆。2019年,图书馆为纪念他,特在钱伟长图书馆建立了"伟长书屋",收藏展示他的全部藏书和赠书,"伟长书屋"已经成为全校师生学习、缅怀钱校长的重要场所(图2)。

(三)钱老关于图书馆的思想与方法

2001年10月29号,钱老特地召集当时的常务副校长方明伦、教务处长叶志明、科研处副处长俞涛以及图书馆馆长董远达、书记洪伟麟、副馆长黄仁

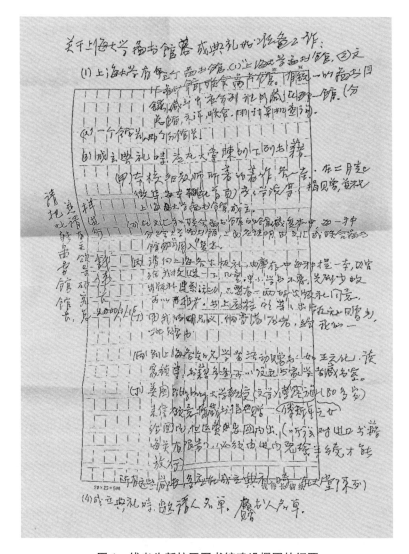

图 1 钱老为新校区图书馆建设撰写的纲要

浩、总支秘书刘华在延长校区乐乎楼,就图书馆建设及藏书原则作了语重心长的谈话,他指出:为研究生、教师、科研的服务应是长期的,图书馆可大有作为。钱老当年的谈话主要内容如下:

(1) 一等书是不断创新的书。要以围绕培养有创新精神的人的原则来买书,图书馆不能只重视教科书。过去我们要求老师教,现在让学生自学,研究生要多自学,更要学会一辈子自学,要自学也就要有书。

各种学报,特别是国外的要多买,国内的要收藏"211"学校的学报,为节省

图 2　伟长书屋

经费,要重视资料交换,图书馆应晓得如何收集资料。国外比我们要先进,要学习,尤其是入关[即中国加入世贸组织(WTO)——笔者注]后,大量情况将会发生改变,图书馆应有完整的资料收藏,我们的教师也要多看资料。图书馆可以买一些小说,要买能给人精神力量的好书。

(2)要重视藏书质量,教科书种类要多、副本要少。科研程度越来越高,科技杂志要大大增加,教科书变得太快,如生物工程一年一变,多了没用;而且要归类一下,过时图书定期清理,腾出空间收藏新书。"211"工程学校出版的书可以买,不是的不要买。钱老特别关注藏书质量,提出:"国家统编教材买 2 本,不要买 5 本,好的买两本,差的买 1 本。"实际上,过去高校图书馆的教材收藏占很大比例,往往一种教材一二十本,甚至更多,《动力学》收藏达 180 本,《跟我学 Follow Me》达 100 本,影响了整体藏书的结构和质量。

(3)建设电子图书馆。收集国内外重要会议的资料光盘,建设电子阅览室。并要与科研处、教务处讲,以后外国专家到上海大学的重要讲演,要全部录音、录像,收藏于图书馆。

(4)成立"图书咨询委员会",每个系选一个做科研、热心于学校建设的人来做咨询顾问,他们有权提出买什么书,以此来指导图书采购,提高藏书质量,满足师生需求。

(5)收集上海大学教师的学术出版物,建立上海大学教师著述陈列柜,展示上海大学学术成果,增强上大人的归属感和自豪感,这也是对学生的教育。

钱老的那次谈话对于刚刚建成不久并正在迈向新世纪的新上大图书馆既是高屋建瓴的洞见,又是具体而微的指导,后来这些都在图书馆工作中一一得到落实。

三、上大图书馆遵照钱老的指示精神做出的工作成就

钱老的谆谆教诲一直鞭策激励着上大图书馆人。图书馆作为学校"211"工程公共服务体系的重要平台之一,得到了学校的大力支持,图书经费从 2000 年的 300 多万元增加到如今的 2 000 多万元,增长了近十倍,新书数量从年均 1 万册增长到 9 万册。数字资源从无到有,不仅有中国知网、超星中文电子图书,还有外文的 *Web of Science*、*Elsevier*、*JohnWiley*、*Springer* 等电子期刊和二次文献数据库。借助于校园网,海量数字文献资源得以传送到师生的实验室、宿舍和家庭,使文献不再成为制约科研创新的瓶颈,实现了对师生的 7×24 小时跨越时空的服务。上大图书馆中文文献年均下载量超过 800 万篇,外文文献年均下载量超过 300 万篇,外文文献的下载量一直位居全国高校前列,下载成本低于全国高校平均成本,达到了较佳的建设效益,为教学科研提供了强有力的支撑。上海大学的 SCI 论文发表量从年不足百篇,增加到 2021 年的 3 000 多篇,国际影响力日趋上升,9 个学科进入 ESI 全球前 1% 行列。钱老提出的建设"电子图书馆"的目标已经实现,他希望全体教师做科研,每年至少读 50-60 篇外文文献的目标已经实现。

藏书质量不断提升,经过多年对大量复本、低利用率图书的清理,每种图书的复本量已经从当初的 8 本降为 3 本。从 2011 年开始,新书采购与国际学术图书馆接轨,实行零复本即单本采购的原则,只有学生喜欢的少数文学作品例外,新书平均复本量降为 1.5 本,更加注重提升藏书质量,增加藏书品种。

通过"上大文库"和"上大机构库"建设,大量收集师生的著述、学位论文和学术论文,使之成为上大学术成果的宝库,同时与学校整体信息系统相连接,成为师生绩效考核、成果认定的重要组成部分。

由各学科专家组成的上大图书情报委员会对图书馆的图书资料建设提出了真知灼见的意见,使图书馆近年大量引进了之前缺藏的文献典籍,如 3 000 多册的《近代中国史料丛刊》、15 000 册的《民国集萃》,支持了学校文科重大课题的研究;在数字资源上,*Web of Science*、*SciFinder*、数学评论 AMS、英国

物理学会 IOP 等数据库的引进有力支持了有关学科的建设。

图书馆的年读者入馆数量从 2001 年的 20 万人次，增加到 2019 年的 200 万人次，数字化技术的发展并未使图书馆被摒弃，丰富的资源和静谧的环境使图书馆成为读者特别是学生最喜爱的学习研究场所。随着疫情得到常态化控制，学校正常教学活动得以开展。现在，图书馆每层楼内都可见学生孜孜不倦的身影。

2012 年后，图书馆还利用有关检索工具，定期为学校职能部门提供学科发展分析报告，及时反馈我校和对标院校学科生产力的最新数据，为发展决策提供依据。图书馆的工作不再限于买书和借阅，而在学术服务、读者服务上不断探索新的服务模式，使得工作内容与时俱进，师生满意度不断提升。

2019 年 5 月 27 日，在新上海大学组建 25 年之际，钱伟长图书馆建成开馆，该馆设立了永久性的"钱伟长纪念展""伟长书屋"，展示钱老的生平事迹、藏书和使用过的珍贵物品，还不定期举办多主题教育展览，已成为学校一个重要主题教育阵地，一个集图书馆、博物馆、文化馆多功能合一的文化地标。

四、继续不断传承发扬钱老的办学理念

钱老离开我们已逾十年，中国和世界在发生着日新月异的变化，图书馆正面临着诸多新的挑战。互联网技术的迅猛发展、移动通信和数字化工具在工作学习和生活中扮演着越来越重要的角色，便捷的商业搜索引擎、触手可得的海量信息的充斥、走向线上无纸化的文献等，使传统的图书馆在定位、功能和服务内容与方式上面临重新定义甚至颠覆，也令我们重新思考钱老在纸本书为主的时代提出的图书馆建设理念中"变"与"不变"的问题。我们认为，尽管数字化时代使钱老生前提出的一些具体举措需要更新迭代，但图书馆为师生提供高水平信息服务，创造能直接交流的学习空间，赋能和激励师生创新探索、追求卓越，这些职能是不变的，在学校培养创新人才和"双一流"建设过程中，是可以与时俱进、奋发有为的。

上大图书馆正在遵循钱老的图书馆建设思想，聚焦学校"双一流"建设，配合学校的学科建设和战略规划，积极探索进一步优化馆藏资源配置，对接学院需求，开展资源和学科服务，创新服务内容和形式，提高服务品质，进行内部空间再造和功能提升，从而服务学校人才培养，支持创新创业、促进国际文化交流，以助力学校的"双一流"建设，让上大图书馆走向更辉煌的未来，以告慰钱

老的谆谆嘱托。

参考文献

［1］ 曾文彪.永远的校长［EB/OL］.［2022－11－22］.https://mp.weixin.qq.com/s/F9r5GH8A8dwETsF8LQe2vQ.

［2］ 成旦红,刘昌胜.永远的校长：钱伟长1983－2010年画传［M］.上海大学出版社,2020.

公共图书馆青少年健康信息服务：
模型、需求和路径

◎ 方向明　胡惠芳[*]

> **摘　要**：目前我国公共图书馆青少年健康信息服务基础薄弱，优化实施路径势在必行。结合服务现状，借鉴信息行为理论，构建健康信息服务模型。设计调研方案，对青少年健康信息服务需求、参与意愿及建议进行实证调研。公共图书馆应从服务人员、服务对象、服务平台、服务形式及合作机构等角度优化实施路径。
>
> **关键词**：健康中国战略；公共图书馆；青少年；健康信息服务

党的二十大报告提出，要"推进健康中国建设，把保障人民健康放在优先发展的战略位置，完善人民健康促进政策"。随着生活医疗条件的改善，人们的健康意识不断增强，对疾病预防和自我保健相关健康信息愈发关注。作为"健康中国"的行动纲领——《"健康中国2030"规划纲要》（简称《规划纲要》）提出，要建设健康信息化服务体系，推进国民健康信息服务[1]。为细化落实，国务院印发《关于实施健康中国行动的意见》，强调"凝聚全社会力量，形成健康促进的强大合力。实施中小学健康促进行动，动员家庭、学校和社会共同维护中小学生身心健康"[2]，成为实施健康中国战略的"路线图"。"健康中国"正如火如荼地开展建设，并逐渐内化为社会自觉行动。

新冠疫情对青少年心理健康造成了严重影响，调查显示，疫情期间我国有

本文受到"上海大学图书馆科研项目"资助。

[*] 方向明，上海大学图书馆副研究馆员，硕士生导师，研究方向：资源建设、用户信息服务等；胡惠芳，上海大学文化遗产与信息管理学院硕士研究生，研究方向：用户信息服务。

43.7%的青少年存在抑郁症状,有37.4%的青少年存在焦虑症状,明显高于疫情前[3],但掌握一定的新冠疫情信息能有效降低抑郁和焦虑风险。青春期身心变化、学业压力、人际交往中遇到的困惑催生了独特的健康信息需求,青少年成为非常活跃的健康信息搜索群体[4]。由于诸多终身健康习惯是在青春期形成的,引导青少年健康生活十分重要[5]。《健康中国行动——儿童青少年心理健康行动方案(2019-2022年)》[6]号召社会各界共同促进儿童青少年心理健康和全面素质发展。

公共图书馆作为社会信息服务机构,有责任发挥自身优势,将健康信息服务融入发展政策,开展传递健康信息、倡导健康生活、共享健康资源、提升健康素养的健康促进和教育活动[7]。这既是健康中国战略的目标驱动,也是公共图书馆的历史责任[8]。

本文在相关信息行为理论基础上构建健康信息行为模型,通过青少年需求实证调研,探索公共图书馆青少年健康信息服务的优化路径。

一、健康信息行为理论模型构建

(一)信息行为理论

国内外信息行为有关理论研究非常丰富,下面介绍两种较有代表性的理论模型。

1. 威尔逊信息行为理论

威尔逊是最早开始研究信息行为的,是信息服务和信息用户研究代表人物。认为信息行为是人们因某种需求而产生的积极主动或被动查询、选择利用信息的行为[9]。如图1所示,特定情境中的用户产生信息需求,经过激励机制及干预变量影响后,会出现信息搜寻行为,对信息处理使用后,反作用特定情境中的用户,如此循环。他将用户信息搜寻行为分为被动注意、被动搜寻、主动搜寻及正在搜寻四种模式。

2. 库尔斯奥信息搜寻模型

库尔斯奥认为信息搜寻过程包括开始、选择、探索、形成、收集、展示六个阶段(图2)。各阶段受情感、认知和行动的相互作用。开始阶段用户意识到需要某种信息解决问题,但自身储备不足,开始寻找信息,此时需求意识模糊。选择阶段确定需求后,以乐观的心态查找信息。探索阶段找到信息但不确定

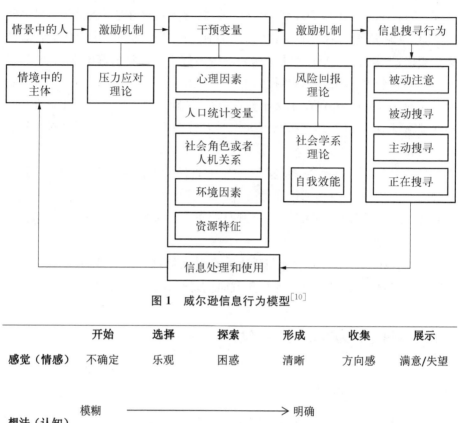

图 1 威尔逊信息行为模型[10]

图 2 库尔斯奥信息搜寻模型[10]

哪些信息能更好地解决问题,情感通常表现为困惑、沮丧或怀疑。形成阶段有了明确的方向,自信心大增。收集阶段聚焦搜寻信息,随着对信息深入了解,兴趣增加。展示阶段评估利用信息,如能解决问题,便会满意,反之则失望。

(二)健康信息行为模型构建

健康信息行为是在信息行为的基础上衍生出来的,代表性人物为 Manafo 和 Wong[11],认为健康信息行为是指在某一事件或情境中人们基于健康需求,搜寻、甄别及选择健康信息的过程中产生的一系列行为。健康信息行为是同时融合健康行为和信息行为的一类特殊行为。结合信息行为理论模型和健康信息行为内涵,构建健康信息行为模型,如图3所示,包含健康信息需求、健康信息获取、健康信息评价及健康信息利用四个方面。下文问卷正是基于这四个要素设计的。

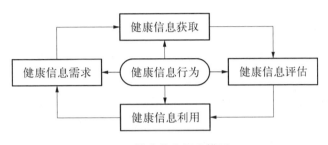

图3 健康信息行为模型

(1) 健康信息需求。主要取决用户自身健康状况,根据实际健康状况与"理想状态"的差距提出的对健康信息的需要[12]。调查发现,青少年健康信息需求主要集中在心理健康、运动锻炼[13]、疾病预防、医学知识[14]、性知识、人际交往[15]以及美容、护肤和健身[16]等方面。

(2) 健康信息获取。主要渠道包括网络检索[17]、询问父母老师、同辈交流[18]、咨询医生[19]及阅读相关书籍[20]等。面对心理生理出现的异样,青少年更愿意通过网络获取健康信息[21,22],互联网的便捷性、匿名性及交流动态性为信息搜寻提供了良好平台[23],迎合了个人隐私保护的需要[24]。国外研究[25]发现,医学术语的陌生和检索策略的构造是阻碍信息查询的重要因素。

(3) 健康信息评估。用户选择信息受诸多因素影响,如信息权威性和可访问性,内容真实性和准确性,以及用户健康状况[26]、健康素养[27]等。互联网虽为信息搜索提供便利,但信息并非都是可靠的,导致用户产生信任危机[28]。调查发现,青少年缺乏检索和评估能力[29],很难辨别网络信息质量[30],信息评估遇到较多困惑,需要专业人士指导。

(4) 健康信息利用。信息利用情况直接反映信息是否满足需求,间接反映信息素养水平。研究发现,感知易用性、收益、有用性、风险以及系统和信息质量都会影响健康信息使用行为[31]。理解利用信息解决问题、将信息融入知识体系等,都能反映健康信息利用情况[32]。

二、青少年健康信息需求调研及分析

（一）调研前期工作

1. 样本选取

选取初高中阶段青少年作为调查对象，对某省初中、高中以及职高学校随机抽取两个班进行问卷发放，保证调查的完整性、准确性与可行性。

2. 问卷设计结构

为保证问卷的科学性和有效性，根据图3模型，从健康信息需求、信息获取、信息利用与信息评价四个方面对青少年健康信息行为进行调查，了解青少年服务参与意愿和建议。调查包括三个部分：

（1）基本信息。青少年性别、年龄及户口等情况。

（2）健康信息行为。采用李克特五级量表法，设置22个题项，其中健康信息需求6项，信息获取8项，信息利用5项，信息评价3项。分别对"非常不同意""不同意""一般""比较同意""非常同意"赋值数字"1"至"5"，便于数据分析。

（3）意愿与建议。采用单选和多选题调查青少年参与意愿及青睐的服务，判断影响服务的因素，以开放题形式征询建议。

3. 问卷发放回收

正式发放前，先选取30名青少年试填问卷，根据试填结果及反馈意见对问卷内容和选项进行调整，确保问卷的易懂性和易答性，提高调研有效性。

以线上线下填答相结合的方式，通过问卷星生成链接，由老师将转至班级群，学生填答，对于线上填答不便的班级，再以纸质形式进行线下调查。

随机抽取6个班级，共获得400份问卷，剔除无效问卷（作答不完整；或所有题项答案一致；或作答少于100秒）后，得到360份有效问卷，有效率为90%，符合问卷回收标准。调查时间为2021年12月1至20日。将纸质问卷录入问卷星，利用SPSS对导出数据进行分析。

（二）问卷内容分析

1. 信度效度

（1）信度分析。最常用的信度检验方法为Cronbach α 系数，如果 $\alpha <$ 0.6，说明量表结构不理想，应重新编制；$0.6 \leqslant \alpha < 0.8$，说明结构一般，仍需改

进;0.8≤α<0.9,说明结构理想;α≥0.9,说明结构非常理想。本量表信度检验结果如表1所示,α系数为0.88,处于0.80－0.90之间,说明该量表结构理想。

表1 问卷信度检验结果

样本量(个)	项目数(个)	Cronbach α 系数
360	23	0.88

（2）效度分析。效度用于测量题项设计是否合理,通过探索性因子分析方法验证,用KMO值表示。KMO取值在0和1之间,0.9以上表示非常适合因子分析,0.8以上适合,0.7以上一般,0.6以下不适合。本问卷效度检测结果如表2所示,KMO值为0.843,大于0.8,说明量表题项分布合理,变量间相关性较高,可作下一步分析。

表2 问卷效度检验结果

样本量(个)	项目数(个)	KMO 值
360	23	0.843

2. 基本信息

如表3所示,共有360名初高中学生参与调查,男生154名,占42.78%,女生206名,占57.22%,性别比较为合理。

表3 样本基本信息

基本信息	变量	数量(名)	百分比(%)
性别	男 女	154 206	42.78 57.22
年龄	12-14岁 15-16岁 17-18岁	116 115 129	32.23 31.94 35.83
户口	城镇 农村	194 166	53.89 46.11

为方便统计,分为 12-14 岁、15-16 岁、17-18 岁 3 个年龄段。其中 12-14 岁 116 名,占 32.23%,15-16 岁 115 名,占 31.94%,17-18 岁 129 名,占 35.83%。年龄段分布较合理,便于从年龄角度分析健康信息行为。

为保障样本的代表性,受访者包括城镇和农村户口,其中城镇 194 名,占 53.89%,农村 166 名,占 46.11%。样本比较均衡,便于分析户口对信息行为产生的影响。

3. 健康信息行为分析

(1) 信息需求行为。如表 4,对"能否清晰认识自身健康信息需求",20.83% 的青少年选择非常同意,55% 的青少年选择同意,21.94% 的青少年选择一般,1.39% 的青少年和 0.83% 的青少年分别选择不同意和非常不同意,可见大部分人都明确自身需求,信息需求已上升认知层面。

表 4 健康信息需求情况

题 项	非常同意	同 意	一 般	不同意	非常不同意	平均分
能清晰认识自身健康信息需求	75 (20.83%)	198 (55%)	79 (21.94%)	5 (1.39%)	3 (0.83%)	3.94
需要疾病预防、急救知识等基础医疗信息	69 (19.17%)	137 (38.06%)	134 (37.22%)	15 (4.17%)	5 (1.39%)	3.69
需要缓解焦虑、管理情绪等心理健康信息	112 (31.11%)	116 (32.22%)	93 (25.83%)	32 (8.89%)	7 (1.94%)	3.82
需要身体发育、生理卫生等生理健康信息	77 (21.39%)	150 (41.67%)	98 (27.22%)	30 (8.33%)	5 (1.39%)	3.73
需要运动锻炼、饮食搭配等健康生活信息	92 (25.56%)	156 (43.33%)	96 (26.67%)	12 (3.33%)	4 (1.11%)	3.89
需要人际交往、社交技巧等健康社交信息	107 (29.72%)	142 (39.44%)	89 (24.72%)	16 (4.44%)	6 (1.67%)	3.91

信息类型方面,青少年对这五类健康信息的需求程度都较高,最低的"基

础医疗信息"需求分值为 3.69,而健康社交信息、健康生活信息及心理健康信息分值都接近 4 分,可见这三类信息关注度最高。

利用 SPSS 分析性别和年龄因素对健康信息类型的影响,发现性别因素影响不大,但年龄因素对需求会产生影响,如表 5。纵向看,12-14 岁青少年对健康生活类信息需求最大,心理健康需求最小;15-16 岁对生理健康、健康生活信息需求最大,基础医疗需求最小;17-18 岁对心理健康、健康社交信息需求最大,对基础医疗、生理健康需求最小。横向看,心理健康、健康社交信息需求随年龄增长而升高,基础医疗、健康生活信息需求随年龄增长而降低。由于 15-16 岁和 17-18 岁青少年正处于中考、高考关键阶段,升学压力大,对心理健康信息需求比 12-14 岁大,且随着年龄增长,交友范围扩大,对社交信息的需求逐渐增加。

表 5　各年龄段信息需求平均值

题　项	12-14 岁	15-16 岁	17-18 岁
能清晰认识自身健康信息需求	3.81	3.93	3.97
需要疾病预防、急救知识等基础医疗信息	3.77	3.75	3.58
需要缓解焦虑、管理情绪等心理健康信息	3.53	3.88	4.03
需要身体发育、生理卫生等生理健康信息	3.64	4	3.58
需要运动锻炼、饮食搭配等健康生活信息	4.03	4.01	3.66
需要人际交往、社交技巧等健康社交信息	3.82	3.88	4.02

(2) 信息获取行为。由表 6 可知,对"经常主动获取健康信息",8.89% 的青少年选择非常同意,33.33% 的青少年选择同意,53.89% 的青少年选择一般,3.33% 的青少年和 0.56% 的青少年分别选择不同意和非常不同意,该题项平均分低于 3.5,与题项"能清晰认识自身健康信息需求"的平均分相比较低,表明青少年虽能明确需求,但不意味着会主动获取健康信息。

从获取来源看,网络电视等媒体是信息获取最主要的来源,其次是与同学、朋友及家长交流,图书馆、老师和医生均不是主要来源。青少年由于对自身青春期的生理变化感到羞涩,不便向父母和老师询问健康信息,加上传统健康教育课对性生理知识讲解不足,不能满足青少年的求知需求,促使他们将网络作为主要查找途径。

表6 健康信息获取情况

题目名称	非常同意	同意	一般	不同意	非常不同意	平均分
经常主动获取健康信息	32 (8.89%)	120 (33.33%)	194 (53.89%)	12 (3.33%)	2 (0.56%)	3.47
经常通过询问家长获取健康信息	30 (8.33%)	117 (32.5%)	161 (44.72%)	41 (11.39%)	11 (3.06%)	3.32
经常通过询问老师获取健康信息	14 (3.89%)	63 (17.5%)	179 (49.72%)	83 (23.06%)	21 (5.83%)	2.91
经常通过和同学、朋友交流获取健康信息	30 (8.33%)	124 (34.44%)	177 (49.17%)	25 (6.94%)	4 (1.11%)	3.42
经常通过网络、电视获取健康信息	52 (14.44%)	175 (48.61%)	109 (30.28%)	17 (4.72%)	7 (1.94%)	3.69
经常通过咨询医生获取健康信息	22 (6.11%)	87 (24.17%)	167 (46.39%)	69 (19.17%)	15 (4.17%)	3.09
经常通过图书、报纸等获取健康信息	24 (6.67%)	110 (30.56%)	160 (44.44%)	56 (15.56%)	10 (2.78%)	3.23
经常通过公共图书馆获取健康信息	12 (3.33%)	59 (16.39%)	167 (46.39%)	97 (26.94%)	25 (6.94%)	2.82

由表7发现,从年龄角度看,17-18岁青少年获取信息的主动性高于其他两个年龄段。纵向看,12-14岁青少年主要通过家长获取信息,说明对家长的依赖性较大,其他年龄段主要通过网络、电视获取。横向看,随年龄增长,与同学朋友探讨健康问题的意愿也会增强;15-16岁和17-18岁青少年"通过询问老师获取信息"的分值均较低,说明年龄越大,与老师探讨健康问题越少;从"通过图书馆获取健康信息"的分值看,12-14岁青少年平均分高于其他两个年龄段,说明12-14岁使用图书馆的频率比其他年龄段高;对于"通过咨询医生、阅读图书报纸获取信息",年龄因素影响较小,无显著差异。

表7 各年龄段信息获取平均值

题 目 名 称	12-14岁	15-16岁	17-18岁
经常主动获取健康信息	3.41	3.53	3.65
经常通过询问家长获取健康信息	3.47	3.21	3.28
经常通过询问老师获取健康信息	3.22	2.85	2.65
经常通过和同学、朋友交流获取健康信息	3.29	3.37	3.57
经常通过网络、电视获取健康信息	3.25	3.92	3.88
经常通过咨询医生获取健康信息	3.17	3.01	3.09
经常通过图书、报纸等获取健康信息	3.27	3.18	3.23
经常通过公共图书馆获取健康信息	3.14	2.55	2.78

（3）信息评价行为。由表8可知，青少年十分关注信息来源权威性、内容准确性及隐私保密性，3项平均值均高于4，说明青少年对信息评价3个指标高度认同。"准确选择信息、辨别信息质量"平均值为3，说明青少年选择辨别信息能力有待加强，也从侧面反映信息素养水平不高，因此，图书馆需加大信息素养培训力度。

表8 信息评价情况

题目名称	非常同意	同意	一般	不同意	非常不同意	平均分
能从杂乱的信息中准确选择所需信息	18 (5%)	89 (24.72%)	166 (46.11%)	70 (19.44%)	17 (4.72%)	3.06
能很容易辨别健康信息的质量	21 (5.83%)	94 (26.11%)	171 (47.5%)	69 (19.17%)	5 (1.39%)	3.16
非常关注信息内容的权威性	115 (31.94%)	168 (46.67%)	69 (19.17%)	5 (1.39%)	3 (0.83%)	4.08
非常关注信息内容的准确性	123 (34.17%)	182 (50.56%)	49 (13.61%)	3 (0.83%)	3 (0.83%)	4.16
非常在意个人隐私的保密性	140 (38.89%)	160 (44.44%)	55 (15.28%)	2 (0.56%)	3 (0.83%)	4.2

由表9可知,青少年选择、辨别信息的能力随年龄增长而提高,说明认知功能完善过程中,青少年学习和接收信息能力也会不断提升。

表9　各年龄段信息评价平均值

题 目 名 称	12-14岁	15-16岁	17-18岁
能从杂乱的信息中准确选择所需信息	2.97	3.07	3.13
能很容易辨别健康信息的质量	3.06	3.12	3.29
非常关注信息内容的权威性	3.94	4.15	4.14
非常关注信息内容的准确性	4.13	4.11	4.23
非常在意个人隐私的保密性	4.15	4.27	4.18

（4）信息利用行为。由表10可知,仅有25.84%的青少年认为能完全消化理解所得信息,一半以上认为所获信息很有帮助,说明部分青少年能利用所获信息解决问题。但均值处于一般水平,说明信息利用情况有待改善。"能把获取信息融入知识体系并加以利用"分值为3.58,说明青少年一定程度上能将所获信息转化为自身知识储备,但仍有待加强。各年龄段信息利用平均值相差无几,年龄因素影响不显著。

表10　信息评价情况

题目名称	非常同意	同 意	一 般	不同意	非常不同意	平均分
能完全消化理解所获信息	19 (5.28%)	74 (20.56%)	188 (52.22%)	76 (21.11%)	3 (0.83%)	3.08
获取信息很有帮助	43 (11.94%)	166 (46.11%)	144 (40%)	5 (1.39%)	2 (0.58%)	3.68
能把获取信息融入知识体系并加以利用	34 (9.44%)	155 (43.06%)	160 (44.44%)	9 (2.5%)	2 (0.56%)	3.58

4. 参与意愿与建议

共有6道题,包括单选、多选及开放题,多角度了解青少年对健康信息服务的参与意愿及建议。

(1) 参与意愿。调查发现,78.61%的青少年曾去过图书馆,21.39%的青少年从未去过。31.66%和34.17%的青少年表示非常愿意和愿意参与活动,26.67%的青少年看情况,只有6.11%、1.39%的青少年(共计27人)表示不愿意,非常不愿意参与,说明青少年活动参与意愿整体较高。图书馆虽不是健康信息获取的常用渠道,但从参与意愿看,健康信息服务具备良好的用户基础。

对上述27人不愿意参与服务的原因进行分析(如图4,图中的数据出自多项选题调查问卷),学习压力大、离家远是首要影响因素,其次是信息获取不便、资源不丰富、馆员提供帮助少。另外担心泄露个人隐私、服务形式单一等。

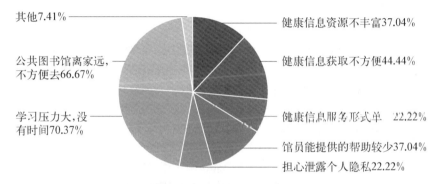

图4 不愿参加活动的因素

分析户籍因素发现,27人中绝大多数住在农村,距离最近的是县城图书馆,也从侧面反映县城图书馆健康信息服务任重道远。

(2) 受青睐的服务。如图5,最受青少年青睐的服务是健康类书籍推荐、

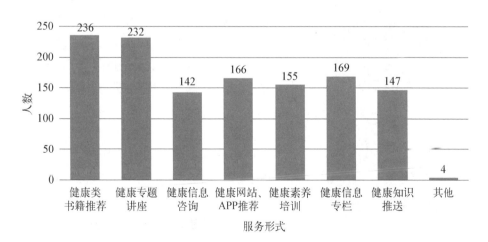

图5 受青睐的服务

专题讲座,占比均超过64%。健康信息咨询、网站推荐、信息素养培训、健康专栏、知识推送等占比为40%左右,说明他们对这些项目也感兴趣。

(3)影响因素。在对哪些因素对服务评判比较重要、使服务更贴近需求的调查发现(如图6),资源丰富、内容真实、来源可靠、更新及时成为影响信息服务最重要的因素,占比高达89.17%。注重保护隐私次之,为71.11%,说明青少年十分关注隐私保护问题。此外,与学校、医院、社会机构合作,服务形式多样及馆员综合素质高也是重要的影响因素,占比均高于50%。另外,49.44%的青少年期待有专门服务场所。宣传推广及政府支持占比相对较低,但也是影响服务成效的因素之一。

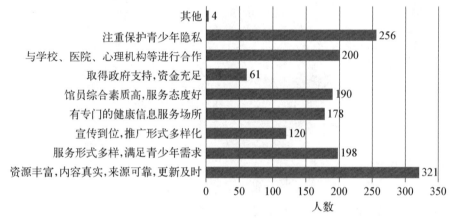

图6 影响因素

图7 词云图

(4)意见建议。将问卷建议文本导出,进行数据处理,删掉无效建议(如"无建议""没有""都可以"等),获得241条有效建议。再进行词频统计,合并同义词,如"心理"与"心理健康"、"图书"与"书籍"等,剔除无意义的词,如"开展""提高"等。为便于直观了解,对出现频次≥2的词通过词云软件形成词云图。如图7所示,"青少年""健康""信息""服务"出现频次最高,符合本次调研主题。

下面对建议中的词频进行细化分类(见表11)和分析。

表 11 服务建议词频统计

分 类	词 频 统 计(次)
服务对象	青少年(98)农村(5)年龄(2)
服务提供者	专业人员(5)态度(4)馆员(3)热情(3)素质(2)
馆藏资源	书籍(16)资源(11)种类(4)成长(4)
服务形式	隐私(36)形式(25)宣传(24)活动(23)兴趣(13)个性化(11)讲座(10)针对性(7)咨询(4)专栏(3)新颖(3)特色(2)创新(2)
服务内容	内容(21)心理(20)需求(19)实用性(17)准确性(8)权威性(6)性教育(4)来源(2)定期(2)
合作机构	学校(21)合作(8)家长(5) 医院(2)
其他	时间(5)环境(5)

① 服务对象：受访者认为经济条件不好、农村地区及患自闭症等群体也非常需要健康信息，希望享受同等待遇，期待将服务延伸到农村，解决图书十分匮乏的问题。

② 服务提供者：由专业人士提供服务，馆员应综合素质高，态度好，热情耐心解答问题。

③ 馆藏资源：资源丰富，图书种类齐全，多提供有助健康成长的书籍，借阅手续方便快捷。

④ 服务形式：开展个性化服务，形式新颖有趣，多举办主题讲座；保护个人隐私，"隐私"一词出现36次，足以说明青少年隐私保护意识强；建立健康信息库或信息专栏，方便查找使用信息；"宣传"出现24次，应加大宣传，推荐资源，增强健康知识普及力度；建议"可融入一些比较新颖的素材宣传服务，如拍摄有警示意义或真实故事改编的宣传片"。

⑤ 服务内容：提供信息真实、权威、实用，更新及时，通俗易懂。"心理"出现20次，多关注青少年心理健康，与心理咨询机构合作，设置心理咨询室；"性教育"出现4次，通过线下活动普及性知识。

⑥ 合作机构：与学校合作，在校园开展讲座或知识竞赛，普及健康知识，提高健康意识；服务向家长渗透，家庭教育影响力更大，效果更好；和医院合作，针对常见健康问题，提供针对性服务。

⑦ 其他建议：将活动安排在周末或假期，时间不宜太长；将健康知识做成小

册子或者杂志，方便学生利用零碎时间阅读；提供安静、舒适、整洁的服务场所。

三、公共图书馆青少年健康信息服务优化路径

上述调查显示，受调查者总体信息素养水平较低，但参与意愿较高。下面结合健康中国战略和服务现状，根据青少年需求调研结果，从服务人员、对象、平台、形式及机构五个方面，提出服务优化路径。

（一）组建专业队伍，规范服务流程

1. 建立专业团队

人员是服务活动的直接执行者，专业素养与服务技能的高低直接影响服务成效。图书馆应组建一支包含馆员、医学人员及志愿者的专业服务团队，保障服务的专业性和可持续性。对馆内现有馆员，通过专业技能培训，提升健康信息素养、搜集整理信息、辨别信息质量、分析信息需求及处理突发情况的能力。定期选派馆员去医学院校进修，丰富知识储备，提高专业技能。招聘医学专业背景人才，专门负责健康信息咨询服务，具备扎实的医学专业知识及端正的职业品德。招募学生及社会志愿者，协助开展服务，减少人力成本支出。

2. 规范服务流程

（1）明晰用户需求。耐心倾听用户信息诉求，通过沟通交流全面准确了解和判别，必要时通过访谈或问卷形式，引导用户清晰明了表达需求。

（2）选择合适资源。了解需求后馆员要利用专业素养为用户推荐最合适的信息源，将晦涩难懂的医学术语以通俗易懂的方式向青少年进行解读，为其答疑解惑，帮助理解和使用这些资源。

（3）服务免责声明和隐私保护承诺。图书馆提供的是健康信息服务而非健康服务，馆员也非医学专业人员，不具备疾病诊断治疗的资格和能力，因此需要进行服务免责声明，使青少年明白馆员提供的建议不能代替医学诊断，提醒其有健康问题及时就医。另外，工作中可能接触大量个人隐私信息，为打消疑虑，也应向服务对象做出承诺，绝不泄露聊天内容和个人隐私。

（二）细分服务群体，重视反馈评估

1. 精确划分服务群体

青少年群体庞大，需求差异分化明显，有必要细分群体，分类提供个性化

服务。可分为在校、闲散、不良行为及患疾青少年四类。

（1）对正接受初高中或职高教育的群体，图书馆应协同学校发挥桥梁作用，让健康信息服务走进校园，使在校生学习之余便捷获取资源。

（2）对失学失业的闲散青少年，应引导其正确认识自我，提供健康咨询服务，普及健康知识，帮助他们更好适应社会。

（3）对有网瘾、酒瘾、暴力倾向等不良行为的，通过定期举办教育专家讲座，帮助他们认识不良行为的危害，正面干预，树立信心，引导回归健康生活。

（4）针对患有抑郁、自闭症、残疾等群体，要了解其健康状况和需求，针对性推送健康知识，帮助他们正确认识疾病，及时寻求专业救治。

除自身因素，家长的健康素养也会影响青少年健康信息获取情况[33]。因此，服务对象不应局限于青少年，还应包括家长，健康信息服务要与家庭教育相结合。青少年尚未成年，心智不成熟，需要家长监护照顾，图书馆可多开展亲子组合活动，既有利于青少年学习健康知识，也能帮助家长了解专业知识，科学合理开展家庭教育。

2. 注重信息反馈与服务评估

如图8所示，馆员要重视与青少年及家长交流互动，青少年向馆员表达信息需求，描述想获取的资源，馆员推荐合适文献，如没有契合需求的纸质文献，可通过网络服务平台检索合适的电子资源，指导青少年查阅利用。活动中以问卷调查或面对面访谈的形式评估青少年信息素养水平，了解真实需求，以需求为导向，构建针对不同年龄不同类型群体的分层需求体系，进而采用最经济有效路径，使服务更精准、多元和智能。

用户反馈对改善服务十分重要，图书馆根据用户参与度及满意度评估服务成效，并依此不断调整和改进服务。参与度主要包括到馆频次、活动参加频次、访问网站频次、网络平台交流互动等数据。满意度可从服务态度、馆藏丰富度、网站检索友好性、资源易懂易用性、活动新颖性、趣味性和契合度、疑惑解答满意度以及信息需求满足率等多个维度进行综合衡量测评，评估结果作为服务工作考核和修正服务的参考依据。

（三）整合信息资源，搭建服务平台

1. 夯实资源基础

作为信息集散地，图书馆应不断夯实健康资源基础，按用户需求采集、整合资源，进行甄别筛选和有效标引，形成优质、专业、易用的资源体系。

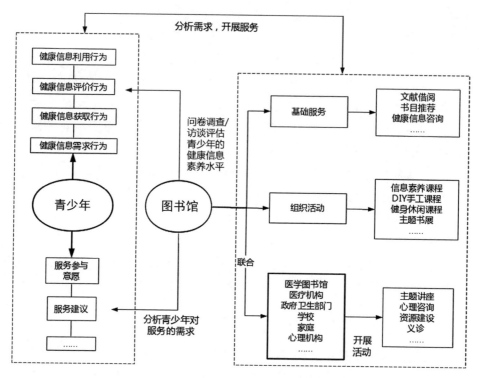

图 8 信息反馈与服务流程

资源类别与丰富程度直接关系到服务效果,图书馆应不断丰富、动态更新馆藏资源,才能可持续提供优质服务。比如,结合上述需求调查,需重点采集的资源类型包括:疾病预防、急救知识等基础医疗信息;缓解焦虑、管理情绪等心理健康信息;身体发育、生理卫生等生理健康信息;运动锻炼、饮食搭配等健康生活信息;人际交往、社交技巧等健康社交信息。结合青少年生理特征,重视性健康资源采集,适当增加性教育科普读本,帮助青少年树立科学的性健康观念。开放采购思路,与权威医疗机构合作,由医学专家推荐专业资源。采用 PDA(读者需求驱动)方式,由青少年和家长推荐资源,按需采购。

对馆藏资源信息有效整合、深度开发,设置资源导航,提高资源知晓率和利用率。根据卫生部门医疗政策、医学专家建议,整合医疗健康网站、医学数据库等专业资源,在官网设置可直接访问的超链接,减少青少年查找网页的时间精力和盲目性,通过多元化手段和贴心服务提升服务满意度。

2. 搭建集成服务平台

如图 9 所示,图书馆通过互联网和社交媒体开展线上服务,青少年通过终端设备登录平台获取服务。微信、微博、抖音等社交媒体具有强大的信息传播和交互功能,成为青少年日常获取信息、交流分享的重要载体,图书馆应融入其中,利用新媒体推动健康信息广泛传播。譬如,利用社交媒体推送健康信息,提供健康科普、活动宣传、资源介绍、新书推介等服务。

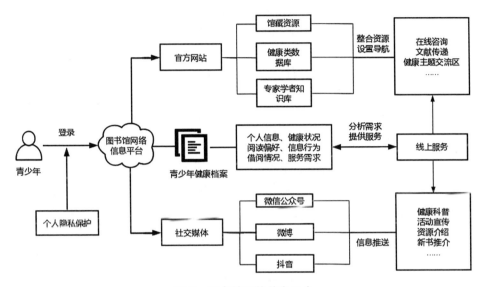

图 9　图书馆网络信息平台

如图9,图书馆网络信息平台应分栏目、分版块建设,提供馆藏资源、健康数据库、专家学者知识库等信息,开辟健康主题交流区,便于馆员与用户、用户之间交流分享健康知识。用户登录平台填写个人情况、健康状态等信息。图书馆根据青少年阅读偏好、借阅情况、信息行为、服务需求等信息建立个人健康档案,动态采集和更新,为开展个性化服务提供科学客观的数据支持。

此外,利用数据挖掘技术整合健康信息资源,挖掘信息间的横向联系,对资源进行深度加工。用户登录平台、浏览信息会生成大量的行为痕迹,如注册名称、登录密码、联系方式、职业背景等个人信息,以及健康资源检索、浏览、下载、收藏等行为信息,可通过这些信息绘制用户画像,分析用户潜在健康需求并进行排序和推送。但利用画像技术,要谨防个人信息泄露或被第三方滥用,造成不良影响。可利用区块链技术对用户信息加以保护,通过技术架构与密码学相结合,实现用户隐私信息和数据的安全存储。

(四)创新服务形式,加强素养教育

1. 动态调整服务方式

由于求知欲与好奇心较强,推陈出新的服务形式更能吸引青少年持续参与,图书馆需不断创新,了解青少年兴趣爱好,针对性、动态化调整服务模式。比如,通过情景游戏或动画方式宣传推介健康信息,游戏化、视频化的形式使青少年更乐于接受;通过"VR+互联网+可穿戴设备"等高科技手段构建虚拟现实场景,提供沉浸式体验,帮助释放压力、舒缓情绪;特定时期(健康周、心理健康日、世界爱眼日等)或结合健康热点话题举办主题活动,发放健康宣传册、书签、定制小礼物等普及传播健康知识,吸引青少年参与;利用空间资源免费开设健身、瑜伽、冥想课程等。

除外,与科技公司合作,引进智能产品,实现服务智能化、科技化。如配备智能桌椅,调整坐姿,矫正不良习惯;引进智能感光系统,调整室内光线,缓解眼部疲劳,等等。总之,图书馆应聚焦青少年需求,综合运用各种新兴技术,创新服务形式,转变思路,通过喜闻乐见的活动千方百计吸引青少年参与。

2. 系统培育信息素养

(1)信息意识上,通过举办健康讲座、科普活动、网络宣传等普及健康信息,营造良好环境,培养健康信息意识。

(2)信息获取上,引导青少年主动获取健康信息,为其汇总信息获取渠道,提供可靠信息源,指导如何通过网络、服务平台和书籍正确获取健康信息。

(3)信息评估上,开展信息技能培训课程,指导青少年从信息来源、准确性、权威性、时效性及实用性等方面全面科学评估健康信息,提升信息辨别及利用信息解决问题的能力。

(4)信息伦理上,引导青少年树立健康信息安全意识,信息行为实施中要保护好个人隐私,不侵犯他人隐私,不制造和传播虚假信息,共同营造安全绿色的信息伦理环境。

(五)构建合作网络,拓展广度深度

1. 构筑"馆学医政社"合作网

《规划纲要》强调全社会广泛参与健康中国建设,强化跨部门协作,形成多层次多元化的社会共治格局。图书馆应积极开展馆馆合作以及与其他机构的多元协作,聚集优势资源协同推进青少年健康信息服务。如与医学图书馆、学校、医疗机构、政府部门、社会机构、社区组织等加强合作,凝聚社会各界力量,构建以公共图书馆为服务主体,"馆学医政社"相互协作的合作网络(如图10),提升合作广度与深度。其中,"馆"包括公共图书馆和医学图书馆,"学"指初高中学校,"医"指医疗机构,"政"指政府部门,"社"包括心理机构在内的社会机构及社区服务中心。

图10 健康信息服务合作网

2. 深耕多元合作领域

(1)馆馆合作。医学图书馆健康资源馆藏更丰富,馆员医学专业素养更高。公共图书馆可与医学图书馆共建共享医疗健康资源,既可丰富公共图书馆健康类馆藏资源,又能提高医学图书馆资源利用率。邀请医学图书馆馆员开展专业知识培训,指导本馆进行健康类馆藏资源建设,提高资源与用户需求的匹配度。

(2)馆校合作。图书馆联合学校开展健康科普活动,让服务走进校园,以讲座形式向青少年推介馆藏资源与服务,使其了解健康信息服务,吸引他们走进图书馆。在校园发放健康科普知识宣传册,方便青少年课余时间学习健康知识,加深知识储备。

(3)馆医合作。医疗机构在与青少年患者面对面沟通、为其提供医疗服务中,比较了解青少年的健康信息需求。为此,图书馆可定期向医疗机构了解青少年总体健康状况及健康需求,建立动态健康档案数据库,以便提供针对性服务。定期邀请医疗机构专家开设健康专题讲座,为青少年提供视力、口腔、皮肤、骨骼等免费健康检查等。

(4)馆政合作。落实健康中国战略行动已纳入地方政府政绩考核,馆政合作具备共同的基础。健康信息服务是一项长期性工作,需要经费持续支持,图书馆可通过积极开展公众健康信息服务打造健康科普示范基地,赢得社会认可,争取政府专项资金支持。积极参与政府购买社会服务,比如青少年、老年人健康信息服务等公益性项目,多渠道为青少年健康信息服务募集活动经费。

(5)馆社合作。定期邀请心理专家开展身心健康讲座,提供心理咨询,帮助青少年及家长正确认识抑郁症、焦虑、暴躁、自闭等常见心理疾病,关爱青少年心理健康。有条件的图书馆可与心理咨询机构合作成立心理咨询室,方便青少年到馆与线上咨询。打造"真人图书馆",邀请优秀青年代表分享成长经历。除外,与社区服务中心、社区(村)图书室合作,选取青少年健康读本放置于社区和农村,定期更新,将服务融入社会日常生活,营造健康生活氛围。联合社区提供信息素养培训,帮助青少年辨别虚假信息,普及防疫卫生常识,提高健康防护意识和能力。

四、结语

人民健康是民族昌盛和国家富强的重要标志,预防是最经济有效的健康策略[2]。为确保《规划纲要》有效落实,国务院成立健康中国行动推进委员会并印发《健康中国行动(2019-2030年)》[34]。青少年是祖国的未来,关注青少年健康成长是全社会的共同责任,公共图书馆也不例外。从宏观上看,公共图书馆主动融入国家战略,彰显社会责任和历史担当的主动作为,正当其时。从属性上看,作为社会公共文化机构,收集、组织和传播健康信息知识,发挥社会教育职能,提升公民健康信息素养,是公共图书馆使命所在,职责所系,责无旁贷。

当前,公共图书馆青少年健康信息服务处于初步探索阶段,尚未形成模式,缺乏理论体系指导,今后应结合相关理论和服务实践,构建以青少年为中心的多元化健康信息服务体系,指导规范健康信息服务常态化开展。另外,还需结合青少年健康信息素养现状,针对性开发健康信息素养提升系列课程,结合青少年年龄段身心特征分级建设,健康信息教育课程改革、内容设计、教学形式等问题都值得探讨研究。

参考文献

[1] 中共中央国务院印发《"健康中国2030"规划纲要》[EB/OL].[2022-02-03].

http://www.gov.cn/xinwen/2016-10/25/content_5124174.htm.

[2] 国务院关于实施健康中国行动的意见[EB/OL].[2022-02-03].http://www.gov.cn/zhengce/content/2019-07/15/content_5409492.htm.

[3] Zhou S J, Zhang L G, Wang L L, et al. Prevalence and socio-demographic correlates of psychological health problems in Chinese adolescents during the outbreak of COVID-19[J]. European Child and Adolescent Psychiatry, 2020, 29(6):749-758.

[4] Gray N J, Klein J D, Noyce P R, et al. Health information-seeking behaviour in adolescence: The place of the Internet[J]. Social Science & Medicine, 2005, 60(7):1467-1478.

[5] Huotari PR, Mikkelsson L, Kujala UM, Aakso LL, Nupponen H. Physical activity and fitness in adolescence as predictors of self-estimated fitness in adulthood[J]. Sports Med PhysFitness, 2013(2):177-184.

[6] 关于印发健康中国行动——儿童青少年心理健康行动方案(2019—2022年)的通知[EB/OL].[2022-02-03].http://www.gov.cn/xinwen/2019-12/27/content_5464437.htm.

[7] 周晓英.健康服务:开启公共图书馆服务的新领域[J].中国图书馆学报,2019,45(4):61-71.

[8] 刘一鸣,朱萍萍.公共图书馆老年人健康信息服务策略研究[J].国家图书馆学刊,2022(1):84-94.

[9] WILSON T D. Human Information Behavior [J]. Information Science the International Journal of An Emerging Transdiscipline, 2000, 3(2):49-56.

[10] 朱婕,靖继鹏,窦平安.国外信息行为模型分析与评价[J].图书情报工作,2005,49(4):48-51,130.

[11] MANAFO E H, WONG S. Exploring older adults' health information seeking behaviors[J]. Journal of Nutrition Education and Behavior, 2012, 44(1):85-89.

[12] 张馨遥,曹锦丹.网络环境下用户健康信息需求的影响因素分析[J].医学与社会,2010,23(9):25-27.

[13] Okoniewski A E, Lee Y J, Rodriguez M, et al. Health information seeking behaviors of ethnically diverse adolescents[J]. Journal of Immigrant and Minority Health, 2014, 16(4):652-660.

[14] Duduciuc A. Online health information seeking during adolescence: a quantitative study regarding roman teenagers[J]. Studies & Scientific Researches Economics Edition, 2015(22):89-95.

[15] 郑文晖.青少年信息需求与利用的调查与分析：基于广东省茂名地区 7 所中学的调查[J].图书情报工作,2015,59(19)：68-74,99.

[16] Mckellar K, Sillence E Smith M A. Exploring the preferences of female teenagers when seeking sexual health information using websites and APPs[C]. New York：International Conference,2017：43-47.

[17] Ettel G 3rd, Nathanson I, Ettel D, Wilson C, Meola P. How do adolescents access healthinformation? And do they ask their physicians？[J]. Perm J, 2012, 16(1)：35-38.

[18] St. Jean, B., Taylor, N. G., Kodama, C. & Subramaniam, M. Assessing the health information source perceptions of tweens using card-sorting exercises[J]. Journal of Information Science, 2018, 44(2)：148-164.

[19] Park E, Kwon M. Health-related internet use by children and adolescents：systematic review[J]. Med Internet Res, 2018, 20(4)：120.

[20] Gazibara, T., Cakic, M., Cakic, J., Grgurevic, A., Pekmezovic, T. Patterns of online health information seeking after visiting a physician：perceptions of adolescents from high schools in central Belgrade, Serbia[J]. Family practice, 2021, 38(3)：231-237.

[21] Edwards-Hart, T., & Chester, A. Online mental health resources for adolescents：Overview of research and theory[J]. Australian Psychologist, 2010(3)：223-230.

[22] Okoniewski A E, Lee Y J, Rodriguez M, et al. Health information seeking behaviors of ethnically diverse adolescents[J]. Journal of Immigrant and Minority Health, 2014, 16(4)：652-660.

[23] Gray N J, Klein J D, Noyce P R, et al. Health information-seeking behaviour in adolescence：the place of the Internet[J]. Social Science&Medicine, 2005, 60(7)：1467-1478.

[24] Marchionini G. Information seeking in electronic environment[M]. New York：Cambridge University Press, 1995.

[25] Pretorius, C., Chambers, D., & Coyle, D. Young people's online help-seeking and mental health difficulties：Systematic narrative review[J]. Journal of Medical Internet Research, 2019, 21(11)：38-73.

[26] Lal, S., Nguyen, V., & Theriault, J. Seeking mental health information and support online：Experiences and perspectives of young people receiving treatment for first-episode psychosis[J]. Early Intervention in Psychiatry, 2018, 12(3)：324-330.

[27] Van Meter AR, Birnbaum ML, Rizvi A, Kane JM. Online help-seeking prior to diagnosis: Can web-based resources reduce the duration of untreated mood disorders in young people? [J]. Journal of affective disorders, 2019, 252(3): 130-134.

[28] Skopelja, E., Whipple, E., & Richwine, P. Reaching and teaching teens: adolescent health literacy and the Internet[J]. Journal Of Consumer Health On The Internet, 2008(2): 105-118.

[29] Eysenbach, G. Credibility of health information and digital media: New perspectives and implications for youth[M]. Cambridge, MA: The MIT Press, 2008.

[30] AJUWON G A, POPOOLA S O. Influence of motivational factors on utilization of internet health information resources by resident doctors in Nigeria [J]. The Electronic Library, 2015, 33(1): 103-119.

[31] Cusack, L., Desha, L. N., Del Mar, C. B., & Hoffmann, T. C. A qualitative study exploring high school students' understanding of, and attitudes towards, health information and claims[J]. Health Expectations, 2017, 20(5): 1163-1171.

[32] The Nation's Largest Public Libraries[EB/OL].[2022-03-02]. https://libguides.ala.org/libraryfacts/.

[33] CHANG F, CHIU C H, CHEN P H, et al. Relationship between Parental and Adolescent eHealth Literacy and Online Health Information Seeking in Taiwan[J]. Cyberpsychology, Behavior & Social Networking, 2015, 18(10): 618-624.

[34] 健康中国战略有了"路线图"和"施工图"[EB/OL].[2022-03-02]. http://www.gov.cn/zhengce/2019-07/16/content_5409887.htm.

高校图书馆在人才培养中的效能研究
——以上海大学图书馆为例

◎ 李红培　刘　华　魏晓萍*

摘　要：本文旨在从读者的角度来评价图书馆的服务和活动，对图书馆在高校人才培养中的效能进行评估，促进图书馆的服务创新发展。以上海大学图书馆为例开展实证研究，制定图书馆效能研究的指标体系，调研学生利用图书馆纸本资源、电子资源、研习空间、参与培训讲座等活动情况，利用分析软件进行分析评估，得出图书馆的服务与学生学习和科研之间的影响关系。研究发现，绝大部分同学认为图书馆对他们的学业成绩和学术成绩的影响有很大关系。纸本图书报刊、数据库、研习空间在学生的学业学术发展中缺一不可，并且越优秀的学生对这些资源的利用程度越深；研究空间、培训和活动对学生的发展也呈现越来越大的关系，对学生学习和学术中的小组讨论和灵感激发有重要的作用。

关键词：效能评估；人才培养；学习成绩；学术成就

一、研究的背景及意义

（一）研究的理论和实际应用价值

建设世界一流大学和一流学科的"双一流"建设将对图书馆提出更多更高

---

* 李红培，上海大学图书馆馆员，研究方向：用户研究与信息服务；刘华，上海大学图书馆研究馆员，硕士生导师，研究方向：资源建设、战略规划和新媒体应用；魏晓萍，上海大学图书馆馆员，研究方向：文献计量。

的要求。图书馆既要适应一流大学、一流学科对一流文献资源、图书情报服务的需要,又要适应信息技术飞速发展条件下图书馆转型的需要。图书馆需要重新定位,创新服务,为学校的教学发展和人才培养作贡献。

随着"双一流"建设的不断发展,高校教育评估理论和实践也会不断推进,高校图书馆的评估也不断发展。高校图书馆的评估包括绩效评估和成效评估两个方面。二者的评估目标有所不同,绩效评估围绕图书馆管理进行,成效评估主要评测图书馆对读者的深层次影响。"双一流"建设的最终目的,还是要培养一流的人才,图书馆在学校人才中发挥了什么样的作用,怎样发挥更大的作用,是需要不断推进评估研究的。对高校图书馆在人才培养中的效能进行评估,是高校图书馆成效评估的一个重要方面。

图书馆的服务包括知识服务、空间服务和文化服务,这个服务体系究竟在人才培养中发挥了多大的效能,需要通过成效评估来研究,从读者的角度来评价图书馆的服务和活动。其研究结果从理论上来说可以充实国内高校图书馆相关研究领域的内容。实践上对图书馆管理者而言,可提供彰显图书馆价值的依据,帮助他们向学校和主管部门争取更合理的资金投入,来促进图书馆的服务创新发展,更好地为"双一流"建设服务。对学校管理者和政策制定者而言,将促使他们对图书馆的价值有更深入的了解,促进政策制定者将图书馆纳入人才培养的进程中,并采取措施实现图书馆更加专业、更加规范的发展,以适应"双一流"建设的需要。

(二)国内外研究现状与趋势

随着国内外高校图书馆经费不断减少的紧张状况,高校图书馆都在积极进行改革,力图提高投入产出比,提高图书馆在读者中的受欢迎程度。为了更好地发挥图书馆的价值,图书馆评估就成为近年来图书馆界研究的一个热点。起初更多的是对图书馆的绩效进行评估,主要评估的是图书馆所提供的服务和开展的活动的质量和效果,以图书馆管理为中心,是在评估"图书馆本身有多好",但绩效评估指标强调的是图书馆的静态拥有,难以覆盖图书馆服务的所有方面,尤其是图书馆深层次的服务。进而,图书馆界把研究方向更深入地转到图书馆的成效评估上。成效评估从读者的视角来进行评价,如图书馆的服务让读者产生何种改变,图书馆如何影响读者的学业成绩和科研项目,评估的是"图书馆做得有多好",强调图书馆的动态服务成效,涉及图书馆的服务质量和价值所在。绩效评估和成效评估都是高校图书馆服务评估不可缺少的环节。

国外图书馆的成效评估开始较早,20世纪80年代后期至90年代初,欧美图书馆界开始引入全面质量管理的思想和方法体系。1998年美国大学与研究图书馆协会图书馆评估组经过两年多的研究,发布了《学术图书馆成效评估报告》白皮书。该报告认为图书馆传统的评估方法及绩效评估是获取投入与产出的数据,如书籍流通量、参考咨询解决问题的数量、图书馆开放时间等,但这些单独的数据无法揭示图书馆的使命、目标是否实现,服务质量的高低及对用户的影响,包括用户在知识水平、信息素养、个人能力等方面的变化。认为高校图书馆成效评估应将图书馆所开展的活动、提供的服务作为高校的一部分,对高校整体目标所作出的贡献的质量和效果进行评价。该报告提出了高校图书馆成效评估的六个目标:①用户是否在利用图书馆后提高了学术水平;②用户是否在利用图书馆后提高了职业竞争力;③本科生在利用图书馆后是否更有可能在研究生学习中获得成功;④图书馆的书目指导课程能否帮助用户提高其信息素养;⑤高校教师与图书馆员的合作是否能让这些教师将利用图书馆作为他们授课中不可或缺的一部分;⑥经常使用图书馆的学生是否更有可能获得充实和满意的人生。2003年英国英联邦大学与图书馆学会及图书馆信息研究组实施了"影响评估计划"。英国有22所大学图书馆参与了该项计划,每所大学图书馆选择一项创新性的服务并通过干预的方式研究该项服务对用户的学习、教学和研究产生的影响,服务研究的范围主要集中在信息素养和电子资源的利用方面。该计划的核心思想是图书馆管理者需要从只考虑"提供什么样的服务和如何提供"的惯性思维转移到"我们需要达到什么样的目标"。2004年图书馆成效评估被纳入《高等教育图书馆标准》。美国伊利诺依大学厄巴那-香槟分校图书馆基于高校图书馆对科研人员申请科研经费必将产生积极的影响这一假设,通过建立经济学模型,估计了图书馆对大学的投资回报率,回答了"每给图书馆投资一美元,大学能够获取多少回报"的问题。这项研究的框架主要力求建立一个定量的测量方法,用以确定图书馆在辅助大学制定目标过程中的角色。其成本收益分析研究的对象不是传统的时间或资源的节约程度,而是大学科研人员在使用图书馆资源后所产生的大量价值回报。这一案例尽管不是非常规范的绩效或成效评估,但融合两类评估的理念,是绩效与成效评估相结合的较好案例。

国内高校图书馆评价开始于1985年《中共中央关于教育体制改革的决定》的出台,到现在经过了30多年的发展,也已经取得了丰富的理论和实践成果,但与欧美等西方发达国家和地区的图书馆评价研究水平相比,我国还存在较大的差距。尤其是在成效评估方面的研究起步较晚,相关研究成果也较少。国内已有的研究成果包括利用数理相关分析方法研究图书借阅量和学生成绩的相关性;阅读与成绩的相关性,开展阅读推广活动;图书馆利用内容满意度对学生学习成果转化的影响等。2013年,北京师范大学图书馆研究馆员吴英梅总结了国外高校图书馆对学生学业科研影响的评估研究实践情况,2014年以北京师范大学为例,以高校图书馆对学生学业科研的影响进行了实证研究。

总体来看,国外研究起步较早,相关理论和实践经验都相对丰富,多数实证研究证明了高校图书馆利用和学生学业成果的正向关系。国内相关研究也开始从绩效研究向成效评估转变,逐渐关注图书馆利用对学生学业科研的影响,但实证研究较少。

二、研究内容和研究方法

研究高校图书馆在人才培养中的效能作用,主要是考查高校图书馆利用对学生的学习成绩和学术科研成绩的影响。以上海大学图书馆为例开展实证研究,制定图书馆效能研究的指标体系,调研学生利用图书馆纸本资源、电子资源、研习空间、参与培训讲座等活动情况,利用分析软件进行分析评估,得出图书馆的服务与学生学习和科研之间的影响关系。以期为高校领导的决策提供借鉴,为图书馆的发展转型提供参考和依据。

课题的开展使用到了文献调研法、问卷调查法、专家访谈法和实地调研法。文献调研主要是对国内外图书馆效能评估方面的相关研究进行梳理和学习,研究已有的理论和方法。专家访谈是邀请该领域的专家进行深度的挖掘,使理论和实践水平都有更进一步的提升。对于外省市的高校,进行实地调研,对其馆舍空间布局、纸本图书、电子图书馆的采访和使用情况等进行实地考察。

实证研究开展主要通过调查问卷的方法进行,问卷总共设置16个问题,涉及的是学生对图书馆利用的各个方面,包括平均每周到馆次数、在馆时间、借阅数量、访问图书馆网站次数、使用电子资源次数、下载数据库全文次数、参加活动次数,学生个人信息包括学院、专业、年级、发表论文数、成绩专业排名等。

通过问卷调查和数据统计分析,挖掘学生利用图书馆情况与他们学业和学术成绩之间存在的关系,从而有针对性地对学生开展个性化服务。

三、数据分析

问卷共计回收 259 份,其中参与问卷调查的本科生有 154 人,占总人数的 59.46%,研究生有 105 人,占总人数的 40.54%。

(一)学业成绩与图书馆资源利用

1. 学业成绩与到馆频次

学生的学业成绩与其每周去图书馆的频次之间存在着正相关关系。如图1,基本不去图书馆的学生中,学业成绩为好的比例是 40.00%,每周去 1-2 次的这一比例是 50.68%,每周去 3-4 次的这一比例是 52.27%,每周去 5 次及以上的所占的这一比例是 52.56%。由此可见,学生每周去图书馆的次数越多,其学业成绩好的可能性就越大,不过这一趋势的差别不是很大。

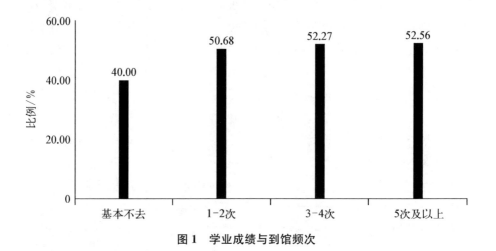

图 1　学业成绩与到馆频次

2. 学业成绩与在馆时长

学生的学业成绩与其每次在图书馆的平均时间长度之间存在显著正相关关系。每次在图书馆的平均时间在 1 小时以下的学生,学业成绩为好的比例是 45.83%,平均时间为 1-2 小时的这一比例是 50.00%,平均时间为 3-4 小时的这一比例是 50.65%,平均时间是 5 小时及以上的这一比例是 55.56%。可以看出,学生的平均次在馆时间越长,其学业成绩优异的可能性越大。

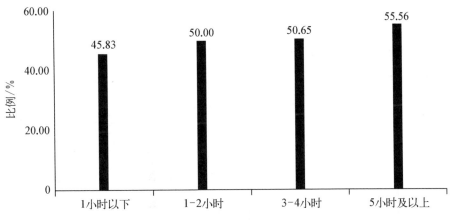

图 2　学业成绩与在馆时长

3. 学业成绩与借书数量

学生学业成绩与其平均每周的借书数量之间的关系不存在显著的正相关关系。几乎不借书的学生,其成绩为好的比例是 41.89%,每周平均借书 1-2 册的这一比例是 57.82%,每周平均借书 3-4 册的这一比例是 37.93%,每周平均借书 5 册及以上的这一比例是 55.56%。总体来说,借书多的学生成绩比不借书的学生成绩优异的可能性更大,但是借书册数与学生成绩之间没有显著的正相关关系。

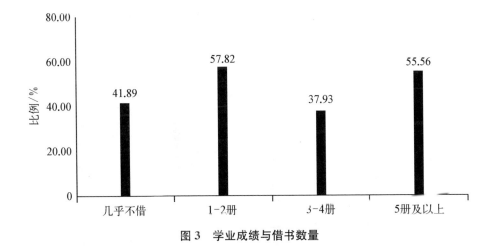

图 3　学业成绩与借书数量

4. 学业成绩与访问图书馆网站的次数

学生学业成绩与其平均每周访问图书馆网站的次数呈正相关关系。几乎不访问图书馆网站的学生,其成绩为好的比例是48.39%,平均每周访问1-2次的这一比例为49.46%,平均每周访问3-4次的这一比例为58.54%,平均每周访问5次及以上的这一比例为53.13%。由此可见,学业成绩好的学生,访问图书馆次数较多。

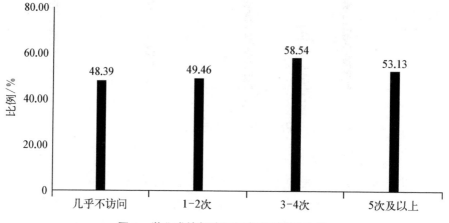

图4　学业成绩与访问图书馆网站的次数

5. 学业成绩与图书馆电子资源利用的次数

学生学业成绩与电子资源利用存在正相关关系。几乎不利用图书馆资源的学生,其成绩好的比例为46.92%,每周利用3-4次的学生,其成绩好的比例为60.87%。所以,学生利用图书馆电子资源的程度越深,其成绩优异的可能性就越大。

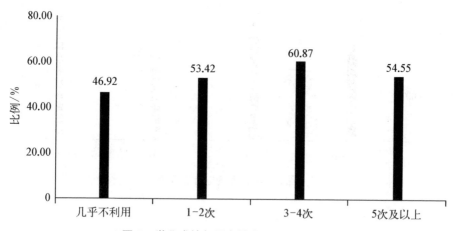

图5　学业成绩与图书馆资源利用的次数

（二）学术成绩与图书馆资源利用

学术成绩主要指发表论文数量，主要研究对象是硕士研究生。

1. 论文发表与到馆频次、在馆时长

学生的论文发表数量与平均每周到馆频次和在馆时长没有显著的规律性，这与论文的参考文献类型应该有很大的关系，学生写论文主要查阅电子资源，在校园IP范围内都可以访问图书馆的数据库，不需要专门跑到图书馆里来进行查阅，网络的便捷性弱化了论文发表与到馆频次和在馆时长之间的关系。

2. 论文发表与借书数量

学生平均每周借阅图书数量与其发表论文数量存在一定的正相关性。平均每周借书5册及以上的学生，发表两篇论文的比例最高，占25.00%，而几乎不借书的学生这一比例是9.09%，平均每周借书1-2册的学生这一比例是4.84%。发表3篇以上论文的学生，平均每周借书3-4册的学生所占比例最高，为13.33%，而几乎不借书的学生这一比例为9.09%。所以，总的来说学生发表论文的数量与借书数量有一定的关系，但并不是呈显著的正相关性。

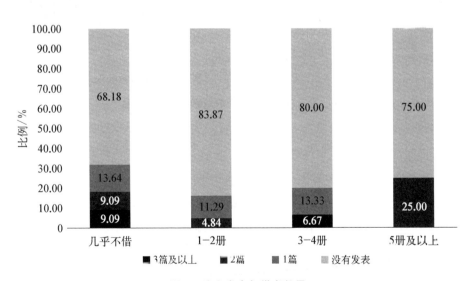

图5 论文发表与借书数量

3. 论文发表与访问图书馆网站的次数

学生论文发表与访问网站的次数不存在关系，几乎不访问图书馆网站的学生，发表论文的比例反而更高，占到 26.84%。这与学生可以随时随地访问图书馆的数字资源应该有很大的关系。

4. 论文发表与每周下载数据库全文的数量

学生论文发表数与平均每周下载数据库全文的数量呈现非常显著的正相关性。平均每周下载 10 篇以下全文的学生，发表论文的比例为 17.39%，下载 10-30 篇论文的学生这一比例是 18.52%，下载 30-50 篇论文的学生这一比例是 50.01%，而下载 50 篇以上论文的学生这一比例为 100.00%。由此可见，发表论文多的学生下载数据库论文都多。

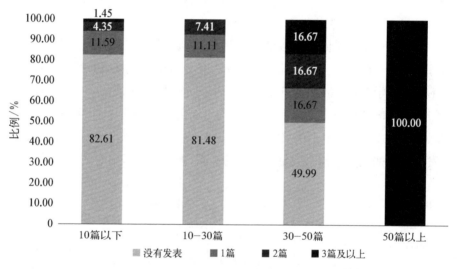

图 6　论文发表与每周下载数据库全文的数量

（三）影响因素排序

通过调查，学生认为图书馆的设施和服务对他们的学业成绩的影响程度排序依次为研习空间（自习室）、纸本图书、报纸、电子期刊、学位论文数据库、研究空间（研讨室）、培训和活动（如图 7）。学生认为对他们的学术成绩的影响因素按程度高低依次是电子期刊和学位论文数据库、研习空间（自习室）、纸本图书报纸、研究空间（研讨室）、电子图书、培训和活动（如图 8）。

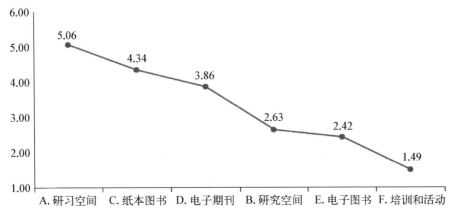

图7　图书馆的设施和服务对学生学业成绩的影响程度排序

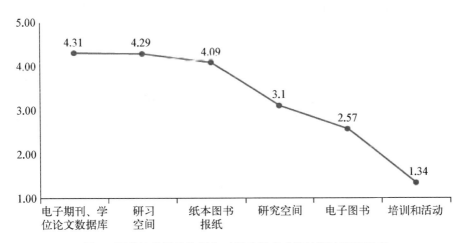

图8　图书馆的设施和服务对学生学术成绩的影响程度排序

四、结论

从学生学业成绩与图书馆资源利用情况的数据分析中可以得出，学业成绩越是优异的学生到馆次数越多，利用图书馆的时间越长，但借书的数量不一定越多。这就说明了图书馆不再仅仅是藏书中心，而是逐渐转变为学习空间。除了图书，学生更多地在利用图书馆的空间和服务。图书馆要不断转型创新，在保证优质图书文献服务的基础上，不断开拓研习空间、创客空间等新型服务。

从学生学术论文发表与图书馆资源利用情况的数据分析来看,学生论文发表与到馆频次、到馆时间没有关联性,对学生论文发表影响最大的因素是对电子资源的利用程度。现在图书馆购买供全校师生使用的数据库在学校里都可以进行访问,校外还可以利用VPN进行访问,所以利用电子资源不必到馆。学术成绩越优异的学生对电子资源的利用率越高,因此,保证丰富、优质的电子资源对学生的学术成绩至关重要。

在我们的调查中,绝大部分同学认为图书馆对他们的学业成绩和学术成绩的影响有很大关系。纸本图书报纸、数据库、研习空间在学生的学业学术发展中缺一不可,并且越优秀的学生对这些资源的利用程度越深;研究空间、培训和活动对学生的发展也呈现越来越大的关系,对学生学习和学术中的小组讨论和灵感激发有重要的作用。

基于以上研究,我们对上海大学图书馆未来的发展,提出了如下几点建议。

(1)纸本资源与电子资源同等重要,二者在学生所在的不同学习场景中分别发挥着不同的作用。学生在进行基础理论的深入学习时更喜欢使用纸本图书和纸本期刊,在进行论文写作学术研究时更喜欢电子图书和电子期刊。所以,可以根据学生的实际使用情况,利用大数据分析学生的检索、借阅、在线阅读、下载等行为习惯,购买适合的优质的纸本资源和电子资源,满足学生的不同需要。

(2)空间的升级再造。空间再造是近年来图书馆界讨论和研究比较热门的话题。从我们的研究中也可以看到,研习空间和研究空间深受学生们的喜爱,并且在他们的学业和学术成绩中发挥着重要的作用。因此,我们建议可以通过高密度存储库等适当减少藏书空间,来建设更高层次的开放共享空间、创客空间、演讲练习室、咖啡馆等,这在我们之前的研究中也有很多同学提出要求,为学生的创新发展提供更好的服务。

(3)图书馆定制化服务的开展。学生有不同的类型,他们的发展道路也有不同的规划,有研究型、有探索型、有沟通型。针对不同类型学生的不同需求,资源、服务方式和空间提供都应该不同。我们需要通过大数据分析,来为学生提供不同的服务,满足他们的需求,提高他们利用图书馆资源的效能和体验感。

总而言之,图书馆的未来一定是智慧图书馆,不再是传统的藏书楼,而是一个全新的知识空间。学生到图书馆也不再只是为了看书,他们有思考、讨论、演讲练习、身心舒畅等更多的需求。我们的图书馆应该走向内涵式发展，重在提供有品质的、智慧化的新型服务，这是建设"双一流"大学的需要，也是图书馆未来发展的需要。

参考文献

[1] 吴英梅,何璨.高校图书馆对学生学业科研影响的实证研究——以北京师范大学为例[J].图书情报工作,2014,58(20):73-77+90.

[2] 刘欢,卢蓓蓉,任友群.数字化时代学生图书馆访问行为与学习绩效的关系[J].现代远程教育研究,2014(4):80-88.

[3] 王丽艳.图书馆资源利用对大学生学业成绩的影响研究——以南京三所高校为例[J].数字图书馆论坛,2013(9):27-31.

[4] 吴英梅.国外高校图书馆对学生学业影响的评估研究[J].图书情报工作,2013,57(5):11-15.

[5] 周廷勇,周作宇.高校学生发展影响因素的探索性研究[J].复旦教育论坛,2012,10(3):48-55+86.

[6] 黄婧.国外高校图书馆成效评估研究及对我国的启示[J].图书情报工作,2011,55(23):64-67.

高校图书馆空间服务研究与探索
——以上海市 31 所高校图书馆为例

◎ 黄江荟　陆文婷　季颖斐*

> **摘　要**：本研究为了解上海市高校图书馆空间服务现状，以上海市 31 所高校图书馆为调查对象，通过网络调查法、文献调研、内容分析等研究方法获取相关信息，对上海市各高校图书馆的空间服务相关内容进行调研与统计，以了解上海市高校图书馆空间服务情况并进行分析，进而探索高校图书馆空间建设路径。
>
> **关键词**：高校图书馆；空间服务；第三空间

在传统图书馆空间变革的背景下，图书馆早已脱离了单纯的借阅和自习的场所形象，逐步拓展成为一个展示、互动、融合的多元信息分享空间。图书馆空间作为除居住空间和工作空间之外的"第三空间"，其空间价值以及读者的空间体验不断被强调。现代图书馆从为藏书、设备和相关物理设施而设计向注重为人、社群成效、经验和创新而设计转移，是一个国际性趋势[1]。未来图书馆新空间将蕴含更多的场所价值和服务价值，而随之而来的空间服务也将成为现代图书馆服务发展的新趋势。高校图书馆作为学校的文献信息资源中心，旨在支持学校科研、教育与文化传承[2]。为积极适应图书馆变革的新变化，高校图书馆将更加关注为用户的教学和科研需求提供更优质服务。在深度了解读者行为模式和需求的动态变化后，以用户为中心的空间服务成为高

本文系上海大学图书馆科研项目"高校图书馆打造'第三空间'的实践与探索"研究成果之一。

* 黄江荟，上海大学图书馆助理馆员，研究方向：图书馆管理；陆文婷，上海大学图书馆助理馆员，研究方向：图书馆管理；季颖斐，上海大学图书馆馆员，研究方向：图书馆管理。

校图书馆在新时代背景下的重要转型点。

一、上海市高校图书馆空间服务概况

为研究上海市高校图书馆空间服务现状,本文以上海市31所高校图书馆为调查对象,主要采取了网络调查法、文献调研、内容分析等方法获取相关信息,对各高校图书馆的实体和虚拟空间服务进行调研与统计,调查时间截止到2021年12月。

(一)实体空间服务

从实体空间来看,按照空间服务属性可以将高校图书馆的空间服务分为基础空间服务、共享空间服务及第三空间服务。基础空间服务主要是以图书阅览、读者休息等目的,提供场地、设施设备和馆藏资源为服务内容的传统空间服务。共享空间服务是以资源共享为理念,具有开放、共享、合作、协同的基本特征,为读者整合信息资源,适应协同学习、共享研究的空间服务[3]。第三空间服务作为基础空间服务和共享空间服务的衍生和拓展,更加强调促进人与人之间的精神共同体形成的过程中体现出来的文化属性,并且能够激励人们不断学习、创新和追求的特色空间服务。

1. 基础空间服务

从物理空间、设施设备和馆藏资源这三方面,上海市31所高校图书馆基础空间服务情况见表1。

表1 上海市高校图书馆基础空间服务情况

分类	分项	数量(个)	占比(%)
物理空间	阅览区	31	100.0
	电子阅览区	30	96.8
	个人独立学习小间	12	38.7
	24小时自修室	11	35.5
	借阅咨询服务台	31	100.0

续　表

分　类	分　项	数量(个)	占比(%)
物理空间	自助借还区	22	71.0
	自助复印打印区	21	67.7
	24小时自助还书区	14	45.2
	读者休息区	27	87.1
	咖啡吧	7	22.6
设施设备	检索机	29	93.5
	自助借还机	22	71.0
	自助文印机	22	71.0
	自助借书机(电子书)	24	77.4
	自助预约柜	6	19.4
	自助选座机	22	70.9
馆藏资源	纸质书刊	31	100.0
	音像资料	30	96.8
	特色馆藏	20	64.5

现代图书馆成型伊始,高校图书馆基础空间服务一般由阅览区域、自修区域、服务区域及休闲区域的物理空间、设施设备及馆藏资源所构成。每一所上海市高校图书馆均设有阅览区,从各类学科阅览室到综合阅览室,从一体式开架阅览区域到特色馆藏区域,在这些馆舍内通过设置阅览座位以提供阅览空间,这些最基本的图书阅览自修空间是高校图书馆不可或缺的。几乎所有高校都保留了电子阅览区,包括电子阅览室和大厅或过道处设有的读者用机,为读者提供资源查询、阅览、下载等服务[4]。除传统读者自修场所之外,不足2/5的高校图书馆在新馆建设或旧馆翻新的过程中,更加细化和人性化,设立了个人独立学习小间和24小时自修室,例如,复旦大学图书馆、上海大学图书馆、上海海事大学图书馆等高校图书馆为满足读者通宵自习的需求,都在图

馆提供了24小时开放的学习空间。大部分高校馆为满足读者自我服务的需求,在馆内设立自助服务空间,提供如检索机、自助借还机、自助复印打印机、自助借书机、自助预约柜、自助选座机以及24小时自助还书箱等读者自助服务设施设备。在实体馆藏式微的大背景之下,有六成以上的高校图书馆以其独特的专业背景、历史人文、物产资源等为综合因素,深入考量各种独具特色的文献资料,经过长期发展和总结,形成具有一定规模、结构完整、独具风格的特色馆藏资源[5]。如上海交通大学图书馆李政道特藏书库、复旦大学图书馆《复旦》校刊特色馆藏、上海对外经贸大学图书馆的WTO文献特色馆藏、上海音乐学院图书馆的华人作曲家手稿典藏、上海中医药大学图书馆中医药古籍特藏等。

2. 共享空间服务

共享空间是图书馆适应从"文献服务"到"信息服务"再到"知识服务"发展趋势而产生的新服务模式,以满足读者对信息资源、信息技术、协作环境和学习指导的综合需求,是当前图书馆空间服务的核心[6]。通过上海市31所高校图书馆共享空间服务情况的调研(见图1)可以看出,随着图书馆信息化、网络化、数字化不断推进,高校馆共享空间服务通过整合空间、资源和技术为一体形成共享空间,让读者可以在这样的一个空间环境下开展协同学习、信息分享与研究学习,绝大多数高校馆已构建不同形式的共享空间,如研讨室、沙龙(活

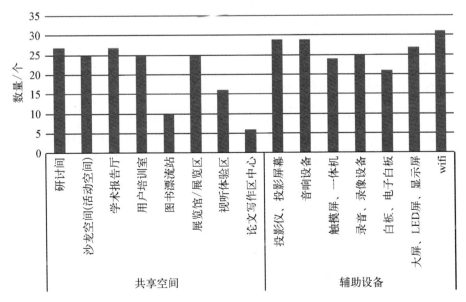

图1 上海市高校图书馆共享空间服务情况

动)空间、学术报告厅、用户培训室等。并且利用走廊、大厅、墙壁和角落等区域设置展览区,甚至专门设立展厅或展览室。同时,与共享空间相匹配的投影仪、音响、一体机、大屏白板等辅助设备也伴随配置到位。另一方面基于wifi的移动通信、RFID的无线射频技术等,让物联网技术为图书馆的空间服务更加便利和快捷[7]。但是,仅有一半的高校图书馆设有视听体验区,而由嵌入式教学及写作服务衍生出的论文写作中心更是只有少数几个高校图书馆有所设立。

3. 第三空间服务

作为社会空间中除家庭环境和职场环境之外的第三空间,高校图书馆则是大学校园中第三空间的最佳载体。笔者认为蕴含其中的第三空间服务主要包括两个方面。

一方面,高校馆的第三空间是指契合校园特色文化,注重特色文化熏陶,体现休闲交流所打造的内在空间,能够让读者在其中放松自我、体验生活艺术以及感受历史的文化空间[8]。例如,华东师范大学图书馆的天堂电影院和星光小剧场,上海交通大学图书馆的孔子学堂、法国文化角和瑞典文化角,同济大学图书馆的闻学堂,上海大学图书馆的伟长书屋和匡迪书屋,复旦大学图书馆的毅公书屋、望道书屋和卿云书房。大部分上海市高校图书馆的文化空间是融合特色校园文化,集中文献借阅、展示、研讨和休闲功能于一体,提供面向全校师生进行文化传承创新教育与传播的空间服务。

另一方面,高校馆的第三空间服务还包括通过建设创客空间以拓展教育,激励读者创新研发的创意空间服务[9]。在上海,仅有五所高校图书馆具备或者部分具备创客空间服务,大多以创新体验服务、新技术新设备试验以及创意空间体验等提供相近或类似的创客空间服务。譬如,复旦大学图书馆医科馆的新技术体验区集合了医学VR游戏、人体器官模型AR展示、3D鼠标模拟临床操作以及3D扫描仪和3D打印机等多种体验项目,在这里读者们能切身感受这些新技术在医学实践中的应用。少数通过产学研一体或校企合作模式建设创客空间。如上海交通大学图书馆打造的"交大——京东创客空间"是校企合作的一种实践模式,是一个集创客空间、创意互动研修基地、24小时阅览室等多功能于一体的交流空间,提供创业平台资源共享、智能新品发布推广等体验。

(二)虚拟空间服务

根据虚拟空间的构成,可以从服务、资源和载体三个层面对其进行分析研究。在服务层面上,虚拟空间服务由咨询服务、情报服务、学科服务、信息素养培训等图书馆信息服务构成。

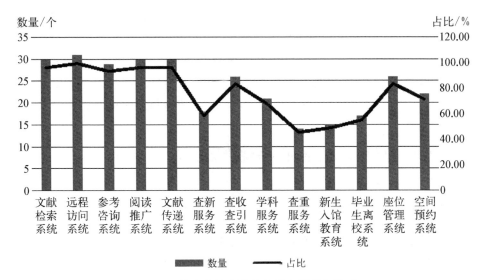

图2 上海市高校图书馆虚拟空间服务情况

虚拟空间服务是伴随着信息化和网络化发展而产生的一种新的服务形式,大部分高校馆已经实现图书馆传统咨询服务虚拟网络化,使得图书馆服务更加便捷、更加开放。从图2可以看出,在服务层面上,拥有新生入馆教育系统、毕业生离校系统、座位管理系统、空间预约系统这些虚拟自助服务平台的高校馆数量超过一半以上,这将实体空间和虚拟空间连接了起来,极大地方便了读者。而远程访问系统,特别是在疫情出现后,变成了所有高校馆的必备项,为虚拟空间服务提供了通路[10]。

在资源层面上,各高校图书馆在不断加大数字资源的投入和建设,丰富其馆藏数字资源,并在此基础上求同存异,围绕学校重点学科和优势专业,积极构建特色数字资源,很好地服务了教学和科研发展的需要。如复旦大学图书馆民国书刊全文数据库、印藏数据库、顾维钧数字档案数据库、校刊数据库、当代中国社会生活资料数据库、简帛字词数据库、陆谷孙在线汉英词典数据库等。

在载体层面上,高校图书馆虚拟空间服务以微信、微博等新媒体为载体,拓展了高校馆的虚拟共享空间。一方面,几乎所有上海高校图书馆都申请了本馆的微信公众号,作为高校图书馆展示的开放互动平台,让更多读者全面了解图书馆、方便使用图书馆，从而提高馆藏资源利用率，充分发挥图书馆思想引领、知识传播、文化传承、服务师生的职能，落实高校立德树人根本任务[11]。仅有一半的高校馆拥有官方认证的微博，且绝大多数的高校馆微博活跃度较低。另一方面，超过50%的高校图书馆还会利用各类咨询服务群，为不同需求层次的读者提供互动、快捷的服务，大大提高了信息咨询服务的效率。但在收集资料过程中，还是发现大多数高校图书馆存在空间服务栏目显示度不够、主页的相关内容更新滞后、没有形成完善的空间服务体系等问题。

二、上海市高校图书馆空间服务现状及思考

（一）实体空间服务与虚拟空间服务相辅相成

受数字化的影响、图书馆本身服务的深化、读者需求的多样性、教学方式转变等影响，高校图书馆从传统定义中物理馆藏的保存空间，变成具有多样化功能的服务空间[12]。高校图书馆的空间改造将实体空间服务和虚拟空间服务连接起来，是图书馆在新常态下探索空间转向与价值承载的发展需求。越来越多的高校图书馆开始从传统的借阅时代发展到以知识交流、读者互动和读者需求为目标的知识共享时代，充分发挥了图书馆空间利用在高校人才培养中的服务效率和价值。

在图书馆空间再造运动的影响下，一方面，上海市部分高校图书馆通过实体空间改造，缩减纸本馆藏存储空间和新建更新共享空间，使得实体空间功能更加多样化。另一方面，各种虚拟空间不断建立，补充和开拓了图书馆服务的广度。实体空间服务与虚拟空间服务相辅相成，平衡传统藏阅服务和拓展新兴空间服务。

（二）空间服务缺少知识内容填充

为了满足读者学习、交流、体验、互动、休闲和创新等需求，高校图书馆空间服务的核心在于将空间、资源和服务有机结合，注重共享、协同、多元、舒适和人文理念的融合，打造成为学习中心、知识中心和文化中心，实现信息共享到学习共享、知识共享的发展。但调查结果显示，不少高校图书馆的空间服务更多关注于提供一种物理空间场所服务，着重于场地、设备和设施的管理及使用，变成了一种集设备、设施空间和资源简单配置于一体的共享利用模式，缺

乏对知识内容的有效整合融入,从而使提供的空间服务成为类似于共享经济的共享场地服务。这并不能体现图书馆空间服务的知识服务属性,最终将导致图书馆沦为共享空间场地管理者的角色。

(三)第三空间服务建设薄弱

大部分上海市高校图书馆的第三空间服务建设薄弱。一方面,在意识上,高校图书馆的文化空间和创客空间还属于新生事物,大部分高校馆还停留在完善共享空间服务建设的阶段,并未重视第三空间服务的延伸与拓展。另一方面,第三空间服务的建设与维护需要一定的经费、资源和人员,而大部分高校图书馆的经费大多用于文献和数字资源的购入,在完善共享空间服务方面已经捉襟见肘,不足以支持第三空间服务的建设。高校图书馆的第三空间服务在实际运营和创新服务实践过程中存在一定的困境。

三、高校图书馆空间服务建设路径的探索

(一)升华理念拓展高校图书馆职能思路

伴随着高校图书馆基础职能竞争力减弱和功能拓展缺失越发明显,时代变化赋予了高校图书馆空间新的功能内涵。越来越多的高校图书馆已经开始从传统的借阅时代向以注重知识交流、读者互动及读者需求的知识中心发展,发挥图书馆空间在高校培养人才培养方面的服务效能和价值。因此,高校图书馆需顺应时代发展,充分认识图书馆第三空间服务在创新人才培养方面的重要性,树立"开放包容、互联共享"的理念,精准捕捉多元化用户特征,形成以需求为导向的服务策略,调整高校图书馆职能拓展思路,发挥高校图书馆的空间价值,为高校教学科研活动提供高质量的信息知识服务。

(二)结合自身特色深度打造空间服务

高校图书馆空间服务建设以本校本馆的特色文化为切入点,因地制宜,充分利用本地资源,加强拓展图书馆空间的外延建设,创造独特的空间。在构建高校图书馆空间服务体系中,应着重于空间服务的深度建设,结合文化内涵充实服务内容,不可浮于表面、流于形式。高校图书馆的第三空间服务不应被动提供信息,而应通过新技术、新设备、新应用等手段变被动为主动,充分调动大

学生的主动性和创造性,引导大学生实现从协作、共享、交互式学习到创新、创造式学习转变,使他们积极参与知识再造和知识创造的全过程[13]。

(三)构建展示平台提升高校图书馆空间服务影响力

好酒也怕巷子深,好空间也要会吆喝。在现代信息社会中,图书馆空间品牌推广与服务质量的地位同样重要。高校图书馆花费大量资源打造的空间往往会"束之高阁",面临无人问津的窘境。因此,图书馆将推广空间服务或者展示空间服务成果作为图书馆空间服务的重要工作内容,促进读者用户对图书馆空间的认同,激发用户保持创作热情。通过微信公众号、网页专栏、馆舍屏幕等多平台、多渠道地推广,主动争取潜在用户,提升高校图书馆空间服务影响力。

(四)促进多方合作实现高校图书馆资源共建共享

高校图书馆在学科建设、信息资源建设等方面存在共性,在空间服务建设上也可促进校与校之间的合作,形成做到资源共建共享,合理分配、联合互助的联盟模式[14]。例如上海高校图书馆跨校借阅服务平台——慧源跨阅,以图书借阅为基础,以服务共享为支撑,推动各校学术交流和信息互通以及知识共享,逐步形成跨校学习社区,为联盟图书馆的师生提供优质资源和学术服务。此外,高校图书馆还可以通过与学校实验室或生产企业、工厂车间进行合作的方式,使用户不再局限于因场地、资金等原因缺乏设备的"有限"创客空间,从而更好地满足创客用户对大型、高价值、精密仪器设备的利用。这不仅充分发挥高校图书馆在创新人才培养体系中的支撑作用,同时还推动了图书馆空间服务的持续和健康发展。

参考文献

[1] 走向第三代图书馆[J]. 吴建中. 图书馆杂志,2016(6).

[2][14] 刘妍,柴玉燕. 高校图书馆空间再造与创新服务:现状·问题·思考[J]. 图书馆学刊,2021,43(11):35-39+102. DOI:10.14037/j.cnki.tsgxk.2021.11.007.

[3][8] 罗铿. 高校图书馆空间服务现状调查与分析——以教育部直属高校为例[J]. 图书馆学刊,2018,40(8):95-99+142. DOI:10.14037/j.cnki.tsgxk.2018.08.021.

[4][7][10] 刘田,陈刚,曾金晶. 福建省高校图书馆空间服务调研与分析[J]. 兰台内外,2021(4):46-48.

[5] 李小红.图书馆特色馆藏建设的必要性和基本途径[J].办公室业务,2020(16):61+70.

[6] 张春红.新技术、图书馆空间与服务[M].海洋出版社,2014:60-61.

[9] 陶蕾.创客空间——创客运动下的图书馆新模式探索及规划研究[J].现代情报,2014(2):52-57.

[11] 羊漾.全媒体时代公共图书馆媒介宣传推广工作的创新探析[J].文化创新比较研究,2021,5(2):196-198.

[12] 李利娟.基于用户体验的民办高校图书馆空间再造实践——以广州工商学院图书馆为例[J].内蒙古科技与经济,2020(17):146-148.

[13] 王飞娟,张泉."双一流"建设背景下高校图书馆空间服务思考[J].河南图书馆学刊,2021,41(5):41-43,48-52.

基于同伴教育的高校图书馆一对一写作辅导实践与策略研究

◎ 张荣佩*

> **摘　要**：学术写作是高校人才培养的重点与难点，本文探索国内高校图书馆同伴学习服务的实践路径，为高校图书馆深入开展个性化学术写作支持服务提供参考。以上海大学写作中心利用同伴导师开展一对一学术写作辅导服务为例，探讨同伴导师在招募、培训、激励等方面的实践经验。研究发现，建立具有完善的组织架构的写作中心，是写作辅导服务的基础，图书馆应积极寻求合作，以融合多方力量构建新型服务机构。在培训上要善于整合校内课程等已有资源，设立分阶段、系统化培训；在宣传上应优化宣传策略，注重展示同伴服务的优势。以此为基础设立图书馆写作服务分步发展策略。
>
> **关键词**：写作中心；高校图书馆；同伴教育；图书馆服务；写作指导

高校图书馆作为学生的"第二课堂"，正不断拓展其服务模式与类型，以期在高校人才培养中发挥重要作用，提升高校图书馆的影响力与未来发展空间。近年来，教育部对高校教育质量特别是论文写作的质量颇为关注，高校对于学生的学术写作能力有着更高的要求与期待[1-2]，这既是人才培养的重点，也是其难点。对高校学生的写作现状调研表明[3]，研究生普遍面临学术写作困境，且对学术写作课程指导的满意度欠佳，为学生提供深入的、个性化的写作支持服务面临着巨大的需求。高校图书馆普遍意识到这个问题，通过专题讲座、课

---

* 张荣佩，上海大学图书馆助理馆员，研究方向：图书馆服务。

程嵌入在学术写作支持上不断探索。但学术写作指导是一个持久的过程，不同写作阶段的需求差异大，这对馆员的学术素养、研究能力与时间精力都是一种挑战。而多数图书馆面临着研究型馆员稀缺、学科背景较为狭窄、人手不足等问题，为学生提供个性化的写作服务显得力不从心。

面对这样的现实状况，许多图书馆工作者已经有意识利用同伴教育的优势。同伴教育（Peer Education），也译为"朋辈教育"，是指年龄相仿、知识背景相近的同伴，利用同伴压力的积极影响，传播知识与技能，从而实现教育目的的教育形式[4-5]。根据利用同伴开展的服务内容的不同，张海玲将同伴教育分为三个阶段：即第一阶段为同伴咨询；第二阶段以同伴培训与同伴宣传为主；第三阶段为同伴学习。她认为图书馆的资源与服务的根本目的即促进学生的学习与研究能力，因此"同伴学习模式是同伴教育最重要和最根本的模式"[6]。国内图书馆已将同伴咨询、培训和宣传广泛应用于入馆教育、图书馆资源服务和信息素养教育中，而高校图书馆的写作支持服务多以馆员或者与学院教师合作辅导为中心，还没有重视同伴教育的积极作用。因此，如何基于同伴教育开展写作支持服务，探寻同伴学习的有效实践模式是亟待研究的问题。

一、国内图书馆相关研究综述

同伴教育中传递知识、提供教育技能的一方通常被称为同伴导师或朋辈导师（Peer Learning Facilitator）。国内研究中有部分案例中"学生馆员""培训大使""兼职学科馆员"等，在称谓上不涉及"同伴"，但服务实质符合同伴教育理念，而利用勤工俭学助管来分担馆员基础性业务工作则不属于本文所述同伴教育的研究范畴。

国内研究对海外高校图书馆同伴教育案例的介绍较为丰富[7]，其研究显示欧美等国外高校提供一对一同伴写作辅导服务较为普遍，多以设立写作中心、学习支持中心等专门机构开展写作支持服务；其次，部分研究者基于国外案例探讨国内实施同伴教育的策略构想[12]，这对国内开展同伴教育在组织管理、招募培训和考核激励上提供了理论支持和策略建议。

在实践层面，根据 2018 年对国内高校图书馆的同伴教育现状调研，目前图书馆的同伴教育还处于探索阶段，有意识地开展同伴教育服务的图书馆较少，且主要以同伴宣传、简单同伴咨询、同伴培训为主，鲜有同伴学习服务[4]。国内高校图书馆同伴教育的实践内容主要涉及入馆教育、阅读推广、简单咨询、信息素养课程或讲座[14]，在同伴教育的诸多创新实践中都有涉及学术写作的部分内容，如华南农业大学的"微课堂"案例[22]，首都师范大学的"朋辈风采讲堂"[23]等案例中其形式为同伴导师开展一对多的单次写作主题讲座。其中不乏利用同伴培训开展针对特定学科的写作主题讲座，这体现了同伴学习模式在学科针对性上的优势。

根据2017年对北京大学、上海交通大学、武汉大学等高校图书馆的写作培训调研，提供写作指导服务的图书馆比例约为25%，服务方式多以选题、文献综述、学术规范、排版投稿等为主题开设相关讲座培训[24]。南方科技大学图书馆的"写作与交流"课[25]、西南交通大学通过阅读与写作中心开展写作辅导[26]等案例，提供了写作与信息素养课程结合的教学实践，上述研究中提供写作支持的队伍仍以馆员或学院教师为核心。

总的来说，近年来高校图书馆积极发挥同伴力量在同伴咨询、宣传与培训方面开展教育实践，并逐渐重视对写作支持的研究与探索，已有部分高校开始设立写作中心等专门服务机构，上述研究者也或多或少提出了对写作服务差异化的需求。高校图书馆在开展同伴服务上具有先天的人才优势，但由于对同伴导师的培训时间长、招募标准高、组织管理难等现实问题，国内高校图书馆在同伴提供个性化写作服务上还缺少案例支持。

本文将通过介绍上海大学写作中心写作服务方式，并从同伴导师的招募、培训、管理激励三个方面展开，梳理其实践经验，总结高校图书馆利用同伴学习的策略及方法，为高校图书馆开展个性化学术写作支持服务提供参考。

二、上海大学写作中心一对一同伴写作服务案例

（一）上海大学写作中心简介

无论是基于国外高校图书馆的经验，还是国内写作服务目前的痛点与难点，尽快在国内高校建立写作中心等专业机构，被相关研究者认为是行之有效的解决方案[7]。上海大学图书馆馆员于2018年在美国加州大学洛杉矶分校的实地调研中，考察其写作中心的运行模式，而后在校内提出倡议。经过对本校学生、教师的访谈，对校内的写作需求进行了初步调研，同时对馆内空间进行适应性改造，图书馆于2019年10月联合研究生院成立上海大学写作中心，整合图书馆及各院系部门的写作支持服务，提供一对一写作辅导、信息素养专题讲座、英

文学术工作坊与年度竞赛论坛,其中一对一辅导中包括同伴辅导与专家问诊。

图1为写作中心组织架构图,其中指导委员会负责培训同伴导师,同时根据需求提供讲座、短期写作工作坊和专家问诊服务;学生协作组协助写作中心日常工作,主要担负同伴宣传与同伴咨询的职责,如服务咨询、宣传文稿、同伴导师的排期及预约等;而同伴导师则是提供一对一写作服务的主体。

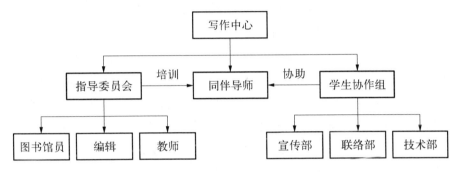

图1　写作中心组织架构图

(二)一对一同伴写作服务的方式与原则

同伴导师服务方式为线下一对一指导,每次的辅导时间为50分钟,被辅导者主要通过电话、邮件预约,后续完善了网站预约系统。同伴导师与被辅导者双向选择,被辅导者根据同伴导师简介与服务时间选择导师,选择后需要发送待指导文稿。导师可以根据文稿内容确认是否接受预约,避免遇到无法指导的论文内容。写作中心特别强调写作文稿不限制必须为完成稿,鼓励被辅导者在写作初期来寻求写作中心指导。

写作中心的服务原则结合了加州大学洛杉矶分校写作中心的同伴辅导原则[27],以及上海大学写作中心指导委员会的意见,其服务目的在于通过服务引导学生能够真正提高自身写作能力,而非提供一个免费的改稿校对服务。因此,服务原则遵循以下三个方面:

(1)适度辅导:同伴导师会指出文中出现的具有共性的语法、标点等错误类型,但不会逐字句修改校对学生论文,也不会加入原文中没有的论点;

(2)同伴角色:同伴导师通过充分的阅读与沟通,帮助写作者明确写作目标以及段落叙述目标,同伴辅导者的角色是优秀的阅读者,而不是权威的写作指导者,要鼓励写作者在辅导中积极表达;

(3)诚实原则:提出真诚的肯定与建设性的批评,最重要的一点在于,诚实面对无法解决的问题,帮助并鼓励写作者寻求相应的指导资源,比如导师、图书馆员、课程教师或者写作中心专家问诊。

(三)同伴导师招募

同伴导师来自写作中心指导委员会推荐,由图书馆员进行最后的面试与审核。在写作中心前期调研中,征集了一批各学院、部门中对指导学生学术写作具有经验与热情的教师,共同组成了写作中心管理委员会,委员与图书馆拥有良好合作基础,其中不乏资深教授、学院学术写作课程教师,以及期刊编辑等,他们既熟悉被推荐者的写作水平与研究能力,经过与写作中心的前期沟通,也明确了同伴导师的资质要求。因此,由他们推荐在写作课上经过训练、成绩良好、有过发表经验的高年级研究生及博士生,非常具有针对性。

馆员则主要通过面谈,考察面试者的性格、沟通能力,对他人文章评价的语言是否客观、友好,并对其发表文章的资格水平进行判断。同时,馆员与面试者详细沟通工作要求、时间等需求,确认是否能够长期、稳定地参与同伴导师工作。由于对同伴导师的培训需要花费大量精力,约定同伴导师需要至少为写作中心服务一年。

(四)同伴导师的培训

对于同伴的培训能够使其清楚工作目标与工作方式,是同伴学习有效开展的重要一环。在过往同伴教育经验中,张海玲、赵苹等提到专业培训花费大量精力,不仅没有减轻馆员工作压力,反而增加了工作量[4][21]。为此,上海大学写作中心整合了校内各方资源制定了系统的培训体系,一方面,节约时间与精力,避免重复学习初级知识形成学习倦怠;另一方面,将培训分散在不同阶段,循序渐进,使同伴导师在不同的成长阶段具有不同的培训目标,帮助其逐步成为成熟的同伴写作导师。

表1 同伴导师培训体系

开展时间	培训方式	内容	目标
招募前	学术规范与写作课	论文写作结构、学术伦理规范等	掌握论文写作基础知识与学术规范基础

续表

开展时间	培训方式	内　　容	目　　标
招募后上岗前	馆员培训	同伴服务原则与方式	了解服务原则
		信息素养教育	检索能力、学术规范等
		写作流程管理与时间管理	明确写作阶段目标与时间分配
馆员培训后至工作前期	学术期刊社实习	帮助编辑审核成稿部分内容以及与作者沟通	学习快速、准确地阅读、评估论文的策略,提升与作者的沟通经验
工作后	同伴沙龙专家问诊	与其他同伴导师沟通交流困惑,旁听"专家问诊"	针对性解决辅导中遇到的难题

1. 招募前(条件):学术规范与写作课

学术规范与写作课属于本校研究生必选课,每个学院及图书馆均开设有此课程,报名同伴导师需要该类别课程取得"B+"以上的成绩,有导师或任课教师推荐信优先。此部分培训结合本校课程体系,与课程教学相结合,能够节约培训精力,也保证同伴导师具有基础的论文写作结构、规范等意识。另外,如果面试者发表过高水平论文,经过考察评估可以免除此部分培训。

2. 上岗前:馆员培训

此部分培训通过 10 次系列讲座开展,与图书馆传统信息素养教育工作结合,同伴服务原则与方式仅面向同伴导师,信息素养与时间管理类讲座则对所有师生开放预约。本部分的培训目标除了提升同伴导师文献检索、文献管理等信息素养,熟悉图书馆资源,还补充了在学院与导师教学中容易忽视的论文写作流程与计划等时间管理的内容。

在上海大学写作中心前期调研中发现,在写作中有拖延问题的学生占比为 87.2%,68.5% 的教师表示学生无法合理安排研究与写作周期,这与王莉华等人的调查结果一致[29],拖延与写作焦虑的问题成为学生写作面临的普遍困境。对于这部分难题,学校课程以及导师缺乏科学的指导,说教和督促形成的压力反而容易产生逆反心理。因此,关于写作的时间管理培训非常必要,也很受学生欢迎。培训通过梳理写作流程,讲授时间管理的技巧与工具,并结合学校毕业论文写作与考核的时间节点,帮助学生明确写作阶段与目标。这部分培训有助于同伴导师对于不同阶段的论文进行针对性引导,帮助被辅导者熟悉写作流程,明确阶段任务,因此能够减少拖延行为的发生。

3. 上岗前:写作中心与上海大学期刊社合作开展培训

上海大学期刊社涉及学科领域广泛,由期刊社统一安排同伴导师进入匹配学科的期刊实习四周左右,以练代学对于同伴辅导能力提升很快,尤其是关于投稿与发表的要求。由学术期刊编辑带教同伴导师进行实习,帮助同伴导师尽快进入工作状态,学习快速、准确地阅读、评估论文的策略,提升与作者沟通的能力。

4. 上岗后:同伴导师进行一对一辅导工作

经过上述培训,同伴导师已经可以进行一对一辅导工作,但在工作中必然会遇到培训没有涉及的复杂问题。因此,在服务开展一段时间后,写作中心组织同伴沙龙进行分享,让同伴导师共同交流写作辅导中遇到的问题与经验,为后续培训内容的改进提供参考。另外,对于辅导难度较高的论文,同伴导师可以推荐给"专家问诊"服务,该服务由中心指导委员会的资深教授、写作课教师开展,而同伴导师通过旁听来学习教授对该论文的指导,与教授交流学习。

(五)同伴导师的激励

以往同伴教育案例的研究表明,同伴导师因为升学就业的流动,以及激励不足导致的积极性流失是普遍存在的问题[21]。上海大学写作中心在实践中发现,一方面,积极性较好的同伴导师多为写作中心指导委员的学生,原因在于导师了解写作中心工作对学生学业研究的促进与提升,能够对同伴导师的工作给予理解和支持。因此,邀请其导师加入指导委员会能够有力促进同伴导师工作的稳定性。另一方面,提供有竞争力的津贴也是激励的重要手段,因为同伴导师服务的标准要求较高,上海大学写作中心同伴导师有三位是在读博士,因此其服务的津贴应与勤工助学津贴标准有显著区别。除此之外,写作中心将为培训合格的同伴导师颁发写作辅导证书,以及为优秀的同伴导师提供年度荣誉与奖励。

(六)同伴写作服务的实施效果

对于被辅导者而言,同伴辅导服务的参与积极性与满意度较高。校内问卷调研显示愿意参加的学生达到99.8%。根据双向选择,辅导论文涉及力学、通信工程、美术学、影视学、外语等学科。通过服务后的同伴交流，被辅导学生认为与同伴导师沟通压力较小，更能够表达自己的想法，这与同伴辅导的优势相吻合，对于"该服务是否能为处于不同写作阶段的写作者提供个性化辅导"，被辅导者均表示认可。比如针对投稿指导来说，被辅导者认为同伴导师更为了解本学科期刊投稿的难度、发表周期等细节，经过馆员关于期刊评价的培训后，能够根据辅导者需求提供切实有效的建议。

对于同伴导师而言，使其体会到参与写作指导的荣誉感以及成长性是其持续参与的重要环节。同伴导师在同伴沙龙中提到，系统的培训对于牢固基础知识、提升学术阅读能力、学术写作规范以及时间管理、投稿、沟通等综合素质都具有积极的影响；与被辅导者的深入交流也能促进其跨学科的研究与知识提升，有利于其学术成长。目前，已有被辅导者经过辅导发表了高水平论文，而后也成为同伴导师，其成长路径显示出一对一写作辅导的有效性及可持续性。

对于馆员及合作部门工作者而言，馆员与期刊编辑的培训与业务工作结合紧密，一方面没有增加过多额外压力，另一方面也能推广和促进业务工作。例如馆员培训的公开部分，为信息素养讲座提供了有力的补充，写作主题讲座相比原有的信息素养讲座，参与人数有了显著提高。编辑实习工作则为期刊编辑提供了高质量的实习生源，能够减轻一部分业务压力，达到了互利共赢的局面。同伴导师不仅拓展个性化写作辅导的学科范围与人力资源，甚至在学科知识与科研工具的利用方面，能够帮助馆员和教师继续学习。

对学校和图书馆而言，写作中心服务不仅提升了参与学生的学术规范性与学术写作质量，更提升了读者对图书馆的满意度，在人才培养与学术交流方面彰显出图书馆的育人价值。

（七）实践中的问题

一对一写作辅导的开展不仅需要时间上的匹配，更需要同伴导师与被辅导者能力和需求的准确匹配，且同伴辅导的原则、方式与教师"家长式"指导的差别较大，在国内高校的推广与接受还存在一个过程，因此，对服务的宣传推广，丰富同伴导师的资源也将是本文后续研究的着力点。另外，受限于人力资源，辅导结束后对被指导论文的导师评价、发表追踪等调研难以长期跟进，后期将尝试通过写作中心预约平台建设完善服务评价、与校内成果平台的对接等方式激励用户评价。

在发展初期，写作中心同伴导师与预约辅导的人数和学科尚不能平衡，许多预约不上的学生期望能够旁听写作指导，但被辅导者考虑到未发表成果的知识产权，不希望有旁听人员，对提前发送初稿也表示担忧，这为服务的记录和宣传都带来一定难度。但是这也显示出同伴辅导中确实可能存在学术诚信隐患，虽然目前由于范围较小、同伴素质较高，尚未发生问题，但在同伴学习中学术成果的保护是一个亟待研究的问题。

三、经验启示

（一）组织策略：寻求合作，整合资源

为保证同伴导师核心服务的开展，应有完善的组织机构支持其服务开展。上海大学写作中心以指导委员会指导同伴导师，以学生协作组协助同伴导师进行宣传、预约等工作，进行了分级分类工作支持。特别是指导委员会，对于同伴导师的招募、培训以及激励发挥着重要作用，而指导委员会的建立需要高校图书馆广泛寻求合作，尤其是与研究生院、教务处、学生培养发展中心等具有教育培养任务的部门合作。

一对一写作指导工作学科差异大，服务嵌入深，在写作服务发展初期，学校对于图书馆能够承担的教育任务难免信心不足，这种情况下难以得到专有经费与人力支持。但图书馆作为学校的文化交流空间，也是学术交流的阵地，具有资源整合的优势，图书馆应该有信心做好"主持人"的工作，寻求目标一致的合作部门，整合资源，先对服务模式摸索初探，具有一定的成熟经验后，进一步成立写作中心等完善的组织机构，不仅能够丰富不同层级的写作服务类型，更能够在资金和人力上获得持续支持。

（二）培训策略：结合校内课程等资源，分阶段系统化培训

系统深入的培训是同伴学习服务有效开展的重中之重，高校图书馆应结合学校课程、各部门业务工作，设计一个系统、全面、高效的培训体系，并逐步规范培训手册与教程，形成标准的培训流程。在培训方式上，以校内课程为培训基础能够较大节省培训精力，国外高校招募同伴写作导师也广泛采用此方式。在培训内容上，除了写作基础、信息素养、沟通能力等方面，也包括时间管理与写作流程的培训，一方面，能够帮助同伴导师清楚被辅导者所处的写作阶

段,进而设计有针对性的目标与规划;另一方面,能够提升同伴导师的时间管理能力,从而使其更好地平衡自己的学业研究与写作中心的工作,缓解其学期末、开题、答辩等阶段性的学业压力,以提升同伴导师工作的稳定性。

(三)宣传策略:优化宣传,展示同伴优势与成长

同伴学习服务的核心即优质的同伴导师。首先,写作中心需要吸引高质量学生,应通过荣誉、津贴、学术成长等全方位激励同伴导师,因此在宣传中要突显其个人成长与获得感,这将为后续同伴导师的招募带来积极的影响;其次,同伴写作辅导与商业写作公司的校对服务、导师的专业指导有很大区别,在国内高校也不甚普及,因此应通过前期宣传帮助被辅导者了解同伴辅导的服务原则,以节省同伴导师的沟通精力;最后,应通过讲座、简历展示等多种途径充分展示同伴导师的辅导能力与服务范围。前期问卷调研中,有30.1%的学生以及39.3%的教师对同伴服务的担忧在于其指导写作的能力,因此宣传展示同伴导师的指导能力,对于工作的顺利开展至关重要。国外一些写作中心的同伴导师页面介绍如美国加州大学洛杉矶分校,其同伴导师页面介绍其学院、专业、擅长语言、已发表成果等状况,这极大提高了学生选择同伴导师的准确性。

四、结语:图书馆同伴写作服务发展策略

上海大学图书馆写作中心开展一对一同伴写作辅导的案例,是在深挖读者需求的基础上展开的,为学术写作中心的发展提供了本土经验。一对一同伴写作服务的开展,属于同伴学习的深化阶段,应制定循序渐进的发展策略:由小范围到规模化;由个案服务到教学案例数据库、学术交流平台的发展策略。第一步可在小范围的学科院系中进行一对一试点,积累经验,整合校内资源,建立良好的合作基础;第二步是扩大同伴导师的队伍,制定写作流程规范手册,成立写作中心等专门服务机构,建立学术交流的平台,提高图书馆同伴写作指导的影响力;第三步则是收集写作指导案例、写作学习与教学数据,制定写作案例数据库,用于写作教学的研究与提升。这在许多国外高校已经成为现实,如斯坦福大学的写作研究项目、普渡大学在线写作实验室、爱荷华大学写作计划等国外高校的写作资源网站[29-31],这些写作数据库不仅为全球教师与学生提供学习与教学参考,更能够为研究写作教育、写作实践的发展提供

有独特价值的资料,使高校图书馆充分发挥教育支持职能与文化交流职能,成为高校人才培养、学术交流与学风建设的舞台。

参考文献

[1] 中华人民共和国教育部政府门户网站. 国务院学位委员会 教育部关于进一步严格规范学位与研究生教育质量管理的若干意见[EB/OL]. [2022-03-08]. http://www.moe.gov.cn/srcsite/A22/moe_826/202009/t20200928_492182.html.

[2] 中华人民共和国教育部政府门户网站. 教育部教育督导局负责人就《本科毕业论文(设计)抽检办法(试行)》答记者问[EB/OL]. [2022-03-20]. http://www.moe.gov.cn/jyb_xwfb/s271/202101/t20210107_509029.html.

[3] 王雅娇,杨建肖,柯晓静,田杰,石文川. 融媒体时代研究生群体论文写作现状调查及联合培养模式探析[J]. 中国科技期刊研究,2020,31(4):388-394.

[4] 张海玲. 国内高校图书馆同伴教育服务现状调查与发展策略研究[J]. 图书情报工作,2018,62(20):49-56. DOI:10.13266/j.issn.0252-3116.2018.20.006.

[5] 姚玲杰. 同伴教育:高校图书馆服务新模式[J]. 图书馆建设,2012(12):57-59.

[6] 张海玲,柯平. 国内外高校图书馆同伴教育服务研究综述[J]. 图书馆工作与研究,2018(10):31-37. DOI:10.16384/j.cnki.lwas.2018.10.005.

[7] 夏琬钧,高凡,陈晓红,李颖,刘云. 国外高校图书馆写作辅导服务实践及启示[J]. 图书情报工作,2020,64(3):139-144. DOI:10.13266/j.issn.0252-3116.2020.03.015.

[8] 梁少辉. 美国公立大学图书馆本科生服务调研分析及启示——以美国8所大学图书馆本科生服务为例[J]. 图书馆工作与研究,2021(1):63-72. DOI:10.16384/j.cnki.lwas.2021.01.010.

[9] 蒲红斌. 大学图书馆的写作辅导服务[J]. 大学图书馆学报,2013,31(6):29-32.

[10] 明均仁,张石琦,冯兵. 国外高校图书馆同伴教育服务现状及启示[J]. 图书馆工作与研究,2022(1):50-55. DOI:10.16384/j.cnki.lwas.2022.01.008.

[11] 楚存坤,郭克丽,张博文,孙思琴. 加拿大高校图书馆学科服务调查及启示[J]. 图书情报工作,2016,60(2):77-81. DOI:10.13266/j.issn.0252-3116.2016.02.012.

[12] 张海玲. 高校图书馆同伴教育服务模式体系构建研究[J]. 图书馆建设,2018(10):80-85.

[13] 赵梅. 同伴教育:高校图书馆嵌入研究生学科服务新模式[J]. 图书馆学研究,2017(4):85-89.

[14] 陈善礼. 新生入馆同伴教育模式研究[J]. 图书情报工作,2015,59(8):48-53. DOI:10.13266/j.issn.0252-3116.2015.08.007.

[15] 陈晶晶,郭晶,孙翌,刘珊.社群视角下高校图书馆"领读者"阅读推广项目的层级式设计和实施[J].图书馆学研究,2021(12):60-66+93.DOI:10.15941/j.cnki.issn1001-0424.2021.12.008.

[16] 赵苹.高校图书馆读者服务中朋辈教育模式应用研究——以广东轻工职业技术学院为例[J].图书馆工作与研究,2020(5):106-112.DOI:10.16384/j.cnki.lwas.2020.05.017.

[17] 刘君霞.组建馆属学生社团,拓展阅读推广与文化传承工作——以华侨大学图书馆文化传播部的实践为例[J].大学图书馆学报,2016,34(6):85-89.DOI:10.16603/j.issn1002-1027.2016.06.013.

[18] 姜仁珍.培训大使——高校图书馆读者培训的创新与实践[J].图书馆论坛,2015,35(3):68-72.

[19] 谢群,潘宏,张俊.大学生信息素养教育的创新与思考——以华中农业大学图书馆"学生培训大使计划"为例[J].高校图书馆工作,2014,34(2):66-69.

[20] 韩丽风,王媛,刘春红,王云.学生读者深度参与图书馆管理和服务创新的实践与思考——以清华大学为例[J].大学图书馆学报,2013,31(4):26-30.

[21] 赵苹.高校图书馆读者服务中朋辈教育模式应用研究——以广东轻工职业技术学院为例[J].图书馆工作与研究,2020(5):106-112.DOI:10.16384/j.cnki.lwas.2020.05.017.

[22] 邓智心.同伴教育:研究生信息素质教育的创新实践探索[J].图书情报工作,2019,63(6):49-55.DOI:10.13266/j.issn.0252-3116.2019.06.007.

[23] 李金芳.朋辈教育模式在图书馆用户培训中的应用——以首都师范大学图书馆为例[J].大学图书馆学报,2017,35(2):88-93.DOI:10.16603/j.issn1002-1027.2017.02.012.

[24] 罗艺杰.我国高校图书馆开设论文写作指导课程现状调查研究[J].图书馆理论与实践,2017(7):34-36+52.DOI:10.14064/j.cnki.issn1005-8214.2017.07.006.

[25] 杨莉,张依兮.信息素养教育与新生写作课整合式教学研究——以南方科技大学"写作与交流"课为例[J].图书馆杂志,2022,41(1):91-97+113.DOI:10.13663/j.cnki.lj.2022.01.012.

[26] 杨勇,刘云,高凡.高校图书馆写作辅导服务嵌入课程教学探索——以西南交通大学为例[J].图书情报工作,2019,63(22):75-81.DOI:10.13266/j.issn.0252-3116.2019.22.009.

[27] Graduate Writing Center Consulting Philosophy_UCLA Graduate Writing Center[EB/OL].[2022-03-08].https://gwc.gsrc.ucla.edu/philosophy.

[28] 王莉华,高源月.研究型大学研究生成就目标定向与学业拖延——学业自我效能感

的中介效应[J]. 研究生教育研究,2021(3):26-34. DOI:10.19834/j.cnki.yjsjy2011.2021.03.05.

[29] Hume Center for Writing and Speaking[EB/OL]. [2022-05-03]. https://hume.stanford.edu/.

[30] OWL // Purdue Writing Lab[EB/OL]. [2022-05-03]. https://owl.purdue.edu/.

[31] The International Writing Program[EB/OL]. [2022-05-03]. https://iwp.uiowa.edu/.

基于 Python 的读者留言分析
——以上海交通大学图书馆为例

◎ 李佳欣　刘　华*

> **摘　要**：本文旨在通过数据挖掘的方法了解高校读者对图书馆的意见和反馈，以此为图书馆的发展提供针对性的建设性意见。本文基于 Python 爬虫技术对上海交通大学图书馆留言板的文本进行爬取，并使用 Jieba、Counter 和 SnowNLP 等第三方库对其文本进行分词、词频统计、关键词和情感分析。根据文本分析结果，本文提出在图书馆的未来服务中，构建绿色感知的学习环境、合理规划空间使用、加强人员素质培养、重视图书馆基础设施的更新换代和鼓励用户参与图书馆建设的意见建议。
>
> **关键词**：读者；留言；Python；数据挖掘；文本分析

读者反馈是推动图书馆改进工作的催化剂，也是图书馆重大决策的依据，其涵盖了读者对图书馆的认知和需求。随着数字时代的来临，大数据的浪潮如排山倒海般势不可挡，如何对海量、嘈杂的大数据进行深入精准的分析成为图书馆必须面对的问题。数据挖掘（Data Mining）就是从大量的、不完全的、有噪声的、模糊的、随机的实际应用数据中，提取隐含在其中的、人们事先不知道的但又是潜在有用的信息和知识的过程[1]。数据挖掘技术主要应用于数字图书馆读者分析研究、资源建设优化，以及多媒体数字资源挖

---

*　李佳欣，上海大学文化遗产与信息管理学院图书馆学 2021 级硕士研究生；刘华，上海大学图书馆研究馆员，研究方向：资源建设、战略规划、新媒体应用。

掘等领域[2]。

在过去的研究中,对读者反馈信息的研究大多以定性分析为主,学者将图书馆收集到的留言按不同标准分类,并提出有针对性的建议。如叶卿[3]对天津图书馆的读者反馈信息从年度分布、渠道分布、内容分析的角度进行分析。曾婧[4]对重庆图书馆的留言进行逐项分析后,将其划分为涉及图书馆管理制度、馆藏资源建设、软硬件设备、阅读环境、馆员态度及技能、后勤服务、个性化诉求七个方面。卞卉[5]等人通过整理和分类南京航空航天大学图书馆的留言,将其按内容性质分为咨询、建议、抱怨、表扬及其他等五种类型,按涉及内容分为图书馆规章制度与管理、阅读资源需求、检索技术、系统使用、流通借阅、学科及其他服务等六类。李志芳[6]使用 Nvivoll 和 Excel 对河南理工大学图书馆的读者留言进行质性研究与分析,得出读者对图书馆信息资源、信息系统、数据库、服务、基础设施、环境以及图书馆员素质的需求。对每一条读者留言和反馈进行分析分类需要花费大量的时间和精力,使用 Python 分析文本在一定程度上提高了分析速度和准确性,也提供了多种分析角度,有利于抓住图书馆与读者间的主要矛盾。

一、研究设计和思路

上海交通大学是国内外享有盛誉的"985"工程、"211"工程和"双一流"大学,其图书馆在读者服务上也一直开拓进取,为国内大学图书馆的发展起着积极的引领作用。上海交通大学图书馆自 2007 年在官方网站开设留言板以来,已经收到 3 200 余条读者留言,师生使用留言板频率高,且留言内容真实反映了读者需求、意见和建议,具有一定的研究分析价值。随着数据挖掘技术的不断成熟,对文本的分析也越来越深刻和精准,本研究基于 Python 爬虫技术对上海交通大学图书馆留言板的文本进行爬取,并使用 Jieba、Counter 和 SnowNLP 等第三方库对其文本进行分词、词频统计、关键词分析和情感分析,进而根据分析结果提出图书馆未来的服务重点及工作方向。

二、数据处理

（一）数据采集与清洗

笔者利用 Python 作为获取数据的工具，对上海交通大学图书馆留言板的内容进行自动抓取。数据抓取的过程分为：发起请求、获取响应内容、解析内容和保存数据。程序首先通过发送一个 Request 模块对相应 URL 发起请求，获得响应内容（即留言板网页）html。再使用 BeautifulSoup 库对网页内容进行结构化解析，用正则表达式（re）获取每一条留言的具体内容，最后将其提取保存为 xls 文件。

数据清洗即去除信息中的重复信息和错误信息，其主要包括以下步骤：① 删除错误数据；② 处理重复数据；③ 处理空值；④ 检测离群点，处理异常数据[7]。笔者使用"df.drop_duplicates(inplace=True)"代码对抓取到的数据进行简单去重后得到留言 3 145 条，时间跨度为 2007 年 10 月 23 日至 2021 年 1 月 6 日。

（二）分词处理

对文本数据进行精确的分词处理是自然语言处理（NLP）中文本处理的基础环节和前提。本研究采用 Python 的中文分词第三方库 Jieba 对文本进行分词处理，Jieba 有三种分词模式：精确模式、全模式和搜索引擎模式，本文选取精确模式进行切分词汇。

基于汉字成词能力的隐马尔科夫模型（HMM）和 Viterbi 算法使得 Jieba 有一定的新词识别能力，但对于那些比较生僻的词，需要通过自定义词库来添加，以提高分词的正确率。本研究在 Jieba 中载入词典，代码为：jieba.load_userdict("dict.txt")，其中 dict.txt 是文件类对象或自定义词典的路径，词典中每词占一行。本研究的自定义词典中包括"徐汇、闵行、主馆、主图、包图、李图、官网、讨论室、研修室"等名词；"非常冷、很冷、很热、很吵"等形容词和"荐购、占座、取书、受影响、写作业、未显示"等动词。经过 Jieba 分词后，笔者发现"您好、谢谢、老师、图书馆"等问候性词语的出现频率很高，笔者采用 Gtihub 上提供的哈尔滨工业大学中文停用词表[8]对这些无研究意义的字词进一步优化分词结果，最终将分词结果保存为 txt 文件，如图 1 所示。

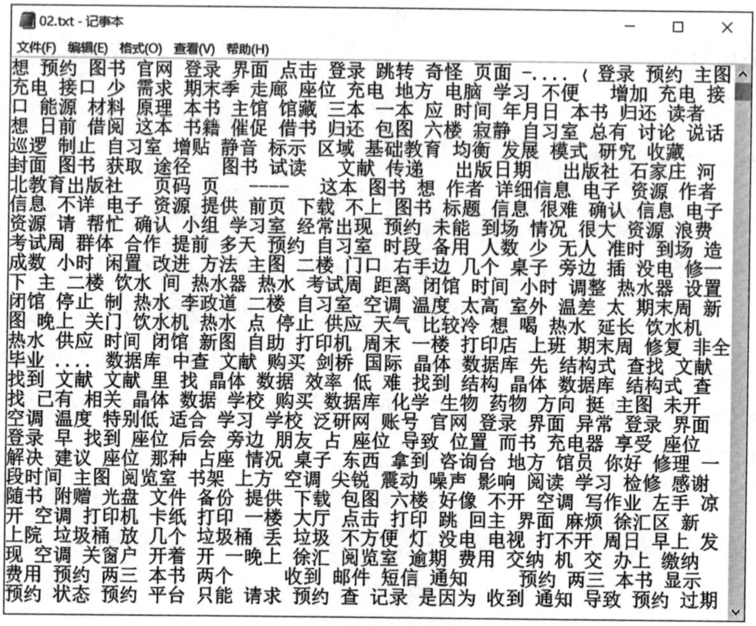
02.txt - 记事本
文件(F) 编辑(E) 格式(O) 查看(V) 帮助(H)
想 预约 图书 官网 登录 界面 点击 登录 跳转 奇怪 页面 -.... (登录 预约 主图
充电 接口 少 需求 期末季 走廊 座位 充电 地方 电脑 学习 不便 增加 充电 接
口 能源 材料 原理 本书 主馆 馆藏 三本 一本 应 时间 年月日 本书 归还 读者
想 日前 借阅 这本 书籍 催促 借书 归还 包图 六楼 寂静 自习室 总有 讨论 说话
巡逻 制止 自习室 增贴 静音 标示 区域 基础教育 均衡 发展 模式 研究 收藏
封面 图书 获取 途径 图书 试读 文献 传递 出版日期 出版社 石家庄 河
北教育出版社 页码 页 ---- 这本 图书 想 作者 详细信息 电子 资源 作者
信息 不详 电子 资源 提供 前页 下载 不上 图书 标题 信息 很难 确认 信息 电子
资源 请 帮忙 确认 小组 学习室 经常出现 预约 未能 到场 情况 很大 资源 浪费
考试周 群体 合作 提前 多天 预约 自习室 时段 备用 人数 少 无人 准时 到场 造
成数 小时 闲置 改进 方法 主图 二楼 门口 右手边 几个 桌子 旁边 插 没电 修一
下 主 二楼 饮水 间 热水器 热水 考试周 距离 闭馆 时间 小时 调整 热水器 设置
闭馆 停止 制 热水 李政道 二楼 自习室 空调 温度 太高 室外 温差 太 期末周 新
图 晚上 关门 饮水机 热水 点 停止 供应 天气 比较冷 想 喝 热水 延长 饮水机
热水 供应 时间 闭馆 新图 自助 打印机 周末 一楼 打印店 上班 期末周 修复 非全
毕业 .... 数据库 中查 文献 购买 剑桥 国际 晶体 数据库 先 结构式 查找 文献
找到 文献 文献 里 找 晶体 数据 效率 低 难 找到 结构 晶体 数据库 结构式 查
找 已有 相关 晶体 数据 学校 购买 数据库 化学 生物 药物 方向 挺 主图 未开
空调 温度 特别低 适合 学习 学校 泛研网 账号 官网 登录 界面 异常 登录 界面
登录 早 找到 座位 后会 旁边 朋友 占 座位 导致 位置 而书 充电器 享受 座位
解决 建议 座位 那种 占座 情况 桌子 东西 拿到 咨询台 地方 馆员 你好 修理 一
段时间 主图 阅览室 书架 上方 空调 尖锐 震动 噪声 影响 阅读 学习 检修 感谢
随书 附赠 光盘 文件 备份 提供 下载 包图 六楼 好像 不开 空调 写作业 左手 凉
开 空调 打印机 卡纸 打印 一楼 大厅 点击 打印 跳 回主 界面 麻烦 徐汇区 新
上院 垃圾桶 放 几个 垃圾桶 丢 垃圾 不方便 灯 没电 电视 打不开 周日 早上 发
现 空调 关窗户 开着 开 一晚上 徐汇 阅览室 逾期 费用 交纳 机 交 办上 缴纳
费用 预约 两三 本书 两个 收到 邮件 短信 通知 预约 两三 本书 显示
预约 状态 预约 平台 只能 请求 预约 查 记录 是因为 收到 通知 导致 预约 过期

图 1 分词结果

三、数据分析

(一) 词频分析

词频（Term Frequency，TF)统计作为一种经典的文本分析方法，是指抽样一定数量和长度的语料，计算其中不同词语的出现次数，进行频率分析，从而确定文本的高频词，便于对重点内容和主旨要义进行更加深入的研究[9]。在分词之后，笔者使用 Collection 模块的 Counter 功能对结果进行频数统计，列出了出现频次排名前 30 且字数大于 1 的词汇(如表 1)，这些词汇大致可以按主题归为资源、空间和服务三大类。资源主题的高频词主要涉及馆藏资源与获取，包含“下载、数据库、图书、资源、论文、文献、光盘、信息、书籍、期刊”十个词汇，从侧面表明读者比较关心资源的下载与使用问题，当读者遇到馆藏资源无法下载、借阅的问题时，他们会在留言板寻求馆员的帮助。其中，“数据库”“论文”等高频词汇体现出高校读者的主要资源需求，图书馆在高校学生的科研日常中扮演着不可缺少的角色。

表 1　词频统计

排　序	词汇及频次		排　序	词汇及频次	
1	下载	559	16	购买	199
2	数据库	525	17	登录	196
3	预约	471	18	发现	186
4	图书	447	19	光盘	169
5	借阅	299	20	信息	166
6	学校	291	21	阅览室	165
7	学习	290	22	开放	165
8	系统	234	23	包图	162
9	空调	232	24	书籍	155
10	解决	230	25	电脑	153
11	徐汇	229	26	新图	153
12	时间	222	27	查询	151
13	资源	215	28	网站	146
14	论文	212	29	期刊	143
15	文献	199	30	网上	140

其次,空间主题的高频词与图书馆的空间及其使用有关,包含"预约、学校、空调、徐汇、阅览室、包图、新图"七个词。这体现了读者对空间使用的需求量大,对图书馆的环境要求高,读者对图书馆不同校区分馆有不同的意见和需求。

值得一提的是,服务主题的高频词有"借阅、学习、系统、解决、时间、登录、电脑、查询、网站、网上",这反映了借阅资源、日常学习、信息查询和网站使用仍是图书馆的主要功能。

（二）词云绘制

词云又叫"文字云"，通过对文本数据中出现频率较高的"关键词"在视觉上的突出呈现，进而形成关键词的渲染，形成类似云一样的彩色图片，可以一目了然领略文本数据所要表达的主要意思[10]。本研究使用Python的第三方库WordCloud制作词云，字号越大的词汇代表出现次数越多，从图2中可明显看出大字号词汇与表1的高频词汇高度重合。

图2　高频词汇词云

（三）情感分析

文本情感分析是自然语言处理的一个重要部分，与语音情感分析类似，通过处理提取给定文本中的信息来衡量说话者、作者的观点、感觉、态度和情绪，广泛用于分析公司调查、反馈、社交媒体、电影评论、商品、用户评论等，其构想是分析人们对一个特定实体的反应，并采取基于他们情感的有见地的行动[11]。SnowNLP库是一个用Python语言编写的专门处理中文文本的库，所有算法均自主实现且自带语料库和情感字典。SnowNLP能够对带有情感色彩的主观性文本进行分析、处理、归纳和预测，其中情感预测可以将文本进行情感赋值，当值大于0.5时，情感偏向积极；当值小于0.5时，情感偏向消极。本文利用SnowNLP的Sentiment功能对图书馆的留言文本进行情感赋值，再通过分箱统计方式，将情感值分为(−0.002, 0.1]、(0.1, 0.2]、(0.2, 0.3]、

(0.3,0.4]、(0.4,0.5]、(0.5,0.6]、(0.6,0.7]、(0.7,0.8]、(0.8,0.9]、(0.9,1.0]十个区间,得到情感分数分箱图,如图3所示。

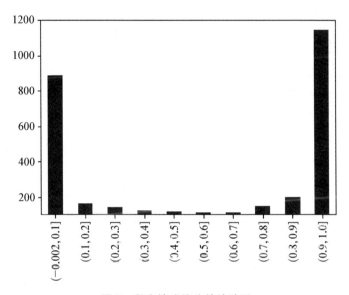

图 3　留言情感值分箱统计图

从图3我们得知留言所带的情感色彩两极分化严重,但积极评论略多于消极评论。为了更好地分析积极留言和消极留言,笔者使用第三方库Jieba对(−0.002,0.1]和(0.9,1.0]两个区间的留言内容分别进行关键词提取。

Jieba提供了两种关键词提取方法,分别基于TF-IDF算法和TextRank算法。TF-IDF(Term Frequency-inverse Document Frequency)算法,即词频-逆文本频率指数,计算简单且准确度和召回率较高,其算法的主要思想是:某个词在特定文本中出现频率较高而在其他文本中出现频率较低则认定该词汇为该文本的代表词汇,因此可对词汇进行分类统计,其计算公式为:Weight(i, j) = TF(i, j) * IDF(i) = TF(i, j) * log(N/n(j)),其中TF(i, j) = n(j)/∑n(k)。Text Rank算法,一种排序算法,其步骤为:对文本进行单句分割并用词向量表示;计算词向量的相似性并存放在矩阵中;将相似矩阵转化为以句为节点、以相似性得分为边的图表;进行Text Rank计算并排序[12]。根据对比结果,本文选取TF-IDF算法提取积极/消极评论中的前20个关键词,词性选择为形容词,提取结果如图4。

在积极留言中具体词汇包括:"很大""辛苦""成功""不错""清理""精通""舒适""优秀""便捷""频繁""著名""舒服""不好意思""愉快""失效""很棒"

```
#关键词
import jieba.analyse
text=''
with open('E:\桌面\爬虫\分词后积极评价.txt','r',encoding='utf-8')as inf:
    text=inf.read()
print(jieba.analyse.extract_tags(text,topK=20,allowPOS=('a')))
print('------------分界线------------')
with open('E:\桌面\爬虫\分词后消极评价.txt','r',encoding='utf-8')as inf:
    text=inf.read()
print(jieba.analyse.extract_tags(text,topK=20,allowPOS=('a')))
```

[很大, 辛苦, 成功, 不错, 清理, 精通, 舒适, 优秀, 便捷, 频繁, 著名, 舒服, 不好意思, 愉快, 失效, 很棒, 亲爱, 有限, 自由, 便利]
------------分界线------------
[闷热, 成功, 清理, 很大, 合适, 辛苦, 清洁, 连续, 郁闷, 稳定, 保洁, 恶劣, 舒适, 太慢, 不通, 不耐烦, 着急, 寒冷, 尴尬, 很烦]

图4 积极/消极留言关键形容词

"亲爱""有限""自由""便利"。与这些词汇相关的留言内容有夸赞图书馆环境干净"舒适";图书馆的杂志、数据库、检索平台、教材和设备"不错";数据库使用"便捷";图书馆风景、图书馆工作"很棒";设施"便利"。

消极留言中具体词汇包括:"闷热""清理""很大""合适""辛苦""清洁""连续""郁闷""稳定""保洁""恶劣""舒适""太慢""不通""不耐烦""着急""寒冷""尴尬""很烦"。这些词汇涉及的内容有天气"闷热/寒冷"情况下图书馆没有调节好温度;借阅、续借、报名、下载、预约、登录不"成功";占座物品、自行车、垃圾的随意"清理"问题;图书馆内声音、食物气味"很大";图书馆温度、钢琴位置、读者行为、桌椅高度不"适合";图书馆温度、打印系统、网络、软件不"稳定";部分保安、馆员、物业和读者行为不妥、态度"恶劣";图书馆网速、系统、检索、采购速度"太慢"等一系列问题。

四、分析结论与启示

针对用户积极与消极留言中关键形容词所反映出的问题,笔者认为可从以下几方面加以完善,以给用户提供一个满意的学习环境:

(一)构建绿色感知的学习环境

在知识获取的环境上,用户希望获得舒适的空间体验,以提高知识认知效率[13]。绿色发展是当代全球发展的趋势和聚焦点,也是智慧图书馆的灵魂[14]。"空调""很冷"和"很热"等词汇频繁地出现在留言中,侧面体现出读者们对图书馆的温控系统不满意,图书馆应及时采用环境监测和智能温控系统,根据实时温度湿度调节空调,不仅可以为广大读者构建舒适的学习环境,更能达到节能环保的目的。

(二)合理规划空间使用

随着智慧图书馆的发展,图书馆的空间布局已经从传统的借阅空间演变成知识交流空间,读者来到图书馆不单为了简单的资源借还,而是知识的汲取与探究。图书馆应根据不同的功能划分空间,做到动静有别,互不干扰。就读者提出的"食物气味大"问题可以划分饮食区;当图书馆举办展览和讲座等活动时可以设置展览区;就读者对图书馆钢琴总是不合时宜地响起这一问题,图书馆可以规划音乐休闲区;针对考研学生资料多等问题设置物品存放区。空间规划不能一味地靠想象和盲目学习他馆,要根据本校读者切实的需求和本馆的特点量身定制。同时,图书馆应当维护读者的个人权益,保护读者的私人物品,不能随意丢弃。

(三)加强人员素质培养

图书馆安静舒适的学习环境不仅要靠读者和馆员维护,更关系到保安、保洁人员和物业等每一位在图书馆工作的人员。图书馆在做好员工技能培训的基础上,也要进行相应的素质培训,增强在馆工作人员的"图书馆人"身份认同感,让他们意识到自己也是建设和维护图书馆必不可少的力量。在规章制度的制定方面,要遵循以人为本的原则,灵活制定和执行。

(四)重视图书馆基础设施更新换代

在互联网飞速发展的时代,图书馆电子阅览室已风光不再,且占用图书馆的大片空间。图书馆应该重视软硬件设施的修整和更新换代,提供精简实用的电子设备,并根据读者"人手一台笔记本电脑"的现状更改线路铺设,令图书馆的每一个座位都有插座和电源。针对网速慢、系统卡、检索平台落后等一系列问题,馆方可在明确需求的基础上选择标准化外包服务,高效率解决现存的设施问题。

(五)鼓励用户参与图书馆建设

上海交通大学图书馆的留言板虽是传统的网页公告板形式,但它却是图书馆与读者之间沟通的重要桥梁。图书馆应重视用户的体验和需求，积极鼓励各路学子参与图书馆的工作和阶段性活动，积极响应当代学子对图书馆建设的奇思妙想，取其精华并加以落实。在规章制度方面，亦可以举办座谈会邀请老师同学探讨、改进、规划部分制度，真正做到"以用户为中心"。

五、结语

随着科学技术的不断发展，图书馆事业正在发生深刻的变革，理论层面我们可以看见元宇宙这样的虚拟派高深学论，但笔者认为图书馆事业快速发展的同时，更要继续保持与读者的紧密沟通联系，关注读者的个性化需求，提供优质的个性化服务，不忘初心，才能砥砺前行。

参考文献

［1］ 李朝葵,凌云. 数据挖掘及其在图书馆中的应用[J]. 情报杂志,2002(6)：33-34.

［2］ 俞锦梅. 数据挖掘在国内图书馆应用领域研究综述[J]. 图书与情报,2015(2)：137-141.

［3］ 叶卿. 公共图书馆读者服务满意度反馈信息调查与思考——以天津图书馆(天津市少年儿童图书馆)为例[J]. 图书馆工作与研究,2020(S1)：78-81.

［4］ 曾婧. 基于读者留言的公共图书馆读者服务策略——以重庆图书馆为例[J]. 图书馆学刊,2016,38(9)：1-4.

［5］ 卞卉,秦萍,梁瑛. 基于读者留言的高校图书馆服务工作改进策略研究[J]. 大学图书情报学刊,2013,31(2)：61-64.

［6］ 李志芳. 基于读者留言对高校图书馆读者服务需求的实证研究——以河南理工大学图书馆为例[J]. 新世纪图书馆,2017(7)：77-81.

［7］ 丁文浩,朱齐亮. 基于Python的招聘数据爬取与分析[J]. 网络安全技术与应用,2022(1)：43-45.

［8］ 中文常用停用词表(哈工大停用词表、百度停用词表等)[EB/OL]. [2022-11-19]. https://github.com/goto456/stopwords.

［9］ 尹斌庸,方世增. 词频统计的新概念和新方法[J]. 语言文字应用,1994(2)：69-75.

［10］ 郭丽蓉. 基于Scrapy的科研数据分析平台设计[J]. 电子技术与软件工程,2018(23)：136-137.

［11］ 张林泉. 数据挖掘方法在文本分析中的应用——以十九大报告、习近平讲话等文本为例[J]. 哈尔滨师范大学自然科学学报,2020,36(6)：47-52.

[12] 汪言.基于Python的词云生成及优化研究——以"十四五"规划为例[J].电脑知识与技术,2021,17(19):23-28.
[13] 夏立新,白阳,张心怡.融合与重构:智慧图书馆发展新形态[J].中国图书馆学报,2018,44(1):35-49.DOI:10.13530/j.cnki.jlis.181003.
[14] 王世伟.论智慧图书馆的三大特点[J].中国图书馆学报,2012,38(6):22-28.

中日高校图书馆空间改造对比研究
——以上海交通大学包玉刚图书馆与早稻田大学中央图书馆为例

◎ 易 然[*]

摘 要：随着教育改革的不断深化，大学人才培养模式发生转变，大学图书馆亟须探索全新的服务路径完成转型，空间改造势在必行。本文以上海交通大学包玉刚图书馆与早稻田大学中央图书馆的空间改造实践为研究对象，对两馆空间改造的背景与实施、效果与呈现进行对比，从改造计划、实施过程、空间布局、功能设置等多角度进行分析阐述。研究总结两馆空间改造的实践经验与空间规划的主流趋势，结合我国大学图书馆的空间改造实际，提出具体建议以及实施中应注意的问题。

关键词：大学图书馆；空间改造；学习共享空间

大学图书馆包含"资源、人、空间、服务"四个基本要素，随着资源电子化和信息检索数字化发展的不断深入，作为校园资源中心的图书馆的地位受到前所未有的挑战。此外，2015年国务院印发《统筹推进世界一流大学和一流学科建设总体方案》，建设任务中明确提出"培养拔尖创新人才。坚持立德树人，突出人才培养的核心地位，着力培养具有历史使命感和社会责任心，富有创新精神和实践能力的各类创新型、应用型、复合型优秀人才。加强创新创业教育，大力推进个性化培养，全面提升学生的综合素质、国际视野、科学精神和创

---

[*] 易然，上海大学图书馆助理馆员，研究方向：空间改造、读者服务。

业意识、创造能力"[1]。在此背景下,大学人才培养模式必然要脱离传统的单向传授,向自主学习、个性化、多元化转变。至此,四个要素中最重要的资源、人才两大主体已发生变化,必然对图书馆空间和服务提出新的要求。如何顺应不断深入的发展变化,合力推动大学图书馆的转型,空间改造成为亟待解决的课题。

国内有关大学图书馆空间改造方面的先行研究,少部分从建筑学角度,大多从图书馆学角度展开。其中,有关国内高校图书馆空间改造实践的研究成果较多。有少量研究者选取美国、加拿大等国家以及港澳台地区高校图书馆作为研究对象进行介绍和分析。对日本高校图书馆空间改造的研究出现在2010年以后,总体上非常欠缺。此外,上述多为个案研究,对于中外高校图书馆空间改造实践间的对比研究,特别是中日间的对比研究尚属空白。

本文选取上海交通大学包玉刚图书馆(以下简称"交大包图")与早稻田大学中央图书馆(以下简称"早大中央馆")为研究对象,主要原因有如下三个方面:① 始建时间和改造时间十分接近。交大包图落成于1992年,于2019年开始大规模的空间改造,2021年4月8日重新开放。早大中央馆于2018年8月开始大规模的空间改造,2020年全部完工重新开放;② 经济文化背景相似。中国和日本分别是世界第二大和第三大经济体,两校的所在地上海和东京,同为东亚大都市,经济发展背景相似;两国同属东亚文化圈,学生的学习习惯及学习性格亦有较高的相似性;③ 规模及地位相似。上海交通大学和早稻田大学均为东亚首屈一指的一流高校,两馆在高校图书馆建设中也一直处于先锋地位,两馆的改造实践是两国大学图书馆领域标志性的大举措,具有一定的代表性,其做法有一定的引领性。交大包图占地面积1.6万平方米,馆藏约为83.5万册[2];早大中央馆亦称早稻田大学综合学术情报中心,总面积2.7万平方米,馆藏400万余册[3]。在类似的时空背景下,对两馆进行对比研究,其呈现的空间方面的共同理念和趋势、先进做法等对今后国内外高校进行类似工作有较高的参考价值和借鉴意义。

一、两馆空间改造规划与实施的对比分析

大学图书馆的空间改造是一项系统性工程,在改造前,需要制定明确的目标与定位,详细的改造实施计划;在改造过程中,需要保证原始馆舍服务的持续性或替代服务的开展;在改造完成后,需要对空间利用进行评估以实现整个

改造过程的闭环。本节利用网络调查及文献调研的方法,对两馆空间改造目标与规划、过程与实施进行对比分析可以发现,两馆在改造目标与规划方面存在较高的相似性;在改造规划方面、改造实施过程方面呈现较大的差异性。

(一)改造目标

交大包图在主页、年报、微信公众号等信息公开平台并未对此次改造目标进行明确的揭示,通过对馆舍简介、新闻报道等信息进行梳理整合,交大包图此次空间改造的目标可总结为"围绕支撑学校'双一流'和智慧图书馆建设的要求,通过馆舍建设、人文环境、创新服务等有效落实'四位一体'育人理念,进一步强化研讨交流、演讲展示、静心读书等多功能设计,引进智能设备,充分满足新时代用户的多样性需求。打造蕴含交大文化精神和共同价值观的人文景观"[4]。"在原定位为人文社科综合分馆的基础上,扩展了新的功能定位,即:科技引领,智慧布局;空间动感,汇聚枢纽;环境雅酷,激活灵感;人文理工,无缝融合"[5]。早大中央馆则在主页、年报、馆内刊行物等信息发布平台多次明确此次改造的目标是:"作为《Waseda Vision150》[6]中提到的'转向对话型、问题发现、解决型教育'的支撑项目,旨在将中央图书馆建成一个可促进此项战略、可灵活使用的学习共享环境,与以往的安静环境并存,打造成为一个全新的图书馆。"[7]

通过对比两馆空间改造目标不难发现二者具有较高的相似性,其表现在:① 均与上层定位保持一致;② 强调共享与交流;③ 不忽视"静"的需求。ACRL 曾在图书馆价值报告中提出高校图书馆的战略应该和高校的整体发展战略契合[5]。交大包图提出"围绕支撑学校'双一流'",早大中央馆则明确提出作为学校发展规划的支撑项目。不难看出,大学图书馆空间改造目标的确立不能脱离社会、教育、学校的发展方向,自上而下包含国家层面的教育改革背景、学校层面的战略规划、图书馆层面的发展愿景,最终制定出具体项目层面的改造目标。此外,两馆对目标阐释的侧重点不同,但不难发现二者都强调共享与交流,但同时也要保留安静空间。可见,此时期大学图书馆的空间改造的主要目标都具有一定的相似性,要改变以往绝对安静的空间环境,配合学校战略发展和教学方式,教育改革的具体目标,适应学生多元化的空间需求进行改造。

（二）改造规划

通过对《上海交通大学图书馆年报》2017-2020年中涉及包玉刚图书馆的部分,在交大图书馆主页以"包玉刚图书馆"为关键词进行搜索的内容进行梳理可证,交大图书馆于2018年完成"包玉刚图书馆2019年修缮方案",并借助数据分析、书刊架位测算等完成修缮搬迁测算方案[9]。其馆员随后于2019年7月、12月分别前往苏州、深圳等地实地走访十余家图书馆,学习空间规划等管理经验。2019年12月28日与媒体及传播学院面对面交流,了解本科生对包玉刚图书馆的使用需求和建议。

早大中央馆早在2015年中就开始讨论空间改造计划,通过问卷和访谈两种方式实施了十分详尽的读者调查。2017年6月,早大中央馆各部门,包括各个校区图书馆负责部门的成员,组成中央图书馆改造项目小组,通过对读者调查为基础的讨论,决定了改造概念、改建后的区域配置和设施方案。以这些概念为基础,列举了主要的改造方针,最终于2017年10月形成《中央图书馆lc设置计划》,2018年3月学校批准在2018年中按照图书馆的计划进行分阶段改造。

史艳芬在《高校图书馆空间规划方法——以同济大学为例》中曾总结出空间规划时最常用的、最典型的需求分析方法,包括内容分析、案例研究、调查问卷、专家论证四种方法[10]。上文两馆在改造规划方面均使用了多种需求分析方法,尤其是早大中央馆从规划到正式实施用了整整三年的时间,进行过全校读者调查2次,读者一对一访谈百余次,可见在改造前做了充分的需求调研和漫长的总结梳理工作,最终形成了改造方案。

（三）改造实施

通过对交大包图与早大中央馆的空间改造实施对比发现,两馆的改造过程呈现较大的差异性,总结来看:交大包图采取的是闭馆整体性改造,早大中央馆采取不闭馆分段式改造。

交大包图的空间改造项目开始于2019年7月,于2021年2月22日试开放,4月8日正式开放,历时21个月。改造期间全面闭馆,为保证服务不间断,将2014-2018年间的到馆图书杂志,2019年的到馆新书全部搬迁至同校区主图书馆的储藏书库,通过预约借阅的方式服务师生。同时搬迁部分原有桌椅,在主馆增设200席阅览座位弥补空间不足。整个改造通过整体改造的方式进行更新,没有大拆大建的举动,同时通过"模块化""预制化"的方式,在工厂中提前预制好造型家具运送到现场进行施工,加快了施工速度,节约了时间,减少污染,节能环保。此类装配式装修能够灵活组合,利用更适当的材料,能够更加符合建造以及重置改造的要求,同时也能保证这一过程的安全性、经济型及可回收性,在整体设计中也体现了一种可持续的设计理念以及用预制化的整体改造手段体现了更高效的工作方式。

早大中央馆的改造项目实施开始于2018年8月,2019年4月完成了第一阶段改造,2020年4月完成了第二阶段改造并全面开放,历时20个月。考虑到中央图书馆在早稻田大学文献供应服务中的绝对核心地位,为了保障改造期间读者的调查研究需求,该馆在改造前就将"不大规模闭馆"及"确保资料的获取(不关闭书库)"这两点作为绝对前提,进行施工[11]。由于不闭馆施工,必然会产生诸如噪声、粉尘等一系列问题,早大中央馆在进程上通过分时间、分区域进行施工,此外分配了一部分资金和精力用于防护等,确保对读者的影响降到最低。由于两馆建筑面积、藏书量、改造规模之间的差异,无法单纯从工期及可行性评判通闭馆整体性改造与不闭馆分段式改造的优劣,但通过对两馆的改造实践对比来看,无论是否闭馆改造,服务的不间断,资源获取的便利程度,时间及预算的有效控制都是两馆所关注并力求达到的。

二、两馆空间改造效果与呈现的对比分析

(一)空间规划

通过网络调查的方法,对两馆官网发布的楼层布局图、网络照片、新闻报道、馆舍简介等内容进行整理归纳,将两馆空间规划及各楼层相应的文献类型分布总结成表格进行对比分析,见表1。

表1 空间布局对比

	交大包图[12]	早大中央馆[13]
6F	寂静研修区 个人研修室	

续 表

	交大包图[12]	早大中央馆[13]
5F	艺术 历史 地理	
	学术报告厅 培训教室	
4F	教育 体育 文化 文学	特藏资料 古籍 贵重书籍
	安静阅览区 小组学习室	图书馆沙龙 影音室
3F	哲学 社科 政治军事 语言 艺术	普通阅览 新书、文库、杂志、纪要、报纸 书库
	安静阅览区 小组学习室 新技术体验区	安静区 小组学习室1、2 肃静学习室1、2 学习共享空间3(浏览) 学习共享空间4(工作)
2F	经济 历史	普通阅览 参考阅览 新书角
	开放研讨区 半开放研讨区 新技术体验区 舒缓区	学习共享空间1(创造) 学习共享空间2(讨论) 肃静学习室1、2 参考咨询台 迷你展示台 轻餐饮区域
1F	新书展示区	
	展览区 咨询台 读者之家	学习共享空间(探究)
B1	密集书库	研究类图书(日语)、经济
		个人研究室 小组研究室
B2		研究类图书(外语)
		个人阅览室

交大包图总高七层,包括地下一层、地上六层,呈东西走向长方形,形似一个带有甲板的船舱,以纪念一代船王——包玉刚。通过改造,地下一层为密集

书库,各楼层二至五层东侧位置为图书密排区域,其余区域分散放置少量不同类型书架和大量不同类型桌椅。改变了原先按学科设置阅览室的方式,打通区域界线,成为一体化大空间。此外,改变了以往千篇一律的阅览桌椅设置,规划出包括个人学习室、小组学习室等各类形式各异的学习空间。更规划出包括整个楼面的展区、新技术体验区、舒缓区等新兴空间。图书资料按中图法分类顺序置于各个楼层。

早大中央馆总高六层,包括地下两层、地上四层,呈直角朝东的等边直角三角形。通过改造,改变了以往藏书区和阅览区平分空间的二元局面,保留了两条直角边区域存在的阅览区,主要在三角斜边与中心区域新规划了形式多样的学习共享空间,用于满足不同形式的学习需求。图书资料按图书类型即报纸杂志或流通书籍或研究型书籍或典籍,读者使用范围及权限即普通阅览或参考阅览为区分置于各楼层。

(二)空间功能

传统的图书馆空间功能十分单一,千篇一律的桌椅摆放在书架两侧,配合墙面粘贴的大大的"静"字,图书馆逐渐演变为校园最大型的自习室,复习与刷题成为学生前往图书馆的主要目的。这显然与创新创业教育、自主学习、协同发展的新型教育理念背道而驰。与传统的图书馆空间规划中大开间的通借通还阅览室相比,两所大学图书馆的改造项目在空间规划上呈现出十分明显的多元性。整体空间均可大分为"区"和"室"两大类,区主要是指开阔、无边界的一体化空间;室则是指通过墙壁、玻璃等进行隔断的封闭空间。交大包图空间类型细分为 11 种,开放区域主要有展览区、研讨区等 7 类,独立房间有 4 类。其中舒缓区和新技术体验区、培训室及报告厅为交大包图所特有。早大中央馆空间类型细分为 14 类,开放区域包含有 5 类学习共享空间和其他 3 类空间,独立房间 6 类。其中轻餐饮区域、影音室为其所特有。

此外,交大包图一楼整个楼面的展示空间也值得关注,其展示空间采用灵活度极高的轨道展位,布展时可将展帘悬挂,撤展时亦可变为大空间休闲区域,预留框架式展览导轨,虽局限在给定框架中,但却充满无限可能性。图书馆是高校师生可以打破专业壁垒,最大化集中、无界限交流的场所,是校园的知识中心,更是学校的文化中心。近年来高校图书馆中规划展厅、展区的案例屡见不鲜并收获显著效果。更有直接将图书馆与博物馆、名人纪念馆融为一体的多元图书馆诞生,如 2014 年开馆的上海交通大学李政道图书馆、2019 年

表 2　空间类型对比表

	开放区域(7类)	独立房间(4类)		开放区域(8类)	独立房间(6类)
交大包图(11类)	展览区 开放研讨区 半开放研讨区 安静阅览区 寂静研修区 舒缓区 新技术体验区	个人研修室 小组学习室 培训教室 学术报告厅	早大中央馆(14类)	图书馆沙龙 安静区 学习共享空间(探究) 学习共享空间1(创造) 学习共享空间2(讨论) 学习共享空间3(浏览) 学习共享空间4(工作) 轻餐饮区域	肃静学习室 小组研究室 小组学习室 个人研究室 个人阅览室 影音室

开馆的上海大学钱伟长图书馆等，均做了"展阅"结合的有益尝试。2021年4月8日在交大包图重新开馆之际，该展厅举行了开幕展——"圕·流之上海交通大学图书馆馆史展"，在新规划空间内进行了一次完美的融合，是图书馆主动响应"三全育人"的方针要求，承担传播校园文化的角色任务，拓宽了图书馆空间功能的外延。

（三）学习共享空间

传统图书馆以文献为核心业务，各项业务的开展主要围绕图书馆的书刊业务进行，空间基本上也以文献分类划分阅览室。图书馆的业务转型要求空间必须有相应改变，通过对比两馆改造前后的空间呈现，最大的共性则是对学习共享空间的"无限"扩大。所谓"无限"，并不是指面积的无限扩张，而是指消除学习共享空间的界线。

如图1所示，以交大包图二楼空间改造前后的对比为例，改造前该空间规划十分传统，改造前东西两侧均为阅览室，兼具藏书与阅览功能，走廊部分为公共查询及期刊阅览区，藏书区与读者空间互相包含，且藏书区占比较大。改造后的空间取消了阅览室的隔断，将整个空间打通成为开阔的开间，取消西部阅览室，将书籍统一密集排列至东部藏书区，其他各楼层亦在同样位置设置图书密排区。大部分空间设置成为毫无阻碍的各类型学习共享区域，供读者交流、讨论。

改造前的早大中央馆没有学习共享空间的规划，大部分空间被藏书区占据，此次改造对学习共享空间进行了大规模的扩大，并进一步细分为"探究、创造、讨论、浏览、工作"五类[16]，暗喻了转向"对话型、问题发现、解决型教育"的

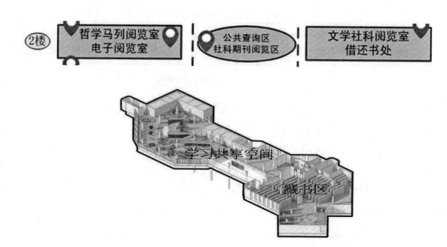

图 1　交大包图二楼改造前后对比图[14][15]

学习方式和学习过程,通过对空间的规划引导学生脱离传统的学习方式,满足不同读者的个性化需求,十分具有特点。

表 3　早大中央馆学习共享空间功能细分表

类　型	位置	设备·服务·规则
LC(探究)	1F	设有可移动的白板、电源、无线网,可将桌椅自由组合;通过讨论和共同作业促进研究同伴的交流,创造新成果的区域
LC1(创造)	2F	创造新知识,形成成果的空间:设有 12 台电脑,书桌围绕电脑,可小组使用。有电源和无线网。设有 LA(Learning Assistant)学习助手＊咨询台,有在读研究生学习助手进行学习支持服务参考咨询处,专业图书馆员提供项目调查、文献检索服务
LC3(讨论)	2F	利用图书馆资源,进行热烈讨论,进行多种知识和灵感交换的空间:设有可自由组合的桌椅、沙发。可移动白板、电源、无线网。可专注个人作业的电脑 15 台。周围设有新书角、迷你展示台
LC3(浏览)	3F	通过浏览杂志、报纸、文库、新书,获取新知识:杂志、报纸角、文库、新书角。多为沙发,适合长时间在馆。配有电源、无线网。可以进行必要的对话和讨论
LC4(工作)	3F	阅览或是使用图书馆资料进行学习的区域。单人位为主的座位、沙发。配有电源、无线网。可以进行必要的对话和讨论

由于场地、经费等各方面原因的限制,大学图书馆学习共享空间的设置通常是在已有空间的基础上进行改造,通常选择相对独立的房间或增设玻璃隔断,配置有可移动的桌椅、投影仪、白板等设备。使学习共享空间成为独立于传统藏阅一体大开间中的个体空间,类似大海与岛屿的关系。本对比研究中的两校改造均翻转了传统阅览区与学习共享空间二者的关系,重视学习共享空间与整体馆舍空间的一体化,地位的主体化,存在的无形化。将学习共享空间置于大开间,消除边界,成为大海,而将个人学习空间,安静学习空间设置隔音墙等,化为岛屿点缀其中。

(四)动静分区

图书馆规划多元空间有利于交流与协作,满足多元的学习需求,为图书馆带来活力的同时也引发了某些问题:多类型学习及阅读活动动线共存而互相干扰,传统的图书馆安静氛围被打破,需要安静的读者对图书馆空间的满意度有所降低,多元化需求不断增长,图书馆需要在安静空间与活跃中找到平衡[17]。

通过对比两馆的空间改造实践不难发现,两馆均十分重视读者在馆行为的流线,在空间呈现上充分考虑动静分区,避免互相干扰的情况发生。深入探究可以发现,两馆在动静分区设置上也具有差异性。交大包图的动静分区设置有较为明显的楼层属性,即一层、二层是动区,三层以上是静区。类似的设置还有香港理工大学图书馆,将楼层划分为无声楼层、安静楼层、创作楼层、多功能楼层及互动楼层,由静到动层层递进,较交大包图有更为明显的楼层划分。

早大中央馆的设置则与此不同,每个楼层动区与静区共存,通过合理的空间规划,优质的隔音材料及详细而正式的空间使用规则规范保证各个区域的功能实现。早大中央馆的官网示意图、新闻,馆内指引、规则等均发布了音量控制表格。其按可发出的音量大小划分了五种空间类型:活跃区、安静区、寂静区、极度寂静区(静音区)、轻餐饮区。并以图示对是否可以进行"交谈、敲击键盘、智能设备、饮水"等进行了严格的规定[18]。

交大包图由于动静分区有较为明显的楼层划分,因此仅在楼层指引处标有区域名称,并未在官网及馆内对使用规则和音量控制有明显的发布。但考虑到动静分区的重要性,交大包图于2021年3月31日,在重新开馆前夕于微信公众号发布题为"包玉刚图书馆音量控制分区指南"的推文,以引导性文字说明各区域的使用规范和音量使用规则。

三、思考与启示

空间改造需对标各层面目标愿景。空间改造必须符合图书馆的宗旨、愿景,必须遵从高校的目标、定位,必须顺应国家教育改革发展趋势。图书馆的空间改造是大学正在实践的教育理念、教育模式的表达,其本质上关乎不同学习目标下的不同学习方式,空间是被读者所使用的,但空间同时也具有生命,扮演着引导者的角色,引导学生脱离传统的传授式的被动的知识获取模式,开拓全新的学习方式。近年来,高校图书馆新馆建设和旧馆改造层出不穷,迎来了一个小高峰,有很多十分成功的实践经验值得借鉴,然而建筑交付之时图书馆方才窥得空间真面目的情况屡见不鲜。建筑外观大气新颖,建筑内部连基本的密集书库或是货用电梯都未安置,更不用说规划各类型的学习空间了。因此,图书馆及图书馆员必须参与到原始建筑的策划及改造实施的全过程中。这就要求图书馆要对自身在校园文化中的作用,校园空间中的定位,校园功能中的角色有清晰的认知,大到国家层面教育政策导向,小到此次改造的核心目标,有深入的研究和事无巨细的计划。绝不能瞎子摸象,走一步看一步。更不能人云亦云,比如现在流行做学习共享空间,我们也照葫芦画瓢,隔出个玻璃屋子就美其名曰LC,最终还是沦为自习室。

空间改造需同时坚持以"人"为本、以"本"为本。图书馆空间是建筑、读者、资源三者共存的综合空间,三者如何有机结合是图书馆能否高效地为读者提供优质服务的前提,缺一不可,紧密相连,不可割裂。回顾图书馆的发展历程,由于纸质图书的式微,图书馆作为"藏"的功能被不断削弱,"书"的主体地位渐渐消失,作为读者的"人"的主体地位不断强化。为顺应这一潮流,厚此薄彼的情况屡见不鲜,一味地迎合读者对空间的需求而将图书大规模放入密库。或是近些年网红图书馆热衷修建的书墙,将书束之高阁,使书成为空间的华丽装饰,而不考虑资源的可获得性,使得原本年年下降的借阅量雪上加霜。通过对上述案例两馆空间规划的归纳对比不难看出,虽然学习共享空间的比重大幅度增加,压缩了一部分藏书区面积,但通过对资源的集中放置,匹配与文献类型相适应的家具、陈设、空间设计等,图书馆正力求在空间、资源、读者三者之间谋求一种融合。在此次空间改造实践中,早大中央馆在研究书库附近设置供教师和研究生使用的个人学习室、书车、衣架等,提供文献预约、提前代取、复印等配套服务,大大提高了文献的利用率,提升了读者使用图书馆资源的便捷性和空间使用的舒适性。因此,空间、人、书三者的有机结合绝不是物理空间上的穿插,而是通过布局的巧思,细致入微的服务将三者串联、融合,达到"1+1+1＞3"的效果。

空间改造需关注空间的可持续性发展。空间改造是一种功能上的革新,不可能一蹴而就,大规模的空间改造工程是一次生产过程,但一经开放,读者和资源将赋予空间生长的力量,长期空间的改造必将始终处于"未完成"的状态中,因读者需求和外界环境变化而不断改造和创新空间的功能。空间的改造是"评估-改造-再评估-再改造"循环往复的过程。在本次改造实践中,交大包图将改造前的图书全部迁入位于图书馆东侧的密排书架,嵌入阅览区和学习空间的各类型书架则暂时未放置文献。大面积的留白和半完成状态恰恰赋予空间以生命,看似是整体性一次性的空间改造,正因留白的预留使空间进入了全新的"后改造时代"。早大中央馆在改造过程中也充分考虑到了空间的"生长"需求,在进行完第一期改造中二楼部分的施工后并没有立刻投入下一阶段的施工,而是开放了改造后的该区域,通过观察读者行为,进行读者调查后动态调整了下一阶段方案,明确了整体方案的有效性和可行性后才重新动工。

四、结语

2021年正值"十四五"建设开局之年,大学图书馆在内外因素的影响下,功能转型已箭在弦上,新一轮图书馆的重建和再造正在兴起。通过空间再造完成大学图书馆的华丽蜕变是时代赋予我们的机遇,更是挑战。高校图书馆可以充分借鉴国内外空间改造实践的成功经验,但又要结合自身实际和特点进行个性化创造,避免同质化。此外,空间的再造升级对图书馆服务提出了更高的要求,图书馆需要最大限度发挥资源优势,及时改变服务模式,提高服务质量才能最大程度释放空间的价值和能效,为大学的学习和研究赋能。

参考文献

[1] 中华人民共和国教育部.统筹推进世界一流大学和一流学科建设总体方案[EB/OL].[2021-10-31].http://www.moe.gov.cn/jyb_xxgk/moe_1777/moe_1778/201511/t20151105_217823.html.

[2] 上海交通大学图书馆.馆舍风貌-包玉刚图书馆[EB/OL].[2021-10-31].https://www.lib.sjtu.edu.cn/f/content/detail.shtml?id=1822&lang=zh-cn.

[3] 早稲田大学図書館中央図書館について[EB/OL]. [2021-10-31]. https://www.waseda.jp/library/libraries/central/.

[4] 上海交通大学图书馆. 馆舍风貌-包玉刚图书馆[EB/OL]. [2021-10-31]. https://www.lib.sjtu.edu.cn/f/content/detail.shtml?id=1822&lang=zh-cn.

[5] 上海交通大学图书馆. 馆舍风貌-包玉刚图书馆[EB/OL]. [2021-10-31]. https://www.lib.sjtu.edu.cn/f/content/detail.shtml?id=1822&lang=zh-cn.

[6] 早稲田大学. 創立150周年に向けて[EB/OL]. [2021-10-31]. https://www.waseda.jp/inst/vision150/about.

[7] 稲葉 直也. 早稲田大学中央図書館ラーニング・コモンズ改修報告-利用者調査に基づいた設置計画の策定と効果検証-. ふみくら:早稲田大学図書館報. no. 95, p2-5[EB/OL]. [2021-10-31]. http://hdl.handle.net/2065/00061954.

[8] LibQUAL+®. ARL (Association of Research Libraries) & Group Notebooks[EB/OL]. [2021-10-31]. https://www.libqual.org/publications.

[9] 上海交通大学图书馆. 上海交通大学图书馆年报2018[EB/OL]. [2021-10-31]. https://www.lib.sjtu.edu.cn/f/content/detail.shtml?id=6302&lang=zh-cn.

[10] 史艳芬,徐忠明,徐咏华. 高校图书馆空间规划方法——以同济大学图书馆为例[J]. 图书情报工作,2018,62(16):28-34. DOI:10.13266/j.issn.0252-3116.2018.16.004.

[11] 稲葉直也. 中央図書館ランリングコモンズ改修報告:長期休館せずサービスを継続したまま実施した大規模工事. 早稲田大学図書館年報2019[EB/OL]. [2021-10-31].

[12] 奥默默工作室. 从空间生产到空间生长——交大包玉刚图书馆空间改造[EB/OL]. [2021-10-31]. https://mp.weixin.qq.com/s/IMMLupujVP0iEy-N5JMT_A.

[13] 2020年4月1日第二期中央図書館改修工事完了のおしらせ[EB/OL]. [2021-10-31]. https://www.waseda.jp/library/news/2020/04/01/8442/.

[14] 上海交通大学图书馆空间分布[EB/OL]. [2021-10-31]. https://www.lib.sjtu.edu.cn/f/content/detail.shtml?id=6150&lang=zh-cn.

[15] 奥默默工作室. 从空间生产到空间生长——交大包玉刚图书馆空间改造[EB/OL]. [2021-10-31]. https://mp.weixin.qq.com/s/IMMLupujVP0iEy-N5JMT_A.

[16] 2020年4月1日第二期中央図書館改修工事完了のおしらせ[EB/OL]. [2021-10-31]. https://www.waseda.jp/library/news/2020/04/01/8442/.

[17] 陈丹. 美国高校图书馆安静学习空间建设实践与启示[J]. 图书馆学研究,2019(18):95-100.

[18] 早稲田大学中央図書館第1期改修分(2019)2階・3階[EB/OL]. [2021-10-31]. https://www.waseda.jp/library/libraries/central/area/.

基于联邦学习的大学机构库建设研究

◎ 袁少博*

摘　要：随着开放获取的普及、国内大学机构库的建设，知识壁垒逐渐被打破。如何将大数据关键技术应用到机构库建设中，进而提高院系沟通效率、科研人员成果转化率，助力大学学科评估、学者科研工作是本文的研究重点。本文基于联邦学习研究大学机构库系统建设，运用横向联邦学习和纵向联邦学习两种方法建立联邦学习平台算法框架，确定不同参与方联合建模过程，构建学科评估、科研助力两大功能模块。研究发现在机构库联邦学习平台中，不同院系参与方在不需要分享原始数据基础上参与模型训练，院系间进行知识成果转化交流，学者获得学科前沿知识预测，系统完成数据挖掘分析、知识服务扩展。

关键词：大学机构库；联邦学习；平台建设

机构知识库是用来收集、存储一个或多个学术机构创造产出、可供机构内外用户共享的学术文献数据库。机构库发起了开放获取运动，是一种致力于学术传播，促进免费获取和自由使用，再造网络环境下流畅的学术交流和传播的机制及模式[1]。截至2022年5月，在OpenDOAR上注册的机构知识库数量已达5 685个，其中我国被收录的机构知识库共65个，包括中国科学院系机构库、香港大学等大学机构库和合肥物质科学研究院等专业知识机构库。机构知识库从各个角度和层次展示了本机构的学术科研水平，为学者就知识、

---

* 袁少博，上海大学图书馆助理馆员，研究方向：大数据分析、知识管理。

影响力等方面提供多维度统计分析服务,实现了知识共享与增值。

一、大学机构库建设现状

随着开放获取的普遍应用,知识壁垒被逐渐打破,国内外对知识机构库的研究和分析成果越来越多,科研机构和高校科研单位等知识密集部门纷纷开始建立本机构的知识库。

1991年,美国Los Alamos国家实验室物理学家Paul Ginsparg发起创建了电子预印本文献库arXiv.or,全球学者可以开放获取的方式访问使用,机构知识库初现雏形[2]。2001年,俄亥俄州立大学率先提出建立跨学科、多媒体的机构库设想,收集保存学校师生的科研成果。2002年,MIT和HP校企合作推出了Dspace仓储系统,标志着全球首个机构库诞生,自此全球范围内大规模建设机构知识库开启[3]。

2004年,吴建中[4]发表文章探讨了机构库对图书馆管理模式的冲击,将机构知识库概念引入国内。2005年,在北京大学图书馆的带领下,国内50多家高等院校图书馆联合发表了《图书馆合作与信息资源共享武汉宣言》,明确指出我国高校图书馆应"建设特色馆藏,开展特色服务,建立一批特色学术机构库"[5],自此,我国高校图书馆的机构库建设开启。

已有的大学机构库建设在一定范围内做到了知识共识共知,但仍很难做到很好的知识共享,尤其是在知识共享基础上开放获取知识成果,推进科研成果转化,成果登记质量差,缺乏特色化和本土化,因此很难在各自学术领域引起广泛的学术影响力。随着大数据时代的到来,高校机构智力资源量急剧增长,机构库原有建设中成果元数据的不完整、数据规范不统一、标引不深入、数据收集时滞严重等问题逐渐凸显出来[6]。与此同时,在大数据技术日益广泛的大背景下,机构库服务功能及其扩展单一的问题也显现出来,现有知识库服务扩展主要集中在资源的浏览量、下载量、访问计数等简单的数据统计功能,而缺少数据分析挖掘和数据关联分析的成果展示。总结来看,现有的大学机构知识库需要解决的问题主要包括以下三个方面:

1. 知识成果开放和转化

高校、科研院所是国家创新体系的重要组成部分,是科技成果的重要供给侧。作为智慧校园的一部分,机构知识库应在收集、检索、保存本校师生科研成果之外,发挥优势学科与对应产业科技园间的知识成果开放,促进科技成果转化。现有高校机构库[7]对地方智库无法给予高质量的知识成果供给。

高校内,机构知识库应展示不同学科和不同产业之间的学术合作和交流,促进交叉学科的发展和孵化;高校与高校之间,各机构知识库内相同学科之间应在专利许可范围内共享科研成果,共同促进发展,提高各个高校科技成果转化率,与专利申请量相匹配;与产业园间,机构库应为产学研的深入交流与对接、完善科技成果转化激励机制提供支持;与城市智库之间,应提供知识共享交流,为城市发展提供有力的学术研究支持,为社会的蓬勃发展提供一份力量。

2. 知识成果服务拓展

服务是大学图书馆的重要任务,机构知识库的服务对象首先是本校师生,现有服务主要集中在对用户浏览、访问、下载等基本统计功能的展示,拓展方面较少。随着大数据技术的发展,数据分析和挖掘技术应逐渐应用到服务拓展中,如对本校师生的个性化服务,包括选题支持拓展、学习资料的推荐等[8]。对院系部门,机构知识库可以展示院系不同专业间、不同院系间、学院与科研院所间、学院和科创单位间的科研合作,为资源利用率的提高、科研成果展示的扩展贡献一份力量,此外,也可以跟踪学者的科研动态,第一时间按了解学者的需求变化,为学者提供更好的服务和科研支持。

3. 知识成果特色化

各个机构建立以本校师生科研成果为中心的机构知识库,形成了各自知识成果的特色。针对不同学科分类,不同专业产出,机构知识库可以建立不同的知识集群。

机构库建设可以集中于特色化服务建设,如围绕本地经济发展的特殊性,本校学科特色,关注各个不同学科的科研动态,为本校师生提供个性化知识服务,打造特色服务案例。此外,机构库应及时更新学者的知识成果,同步显示更新内容和更新频率,更好地展示机构库的服务情况。

二、联邦学习的基本概念

联邦学习是谷歌在2016年提出的一种新兴人工智能基础技术,用于解决数据孤岛问题。设计目的在于在保障大数据交换时的信息安全、保护终端数据和个人数据隐私、保证合法合规的前提下,在多参与方或多计算结点之间开展高效率的机器学习[9]。作为一种保护数据安全的机器学习方法,联邦学习常用于数据信息难以共享的金融行业[10]、智慧防控[11]等技术中。

（一）联邦学习的系统构架

联邦学习系统架构中，每一个拥有数据源的参与方训练一个模型，之后在各自的模型上沟通交流，最终通过模型聚合得到一个全局模型，彼此间无法获得隐私数据。学习过程包括模型训练和模型推理两个过程。在模型训练阶段，模型相关信息以加密形式在各方间交换，交换并不会暴露每个站点上数据受保护的隐私部分。已训练好的联邦学习模型可以放在系统中的各参与方，也可以多方间共享。

以三个数据拥有方为例，三方各自的业务系统拥有各自的相关数据，联合训练一个联邦学习模型。训练过程中，首先服务器向三方发放初始的联邦学习模型，三方收到模型后使用各自数据对模型进行训练，训练完成后将变化参数返回服务器进行聚合，聚合后的联邦学习模型作为新的联邦学习模型进行下一轮学习（如图1）。

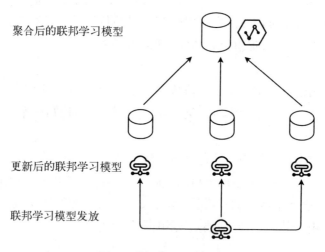

图1 联邦学习系统架构

（二）联邦学习的分类

针对不同的数据集，联邦学习可以分为横向联邦学习、纵向联邦学习和联邦迁移学习[12]。

当几个数据集中的用户特征重叠较多，而用户重叠较少时，数据集按横向切分，取出双方用户特征相同而用户不完全相同的那部分数据进行训练，这种方式称为横向联邦学习。横向联邦学习常用于移动端的应用，智能手机上的数据来自不同用户，数据主体间交集较少，相同系统的数据特征都是相同的，横向联邦学习以多方数据的并集作为训练样本，多方特征的交集为特征，实现训练样本的扩充。

当几个数据集的用户重叠较多，而用户特征重叠较少，将数据集纵向切分，取出双方用户相同而特征不完全相同的数据训练，这种方式称为纵向联邦学习。纵向联邦学习适用于同一地区不同业务的数据集，通过将不同设备上具有不同特征的相同目标通过加密方式对齐，实现特征聚合，增强模型能力，模型在各个特征学习中获取更多知识，从而优化目标任务。

当几个数据集中的用户和用户特征重叠部分均比较少，无法支撑模型完成训练，需要运用迁移学习以克服数据不足和标注不足的情况，这种方式称为联邦迁移学习。迁移学习常用于不同地区的不同业务数据集，在保证数据隐私安全的情况下，每个参与者的模型参数都能够得到优化。

联邦学习中数据由数据所有者保存，不侵犯隐私安全也不会违反相关法规，学习过程由多个客户端联合进行数据训练，因此共享模型，共同获益[13]。联邦学习的特点促使多个客户端可以在数据不出本地的前提下参与优化机器学习模型，解决数据孤岛问题，扩展模型可用的数据范围，促进人工智能系统的发展[14]。

三、机构库联邦学习平台建设

机构库联邦学习平台不仅包括高校内不同院系之间的知识共享，也包括不同高校间机构库的知识成果共享，形成区域内知识增长良性循环。以高校为例，可构建校内不同院系的联邦学习平台，助力于学科评估、科研投入产出预测等工作。

（一）系统架构

基于联邦学习技术，通过分布式节点部署本地模型，可以有效解决数据隐私和数据关联分析之间的矛盾。同时，基于高效的学习模块，计算性能得到了有效提升，提高了系统的个性化推荐效率。

首先，联邦学习平台将全局模型发送到各个学院，各个学院将本节点拥有的数据集,如师生基本信息、学生学籍信息、各个专业已有科研成果导入模型,在本地进行模型训练。当模型收敛到预期目标时训练完成,节点会保存子模型的相关参数和数据信息,并将参数传回到全局模型,各个学院参数完成上传后,聚合产生新的联邦学习模型。当各学院数据信息有更新时,进行新一轮的模型训练(如图2)。

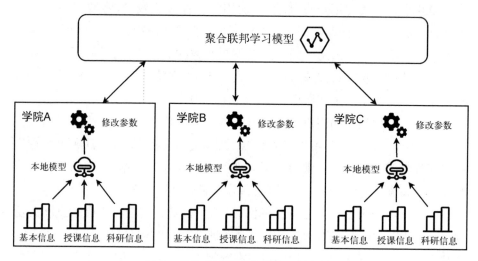

图2 机构库联邦学习平台系统架构

（二）算法框架

基于联邦学习技术的架构平台可以建立一套能够整合全学科的学科评估系统。首先可以为系统中每个学科构建知识图谱,将知识图谱编码为一个具有较高表征能力的图神经网络,然后使用基于联邦学习的方法构建一个综合模型,来整合各学科知识图谱,从而对学科知识、学者模型和数据进行扩展。每个学科都可以从联邦系统的数据同步中受益,在维护各自知识库的同时保证各自数据的隐私和安全。对于学者用户来说,学习平台可以帮助实现定制化服务,各个学院可以利用联邦学习,基于存储在个人设备中的数据,协作构建通用模型。该通用模型可以为背景相似的学者制定标准化学习计划,并通过不同学者的专业特长、需求兴趣等,构建个性化的联邦学习模型(如图3)。

按联邦学习平台架构,分析算法框架主要包括数据准备、数据清洗、样本数据预处理和联合建模四个阶段。

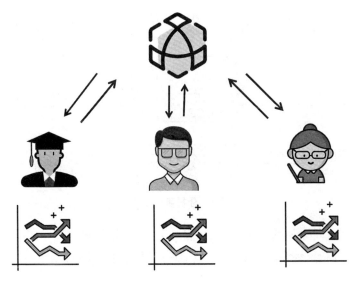

图 3　个性化的联邦学习模型构建

数据准备阶段中，需要准备前期所需要的相关数据，准备好算法定义、协议选择、交互规则等。

数据清洗阶段中，基于学科馆员的以往经验以及对已有数据完整情况的判断，从各个学科抽取本地样本信息，如作者基本信息、论文相关信息等作为样本建立模型。变量可包括作者 ID、作者学历、作者专业、研究重点、论文信息等。完成抽取后，对数据进行清洗，以对齐样本，如删除内容空白信息，剔除重复作者，统一英文命名和日期格式，形成数据字典。

样本数据预处理阶段中，数据清洗完成后，对所选数据进行初步分析，运用联邦相关系数等方法了解不同变量与评估分析结果之间的相关性，对比不同变量对结果的不同贡献度。

联合建模过程中，对样本数据进行预处理，完成特征工程后，针对数据进行模型训练，根据学院数据的不同情况，选取横向联邦、纵向联邦、联邦迁移中的一种方式，对数据进行融合推理。

（三）联合建模过程

基于联邦学习的联合建模模型选择以参与方的数据特征为选择依据，如果用户交叉较多，则选用横向模型，如果样本特征交叉较多，则选择纵向模型，当用户交叉和特征交叉都比较少时，选择迁移模型。以交叉最少的迁移模型

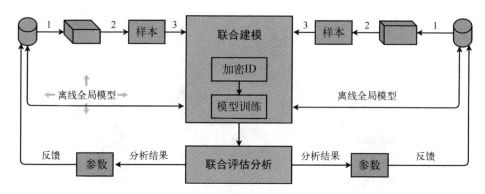

图 4 分析算法框架

为例构建模型训练和预测过程,假设参与方为学院 A 和学院 B,由机构库加密密钥并汇总模型参数,更新模型。训练和预测过程包括以下几个步骤(如图 5):

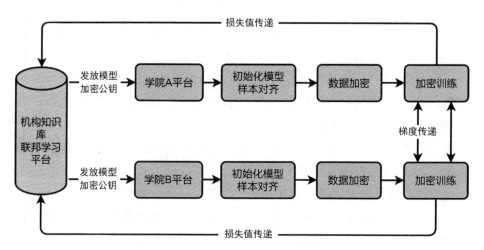

图 5 联合建模过程业务流程图

(1)样本对齐加密

学院 A 和学院 B 在机构库 C 下载并安装初始化模型,各自确认参与模型训练的用户和特征值,完成样本对齐,并用 C 创建分发的用户加密公钥对各自数据进行加密。

(2)加密模型训练

学院 A 和学院 B 在本地运行各自的神经网络,训练获取数据隐藏表征 UA 和 UB,双方各自计算并加密中间结果,并完成相互传递,交互计算梯度和损失值;收到对方传递信息后,各自创建随机掩码并添加到信息中,做二次信息交互;收到二次交互信息后,各自去掉随机掩码获得梯度和损失,用于更新各自模型,并将结果发给机构库;机构库判断损失函数是否收敛,收敛后模型训练结束,并告知学院 A 和学院 B 模型训练完毕。

(3) 模型预测

假设需要预测的为学院 B 中的未标注数据,则 B 用已经训练好的神经网络参数计算隐藏表征,并给学院 A 发送加密后的结果;学院 A 评估结果后用随机值对结果进行隐藏,结合自身的掩码值发送给 B;B 解密后发回给 A,A 解密获得带 B 掩码的预测标签,发送给 B;B 解密获取最终预测标签。

四、基于联邦学习的机构库功能模块

机构库联邦学习平台基于 FATE 框架构建联邦学习生态系统。FATE 是由微众银行发起的开源项目,包括离线和在线两个部分。离线部分通过线性回归、神经网络等常用模型读取数据、完成数据特征预处理,进行建模,形成原始模型;在线部分通过实时通信,在线实现推理,更新模型参数。

平台包括学科评估和科研助力两个功能模块。学科评估模块通过对以往学术成果的分析,预测学科发展方向、学科交叉可能性;科研助力功能模块帮助学者寻找科技前沿,已有科研成果更好地完成转化。

(一) 学科评估模块

学科评估模块使用横向联邦学习,横向联邦学习常用于同一训练场景下,多方需要各自保护数据隐私性的情况。这种情况下参与方数据属性重叠较多,样本量重合度小,对各方模型加密后传输至服务器聚合,可以尽量同步训练信息,与此同时,运用差分隐私引入随机噪声,确保数据结果的隐私性。

在学科评估中,不同学院拥有各自学者的学术科研成果,属性基本相同,而不同院系学者重叠可能性较小,因此学科评估适用横向联邦学习。以两学院参与学科评估为例,服务器先分发模型到学院 A 和学院 B,双方查看各自的数据信息,根据模型训练需要对齐样本(如图 6 所示),导入模型进行训练,得到研究方向可否继续、学科交叉是否可行的二分类训练结果。训练结果和更新的模型参数传回给服务器,由服务器聚合形成新的模型。基于二分类训练,选用逻辑回归算法,运用同态加密和安全聚合保护隐私。

图 6　学科评估模块

（二）科研助力模块

科研助力模块使用纵向联邦学习,纵向联邦学习用于多方在共同训练模型的场景下,数据不共享,参与方数据在数据属性上重叠较少,但在样本量上重合较多的情况。与横向联邦学习不同,纵向联邦学习需要在对样本加密对齐之后,对模型也进行加密训练。样本加密对齐部分,服务器通过聚合模型后,找到各方在数据上的重叠部分,在模型加密过程中利用重叠的数据训练完成模型。

科研助力模块中,同一学院不同系的学者使用较多。以同一学院两个不同系为例,服务器首先分发模型给到系 C 和系 D,双方接收到模型后将样本进行加密对齐(如图 7 所示),并训练模型生成新的参数,传回服务器后,服务器确认双方数据重叠部分,同时对模型进行加密聚合,运用同态加密和安全聚合保护隐私。

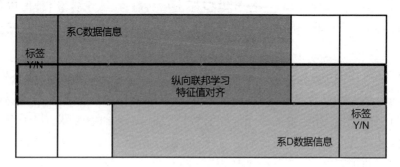

图 7　科研助力模块

五、结论和讨论

大学机构库是共享学术文献的数据库,是助力本校师生专业知识学习、学术探讨交流,为大学学术科研成果产出提供有力支撑的工具。机构库现有的知识成果转化、服务拓展、特色服务等问题仍是各个大学关注的重点。本文引入联邦学习这一新兴人工智能基础技术,旨在基于数据隐私保护的基础上,解决不同院系间数据孤岛的问题,帮助院系更好地实现知识成果转化、促进院系交流、帮助师生学者快速适应本专业的学习科研,在大学内创造知识正增长的良性循环。

基于联邦学习的机构库系统包括服务端和客户端两部分,服务端负责算法模型的发放和收回聚合,客户端负责清洗本地数据并将数据导入模型训练,以得到更新参数。各个客户端各自为自己的数据进行加密,加密训练过程中仅传递梯度,很好地保护了各自的数据隐私。服务端接收客户端训练模型后形成的新参数以及训练中的损失值,通过传递的损失确定是否结束训练。更新后的模型服务于系统学科评估和科研助力两大功能模块,学科评估功能模块服务于院系,为学科发展方向和远景提供决策支撑;科研助力功能模块服务于师生个人,为师生个人的学术科研活动提供个性化服务和知识推荐。

联邦学习的特征使得各个参与方在保护各自隐私的基础上加大了与其他参与方的信息沟通,加大了参与方相互间知识共享和开放的程度,聚合训练成果展示了参与方之间数据关联,数据交互的成果。

基于联邦学习建立的机构库平台提供了这样一个知识交流共享平台,不同院系在保护自有数据信息隐私的前提下,与其他院系团队交流知识成果,院系间相互合作进行数据挖掘分析,拓展知识服务。随着数据量和服务量的增加,如何确保模型运行性能、提高算法效率同时保护参与者隐私是未来的研究重点。此外如何打通同一区域内不同大学、不同区域大学同一学科间沟通桥梁是未来的另一个研究重点。

参考文献

[1] 张海芸,左瑞玲,李琴.国内高校机构知识库建设的现状与对策分析[J].无线互联科技,2018,15(22):125-126.

[2] 张凤梅,陈能.剖析和借鉴美国机构知识库建设[J].四川图书馆学报,2014(1):

97-100.

[3] 王超,高芷岘.国内学术机构知识库可持续发展影响因素分析[J].辽宁工业大学学报(社会科学版),2018,20(4):36-38.

[4] 吴建中.图书馆 VS 机构库——图书馆战略发展的再思考[J].中国图书馆学报,2004(5):5-8.

[5] 中国大学图书馆馆长论坛.图书馆合作与信息资源共享武汉宣言[J].大学图书馆学报,2005(6):3-4.

[6] 陶继华.知识共享视角下高校机构知识库协同地方智库机制研究[J].图书馆工作与研究,2019(6):23-29.

[7] 刘红玉,罗南,何冰.国内高校机构知识库建设现状及对策研究[J].图书馆工作与研究,2016(7):51-55.

[8] 麻思蓓.机构知识库:图书馆的服务创新平台[J].图书馆学研究,2017(2):58-62.

[9] 杨强,刘洋,程勇,康焱,陈天建,于涵.联邦学习[M].电子工业出版社,2020.

[10] 孙昊颖.联邦学习在金融产业的应用展望[J/OL].新疆师范大学学报(哲学社会科学版). https://doi.org/10.14100/j.cnki.65-1039/g4.20220127.002.

[11] 钱学胜,吴寰宇,陈诚,黄晓燕,童庆,戴伟辉.基于联邦学习的新冠肺炎疫情跨区域智慧防控技术——以上海市实践为例[J].科技导报,2021,39(24):96-107.

[12] Qiang Yang, Yang Liu, Tianjian Chen, and Yongxin Tong. Federated machine learning: Concept and applications. CoRR, abs/1902.04885, 2019. URL http://arxiv.org/abs/1902.04885.

[13] Peter Kairouz, H. Brendan McMahan. Advances and Open Problems in Federated Learning, 2021.

[14] Liu Y, Kang Y, Zhang X W, et al. A communication efficient vertical federated learning framework. 2019. ArXiv:1912.11187.

"碳中和"目标下基于霍尔三维结构的绿色图书馆建设研究

◎ 肖思琪　倪代川*

> **摘　要**：公共机构是能源消耗与碳排放大户,而图书馆是大型公共建筑,推动绿色图书馆的发展,对我国实现碳中和目标至关重要,但目前绿色图书馆建设缺乏系统的理论模型。文章结合霍尔三维模型在解决系统工程问题上的优势,从时间维、逻辑维和知识维三个维度构建了绿色图书馆建设的三维模型,按照绿色图书馆的特性对各维度进行划分,并进行深入分析。本文详细阐述了绿色图书馆建设在全寿命周期各阶段的方法步骤,以及各阶段所需的相关理论和技能的实质内容,使绿色图书馆在建设的各个阶段获得节能减碳的最佳效益。
>
> **关键词**：霍尔三维结构;绿色图书馆;碳中和

人类正在面临全球性的气候变化挑战,随着世界各国CO_2的大量排放,全球温室效应日益严重,影响自然生态和人类社会的可持续发展。2020年9月22日,国家主席习近平在第七十五届联合国大会上表示,我国二氧化碳排放力争于2030年前达到峰值,努力争取2060年前实现碳中和[1]。紧接着公布的十四五规划中也纳入了这一目标。建筑是碳排放的重要领域,涉及承担碳减排任务重要而复杂的行动主体[3]。根据《中国建筑能耗研究报告2020》,2018年全国能源碳排放总量中,建筑运行阶段碳排放占21.9%,其中公共建

---

* 肖思琪,上海大学文化遗产与信息管理学院硕士研究生,研究方向:图书馆建设;倪代川,副研究馆员,上海大学图书馆副馆长,硕士生导师,研究方向:数字档案馆、信息资源管理与图书馆文化。

筑碳排放占比 37.1%[3]。仅中国为了促进公共机构绿色低碳化发展，先后出台了一系列政策措施。2019 年，国家发展和改革委员会制定《绿色生活创建行动总体方案》，建议促进现有公共建筑的绿色改造。2021 年，国家机关事务管理局、国家发展和改革委员会、财政部、生态环境部联合印发《深入开展公共机构绿色低碳引领行动促进碳达峰实施方案》，明确提出要严格管控高能耗公共建筑建设，大力发展节能低碳建筑。可以看出，中国实现碳中和的道路上，公共机构的绿色低碳发展是关键一步。只要精心规划，扎实推进，碳中和将开创公共机构绿色低碳发展的新时代。作为最典型的公共机构之一，图书馆是社会文化和教育的中心，能够反映公共机构的平均状况。更重要的是，图书馆是大型公共建筑，研究显示其能耗是普通住宅的 5 - 15 倍，属于高耗能建筑中的重点管控对象[4]。在"碳中和"的时代背景下，图书馆的绿色化建设已成为必然趋势[5]。

一、绿色图书馆的概念及研究现状

图书馆情报学在线词典（Online Dictionary of Library and Information Science, ODLIS）对绿色图书馆作了如下界定[6]：绿色图书馆旨在通过精心选址，使用天然建材和可生物降解产品、节约资源以及负责任的废弃物处理等方式，尽量减少对自然环境的负面影响，最大限度地提高室内环境质量。该项定义也出现在 IFLA（国际图联）官网上，从国内外学者对绿色图书馆的定义来看，所涉内容大同小异，大多与此内涵相近。

（一）国外研究现状

在绿色图书馆理论方面，LaRue James 和 LaRue Suzanne 率先提出绿色图书馆是为读者提供健康、舒适服务的节能空间[7]。经过后来国外学者不断探讨，绿色图书馆概念结构也不断拓展完善，并针对绿色图书馆中的馆藏资源与信息系统、环境审计和评价与认证体系三个方面深入研究。使用基于云计算的绿色信息系统服务模式和适当的信息管理技术，可以有效降低二氧化碳排放量和环境成本[8]。图书馆环境审计研究主要针对碳足迹审计和能耗测量两种方式，但是目前尚未提出权威完整的图书馆环境审计体系。针对图书馆的特殊性上，绿色建筑评价体系和标准还存在违和的地方，研究进展缓慢[9]。在绿色图书馆实践方面，国外侧重于节能设施设计和环保教育实践两个方面。最早的绿色图书馆实践是 1981 年的《Library Catch the Sun》中提到的加州千橡市新建公共图书馆,采取与自然紧密结合的设计以及各项节能设施[10]。国外许多图书馆采用环境友好型建筑设计,包括:监控系统集成能源管理系统、复合真空玻璃建筑围护结构、节能照明系统、暖通空调变频空调和雨水利用系统[11]。国外绿色图书馆还提倡环保教育实践。巴西里约州立公园图书馆将提高图书馆员、实习生和其他工作人员的环境意识视为环境教育使命的一部分[12]。克罗地亚政府与图书馆和图书馆协会合作实施了"绿色图书馆项目",来提高国民对可持续发展和环境保护的意识[13]。

(二)国内研究现状

我国最早出现的绿色图书馆的研究文献是戴德慈于1998年发表的《绿色照明与北京大学图书馆新馆》,这是国内首篇将绿色环保概念带入图书馆建设研究中的文章。在绿色图书馆理论方面,我国学者一方面是在国外的绿色图书馆理论基础上进行拓展,或者通过对国外优秀的绿色图书馆实践案例进行分析,总结可参考的经验;另一方面将我国本土的"绿色"发展理念融入图书馆的绿色化建设中。在绿色图书馆实践方面,近年来我国图书馆普遍都在进行绿色化改造或建设,但大部分图书馆侧重于进行环保教育实践,近年来众多图书馆纷纷开展以绿色发展为主题的学术讲座与会议共同促进图书馆的可持续发展[14]。国内图书馆开展环保教育的形式、内容多样,包括但不限于:图书捐赠、图书漂流、环保图书推荐、播放环保教育宣传片、环保技能讲座、环保竞赛、环保展览、绿色服务周、绿色宣传周[15]。

由此可以看出,当前国内外绿色图书馆研究并没有文献对绿色图书馆建设中的所有事项进行梳理归纳,在标准规范和建设实践领域中缺乏统一的、系统的理论体系。绿色图书馆的建设是一项大型复杂的系统工程,从规划到建设,从运营到服务,都需要不断地讨论和探索,因此需要加强绿色图书馆建设理论模型的研究。而霍尔三维结构理论在解决大型复杂系统问题方面极具优越性,因此本文基于该理论来构建绿色图书馆的三维结构模型,围绕模型的各个维度进行讨论,尝试提供切实可行的标准体系,为碳中和目标下绿色图书馆的建设规划提供科学合理的指导。

二、霍尔三维结构理论

霍尔三维结构理论是由美国系统工程专家霍尔(A. D. Hall)等人在大量

工程实践的基础上,于1969年提出的一种系统工程方法论,通过建立由时间维、逻辑维和知识维所组成的三维空间结构模型,来定义工作目标以获得最佳效益[16]。它的出现为解决大型复杂系统的规划、组织、管理问题提供了一种统一的思路[17]。

(1) 时间维将系统工程活动各个时间节点的发展从开始到结束的顺序排列,共有七个时间阶段:规划、拟订方案、研制、生产、安装、运行、更新。

(2) 逻辑维是指时间维的每一个阶段内所要进行的工作内容和应该遵循的思维程序,包括明确问题、确定目标、系统综合、系统分析、优化、决策、实施七个逻辑步骤。

(3) 知识维列举需要运用的各专业领域中的知识和技能,如工程、医学、建筑、商业、法律、管理、社会科学、艺术等,综合运用各类知识可以保证设计过程的合理性。

三维结构体系形象地描述了系统工程研究的框架,对其中任一阶段和每一个步骤,又可进一步展开,形成了分层次的立体结构体系,体现了系统工程方法的系统化、综合化、最优化、程序化和标准化等特点,因此已被应用于众多领域的集成研究,如管理、医学、建筑、图情等领域,并取得了一定的成果。李祥春、郭帆帆等在霍尔三维模型中的时间维、逻辑维、知识维的基础上增加了组织维来构建煤矿安全监管监察多方参与协同模型[18]。罗巍、张阳等引入霍尔三维结构理论,以中国协同创新研究为例,构建面向时间、面向概念、面向能力的知识地图三维架构[19]。刘婧、罗岚等利用霍尔三维结构理论构建了智慧图书馆的三维结构模型[20]。胡静、金晓斌等将项目管理理论、信息生态原理与霍尔三维结构理论结合起来,从属性维、信息维和时空维三个维度构建土地整治信息分类体系[21]。

本文按照霍尔三维模型理论的思路,按时间维顺序对绿色图书馆的建设过程进行梳理分段,以逻辑维为基础归纳设计各阶段的工作内容,在知识维中列举概括建设绿色图书馆所需运用到的各方面专业知识,以此明确各维度所必备的内容,使绿色图书馆的建设过程井然有序、条理分明,达到节能减碳的最佳效益。

三、绿色图书馆三维结构构建

依据霍尔三维结构模型,结合绿色图书馆建设过程和内容,按照时间维、逻辑维和知识维的划分来构建三维模型,使绿色图书馆建设的流程更加明确和规范化,构建绿色图书馆的三维结构模型,见图1。

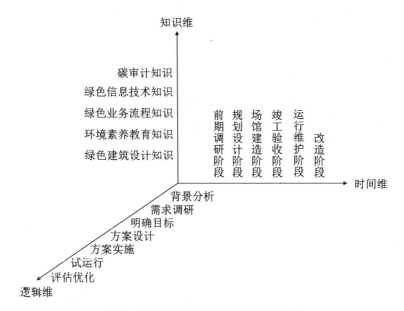

图1 绿色图书馆的霍尔三维结构模型

(一)时间维

时间维是指从开始到结束按时间顺序排列的绿色图书馆建设全过程。根据建筑的全寿命周期,在此将建设过程大致分为六个阶段:前期调研阶段、规划设计阶段、场馆建造阶段、检测调试阶段、运行维护阶段、改造阶段[22],如图2所示,每个阶段都有不同的工作内容和重点。

1. 前期调研阶段

前期调研阶段的主要任务是调研绿色图书馆建设的环境和背景、用户的需求与问题、可行性与必要性等因素,从客观的角度考虑实际情况,以此为后期绿色图书馆的设计建造确定定位[23]。首先是绿色图书馆建设的环境和背景。近年来绿色低碳发展已上升为国家战略,图书馆向着绿色化迈进不仅是实践绿色发展理念的结果,也是人类社会重要文化服务机构的必然;其次是用户的具体的需求与问题。可通过调查问卷、现场访谈等多种方式,摸清用户对设备设施的实际需求,统筹考虑现有资源情况,分析用户需求的合理性。最后是可行性与必要性。需要考虑绿色图书馆的所在地地貌、人口密度、公共交通

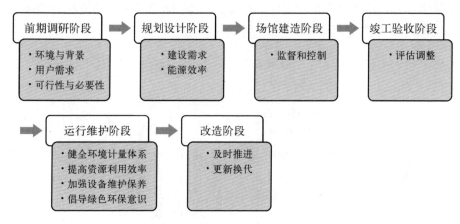

图 2　绿色图书馆时间维结构

的便捷性、建材、空间规划、人才资源以及施工过程对生态环境带来的影响等因素。

2. 规划设计阶段

本阶段一方面根据前期对实际情况的调研,根据用户需求,逆向推理施工需求,合理确定开发方案,避免目前设施闲置浪费和未来的频繁更新,确保施工的合理性;另一方面则是"四节一环保",绿色建筑应当最大限度地实现节能、节地、节水、节材和保护环境[24]。在绿色图书馆设计方案和内部空间设计中,应科学决策统筹考虑能源效率这个关键点[25]。图书馆建筑中涉及的节能设施主要包括照明、通风、供暖、加热与冷却、隔热与保温、室内装饰、水利用与收集系统、双层玻璃窗、冲水、电力供给、废弃物处理等。在购买相关设备设施时,优先考虑积极承担绿色和低碳责任的供应商,同时比较设备性能和节能减排,才能在提高服务效率同时降低运营成本。

3. 场馆建造阶段

场馆建造阶段的目标是将前期规划设计好的方案一一落实。在实施过程中离开标准,工程质量和安全就无法保证,建议成立专门小组,秉持节能环保的理念,注意全程进行实时的监督和控制,降低施工作业过程中的环境污染问题,确保工程的顺利完成。

4. 竣工验收阶段

在绿色图书馆竣工后的验收过程中,除了遵循常规的建筑质量验收标准,还需要针对绿色图书馆的环保性及资源能源节约效益进行全方位的评估分析,以便及时调整相关节能技术,使其达到经济效益、社会效益和环境效益等的最大化。

5. 运营维护阶段

在绿色图书馆正式投入使用后,要密切关注用户的使用感,以及对如图书馆舒适度、环境卫生以及资源获取等的反馈情况。日常管理过程中也应做到以下四点[5]:一是建立完善的环境计量体系。开展能耗测算、碳足迹审计和综合评价,识别能耗关键环节和节点,梳理出不合理的能耗节点,提出条理清晰的全面改进方案;二是资源利用合理化、节约化和低耗化。馆内应加强照明器材节电、取暖制冷设备节电等,并且加强资源的循环利用,厉行节约纸张;三是加强设备维护保养。要对图书馆内各类设备提供严谨细致的维护管理,才能延长使用寿命,提高运行效率,减少不必要的资源浪费[26];四是加强绿色意识培养。绿色图书馆可通过多种途径,充分调动馆员、用户参与绿色低碳建设的积极性。一方面,可以加强环境素养教育,积极倡导绿色低碳生活方式,鼓励倡导节能举措;另一方面加强监督检查。通过现场督导检查,鼓励馆员和用户养成良好习惯,积极践行环保行为,扎实推进环境素养教育。

6. 改造阶段

对场馆内的设施定时进行评估,及时更新换代。对于落伍老化的高耗能电子设备,如网络服务器、计算机终端等,要客观评估能耗进行取舍。此外要多关注绿色建筑方面的高新技术,对原设施进行有效替代与运用,以节省后期运营成本,同时提升用户满意度。

(二)逻辑维

逻辑维主要是依据系统运营的思维程序来归纳设计各阶段的工作内容[27]。绿色图书馆的逻辑维可以划分为 7 个步骤:背景分析、需求调研、明确目标、方案设计、方案实施、试运行、评估优化,见图 3。

1. 背景分析

科学分析图书馆选址的环境背景

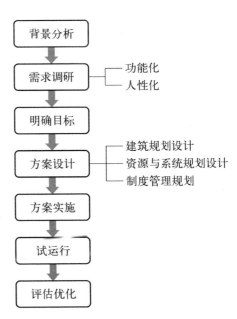

图 3　绿色图书馆逻辑维结构

和建设所需资源等信息。必须充分考虑环境状况、人力资源、物理空间、技术、设备资源、建设成本、广告费、维护成本等要素,从整体上考察各种客观实际情况,以可持续发展的角度客观分析这些背景因素后,得出绿色图书馆的可行性,建设过程才能向着碳中和目标继续顺利进行。

2. 需求调研

这个阶段的主要目的是进行深入的用户需求调研,以了解当前和可预见的用户需求,进一步确定绿色图书馆的设计布局。用户关于资源建设、空间布局、阅读环境、阅读方式、阅读设施等的绿色诉求,都可以成为后续规划的参考。绿色图书馆在空间设计上应与时俱进,多留意人文主义和功效性能,培养绿色空间服务能力,满足读者的多样化需求,为读者提供越来越舒适的阅读空间和信息共享空间[28]。

3. 明确目标

在制定设计方案之前,首先要明确绿色图书馆的定位及发展目标。目标层包括绿色图书馆计划实现的节能减排功能以及调研获得的用户需求,需有机结合这两方面的需求,并在此基础上对绿色图书馆建设的目标和内容加以讨论改进,科学合理地建立设计方案框架。

4. 方案设计

根据前期背景分析和需求调研所获得的信息,制定客观切实的规划方案,充分考虑各种因素和实际情况,同时绿色图书馆应根据用户需求具体设计细节、确定功能和设备,以便更好地指导未来的建设过程。例如,天津大学运用至简设计理念,实现了郑东图书馆的绿色改造,提供了绿色图书馆的建设模式参考。结合建筑物理环境中的空间节能设计,实现了良好的自然通风和照明设计,减少了人工照明和机械通风的能耗。在绿色能源的利用方面,以校园的地热井能源作为主要供能,连接城市热网络,采取复合能源"多源和多宿"供应,解决建筑内部全年的夏季制冷和冬季供暖设计问题[29]。这些设计在后续的实践过程中都取得了一定的效果,值得借鉴。

方案设计涉及三方面。首先是绿色图书馆的建筑规划,它是方案设计的基础。绿色建筑设计的本意,是提供一种考虑所使用资源的可持续性发展的综合方法,协调利用好各基本要素相互之间的关系。科学设计的绿色建筑不仅仅依赖于集成的内部能耗控制系统。要求具备较强的环境敏感性,切合当地的气候特征和社区需求[30]。而且自然环境是不断变化的,所以为未来留有绿色改造与升级的可能性,也要在图书馆建筑的规划设计中体现出来。其次是馆藏资源与信息系统规划设计。图书馆服务内容应当包括满足用户的数字信息需求,因此图书馆的馆藏建设和信息系统是图书馆的重要组成部分,但系统的建设及运营是高耗能环节[31]。因此,在对图书馆资源结构进行综合评价时,除了要考虑成本、空间、存档价值和可获取性等因素外,还要考虑对生态环境的负面影响,对纸张资源和数字能耗进行科学评价[32]。同时基于云计算,使用适当信息管理技术的绿色信息系统服务模式,可以在一定程度上减少二氧化碳排放量和环境成本[33]。最后,图书馆的制度管理方面,主要包含节能管理和环保教育。图书馆自身需要较大的耗能,因此应该运用环保、节能的绿色服务方案,达到节能减排的目标[34]。在图书馆设施管理方面,采取建筑的清洁中避免使用化学清洁剂,避免制造垃圾和进行垃圾分类(纸张、塑料、玻璃、电池、电子储存设备)、无人时调低暖气温度、选择打印机时考虑其耗电量和墨水消耗量、减少纸张的使用等举措从细节落实图书馆绿色服务管理,全方位贯彻绿色环保理念。环保教育则是针对馆员及用户双管齐下,通过举办主题会议、研讨会、环保电影节以及宣讲等绿色项目[35],提高公众参与环保意愿,促进公众的绿色实践行为。

5. 方案实施

方案通过后就是建筑的施工阶段。施工过程中要注重时间、人员、资金、物资的统筹配置,进行综合监管。同时,必须以碳中和为目标实时监控工程建设质量和结果,加强工程变更管理,出现资源浪费、碳排放超标等问题必须立即解决。这一阶段是建设绿色图书馆最重要的阶段。

6. 试运行

绿色图书馆建成后,将经历试用阶段。在此期间,有关部门和专家将对绿色图书馆的建设质量、用户满意度、环境效益和社会效益进行评估,并改进其中欠佳的地方。

7. 评估优化

在长期的运行过程中,绿色图书馆的建设成果要不断地、定期地进行检验,并且规律性地开展绿色图书馆的碳排放测量,有效督促绿色图书馆朝着碳中和目标前进。其次,随着绿色图书馆基础设施和新技术的不断发展,必须及时对其更新和维护,使图书馆持续稳定地发挥人文价值和生态价值。

(三)知识维

知识维包括建设绿色图书馆所涉及的各类知识和信息,及在完成各个阶

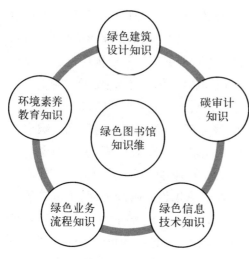

图4 绿色图书馆知识维结构

段或步骤的目标时需要配备的知识力量。借鉴现有的对绿色图书馆的研究,确定知识维中包括绿色建筑与室内设计知识、环境素养教育知识、绿色业务流程知识、绿色信息技术知识、碳审计知识五个方面,如图4所示。

1. 绿色建筑设计知识

一是科学选址合理规划。合理的选址和场地布局包括适宜的景观设计和交通组织、恰当的土地利用指标、贴心的场地无障碍设施、健康、舒适、高效利用的环保建筑空间、良好的室外条件以及科学把握气候变化、水分土壤、周边绿化等自然因素[22],为广大读者提供更加健康、适用、友好的阅读空间,使绿色图书馆的人工设计与自然环境和谐共生。

二是节能环保的建筑设施。首先,使用高性能、低材耗、耐久性好的绿色建材,是绿色建筑评价的重要指标;其次在建筑总耗能中,暖通空调的能耗占很大的比例。实现节能目标,需要提高供暖和制冷系统的能源效率,同时优化冷热源系统设计,实现暖通空调自动控制[22];最后绿色图书馆的给水排水设计也是减少水资源浪费,维护生态平衡的重要一环,水资源的开源和节流缺一不可。

三是电气节能技术。它包括光伏与建筑一体化、建筑设备节能监控系统、绿色照明智能控制技术等,如果能与绿色图书馆的构造进行有效结合,最高能使其能耗降低50%[36],实现缓解资源短缺的目标。

2. 环境素养教育知识

环境教育,又称环境素养教育,是图书馆在环境方面发挥的重要作用,也是21世纪提高用户环境素养的重要机遇[37]。只有当公众具有环保意识时,才会将其转化为节约能源、保护环境的意愿和行动[38]。IFLA绿色图书馆奖列出的评定标准中,侧重于用户的参与以及环保意识的培养,获奖图书馆通过举办环保展览、专题讲座、搭建环保实践平台、专题读书活动、环境知识竞答、环境教育征文以及环保影视展播等形式多样的活动,把环境教育内容渗透其中,提升用户环境素养,促进用户环保行为,增强馆员及用户的环保意识[39]。此外,绿色图书馆可以创建绿色阵地,不仅是让观众走进来,图书馆还可以"走出去",积极地去影响和吸引以前不了解环境问题的公众,将城市空间转变为学习环境,来分享绿色意识的信息和灵感。

3. 绿色业务流程知识

绿色业务流程包括两部分:科学的馆藏资源建设和图书馆绿色服务[40]。首先,科学的馆藏资源建设包括科学购买纸质文献资源、数据库资源,订购先进的电子设备,以便最大限度地提高馆藏资源利用率,使有限的经费发挥出最大化的价值。而图书馆绿色服务则覆盖在方方面面,在IFLA(国际图联)评选的绿色图书馆奖获奖项目中,体现了一部分绿色运行和服务实践活动。在打印复印时尽量使用双面打印,对纸张等材料进行回收利用;开展植物种植活动;举行绿色环保主题的展览和讲座;组织绿色小团队,与社区或市民建立合作伙伴关系;与中小学及大学合作,教授环保节能教育课程等等,让读者全方位地感受到图书馆绿色业务流程的开展,潜移默化地影响和提高他们的环境保护意识和环境素养。

4. 绿色信息与通信技术

从生命周期的角度来看,数字信息的产生、利用、保存等一系列过程,与信息与通信技术设备及基础设施是密不可分的,而电子设备普遍是高耗能设备。研究表明,降低信息与通信技术能耗,主要依赖于绿色信息技术和绿色云计算[41]。采用更高效的信息系统和技术方案、优化计算算法,可以减少能源消耗和不利的环境影响。"绿色云计算"是云计算的一种革新,它具有能源效率高、弹性、可回收性和可持续性的特点,可以将云环境转变为节能环保型[42]。

5. 碳审计知识

碳审计是由国外引进的概念,是有效监督和评估组织业务在生产生活过程中产生的碳足迹对环境影响的重要手段,可以识别组织存在的节能缺陷,以便实行纠正措施。相对于环境审计,碳审计侧重于团体或个人在履行碳社会责任方面。碳审计知识具有多元性和交叉性,需要运用到环境学、生态学、社会学、统计学、工程学、会计学和审计学等多学科的专业知识内容[43]。对于绿色图书馆的碳审计应贯穿建筑物的全生命周期环环相扣,从规划设计、建设施工、日常运营到改造更新甚至拆除的一系列过程中,实行碳排放动态监测管理[44]。

四、结语

我国在绿色图书馆领域的研究不仅注重理论,还付诸实践,每年的 IFLA 绿色图书馆奖都榜上有名。在碳中和、碳达峰的时代背景下,我国绿色图书馆的建设必将进一步提升。但我国在绿色图书馆的建设规划研究中缺乏系统的实施标准和体系,使得图书馆的绿色低碳化进程充满困难。霍尔三维模型为绿色图书馆的建设实践提供了系统化的思维模式,给予了整体化、科学化的理论参考,不过该模型尚需进一步结合实际,融入更多绿色建筑知识,进行更多的理论与实践间的反馈,形成更完善的框架,以达到绿色图书馆建设的最佳效益。

参考文献

[1] 官凤婷.新时代我国图书馆绿色环保教育问题研究[J].图书馆工作与研究,2019(7):108-113.

[2] 宋国恺.中国落实碳达峰、碳中和目标的行动主体及实现措施[J].城市与环境研究,2021(4):47-60.

[3] 中国建筑节能协会.中国建筑能耗研究报告 2020[J].建筑节能(中英文),2021,49(2):1-6.

[4] 蓝培华.现代图书馆建筑节能设计探讨[J].图书馆工作与研究,2015(7):95-97.

[5] 赵月娥,张晓民.碳达峰、碳中和背景下中国公共机构绿色低碳发展研究——基于图书馆视角[J].宏观经济研究,2021(7):137-145.

[6] SCHERER J A. Green libraries promoting sustainable communities[EB/OL].[2022-05-15]. http:/library.ifla.org/939/1/152-scherer-en.pdf.

[7] LARUE J, LARUE S. The Green Librarian, caring about the environment—inside and outside the library[J]. Wilson Library Bulletin, 1991, 65(2):27-33.

[8] BALIGA J, AYRE R, HINTON K, et al. Green Cloud Computing: Balancing Energy in Processing, Storage, and Transport[J]. Proceedings of the IEEE, 2011, 99(1):149-167.

[9] KARIOJA E. How to evaluate libraries' sustainability? An approach to an evaluation model and indicators[EB/OL].[2022-05-15]. http://library.ifla.org/id/eprint/114/1/115b-karioja-en.pdf.

[10] BRANDEHOFF S E. Libraries catch the sun[J]. American libraries, 1981, 12(9):

562-563.

[11] KANAGAVEL P, SRIDHAR K, GOMATHINAYAGAM S. Green and energy efficiency in library[EB/OL]. [2022-05-15]. http:/lrepository. kln. ac. lk/xmlui/bitstream/handle/123456789/14955/56. pdf.

[12] CARDOSO N B, MACHADO E C. Sustainable and green libraries in Brazil: guidelines for local governments[EB/OL]. [2022-05-15]. http://library. ifla. org/id/eprint/1207/1/095-cardoso-en. pdf.

[13] KRALJEVIC I, LUKACIC P. Project green library in Croatia[EB/OL]. [2022-05-15]. http://library. ifla. org/id/eprint/1208/1/095-kraljevic-en. doc. pdf.

[14] 陈岘筠. 绿色发展理念下的图书馆会议营销[J]. 图书馆学刊,2017,39(4):88-91.

[15] 官凤婷. 新时代我国图书馆绿色环保教育问题研究[J]. 图书馆工作与研究,2019(7):108-113.

[16] 汪应洛. 系统工程[M]. 机械工业出版社,2008.

[17] Hall A D. Three-Dimensional Morphology of Systems Engineering[J]. IEEE Transactions on Systems Science & Cybernetics,1969,5(2):156-160.

[18] 李祥春,郭帆帆,董辰,聂百胜. 基于霍尔三维理论的煤矿安全监管监察多方参与协同模型[J]. 煤矿安全,2021,52(3):241-245.

[19] 罗巍,张阳,唐震. 基于霍尔三维结构的知识地图构建:以中国协同创新研究为例[J]. 情报理论与实践,2016,39(10):117-121.

[20] 刘婧,罗岚,常李艳. 基于霍尔三维结构的智慧图书馆建设研究[J]. 图书馆学研究,2021(18):17-25+38.

[21] 胡静,金晓斌,李红举,姚燕,周寅康. 基于霍尔三维结构的土地整治信息组织模式[J]. 农业工程学报,2014,30(3):188-195.

[22] 孙康,吴翔华,李薇. 基于霍尔三维结构绿色建筑标准体系构建研究[J]. 工业安全与环保,2014,40(11):85-88.

[23] 邱小红,姜颖. 图书馆新馆建设前期策划与研究[J]. 高校图书馆工作,2014,34(4):36-38.

[24] 王晴,徐建华. 国外绿色图书馆理论研究与实践进展[J]. 图书情报工作,2017,61(19):122-134.

[25] 陶鹏鹏. 绿色建筑全寿命周期的费用效益分析研究[J]. 建筑经济,2018,39(3):99-104.

[26] 刘戈,付英杰. 碳中和背景下绿色建筑运营管理创新路径与策略研究[J]. 建筑经济,2022,43(4):98-104.

[27] 阮中和. 基于霍尔三维模式的中小水电站PROT项目的特许经营期风险研究[J].

昆明理工大学学报(社会科学版),2013,13(1):64-71.

[28] 操菊华,康存辉.绿色生活方式融入全民阅读活动服务的策略研究[J].出版发行研究,2020(3):83-87.

[29] 喇海霞,朱丽,高力强,赵冬梅,刘震,翟美珠.天津大学郑东图书馆至简主义空间设计研究[J].工业建筑,2019,49(5):193-196.

[30] 陈宏,甘月朗.从绿色建筑评价体系看绿色建筑的设计原则——街区尺度篇[J].建筑学报,2016(2):61-65.

[31] CHOWDHURY G. Sustainability of digital information services[J]. Journal of documentation,2013,69(5):602-622.

[32] CONNELL V. Greening the library: Collection development decisions[J]. The Journal of The New Members Round Table,2010,1(1):1-15.

[33] BALIGA J, AYRE ROBERT W A, HINTON K. Green cloud computing: balancing energy in processing, storage, and transport[J]. Proceedings of the IEEE,2011,99(1):149-167.

[34] 刘开琼,何江.从热环境研究探讨华南地区高校图书馆绿色服务管理——以广西大学图书馆为例[J].农业图书情报学刊,2013,25(6):148-151.

[35] BARNES L L. Green buildings as sustainability education tools[J]. Library Hi Tech,2012,30(3):397-407.

[36] 李娟.电气节能技术在绿色建筑中的运用[J].建筑科学,2020,36(11):161.

[37] MILLER K. Public libraries going green[M]. American Library Association,2010.

[38] 左雪松.新时代绿色发展理念的中国梦高度[J].辽宁大学学报(哲学社会科学版),2020,48(3):47-54.

[39] 亢琦,苏丽如.IFLA绿色图书馆奖分析及启示[J].图书情报工作,2019,63(4):86-93.

[40] 徐益波,亢琦,张幼君.图书馆绿色发展的理论要义与实践路径[J].图书馆论坛,2017,37(3):15-19.

[41] Jenkin T A, Webster J, Mc Shane L. An agenda for Green information technology and systems research[J]. Information and Organization,2011,21(1):17-40.

[42] Masdari M, Zangakani M. Green Cloud Computing Using Proactive Virtual Machine Placement: Challenges and Issues[J]. Journal of Grid Computing,2019,18(4):727-759.

[43] 王爱国.国外的碳审计及其对我国的启示[J].审计研究,2012(5):36-41.

[44] 李博英,王全景."双碳"战略下建筑物碳审计的理论与实践探析[J].山东社会科学,2022(4):164-169.

研究型大学图书馆建设与探索

资 源 建 设

基于用户满意度的高校图书馆电子资源应急服务评价研究

◎ 李赛男　刘　华　李红培*

> **摘　要**：本文旨在研究新冠肺炎疫情期间高校读者对于电子资源应急服务的使用感受，为优化高校图书馆电子资源应急服务提供思路。文章以上海大学图书馆疫情期间所做的相关工作为例，采用问卷调查法分析读者对电子资源应急服务的使用情况。通过分析得知受访者对图书馆电子资源应急服务的知晓渠道单一，使用程度上较为依赖中文数据库和综合类数据库，使用过程中面临多种困难。提出从开展全媒体化的宣传服务、提供简洁优化的访问方式、构建立体化的电子资源体系、推行微模式的信息素养教育四个方面提升高校图书馆电子资源应急服务水平。
>
> **关键词**：高校图书馆；电子资源；应急服务；用户满意度

新冠肺炎疫情期间（以下简称"疫情期间"），为保障学校线上教学过程中涉及的各项需求，高校图书馆迅速启动了一系列电子资源的远程应急服务。这是对各高校图书馆的一次"临时考试"，既是一个应对突发重大公共卫生安全事件的挑战，也是一个检视自身数字图书馆建设成效的机遇。

高校图书馆在此次"临考"中交出了怎样的答卷，成绩究竟如何，是一个亟待考察的问题。师生能否方便、快捷地远程使用图书馆的电子文献资源和相

---

* 李赛男，上海大学图书馆助理馆员，研究方向：信息资源管理、知识服务；刘华，上海大学图书馆研究馆员，硕士生导师，研究方向：资源建设、战略规划、新媒体应用；李红培，上海大学图书馆馆员，研究方向：用户研究与信息服务。

关服务，以顺利地开展教学、科研以及日常学习活动，成为急需思考的问题。解决上述问题的主要途径是基于读者使用感受对电子资源应急工作进行评价研究。

一、相关研究

目前国内已有的对于高校图书馆电子资源应急服务的研究，研究对象主要集中于"双一流"大学图书馆、区域高校图书馆以及个体案例。

（一）"双一流"大学图书馆的电子资源应急服务

"双一流"大学图书馆的资源配置和服务能力处于高校图书馆的前列，其电子资源应急服务对其他高校图书馆有借鉴意义。相关研究分析了"双一流"大学图书馆电子资源应急服务的诸多举措。有学者[1]详细介绍了"双一流"高校图书馆电子资源校外访问途径的具体情况。有研究[2-3]表明"双一流"高校图书馆在疫情期间广泛征集限时免费资源，积极优化数字资源建设，打造疫情期间应急资源保障体系，使数字资源服务下沉。

（二）区域高校图书馆的电子资源应急服务

因地理位置、经济发展、经费配置不同，中国各区域、省份高校图书馆开展的电子资源应急服务遭遇了不同的困境：上海地区[4]高校馆缺乏对数字资源的整合，资源推送主动性不足；东北地区[5]高校馆电子资源获取渠道急需完善；少数民族地区[6]高校馆在电子资源保障方面能力不足且缺乏特色；台湾地区[7]高校馆的电子资源应急服务不局限于"疫期研学"这一主题，还提供了不少与卫生防疫知识有关的电子资源；陕西省[8]高校馆利用CALIS资源丰富本地服务，使用学习通等平台为读者提供微服务；山西省[9]高校馆推送的免费电子资源缺乏有效控制；武汉地区[10]高校馆馆员整合资源、处理信息的综合能力还有待进一步提升；成都地区[11]高校馆多渠道打通校内外师生访问图书馆资源的途径，加强网络服务技术保障。上述文章提出的改进建议可归纳为提升宣传力度、整合推送资源、拓宽访问渠道、加强跨区域合作等。

（三）高校图书馆电子资源应急服务案例研究

有的学者针对个体案例，细致地介绍了疫情期间一些高校馆提供的电子资源应急服务,为其他高校图书馆改善相关服务提供了借鉴。清华大学图书馆[12]应用"韧性协同资源服务体系"指导资源保障工作;上海师范大学图书馆[13]积极与出版社沟通以满足师生对于电子教参的需求;中南大学图书馆[14]提出要积极推介馆藏资源和服务模式、利用技术提升远程服务能力和效率、重视与资源商合作与博弈。

(四)高校图书馆电子资源应急服务研究的不足

综上所述,我国高校图书馆针对电子资源的应急服务工作,主要集中于拓宽远程访问渠道、改善网络拥堵情况、整合免费网络资源、重视与资源商合作等方面。这些工作是疫情蔓延初期各馆为应对激增的电子资源需求,依据当下情况和过往经验基于图书馆角度提前做出的准备。

服务的主体是用户,用户的满意度是考察服务成功与否的重要标准,电子资源应急服务应从读者视角出发,依据用户评价调整与改进。可见,在进入常态化防疫之后,尚缺少以读者为主导的电子资源应急服务的评价研究。有鉴于此,笔者尝试从读者的角度出发,基于实际案例和切实数据,对高校图书馆电子资源应急服务进行较为全面的评价,以期对电子资源应急服务的完善和优化提出些许建议。

二、高校图书馆电子资源应急服务现状调查

上海大学图书馆在疫情期间针对电子资源应急服务开展了很多工作,依据电子资源利用绩效分析平台(ERS)的统计数据,2020年中外文期刊数据库下载量最高的为中国知网和Science Direct,下载量最高的月份均是3月份,同比增长分别为32.99%和104.33%。下载量大幅度升高是"居家学习"带来的影响,可见,特殊时期远程电子资源访问对于师生学习、科研、教学的影响是巨大的。这些数据进一步说明了,疫情期间用户对于电子期刊的需求程度远高于其他时期。

然而,不应只从单一的下载量来评价工作绩效,也要重点考虑用户的使用感受。用户是怎样看待这些应急服务的,又应该从哪些角度入手进行优化。为此,笔者依托"问卷星"为调查平台,采用问卷调查法,以上海大学在校师生为研究对象,对高校图书馆疫情期间开展电子资源应急服务的效果进行了调查分析。

（一）研究思路设计

1. 研究对象

本次调查问卷面向全体在校师生，通过图书馆官网和微信公众号进行发放。新媒体时代下，国内高校图书馆普遍开通了微信公众号，借此平台进行信息发布、活动宣传、服务推广等一系列业务工作。凭借方便、快捷的访问方式，主动化的信息推送模式，风趣幽默的语言形式，微信公众号吸引了大量的读者关注，业已成为高校图书馆与读者沟通的主要桥梁和首要方式。鉴于微信公众号的庞大关注基数，本研究将其作为问卷发放的主要平台。

2. 调查问卷设计思路

本问卷目的在于调查高校师生在"居家学习"期间对于图书馆电子资源应急服务的使用感受。为此，问卷核心的四类问题是：考查学校师生对电子资源的使用情况；探究用户使用这些电子资源的原因；发掘师生最常使用和不常使用的电子资源；确定用户在使用电子资源的过程中面临的困难。

为了更好地揭示上述四类问题，调查问卷的设计主要围绕以下内容展开。

基本信息：即被调查者的基本信息。教工的基本信息包括职位、学院/系统等。学生的基本信息涵盖学院、年级等。

认知概况：探知被调查者对于图书馆疫情期间所提供的电子应急服务的认知情况和了解程度。

使用程度：了解被调查者未返校期间对于电子资源的远程使用情况。获知图书馆电子资源对于全校师生科研产出、教学活动、学习成绩的贡献程度。

使用困难：了解被调查者使用应急电子资源服务时存在哪些困难。

3. 调查实施

笔者依托"问卷星"平台进行调查问卷的设计和生成，通过图书馆官方主页和微信公众号进行发放，问卷调查时间范围为2021年1月13日至2月12日，共回收到有效问卷251份。所得问卷覆盖到了所有学院，可以相对客观地反映了读者的意见，消除了研究对象分布不平衡造成的调研结果偏差。

依据问卷中的题目可以将被调查者划分为两个组群：疫情期间使用过电子资源的群体；疫情期间未使用过电子资源的群体。每个组群中的被访者都需要回答一些包含身份、职位/年级、单位在内的基本信息，以及问卷最后关于建议的主观性问题。

（二）调查结果与分析

1. 受访者基本情况

根据调研结果,受访者共分布于 25 个不同的学院/单位,其中 83.27% 的受访者为本校学生,8.76% 为本校教师,还有 7.97% 的受访者为其他大学学生。这其中的其他大学学生已被上海大学录取,尚未正式报到,仍在原来的学校从事学习、科研活动。

其他大学学生在"居家学习"期间使用电子资源的方式主要为远程访问图书馆(80%)和使用网络电子资源(50%),少部分学生表示要到校内登录图书馆网页使用以及使用付费服务,分别占比 45% 和 15%,仍有 10% 的受访者无法获取电子资源。该结果表明,为满足学生的科研、学习需求,其他高校在新冠疫情期间也提供了一定程度的电子资源远程应急服务,但仍存在无法获取所需电子新资源的情况,因此读者需要利用付费资源以及网络资源甚至到校获取文献。可见,高校图书馆电子资源应急服务仍有提升和优化的空间。

上海大学师生在疫情期间使用电子资源的情况为,绝大部分的师生(88.74%)表示使用过图书馆的电子资源,但仍有一小部分的受访者(11.26%)未远程访问过图书馆电子资源。其主要原因为受访者不了解电子资源的远程访问途径,占比高达 69.23%,同时,也有受访者表示没有科研需求(26.92%),图书馆未能提供所需电子资源(19.23%),以及习惯使用网络电子资源(19.23%)。从上述调研结果可以得出启示,高校图书馆电子资源应急服务需要多样化的宣传手段,同时需要增加电子资源的种类。

2. 电子资源应急服务使用程度分析

用户的使用程度是评判电子资源应急服务重要性的依据。根据调查问卷的结果反馈,在使用过电子资源应急服务的受访者中,每天使用的用户最高,占比达 32.20%,见图 1。其余受访者也在不同程度上使用了该馆的电子资源应急服务,每周 2-3 次(21.46%),每周 4-5 次(17.07%),每周(18.54%)。只有 22 位受访者(10.73%)表示偶尔使用过。这些数据表明,疫情期间上海大学师生对于电子资源的使用频率较高。

关于用户使用电子资源应急服务目的的调查结果显示,大部分受访者远程访问图书馆电子资源是为了完成课程论文(76.59%),完成课题(64.88%),完成学位论文(57.56%),以及丰富自己的知识(57.07%),见图 2。也有 42 位受访者(20.49%)表示自己远程使用电子资源的目的在于支撑教学活动。

该结果揭示了个体用户使用电子资源的目的是多元化的,即疫情期间同一位用户为了不同的目的远程使用了电子资源。

同时,98.54%的受访者认同图书馆所提供的电子资源应急服务是其完成上述目的但不可或缺的条件。当被问及电子资源在研究中所占比重时,大部分受访者(90.24%)对电子资源的作用给予了积极的肯定,认为所占权重分别是90%(36.59%受访者)、70%(30.24%受访者)、50%(23.41%受访者)。由此可见,在"居家学习"期间,电子资源对于教师的教学、科研,学生的学习、研究起着不可替代的作用。

若图书馆未开通相关应急服务,大部分师生(68.78%)首先会想到网络资源,或通过朋友(35.12%)以及到学校(19.02%)的途径获取自己所需的电子资源。但仍有35.61%的受访者表示将无法获取所需电子资源。由此可以得出,除了远程访问图书馆电子资源外,用户还有很多方式获得其所需电子资源,然而仍有三分之一以上的用户在此过程中"碰壁",可见在疫情期间其他途径获取电子资源的效果欠佳,远程访问图书馆所提供的电子资源仍是师生的主要选项,进一步印证了高校图书馆开展电子资源应急服务的重要性。

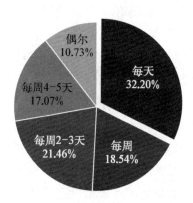

图1 疫情期间用户访问电子资源的频率

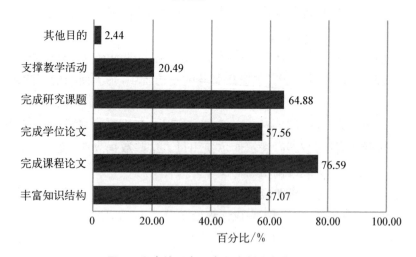

图2 用户使用电子资源应急服务的目的

3. 疫情期间常用电子资源分析

在访问电子资源途径方面，通过 VPN 的受访者(79.51%)是使用 CARSI 的(20.49%)4 倍左右。可见，用户对于 VPN 使用偏好明显大于 CARSI。造成此显著差别的原因在于 30.73% 的用户表示不知道图书馆开通了此项服务。其他用户获知 CARSI 服务途径的主要方式及其百分比依次是：学校"健康之路"平台(25.37%)、学校微信公众号(21.95%)、图书馆官网(28.29%)、图书馆微信公众号(24.88%)、他人转告(17.56%)，见图 3。该结果进一步显示了，高校图书馆主要使用网站和微信公众号进行宣传，且效果不尽人意。

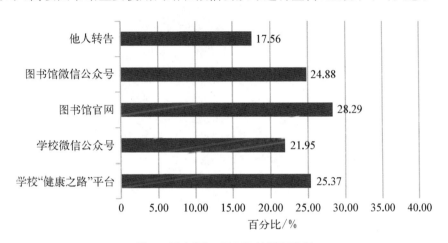

图 3　用户获知 CARSI 的服务途径

然而，去除"不知道 CARSI 服务"的用户带来的客观影响，选择使用 VPN 的用户(100 人)仍比选择 CARSI 的用户(42 人)多 2 倍以上。主动意见反馈表明，不少用户认为 CARSI 的统一认证服务过于烦琐，在访问不同数据库时要重新登录。且虽然陆续开通了很多，但加入的数据库始终有限，不能访问全部库。虽然通过 VPN 远程访问电子资源是大部分用户的第一选择，但这并不代表其"无懈可击"。相当一部分的用户表示，VPN 有并发数限制，网络拥堵情况时有发生，稳定性较差致使频繁掉线。这些意见对于提升电子资源应急服务能力具有显著参考价值，应该引起高校图书馆的重视。

电子资源使用的详细情况为，中文数据库依然是使用频率最高的电子资源，见图 4。基本上每一个受访者(99.02%)都在疫情期间访问了"中国知网"，万方数据知识服务平台(44.39%)和超星电子书数据库(48.29%)的使用率接近半数，有三分之一的受访者使用过维普数据库，部分用户

（27.32%）使用过读秀中文学术搜索数据库。该结果进一步揭示了,用户在疫情期间对于中文在线学术资源的需求量极大,同时电子书也是用户的急需资源。

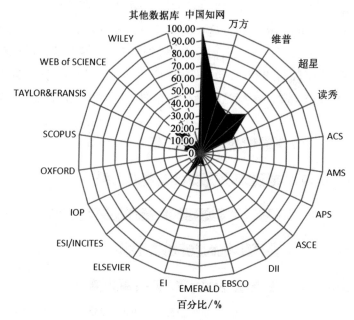

图4 上海大学数据库使用情况

外文数据库方面,Web of Science作为最大的综合类引文索引库需求量极大,38.54%的受访者远程访问过该数据库。Elsevier(23.90%)的使用率略高于Wiley(16.10%)。Scopus(13.66%)、Taylor & Francis(13.66%)、EBSCO(11.71%)、EI(10.24%)、Oxford(10.24%)等几个外文数据库的访问率比较接近。ACS（American Chemical Society,美国化学学会）、APS（American Physical Society,美国物理学会）、AMS（American Mathematical Society,美国数学学会）等专业数据库的访问率比较少,依次为4.39%、2.44%、1.95%。上述分析证明了,疫情期间用户对于综合类外文数据的使用较为频繁,专业数据库的使用率相对低下。这对接下来高校图书馆进行电子资源应急服务的建设提供了一定的参考。

4. 电子资源应急服务使用困难分析

为了进一步提升和优化高校图书馆电子资源应急服务工作,应对用户使用相关服务过程中所面临的困难进行分析。调查结果显示,绝大多数远程使用过电子资源服务的受访者都认为体验过程较为便利,占比为76.59%。不容忽视的是,仍有23.41%的用户觉得电子资源应急服务不够便利。相关调查可以得出,高校图书馆需努力为用户提供便利的电子资源应急服务,以节约用户获取资源的时间,提高电子资源利用率。

为深入研究师生对于电子资源应急服务的评价,调查问卷中引入了"使用满意度"这一衡量标准,并进行一定的权重赋值,从"很不满意"(1分)有层次地递进到"很满意"(5分),最终的得分为3.81分。详细来看,16.59%的师生为图书馆电子资源应急服务"点赞",表示使用过程"很满意",打出最高分5分。半数以上的受访者(55.12%)打出"满意"评价。值得重视的是,有28.29%的受访者在"满意度方面"对图书馆电子资源的应急服务作出了中性甚至负面的评价。这些调查结果揭示出,对于电子资源应急服务的便利度和满意度方面,大部分师生呈现比较正面的评价,但图书馆仍有努力的空间。

用户认为电子资源应急服务不便并对其作出负面评价的原因在于使用过程中遇到了各种各样的困难,见图5。绝大多数受访者表示所面临的主要问题是:存在网页登录不上(86.83%)以及未能提供所需资源(60.98%)。还有将近半数的用户(48.29%)在检索时遇到了困难。少部分师生(10.73%)表示担心个人信息安全问题。该结果进一步表明,用户在远程使用电子资源的过程中遇到了不止一个困难。如果高校图书馆可以解决上述困难,将对改善电子资源应急服务提供极大的帮助,这对方便用户使用相关资源以及提升用户满意度两个方面都具有重要意义。

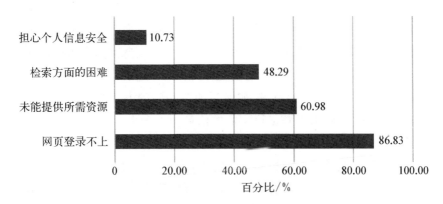

图5　用户远程访问数据库遇到的困难

三、结论与建议

此次问卷从认知概况、使用程度、使用困难三个维度评价了高校图书馆电子资源应急服务。调查结果表明：高校图书馆宣传渠道单一，用户得知资源与服务的途径主要集中于微信公众号与官方网站，尚有一定比例的用户不知晓图书馆开通的电子资源应急服务。用户认可电子资源在学习和科研过程中的重要程度，对中文数据库和综合类数据库的依赖程度较高，各数据库使用程度差距较大。同时，在远程使用电子资源的过程中，用户面临主观与客观的多种困难，如网络环境拥堵、无法熟练使用数据库等。可见，高校图书馆电子资源应急服务仍有许多方面有待提升。

为解决上述调查分析结果涉及的各项问题，高校图书馆首先要通过拓宽宣传渠道，提升电子资源应急服务的知晓度，随后进一步优化访问渠道，排除网络和技术造成的不便因素，调动用户的使用意愿，并通过多种类、多形式地丰富电子资源提升用户黏性，同时有针对性地开展网络信息素养教育活动，帮助用户更好地利用这些电子资源。有鉴于此，高校图书馆的电子资源应急服务可以从以下四个方面进行全方位的提升。

1. 开展全媒体化的宣传服务

高校图书馆可以采用全媒体矩阵形式，全方位、多角度、立体化地发出宣传推广服务的最强音。以微博、微信为主宣传阵地，直播平台、短视频平台为辅助性宣传渠道，采用年轻人喜闻乐见的图解、网络语言、表情包等多媒体融合的形式进行宣传。高校图书馆的宣传方式不应该再局限于微信公众号和官网，应重点利用新媒体的传播优势进行主动性宣传推广。当下年轻人更加青睐微博、短视频 APP，以及哔哩哔哩（B 站）等平台，高校图书馆可以在这些平台开设账号，经常与用户互动、交流，进行新鲜、有趣的宣传服务。微信公众号的运营方式也可做出相应改进，如通过加"标签"的方式对推送的消息进行分类，以方便师生阅读和查找自己所需的信息。

此外，"一根筷子"的力量是势单力薄的，高校图书馆要与学校、学院以及其他部门，如信息化办、教务处、研究生院等，建立良好的沟通协调机制和合作关系，各部门之间相互配合，利用学校官方平台、学院 QQ 群、微信群等方式加大宣传力度，采取"自上而下"的宣传方式。与此同时，也要与教师保持良好的交流和互动，通过教师打造的"学术圈"，实现"教师-教师、教师-学生、学生-学生、学生-教师"的多向宣传。

2. 提供简洁优化的访问方式

访问渠道是用户利用电子资源的"第一道关口",使用过程不顺畅会催生厌烦情绪,降低用户的使用意愿。针对用户网络环境不同的特点,高校图书馆可以实施访问方式的个性化推荐。如清华大学图书馆构建了"电子资源智能网关服务平台",依据师生的网络环境将其引导到最优访问渠道,从而帮助师生在泛在学习环境下无缝获取电子资源[15]。

为改善因网络以及技术带来的不便,高校图书馆可以与信息部门展开合作,增加VPN的并发数,改善因过量下载而造成的网络拥堵、卡顿情况。为优化CARSI的不同数据库反复登录的繁杂操作流程,可以由图工委牵头,逐步攻克相关技术难点,争取实现CARSI的一站式登录——在登录后选择机构单位,使用工学号进行认证,即可访问本校开通的数据库,无需反复登录。

3. 构建立体化的电子资源体系

优化电子资源建设模式是常态化防疫过程中的重中之重,也是顺应移动阅读趋势的必然之举。在此背景下,高校图书馆要致力于为用户提供系统完整、内容丰富、类型多样的立体化电子资源。完善电子资源建设不仅要有学校相关部门(信息化办、教学管理部门)的努力,还需要教师和学生的共同参与,打造高参与度的电子资源建设模式。同时要倾听和收集师生的电子资源需求,并及时为用户推送相关信息,实现"精准推送",提供高契合度的电子资源应急服务。

高校图书馆首先要保障中文线上学术资源和电子教材教参的建设。外文电子资源方面,在保障综合类数据库的前提下,对于专业数据库的建设依据,可以参考一流学科建设的要求,即一流学科所需要的电子资源是高校图书馆需要建设的重点。其他外文专业数据库,在考虑性价比、购买成本等多种因素的条件下,可以采用荐购、单篇购买、文献传递、资源共享等多种方式。对于用户荐购率比较高的数据库,可以与数据库商联络先开通试用服务,再依据使用情况决定后续是否购买。

4. 推行微模式的信息素养教育

用户在远程使用电子资源的过程中,常常遇到各种各样的主观性困难,如担心网络信息安全、不了解数据库的使用方式等。针对使用电子资源过程中涉及的各项问题,充分利用"互联网+"时代下新媒体平台的优势,开展可持续使用的网络信息素养教育,对用户答疑解惑、进行远程指导。

将用户遇到的困难整合成具体的信息素养教育内容,并将这些内容拆成相应的概念、知识点、检索技术方法、资源利用方法等百项知识单元,制作成微课、微视频、微讲座,借助新媒体平台,采用直播或录播等方式,在线上供用户收看[16]。进一步将上述微主题进行细致的归类,在标题中加入分类标签,形成一个系列专题,便于用户通过新媒体平台的检索功能查找使用。微模式将网络信息素养教育化整为零,标签分类又使得抽取出来的微主题以一定的规则呈现。

四、结语

高校图书馆电子资源应急服务不仅在突发公共卫生事件的背景下发挥着重要的作用,在后疫情时代也有着重要意义和研究价值。在常态化防疫的今天,高校图书馆仍然要保持忧患意识,总结疫情期间的经验教训,尤其要重视读者对于电子资源应急服务的评价,针对暴露出来的诸多问题进行及时的改进。对读者进行定期的调研有利于提升高校图书馆电子资源应急服务水平,有利于完善自身应急服务体系。

参考文献

［1］ 郭亚军,杨紫楠,杨志顺.面向突发公共卫生事件的大学图书馆应急服务研究——基于我国137家"双一流"大学图书馆网络平台的调查[J].大学图书馆学报,2020,38(5):11-19.

［2］ 吕长红.突发事件下高校图书馆应急服务体系建设探析——以"双一流"高校图书馆应对新冠肺炎疫情为例[J].图书馆工作与研究,2020(12):116-122.

［3］ 王晓文,崔旭,沈思.新冠肺炎疫情期间高校图书馆服务模式、特征及启示——基于30所"双一流"建设高校图书馆的调查与分析[J].大学图书情报学刊,2020,38(6):10-14.

［4］ 穆卫国.高校图书馆强化线上服务体系建设的思考——以上海地区高校图书馆微信调研为例[J].高校图书馆工作,2020,40(3):79-83.

［5］ 李宇,郭丽英.疫情严防背景下东北地区高校图书馆服务举措调查研究[J].山东图书馆学刊,2021(2):46-53.

［6］ 肖海清.民族地区高校图书馆面向重大突发公共事件的应急信息服务调查分析及应对策略[J].图书馆界,2021(2):45-53+57.

［7］ 田蕴祥,吴雯君.突发重大公共卫生事件下台湾地区高校图书馆疫情防控因应策略

研究[J].高校图书馆工作,2020,40(3):17-21.

[8] 井水,周妮.陕西省高校图书馆危机管理策略与反思[J].高校图书馆工作,2020,40(3):22-28+36.

[9] 赵冬梅,肖珑.同舟共济 共克时艰——山西省图书馆界新冠肺炎疫情防控与服务拓展调研报告[J].晋图学刊,2020(3):1-9+52.

[10] 袁青,陈星辰.武汉地区"双一流"建设高校图书馆新冠肺炎疫情应对策略[J].图书情报工作,2020,64(15):4-11.

[11] 丁海容,王嘉陵.成都地区高校图书馆应对新型冠状病毒感染肺炎疫情的举措及启示[J].图书情报工作,2020,64(15):17-22.

[12] 张秋,李津.高校图书馆韧性协同资源服务体系的构建与思考——以清华大学图书馆防疫实践为例[J].大学图书馆学报,2021,39(1):50-55.

[13] 蔡迎春,穆卫国,段晓林,等.高校图书馆应急服务的实践与思考——以上海师范大学图书馆为例[J].高校图书馆工作,2020,40(3):62-66.

[14] 罗孟儒,熊拥军,袁小一,等.电子资源远程服务读者咨询常见问题的分析与启示——以中南大学图书馆为例[J].资源信息与工程,2020,35(5):148-152.

[15] 清华大学图书馆.图书馆开通电子资源智能网关服务[EB/OL].[2021-08-03].http://lib.tsinghua.edu.cn/info/1073/3839.htm.

[16] 刘颖."互联网+"时代信息素养教育的新趋向与新思维[J].图书馆界,2017(2):5-7+11.

高校图书馆馆际互借与文献传递服务思考

——以上海大学图书馆为例

◎ 桂 珊[*]

> **摘　要**：针对目前馆际互借和文献传递服务在国内高校图书馆使用愈加普及，但使用效果未达预期的现状，在以上海大学图书馆为实际调研对象的基础上，借鉴经济学市场营销方式，通过使用SWOT模型、记忆曲线等对出现的问题进行量化分析并参考国内外优秀做法，提出了从缩短服务响应时间、做好不同时期时间轴上的宣传推广、用好新媒体媒介、提升馆员服务能力等方面着手提升高校图书馆馆际互借与文献传递服务的有效途径。
>
> **关键词**：高校图书馆；馆际互借；文献传递

　　信息与知识作为引领时代发展的引擎，政府决策、学术研究、个人发展，都越来越离不开文献信息的积累、筛选与挖掘。这就要求作为各类文献资源主要载体的图书馆必须将各领域的文献资料、不同深度的研究成果纳入馆藏，建立立体多元的知识体系，才能充分满足读者对文献资源的需求。但受馆舍、经费、人员等客观条件的限制，任何一所图书馆都无法单独满足读者对所有文献的需求。如何平衡信息使用者与图书馆馆藏资源有限的矛盾？馆际互借与文献传递就是一种很好的手段。读者可以在足不出图书馆的情况下，通过所在图书馆从其他图书馆借入文献或获取复制品的方式，满足对不同文献资料的

---

[*] 桂珊，上海大学图书馆助理馆员，研究方向：读者服务。

需求。可以看出,馆际互借与文献传递作为馆际之间资源共享的重要手段,必将大大推动公共文化建设,提升公共文化服务水平,在推进智慧社会、智慧校园建设,在为读者提供海量且个性化的文献服务过程中将发挥不可替代的作用。

目前,国内高校图书馆通常采用中国高等教育文献保障系统和中国高校人文社会科学文献中心两大系统为读者提供馆际互借与文献传递服务,在很大程度上满足了读者对文献资料的需求。但与此同时,在整个借阅过程中,还存在诸如系统使用不够顺畅稳定、用户个性化需求不能充分满足、用户满意度未能达到预期、文献传递服务未获大众熟悉等问题。如何提高馆员服务能力,提升系统使用率?让馆员与系统的结合达到高效率、受欢迎、令读者满意的程度,已然成为每一位图书馆员在智慧图书馆建设背景下需要认真思考的问题[1]。

一、服务现状解读

(一) 近年服务表现

表1是2017-2021年上半年上海大学图书馆(以下简称"上大图书馆")馆际互借与文献传递服务工作的数据统计。由表1可以看出,2019年进入了低谷期,满足率较前两年下降了9%,2020年后有所回升。

表1 上大图书馆馆际互借与文献传递工作量(2017-2021上)

年　　份	2017	2018	2019	2020	2021上
馆际互借事务(件)	394	382	174	165	151
文献传递事务(件)	696	263	238	343	281
共计(件)	1 090	645	412	508	432
完成事务(件)	1 021	605	349	470	400
满足率(%)	94	94	85	93	93

（二）具体工作流程

从图 1 所见，目前高校图书馆馆际互借/文献传递服务主要有两种方式：

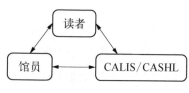

图 1　馆际互借/文献传递流程图

（1）直接法。读者自行在 CALIS/CASHL 注册账号，申请书籍、文献。书籍/文献到馆后，馆员通知读者来馆拿取，或将收取的文献电子版直接发至读者邮箱。通常情况下，从读者申请，到最终借阅（获得）文献需要 10 天左右。

（2）间接法。读者将个人所需文献资料的名称、出版社、出版年份等要素发邮件或打电话给相应馆员，委托馆员满足文献需求。但在具体操作过程中，部分读者提供的文献要素不够精准或齐全，需要馆际互借馆员与读者反复沟通，才能最终确定。

由于部分读者对文献需求的时效性较强，上述两种方式，都存在文献到馆，读者并未来取的现象。

（三）读者实际调查

笔者利用面谈和电话采访方式，对本馆读者就"哪些是阻碍你使用馆际互借与文献传递服务因素"的问题，调查了 100 位读者。结果显示：等待周期过长，47 人；不知道此项服务，15 人；就近使用图书馆或网络电子资源，12 人；因网络不稳定而放弃使用，10 人；用相近文献取代，16 人。

二、服务现状分析

SWOT 分析法称为"态势分析法"，由美国旧金山大学管理学教授海因茨·韦里克（Heinz Weihrich）在 20 世纪 80 年代初提出[2]。其中，S 代表 Strength，企业优势；W 代表 Weakness，企业劣势；O 代表 Opportunity，企业外部环境机会；T 代表 Threat，企业外部环境威胁。SWOT 分析法作为一种综合评价系统，可以分析企业密切相关的各种内部与竞争对手的优势、劣势、机会和挑战[3]。笔者利用 SWOT 模型分析图书馆这两种服务，了解馆际互借和文献传递工作的优势和劣势，分析结果详见表 2。

表 2　馆际互借与文献传递 SWOT 分析

Strength 优势	Opportunity 机遇
相比较于购买或亲自去他馆借阅,馆际互借/文献传递更高效便利,更经济;通过网络系统或邮件非常便利;读者可以根据联合目录挑选适合的文献	读者对馆外书籍、文献的需求越来越高,知道运用特定文献完善研究/论文
Weakness 弱势	Threat 威胁
(1) 经手人多,耗时较长; (2) 书本丢失风险; (3) 系统不稳定,登录时常出错; (4) 使用群体小; (5) 常有系统关闭情况,系统无法访问	(1) 部分图书馆直接对外开放,作为"中间联络人"很可能被跳过,从而流失"客户"; (2) 网络、数据库的开放,分流了部分读者

三、服务现状改进

通过工作流程和 SWOT 模型分析,结合读者调查结果,笔者认为可以从如下举措入手改善现有服务工作。

(一) 多方举措,缩短服务时间

影响馆际互借和文献传递使用率的主要原因是借阅周期较长。原因主要为流程烦琐,经手人多,不可控因素较多。因此,调动读者的主观能动性是最佳选择。首先,需要增强馆员的工作主动性,及时回应读者需求;提高馆员的检索技能,快速精准地确定文献收藏馆;完善沟通语系,用精准的语言对不同问题一键式回复,避免沟通误解;选择安全高效的快递公司,降低书本丢失风险,缩短到货时间;与收藏馆实时沟通,加强"跟单"业务,要求读者明确文献需求,如版本、传递方式、等候时限等。

(二) 多法入手,做好宣传推广

1. 宣传时间轴

结合广告宣传时间轴方式,开展读者宣传。图书馆可以结合学校新生入学以及"艾宾浩斯遗忘曲线"(见表3)[4]为基准,在一定时间内连点成线宣传,保持该服务的读者知晓度。在特定的时间段进行"重复"宣传(形式变更,主题不变,添加趣味新颖性),可以树立图书馆服务的品牌形象,吸引读者利用这些服务。

表3　艾宾浩斯遗忘曲线部分数据

时 间 间 隔	记忆保持量(%)
刚刚记忆完毕	100
8-9小时之后	35.8
2天后	27.8
1个月后	21.1

2. 新入学教育

在新生图书馆入馆教育阶段的《图书馆使用指南》视频内,加入馆际互借和文献传递的操作互动式AI视频步骤介绍。告知读者在本馆无法满足需求的情况下,如下途径能够获取所需文献:全文数据库(知网、超星电子书等数据库)、馆际互借与文献传递服务等,还可在视频内嵌入清晰简明的操作步骤。目前,上海大学图书馆在每位新生获得图书馆利用许可之前,新生需要观看图书馆利用视频,并完成测试。比如,如何操作借阅自助借还机、选座机、打印复印一体机等设备。

3. 新媒体宣传

看得见,摸不着式:北京师范大学图书馆利用现有的媒体资源,电视、学校信息门户、图书馆主页、BBS、微信、微博、群发邮件等进行线上宣传,线下采用"图书馆阵地式、走进读者式的纸质宣传"[5]。另外,图书馆还可以采用新兴的短视频,比如"抖音"开展宣传服务。据报道,截至2021年6月4日早上9时51分,抖音APP已被安装211亿次[6],是目前短视频用户量最多的APP,抖音无疑也是增加受众度的好去处;上海交通大学图书馆推荐了可借鉴性高的方法:对于出借频繁、预约量高的热门书籍,馆员可以将图书清单和读者信息推送给馆际互借与文献传递处[1],尽可能做到人手有书读,以减少读者排队时间;推动口碑传播行为,馆员可以在可联系读者范围内鼓励该服务的体验者向其周边的师生好友推荐馆际互借与文献传递服务,如邮件、短信回复中嵌入相关语句"请将此服务介绍给身边的同学好友"。

看得见,摸得着式:现场宣传真切体验让人印象深刻,图书馆可围绕馆际互借/文献传递服务开展一些小型的展示活动,如北京师范大学图书馆利用每年的"世界读书日"系列活动,将馆际互借服务进行嵌入式宣传,以海报、专题网站等形式嵌入活动[5]。上海大学图书馆在每年的"读书月"和"毕业季"系列活动中,统计读者在图书馆的年度借阅量,制定排行榜,为借阅量位居榜单前三的读者颁发奖状,以资鼓励。今后,还可以增设一项"馆际互借/文献传递借阅量排行榜",以扩大宣传。

4. 毕业离校互动

为了给每位即将离校的学生留下专属的图书馆纪念,上大图书馆以"我的图书馆时光"为主题,制作了一个小程序。读者打开程序链接,输入校园一卡通账号和密码,系统会自动生成该读者的图书馆时光,详细显示入馆时间、次数、借还书记录等。在此程序中,也可增设一项馆际互借、文献传递服务的使用情况。

(三) 多维定位,扩大潜在读者

读者是图书馆服务的对象,馆际互借与文献传递服务是图书馆服务的重要组成部分,图书馆可借助"网络模型"结构化和可视化地对高校图书馆读者进行细分定位,见表4。

表4 上海大学读者类型、校区馆与文献需求

读者偏好文献类型/所在地域 \ 读者类型	A1 本科生	A2 研究生	A3 博士生	A4 留学生	A5 合作院校生	A6 教师	A7 职工	A8 助教
B1 原书/宝山校区	目标1	目标2	目标7	—	—	目标10	—	—
B2 复印件/延长校区	目标3	目标4	目标8	—	—	—	—	—
B3 电子版/嘉定校区	目标5	目标6	目标9	—	—	—	—	—

"客户类型"和"客户所在区域"这两个被用来将客户分群的维度分别是网络模型中的"横轴"和"纵轴"[2]。结合上海大学现状,笔者制作了表4,横轴有八个分区:本科生、研究生、博士生、留学生、合作院校生、教师、职工、助教。

纵轴有三个分区：宝山校区、延长校区和嘉定校区。这样横轴、纵轴"横竖交集"则产生的客户细分子人群，简单明了。最终 A1B1、A2B1、A3B1、A1B2、A2B2、A3B2、A1B3、A2B3、A3B3 和 A6B1 十个子客户群被作为目标客户选择的结果，也就是三个校区的本科生、研究生和博士生，以及宝山校区的教师，不久后，A6B2，即"延长校区的教师"也可能被新增纳入主攻目标之一。另外，发展新客户的同时，应积极回访老客户，建立和保持良好的沟通渠道[7]。

（四）多面培养，提高馆员能力

"图书馆需要充分认识到人才也是一种重要的战略资源"[8]。图书馆馆员作为图书馆与读者的枢纽，对读者起着至关重要的作用。馆员的工作状况直接影响着读者对图书馆服务的整体体验满意度，以及文献获取的便利程度[9]。提升服务满意率，高素质人才的培养和储备必不可少。在遵循职业道德、单位规章制度的前提下，可从以下两个方面制定人才培养方案。

（1）宏观层面。馆员培养方案可以借鉴中共中央党校图书馆史云的学科馆员服务能力梯度培养内容[10]：对于探索期的馆员（新入职或从业不久的馆员），提供必要的岗前培训，侧重培养其基本的计算机技能、数据库的应用和基本的人际沟通能力；对发展期的馆员（中级职称馆员），要培养其一定的统筹能力，良好的人际沟通能力，加强团队协作能力，要培养其较强的计算机技能，提高其对数据的分析、整理能力，了解服务前沿动态，提高写作、科研能力，在核心期刊发表文章；对稳定期的馆员（高级职称馆员），要注重其个人的发展，要加强其计算机互联网技术的实际应用，提供外出进修、参与国内外交流研讨会的机会，成为服务、科研带头人。

（2）微观层面。注重馆员职业形象，提升馆员沟通技巧和修养。微笑服务，语言柔和，如暂时无法满足读者需要，也要耐心与读者解释并推荐其他路径以满足读者需求[1]。

信息化时代的大背景下，馆际互借服务的发展需求必将推动各级各类图书馆"大联通"智能立体书库的建设，实现同平台下图书馆馆藏信息的共享与借阅流通；也必将推动基于大数据、人工智能等信息技术为基础的未来图书馆管理系统的构建，通过对图书馆馆藏、读者偏好等数据进行动态采集和智能分析，实现对读者阅读需求的精准模拟，为其提供量身定制甚至主动推荐的个性化智慧服务。正如十四五规划中提出的，要"提升公共文化服务水平"，未来馆际互借服务的发展，必将为读者提供更优质的服务水平、更高效的借阅模式、更良好的体验空间,使人们真正形成"爱读书、读好书、善读书"的良好品格,为实现人人参与阅读的良好文明社会添砖加瓦。

参考文献

［1］ 李旭升,李靖.馆际互借与文献传递服务转型策略探究——以上海交通大学图书馆为例[J].大学图书情报学刊,2021,39(1):85-89.

［2］ 胡超.极简市场营销[M].北京联合出版公司,2021:43-73.

［3］ 揭筱纹,杨斌,宋宝莉.战略管理:概论、案例与分析[M].清华大学出版社,2009:95-96.

［4］ 赫尔曼·艾宾浩斯著,王迪菲编译.记忆的奥秘[M].北京理工大学出版社,2013:183.

［5］ 杨雪萍,牛爱菊,刘兰.全媒体环境下高校图书馆馆际互借与文献传递服务宣传与推广路径——以北京师范大学图书馆为例[J].图书馆工作与研究,2016,244(6):100-103.

［6］ 产业信息网.2019年中国网民微信月活跃用户数、微信好友及未来微信发展趋势分析[EB/OL].[2021-05-18]. https://www.chyxx.com/industry/202002/836124.html.

［7］ 席永春,王庆浩.文献传递和馆际互借用户需求分析[J].现代情报,2014,34(4):153-155.

［8］ 刘志波."互联网+"时代图书馆员服务能力提升策略[J].传媒论坛,2019,2(19).

［9］ 何国莲.基于网络环境的馆际互借服务发展策略研究[J].电化教育研究,2015,36(7).

［10］ 史云.学科馆员服务能力梯度培养研究[J].图书馆界,2015(2).

基于零信任安全架构提升高校图书馆数字化服务用户体验和信息安全探究

◎ 康晓丹　高海峰*

> **摘　要**：新冠肺炎疫情席卷全球，改变了许多人的生活工作方式，作为高校学习和研究核心阵地的高校图书馆，提供数字化服务，几乎成为唯一的服务手段。本文通过对高校图书馆数字化服务现状的分析，总结出数字化服务用户体验和信息安全的现存问题，结合国家对数字化发展的要求和《个人信息保护法》的规定，引入零信任安全架构，探讨了基于零信任安全架构的高校数字化服务机制和相关模型。最后介绍了上海大学图书馆在基于零信任安全架构提升数字化服务用户体验和信息安全的实践。
>
> **关键词**：用户体验；零信任安全；高校图书馆数字化服务；个人信息保护法；数字化发展；身份认证技术

《中华人民共和国国民经济和社会发展第十四个五年规划和2035年远景目标纲要》明确提出加快数字化发展，建设数字中国的要求，强调"加快建设数字经济、数字社会、数字政府，以数字化服务转型驱动生产方式、生活方式和治理方式变革"。2021年11月1日起实施《个人信息保护法》，进一步明确了对

本文系上海大学图书馆科研项目"数字资源远程服务的用户体验模型与服务质量提升研究"成果之一。

* 康晓丹，上海大学图书馆馆员，研究方向：阅读推广、智慧图书馆；高海峰，上海联蔚盘云科技有限公司副总经理，研究方向：金融科技、数字化应用、云计算、数据中心、网络安全法和信息安全。

个人信息安全的保护要求。作为高校学习和研究核心阵地的高校图书馆,经历这次席卷全球的新冠肺炎疫情后(以下简称"疫情"),总结和反思疫情期间的远程数字化服务举措,分析现存的问题,基于高校的数字化、内涵化、安全化战略目标,做好高校图书馆数字化服务前瞻性顶层设计[1],找到提升数字化服务用户体验和信息安全的解决方案,成为摆在高校图书馆面前亟须解决的课题。

一、高校图书馆数字化服务用户体验和信息安全现存问题和研究现状

(一)高校图书馆数字化服务用户体验和信息安全存在的问题

疫情这类突发事件对高校图书馆而言是一场前所未有的大考,在高校图书馆各种服务手段中,提供基于数字化馆藏的数字化服务成为首选,甚至在某些时期、某些场景中是唯一的服务手段[2]。尽管近年来高校图书馆在大力建设数字化服务,但仍存在着种种不尽人意的问题和困境,影响着用户的体验和信息安全保护,主要包括如下四个方面:

1. 信息安全需求增加和现有数字化服务访问机制下用户体验差的矛盾

目前高校图书馆的远程服务多采用基于公共互联网基础设施,建立企业级VPN通道,实现对高校图书馆内部服务及数字资源的远程访问。这样建立在公共网络基础上的信息数据交换,使得内外网络安全边界糊化,增加潜在的安全风险,加大网络攻击的可能。通过VPN访问等安全控制手段访问资源,本质上还是利用传统的安全边界防护的思想,企图在高校内网和公共互联网之间建立牢固的"护城河"。为了保证信息安全,这样的访问方式会带来网速慢、连接不稳定的现象;每种数字馆藏均需登录,用户需要记录许多用户密码,多次进行登录等问题;这些手段在保证用户信息安全的同时,也严重影响了高校图书馆数字化服务的用户体验。[3]

2. 高校图书馆数字化资源知识产权保护与用户体验间的矛盾

数字资源易于复制和传播,出版商和数据库商一般都设有严格的访问控制手段来保护知识产权,但这些控制手段在保护数字资源知识产权的同时,也为充分利用这些数字化服务设置了严重的体验障碍。疫情期间,用户大规模的数字化服务访问需求,更是加大了这样的体验障碍,主要体现在访问方式和

访问承载量两方面对用户体验带来的影响。访问方式上，目前我国大多数高校图书馆只采用单一的远程访问服务方式，多为 VPN 或代理方式，存在一定局限性，访问速度慢，稳定性差。访问承载量上，大量用户同时在校外访问数字资源，会导致系统稳定性变差、服务响应速度变慢。不少大学图书馆都有因过量校外访问而造成访问延迟、过量下载导致 IP 被封，甚至数字化服务不可用等情况，导致数字化服务用户体验下降[4]。

3. 服务接入设备多样性增加，带来潜在的信息安全风险

高校图书馆的数字化服务允许高校教职员工和学生等使用者使用包括智能手机、智能平板、家用 PC 机等多种类型用户终端设备，在多种复杂的网络条件下，随时随地访问数字化馆藏服务。各种接入设备的身份管理强度、设备安全性、网络安全性均参差不齐。通过这些用户终端为用户提供数字化服务，给高校内网和图书馆数据带来了极大安全隐患。

4.《个人信息保护法》对数字化服务信息安全管理要求的提升

《中华人民共和国个人信息保护法》自 2021 年 11 月 1 日起施行，"规范个人信息处理活动"是个人信息保护法的核心。在为高校图书馆用户提供数字化服务过程中，不可避免地会收集大量的个人信息，包括但不限于姓名、学号、手机号、手机的机器码、Cookie 信息、浏览器相关信息。在利用这些个人信息时，应当按照《个人信息保护法》的相关规定来操作和保护。如何有效管理和保护这些信息的信息安全，不被非法利用，将成为高校图书馆数字化服务的新挑战。

（二）高校图书馆数字化服务用户体验和信息安全的研究现状

面对数字化服务客户体验的问题，图书馆学届已经有一些学者开展了相应研究，例如在对数字化资源远程服务研究方面，熊拥军等分析了电子资源六种远程服务方式的优势和不足，指出多种方式并存，联合认证接入方式最具潜力[3]。朱学芳等提出：一方面要提升网络硬件设施的建设；另一方面，要关注用户的使用体验，用户的使用体验主要体现在资源使用的可靠性、易用性与稳定性，图书馆要注重用户的使用培训，指导读者有效访问数字化服务提高用户满意度[5]。

面对高校图书馆数字化服务信息安全课题，林春梅等从高校网络安全的角度分析薄弱环节，提出零信任架构试图在学术交流、教育科研与安全防御之间寻求更全面的安全保障[6]。翟羽佳从资源访问的保障、信息系统的运维、特

色应用的研发等方面,介绍了中国政法大学图书馆的数字化服务技术支持保障的实践[7]。

纵观以往数字化服务的研究现状,大多集中在对现有远程访问方式的分析与比较、网络安全、技术实现等方面,但是在客户使用体验提升,信息安全控制,尤其是《个人信息保护法》实施对高校图书馆数字化服务信息安全的影响,尚无广泛研究。

二、基于零信任安全架构提升数字化服务用户体验和信息安全

(一)采用零信任安全架构解决信息安全防护和用户体验提升之间的矛盾

在数字化时代,用户体验就意味着效率和生产力;个人信息安全则是生命线,但是分析高校图书馆数字化服务现存的问题,可以发现在传统信息安全框架中,用户体验和信息安全往往是对矛盾体,对信息安全的提升,常会导致用户体验的下降。如果想同时提升数字化服务的信息安全和用户体验,就必须采用全新的安全理念来构建数字化服务的安全架构。

零信任就是这样一种全新的安全理念,以保护信息安全和提升用户体验为目标,旨在解决"基于安全网络边界建立信任"这种传统信息安全理念本身固有的问题。零信任的最早雏形源于耶利哥论坛。弗雷斯特咨询公司(Forrester)前分析师约翰·金德瓦格以"从不信任,始终验证"的思想,在2010年正式提出"零信任"这个术语。随后零信任理念被广泛应用于信息安全的各个层次。在解决信息安全问题的同时,它更关注用户体验的提升。它将安全防护措施从传统的网络层面扩展到应用系统层面,从而进行无感知的、全面的、综合性信息安全防护,从而解决信息安全防护力度与用户体验无感知之间的矛盾。

(二)基于零信任安全架构理念构建身份认证体系,提升数字化服务用户体验

引入零信任安全理念来解决用户体验和信息安全的矛盾不是一蹴而就的,应选择信息安全的不同层次来逐步改进,身份认证技术(IAM)在现有安全架构广泛应用,为所有用户,应用程序启用并保护数字身份,是通过定义访问

客体对哪些信息安全主体具有哪种访问权限,来管理访问权限的访问控制机制[8]。身份认证体系往往也是造成用户体验差的节点之一。

利用零信任安全的理念重构身份认证体系,可以有效解决身份认证带来的用户体验差的问题,并同时有效保持信息安全。零信任安全的理念如下:

(1)所有数据源和信息服务都被视为资源。所有处理、传输和存储数据的设备及功能系统都应纳入统一的资源信息安全管理。

(2)信息安全信任机制与网络位置无关,只与信息安全策略有关。所有对应用系统的访问请求都必须满足最小权限的安全策略要求且以最安全的方式进行。

(3)对某个数字化资源的访问请求是在每个独立安全会话的基础上授予的。

(4)对某个数字化资源的访问的安全策略由安全信任的动态策略引擎决定。

(5)所有数字化资源的身份验证和安全授权都是动态的,且实现应用验证授权前置,在整个访问交互体验过程中不断重新进行无感知的身份验证和授权的动态监控。

基于零信任安全架构重构身份认证体系,采用动态安全访问控制机制,构建从访问客体到目标资源主体之间的端到端,全链路的,具有最小安全访问授权的安全防护机制[9]。当访问客体需要对资源主体进行安全访问时,零信任安全架构以身份认证为中心,按需配置所需颗粒度的权限和身份认证载体,不必使用共享访问密钥,从而实现对接入客体的无感知,全方位统一管控,构筑端到端的逻辑安全边界。

重构的身份认证体系可以解决传统"基于网络边界建立信任"的安全机制下的用户体验问题,可以实现客户无感知的信息安全防护。同时可以对接集中式的日志系统,存储访问过程中的用户个人信息,实现对个人信息的集中控制、存储和保护。

(三)构建基于零信任安全架构的高校数字化服务身份认证技术模型

引入零信任安全架构,提升数字化服务的用户体验和信息安全,应紧密融合高校自身数字化服务业务安全需求,结合高校应用系统、网络现状进行全面规划设计,从核心控制点入手,选择合适的场景,分步改造,进而构建更高效安全的高校图书馆数字化服务机制。选择安全控制的核心技术——身份认证技术入手，来构建基于零信任安全架构的高校数字化服务技术模型是最佳选择。

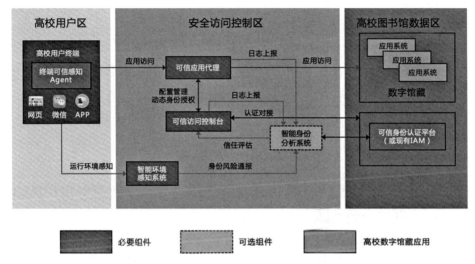

图1 基于零信任安全架构的高校数字化服务身份认证技术模型

在此模型中，将整个安全访问机制分为高校用户区、安全访问控制区和高校图书馆数据区三部分。其核心位于安全访问控制区。可信应用代理、可信访问控制台、智能环境感知系统和智能身份分析系统为核心身份认证组件。

该模型的安全控制流程和逻辑如下：

（1）高校用户将使用终端设备（包括 PC 端或者移动端）对高校图书馆提供的数字化馆藏应用进行访问。通过内置在终端的终端可信感知代理，进入安全访问控制区，连接到可信应用代理。可信应用代理将通过 API 访问可信访问控制台，要求动态身份授权。可信访问控制台可以通过自带的身份与权限信息对接高校的可信身份认证平台（如一网通等高校内置的 IAM 系统）进行身份认证和动态授权。在完成授权后，可信应用代理将这条应用访问转发至高校图书馆数据区，实现数字馆藏的访问。

（2）为了保证在访问过程中的持续安全控制，高校用户的客户端或应用前置设备中部署可信环境感知 Agent，其将持续反馈服务器环境安全状态至智能环境感知系统。智能环境感知系统在对数据进行预处理后，将身份风险信息通报给智能身份分析系统[10]。

（3）智能身份分析系统基于访问日志、智能环境感知系统传递的风险信息进行持续的信任评估，支撑可信访问控制台实现动态可信的权限判定。并在发现信任风险后，即使更新访问策略，避免信息安全风险。

（4）智能身份分析系统，还能基于统一的访问日志系统，对个人信息进行统一的存储、管理和控制，进而实现对个人信息的有效保护。同时为个人信息的统一处理提供了可能性。

以上技术模型虽然复杂，但是对高校用户是透明的。用户在该数字化服务身份认证模型下，可以无感知且安全地访问高校图书馆的数字化服务，可以极大地提升高校用户远程服务的用户体验和感受，同时有效地控制个人信息安全。

三、上海大学图书馆基于零信任安全架构提升数字化服务用户体验和信息安全的实践

2020年1月26日起，根据学校统一部署，上海大学图书馆实行临时闭馆。为了响应"停课不停学"的号召，上海大学图书馆对高校图书馆数字化服务困境进行分析，结合零信任安全架构的理论研究和技术落地，及时展开实践，用以改善数字化服务的用户体验和信息安全。

上海大学图书馆利用之前对零信任安全架构的理论研究的积累，充分发挥技术优势，采用基于零信任安全架构的高校数字化服务身份认证技术模型，对接校信息化工作办公室，利用上海校园统一身份认证系统作为零信任安全控制的核心 IAM 组件，同时基于 CARSI 作为电子资源校外访问服务系统[11]，结合自主研发的可信应用代理程序，智能身份分析系统和智能日志管理系统，构建了基于零信任安全架构的身份认证体系，实现了中国知网、IOP、EBSCO 的 CARSI 校外访问服务和 PQDT 的漫游服务，师生可在校外直接访问（无需登录 VPN，只需进行校园统一身份认证）25个数据库，协同保障海量科研资源访问不受限[12]。与此同时，依托于该身份认证系统，整合免费电子资源（出版社类）、免费在线资源推送（数据库类）、推送专利相关资源。实现了"在线咨询""在线资源""阅读推广""查收查引"等在线服务的基于该系统的远程访问的统一管理，另外采用基于 ELK 先进日志分析管理系统，实现了数字化服务过程中个人信息的统一存储和管理，进而实现个人信息统一管控数据库，为上海大学用户提供了一站式、高安全、极佳用户体验的高校图书馆数字

化服务[13]。

基于零信任安全架构的身份认证体系技术实现的架构如图2：

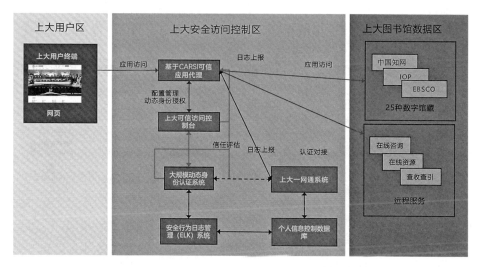

图2 上海大学远程访问安全控制系统技术架构图

在此技术架构中，上海大学图书馆充分使用了之前的研究成果，将基于零信任安全架构的高校数字化服务身份认证技术模型具现化。其核心技术组件实现如下：

（1）可信应用代理，可信访问控制台，采用CARSI提供的相关基础设施结合上海大学情况采用开放接口来自主构建。

（2）智能身份分析系统则以上海大学信息中心提供的一网通系统为核心进行自主构建身份认证统一登录系统。同时使用先进的ELK架构，构建大规模动态身份认证和安全行为日志管理系统，实现了个人用户行为信息和安全动态策略的集中式管控。

在全新的技术架构中，用户可以无感知实现信息安全的管控和用户体验的提升，具体如下：

（1）上海大学的远程用户在访问数字化资源时，先经过上海大学基于CARSI信任协议的可信应用代理，并通过可信应用代理从可信访问控制台获取可信的安全访问认证，其认证机制是基于内置在自研的智能身份分析系统的动态安全策略，所有安全策略的应用过程都集中存储于统一的大规模行为日志系统。

（2）上大一网通系统提供基于IAM/SSO的身份认证接口，用于智能身份分析系统的动态身份认证,避免重新构建身份认证机制,导致不必要的资源浪费和用户使用的烦琐,最终实现用户的无感知的 SSO 登录访问。同时通过动态认证策略服务记录相关人员的安全使用日志,统一存储至大规模行为日志系统,用于未来的安全追溯和《个人信息保护法》规定的信息保存机制实现。

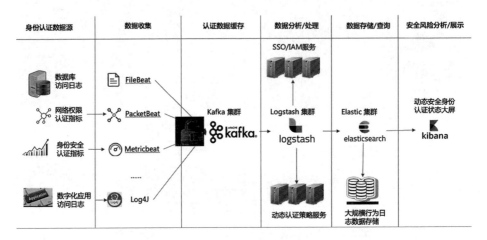

图 3　大规模动态身份认证和安全行为日志管理系统

(3)当用户获得可信身份认证后,可以无感知地访问对应的数字化服务,并且通过可信应用代理将访问日志上报给可信访问控制台,当控制台发现用户试图访问新的数字资源时,会上报智能身份分析系统要求动态更新该用户的安全策略,并进行再次认证。待完成认证后,会更新该用户的安全策略,以保证可信应用代理允许该用户访问对应的数字化馆藏。使用户实现无感知且安全地访问数字馆藏。

(4)为了能够快速提升上大用户的使用体验,解决可能存在的性能瓶颈,我们构建了全横向扩展集群的技术架构,采用 ELK 等先进开源技术,实现大流量、多并发的身份认证和安全行为日志管理。通过这个技术架构的建设和运行,使得上大的师生只需在数字化服务中完成校园一卡通用户的认证,就可以无感知、安全地访问上海大学图书馆提供的数字化馆藏和远程服务。其访问过程中的个人信息和行为信息可以及时地、无感地存储于日志系统,从而解决反复登录认证、多重密码控制、使用体验差的问题,同时统一管理了个人信息安全,为实施《个人信息保护法》提供了技术平台基础。

这一体系的推广和实践,切实提升了上海大学图书馆数字化服务用户体验和信息安全,满足师生疫情期间的各类需求,因此上海大学图书馆一系列提升用户体验和信息安全的实践得到了广泛认可。微信推文《上海大学开通无需 VPN 登录的基于 CARSI 的电子资源校外访问服务》阅读量就达到了 1.9 万次。上海大学图书馆在疫情期间通过数字化服务帮助全校师生取得一系列学习、教学和科研成果,共计完成教师职称申报查收查引报告 230 余份、课题申报查收查引报告 20 余份、学生学位申请查收查引报告 220 余份、《上海大学 ESI 学科分析报告》1 份。

四、结语

疫情在对高校图书馆工作造成极大影响的同时,也提供了场景和动力促使高校图书馆提升和改进数字化服务的能力,使高校图书馆用户逐步适应,进而依赖数字化服务。这样的变化导致高校图书馆用户对数字化服务的信息安全和用户体验有进一步要求,零信任安全架构的引入和应用极大解决这一矛盾。有助于帮助用户充分利用数字资源,同时有助于高校图书馆有效管控个人信息安全。目前上海大学图书馆的实践只是针对部分问题的解决,随着未来对零信任安全架构的深度应用,希望以点带面,全面解决高校图书馆数字化服务的种种问题,讨论出一条适合中国高校图书馆数字化服务信息安全和用户体验的提升之路。

参考文献

[1] 秦明玉,庄新霞.大学图书馆内涵式发展实现路径研究[J].大学图书情报学刊,2014(4):13-14.

[2] IFLA Principles of Engagement in Library-Related Activities in Times of Conflict, Crisis or Disaster[EB/OL].[2020-03-20]. https://www.ifla.org/publications/ifla-principles-of-engagement-in-library-related-activities-in-times-of-conflict-crisis.

[3] 熊拥军,李哲,陈春颖.疫情防控期间电子资源远程服务面临的挑战与对策[J].图书情报工作,2020,64(15):35-36.

[4] 卢凤玲.面对疫情,图书馆要着力提升数字服务能力[N].新华书目报,2020(4):1.

[5] 朱学芳,丁笑舒,江莹.面向 LAM 数字资源融合服务需求分析及主题可视化展示研究[J].情报科学,2020(5):20-26.

[6] 林春梅,李训耀.零信任架构在高校网络安全建设中的应用和研究[J].计算机产品与流通,2019(9):210.

[7] 翟羽佳.疫情防控时期的高校图书馆远程技术支持实践与思考[J].新世纪图书馆,

2020(8):74-78.

[8] 蔺旭冉,毛天宇.零信任安全架构技术研究和应用思考[J].中国核电,2020(5):583-585.

[9] 刘欢,杨帅,刘皓.零信任安全架构及其应用研究[J].通信技术,2020(7):1746-1747.

[10] 秦益飞,张英涛,张晓东.零信任落地路径研究[J].信息安全与通信保密,2021(1):84-91.

[11] 邵华,梁志锋,王信堂.基于CARSI的电子信息资源远程接入方案研究与实现[J].情报探索,2021(3):79-83.

[12] 学术资源共享神器CARSI受热捧,月余新增近400接入高校[EB/OL].[2022-09-01].https://www.e-chinaedu.cn/html/edus/2022/gj_0901/82869.shtml.

[13] 刘丽娟,陈丽洁."双一流"高校图书馆突发公共卫生事件应急管理与服务研究[J].图书馆工作与研究,2020(12):114-115.

高校图书馆科学数据馆藏发展研究
——以普渡大学为例

◎ 姜 萃 刘 华[*]

> **摘 要**：科学研究范式转变背景下，科学数据已成为重要研究资源，也是国家间科技竞争的重要资源，高校图书馆应承担起科学管理科学数据的职能。本文利用网络调查法，从计划、实施和评估3个方面对普渡大学图书馆科学数据馆藏发展展开调查。研究表明科学数据应成为高校图书馆馆藏发展的重要组成部分，为高校科研创新提供基础性战略资源。
>
> **关键词**：馆藏发展；科学数据；高校图书馆

随着大数据时代的到来和科学研究向数据密集型研究范式的转变，科学数据不仅成为一种重要的学术资源，更成为国家间经济和科技竞争的重要战略资源，引起各国政府的高度重视。具有再利用价值的科学数据如果不能得以保存并充分加以利用，必然是一种浪费，成为人们的普遍共识。

2018年3月17日，国务院办公厅印发《科学数据管理办法》[1]，明确了科学数据汇交制度化的核心要点。2021年9月1日起，《中华人民共和国数据安全法》正式施行。毫无疑问，科学数据要全面落实法律规定和要求，各级科研单位院校正逐步开展重大科研项目科学数据的汇交工作。

科学数据正成为国家间竞争的重要信息资源，科学数据的存储、安全、管

---

[*] 姜萃，上海大学文化遗产与信息管理学院2020级硕士研究生，研究方向：资源建设、科学数据；刘华，上海大学图书馆研究馆员，硕士生导师，研究方向：资源建设、战略规划、新媒体应用。

理、使用和共享是信息服务研究不可忽视的领域。这为高校图书馆的职能提升,开辟了又一个天地,在"双一流"建设背景下,大量科研基金支持的科研项目产生的成果数据需要科学地保存、储藏、揭示、管理、共享,馆藏资源体系随着时代的进步,正向多元化方向发展,馆藏资源的概念和内涵正超越以往的资源类型,延伸到各种科学数据,涉及实验数据、调查数据、观测数据等,这些数据正在"双一流"建设的科学研究中发挥着越来越重要的作用。因此,科学数据作为高校科学研究的基础产物和研究资源,科学数据的科学收藏、管理和使用应纳入高校图书馆馆藏发展,成为资源建设的新的增长点。

一、研究概况

GB/T 39912-2021 规定"科学数据实体包括在科技计划形成的原始数据及基于原始数据或研究分析数据所形成的完整数据文件或数据库",涉及科技计划形成的原始数据,主要指项目实施过程中产生的原始性观测数据、探测数据、试验数据、实验数据、调查数据、考察数据、统计数据、模拟仿真数据等。近年来,国内外学者都对科学数据的管理、存储和应用作了深入探讨。

(一)国外研究概况

Stefka Tzanova 指出,高校图书馆提供的信息服务与高校教育和科研需求密切相关,开放科学环境下,高校图书馆应该积极了解开放科学内容,掌握新的研究和教育需求,通过开发科学数据管理模型,制定数据管理计划,提高馆员的数据素养等方式应对挑战[2]。Agnieszka Milewska MA 等调查波兰医学类高校研究人员对科学数据的需求和态度,发现多数人员对科学数据的需求较大,但缺乏科学数据的管理、开放数据等知识[3]。Mahfooz Ahmed 等指出,马来西亚高校图书馆在开放科学的推进和开放科学数据的建设中存在思想意识不足、专门机构和人员缺乏以及政策不完备等问题[4]。

(二)国内研究概况

2018 年,学者肖希明撰文指出,"双一流"建设背景下,图书馆资源建设面临转型,结构将更加优化,资源体系将向多元化方向发展;图书馆应开展科学数据管理与服务[5]。他认为,高校图书馆的科学数据服务可划分为两类:信息咨询型服务和技术型服务,信息咨询型服务包括科学数据的利用培训、管理计划指导;技术型服务主要包括科学数据的组织、发现与分析、存储与共享,即科学数据的馆藏建设与发展。

张俊等指出,开放科学环境下,科学数据管理是高校图书馆实现自身价值的重要方式,高校图书馆需从科学数据管理过程、共享政策、共享途径、管理规范等方面加强建设。周力虹等调查我国高校图书馆的科学数据管理服务现状,发现科学数据管理存在计划服务缺乏、服务方式单一以及馆员提供的帮助有限等问题,建议关注用户需求特点,针对性地开展科学数据管理与服务[6]。李洋等调查我国代表性的高校图书馆科学数据平台的建设现状,提出高校图书馆在科学数据的开发过程中应加强政策规划,充分收集本校的科学数据以及开展合作建设等方法策略[7]。

总体看,国外科学数据研究较为全面;而我国当前研究成果多集中于数据平台建设,研究范围相对较小,对科学数据资源的前期馆藏建设关注较少,对各种类型的科学数据资源建设收集、存储、规范研究不足。而对数据资源充分的揭示则有利于后期数据管理、服务与利用等工作的顺利开展,同时,对科学数据资源建设的深入探讨也有助于发展和完善高校图书馆的信息资源建设与保障体系。基于此,本文调研借鉴国外代表性高校图书馆科学数据资源建设的方法与路径,进一步探讨开放科学环境下我国高校图书馆开展科学数据资源建设的策略。

二、普渡大学图书馆科学数据馆藏发展案例研究

普渡大学在美国是以理工科见长的研究型大学,也是美国十大联盟创始成员校、美国大学协会成员校,我国一些优秀科学家曾在此就读,如两弹元勋邓稼先、第一代火箭专家梁思礼等。

普渡大学图书馆应称为图书馆学部,它集图书馆学院、出版社和图书馆于一体,并于2018年更名为普渡大学图书馆与信息学院(Libraries and School Of Information Studies),这一战略部署在全球图书馆界极为罕见,使图书馆理论研究能迅速应用于实践和教学,并相互促进,在数字化背景下的图书馆发展中独占鳌头。普渡大学图书馆前任馆长詹姆斯·穆林斯(James L. Mullins)被公认为是推动研究型图书馆数据管理和学术交流(强调大学出版社、图书馆出版和开放获取)的推动者和领导者,长期担任IFLA科学数据委

员会的主席,为普渡大学图书馆科学数据馆藏发展打下了深厚的基础。2011年,普渡大学图书馆被美国博物馆与图书馆服务协会(IMLS)选为数据信息素养(Data Information Literacy,DIL)项目牵头机构,开展数据信息素养培训教育[8];同年,普渡大学图书馆联合网络信息中心、研究副校长办公室合作建设普渡大学研究仓储[9](Purdue University Research Repository,以下简称"PURR"),将研究数据收集管理纳入馆藏发展的实践工作中。由于科学数据管理等众多方面的创新举措,美国大学与研究图书馆协会(ACRL)和美国图书馆协会(ALA)在2015年授予普渡大学图书馆"卓越图书馆奖"[10]。基于此,本研究从计划、实施和评价三方面深入剖析普渡大学科学数据馆藏发展,借以汲取对我国高校图书馆科学数据建设有益的经验和路径,丰富我国高校图书馆的科学数据馆藏发展理论和实践内容。

(一)科学数据馆藏发展的规划

1. 列入图书馆战略规划

普渡大学图书馆定期制定和发布本馆战略发展规划,并公之于图书馆主页,以落实各项战略目标,并接受馆内外的监督,迄今在图书馆主页上公开有七个阶段的战略规划文本,通过分析文本内容,我们可以发现普渡大学图书馆愈发重视科学数据馆藏发展。1999-2011年期间,其使命强调:信息传递、教学和终身学习的合作伙伴、学习、探索、参与等;其后,在2011-2014年阶段,其使命一直强调"学术"和"科研";2014-2016年其战略目标强调要:提升学生群体的数据素养;通过数字人文和科学数据管理,推进学术发展模式;持续建设对普渡大学具有独特意义的馆藏;2016-2019年期间战略目标强调:支持推进开放获取战略,发展新学术出版和交流模式;当前最新的战略规划目标之一是:收集所有利益相关方的成果,评估与优化面向用户的服务、实体与虚拟空间,配合支持学校新的行动计划。

2. 科学数据馆藏发展政策

普渡大学图书馆对科学数据馆藏发展极为重视,专门制定了独特的馆藏发展政策,并公布于PURR网站中"Policies"栏目下。《普渡大学研究仓储(PURR)条款》(见表1)内容详尽,涉及数据创建、数据保存、数据访问、数据共享、数据处理、数据迁移和数据安全等馆藏发展相关的活动,致力于为本校师生提供一个科学数据保存、使用、分享、交流与出版的平台。

表 1　普渡大学科学数据馆藏发展政策内容

名　　称	内　　容
使用条款 Terms of Use	权限、注册、访问和终止；对用户行为数据等隐私保护；用户对数据遵守相关法律法规、合乎道德
存储条款 Terms of Deposit	创建范围、时间；知识产权及所有权
版权侵权声明 Copyright Infringement Notification	被侵权事件处理：参考法律、提供书面证据和代理人联系方式
可访问声明 Accessibility Statement	致力于提供一个可供最广泛的受众访问的网站
馆藏政策 Collection Policy	使命；服务对象；数据范围；数据格式
保存政策 Preservation Policy	目的、任务、范围、挑战、激励措施、原则、角色、责任、标准和定义
保护战略规划 Preservation Strategic Plan	目标；保存策略（位级 Bit-Level 保存、有限保存、完全保存）；具体保存措施（元数据保存、文件格式识别、安全存储和备份、数据迁移等）
文件格式推荐规范 File Format Recommendation	文件格式分为永久、有限保存、短暂保存三个级别，不同格式保存级别不同
保存支持政策 Preservation Support Policy	针对保存策略的保护措施

（二）科学数据馆藏发展的实施

1. 开发工具软件包

普渡大学图书馆在进行科学数据馆藏发展时，重视满足科研人员科学数据的期许和存储需求，在充分调研的基础上，普渡大学图书馆与伊利诺伊大学厄巴纳-香槟分校图书情报学院合作开发了数据管理文件工具包（Data Curation Profiles Toolkit）[11-12]，以方便研究人员的数据管理偏好，发现研究人员的数据管理和共享需求，满足由单个科学家或实验室生成的特定数据集的存储要求，为有效收集大量科学数据资源做好技术准备。

2. 开发科学数据平台

普渡大学图书馆基于 HUBzero 平台开发了科学数据服务平台 PURR，实现本校科研人员及其合作者集成式科学数据服务，包括基于 PURR 的科学数据存储、上载和共享服务以及科学数据素养教育。

PURR 功能完善，可以直接嵌入到用户的科研活动全过程，为用户提供科学数据管理服务，也可以对用户已经生成的科学数据进行存储和管理，实现科学数据馆藏发展。首先，PURR 平台可较好地实现科学数据保存和管理，PURR 是获得国际标准化组织（ISO）16363 审核认证的存储库，有责任和义务长期保存数据内容，保证所有数据集在 PURR 上保存和管理 10 年；其次，PURR 平台可有效揭示科学数据集。PURR 提供数据集的浏览、检索、下载、可视化等功能，也会追踪数据集被浏览和下载的次数；再次，PURR 可提供数据集共享和发布，PURR 提供发布数据集的分步指南，实现图书馆学术出版的职能；最后，PURR 平台还注重收集科研人员的反馈，了解他们对其数据潜在价值的理解，对科学数据馆藏发展具有长期影响，包括基本问题概述（如"您的项目将产生什么类型的数据""这些格式是否可以长期可持续"等问题）、自我评估问卷（涉及五个领域：数据类型、元数据、共享、重用和存档），提供图书馆数据服务指南（包括术语概念、相关标准、数据管理计划的意义）等初级服务，数据管理工具和相关案例等中级服务，以及个性化咨询服务。

普渡大学图书馆 PURR 平台的科学数据素养教育模式包括确定教学目标、选取教学对象、选择教学途径、设置教学内容、开展教学评估，课程内容涉及了数据生命周期所需的理论知识和实践技能[13]。为此，普渡大学图书馆开设三门相关课程[14]：① 数据生命周期：介绍科学数据生命周期中数据的概念、类型和功能；在特定学科或专业的背景下创建和共享、管理、保护数据、以合乎道德和负责任的方式使用数据、利用数据作出决策和沟通；② 科学数据管理：从信息和数据科学的实践中对选定的主题进行深入研究，主题包括数据管理和组织、数据可视化、数据信息素养、档案素养以及信息和数据科学的新兴趋势；③ 数据共享和发布：引导学生完成数据集共享的过程，包括选择数据集、应用元数据、为数据集的最终用户创建文档、发布数据集等流程。

3. 建设科学数据服务团队

普渡大学图书馆重视科学数据馆藏发展队伍建设，专门组建了 PURR 执行委员会和指导委员会，吸纳馆内外优秀人士，使科学数据服务组织构成多元化、专业化。PURR 执行委员会由三人组成，分别是图书馆馆长 Beth McNei、学校主管研究与合作关系的副校长 Theresa Mayer 和主管信息技术的副校长 Karl Browning;PURR 指导委员会共八人组成,来自普渡大学图书馆、工程学院、文理学院、林业学院和信息技术部等,学科背景多样,且其中五位成员是教授成员。

专业队伍的建设保证了普渡大学科学数据建设的顶层设计、高标准、高起点,获得学校相关利益相关方的支持和配合。

4. 科学数据推广宣传

普渡大学图书馆积极推广 PURR,让科学数据产生应有的社会价值。一是普渡大学图书馆利用社交媒体平台宣传 PURR,发布视频向用户介绍 PURR 科学数据,从而产生传播的倍增效应;二是普渡大学图书馆在 PURR 建立了问答社区,现已有提问、评论、点赞等功能,提高用户对 PURR 平台建设的参与度和收集用户的反馈意见;三是跟随社会热点,促进数据的合理使用,实现社会效益,如《华盛顿邮报》发表了一篇普渡大学教授收集的关于"2014 年和 2015 年每名被执勤警察杀害的平民数据"的文章,文中所引用数据则来源于 PURR 数据平台,为当时的热点事件提供了客观有力的数据。

(三)科学数据馆藏评估

普渡大学不仅重视科学数据的收集,还注重科学数据的馆藏评估,对科学数据的数量、质量、结构和效能定期进行评估。首先,在科学数据数量方面,PURR 平台目前共开放 1 296 个数据集和 380 个研究项目,且科学数据资源仍在持续增长;其次,在科学数据主题方面,科学数据集和研究项目主题分布广,以农业、林业、土木工程、计算机科学和数学等科学数据集较多;再次,在科学数据格式方面,PURR 科学数据格式类型非常丰富,提供文字处理、纯文本、电子表格、数据库、音频、视频、图片和结构标记八个文件类型,共涉及 30 多种数据格式,且每个类型所对应的格式都注明了可持续保存级别;最后,科学数据利用情况,普渡大学图书馆非常关注科学数据资源的使用情况,定期统计数据下载情况,发现 PURR 平台建设已得到本校师生的广泛认可,截至 2022 年 11 月,PURR 平台注册研究人员达 5 074 人,已协助完成 761 项基金、2 042 个研究项目和 4 890 份科学数据管理计划,被重复使用次数最多的数据集达 99 次。下载量逐年攀高,尤其 2019-2020 学年度下载量已经超过了 10 万次,如表 2 所示。

表 2　PURR 下载统计

学　　年	下载量（次）
2012－2013	669
2013－2014	4 196
2014－2015	47 281
2015－2016	83 034
2016－2017	68 866
2017－2018	72 560
2018－2019	33 397
2019－2020	107 518

三、对我国的启示与建议

我国政府对科学数据已经制定了明确的政策法规，为高校图书馆开展相关工作提供了有力的法律依据，虽然高校科学数据馆藏发展还处于起步阶段，但我们可积极吸收借鉴国外同行的经验，开展中国特色的科学数据馆藏建设。在以下五方面着力下功夫：

（一）制定科学数据馆藏发展政策体系

科学数据是新科学研究范式下的新型馆藏资源和信息资源，这就要求各高校图书馆在制定中长期战略规划中予以重视，制订具体完善的收藏管理制度，从而形成制度保障和规范。我国高校图书要将科学数据管理政策纳入馆藏发展政策体系中，为"双一流"建设多元化馆藏资源体系提供保障，并坚持将规章政策发布到图书馆网站上，增强和提高政策的透明度，将政策贯彻到实践。明确科学数据馆藏发展的目标与任务，建立以科学数据馆藏发展为核心的团队，承担数据管理和数据监管工作。

（二）建立科学数据馆藏发展团队

科学数据馆藏发展需要跨部门、多组织的大力支持，不能只依靠图书馆自身的力量。普渡大学图书馆在馆内成立了专门的工作组负责科学数据管理，主动建设多元化科学数据服务团队，还同学校重要的利益相关方建立了高层协调委员会，保证了来自校方和其他部门的支持与合作。因此，我国高校图书馆应重视普渡大学图书馆的经验，取得来自学校领导、科研评估部门、网络部门等相关单位的支持配合；引进跨学科、跨领域的优质人才，建设高素质的图书馆科学数据馆藏发展团队。

（三）建设科学数据服务平台

图书馆作为高校科研辅助机构，在科学数据馆藏发展过程中具有图书馆独特的优势。目前国内一些"双一流"高校图书馆积极建设科学数据服务平台，处在发展初步阶段。科学数据平台的主要内容是科学数据资源，科研人员可以通过利用平台的数据提高科研效率、减少重复劳动、节省科研经费、创造新的知识成果。可以看出，科学数据服务平台是用户和科研数据资源的交互窗口，建立专门的科学数据服务平台是必要的。科学数据服务平台建设要遵循科学数据管理总体框架，又要反映各院校的学科建设、各馆的馆藏特色和重点，这在未来科学数据服务平台遍地开花之时尤为重要。

（四）开展科学数据素养教育

在提高信息素养成为普遍共识后，如何提升数据素养成为高校图书馆的新挑战，高校图书馆开展科学数据素养教育势在必行。首先，教学目标、教学对象和教学内容相适应。为适应不同研究层次、不同学科领域，高校图书馆应厘清需求的变化，设计有针对性、目标性和层次性的内容体系；其次，丰富教学途径，传统课堂和嵌入式课堂、线上课堂和线下课堂等都应该考虑；最后，重视教学评估，评估的过程也是改进数据素养教育工作，推动数据素养教育质量创新的重要手段。

（五）加强全媒体科学数据宣传推广，发挥社会效益

在新媒体时代，高校图书馆应以全媒体手段扩展资源建设和信息服务的边界范围。首先，建立媒体矩阵，实现全网覆盖，如在用户体量最大的"微信公众号"发布图文推送、在科普问答社区"知乎"发布和回复科研数据相关问题、在热搜特质的"微博"发布短视频；其次，实践小米创始人——雷军的七字诀"专注、口碑、极致、快"，活动目标是专注和极致，行动准则是快，核心思维建立

用户口碑。紧密与社会热点问题相联系，提高科学数据的利用率，让科学数据馆藏资源服务科研、社会经济建设，扩大科学数据的社会影响力。例如，杨雅茹发布的《北京冬奥会张家口赛区未来三十年积雪物候数据集》，对我国冰雪运动高质量发展有重要意义[15]；多地政府和企业建立的疫情实时大数据平台，保存、发布疫情监控数据，为防疫决策提供着科学依据。

四、结语

开展高质量的科学数据收集、保护、管理和共享工作是时代赋予高校图书馆的神圣使命，高校图书馆应勇于担当，积极开展科学数据的收集、保护、管理工作，使宝贵的科研成果数据发挥更大的科学、社会、经济价值。

我国高校图书馆科学数据馆藏发展逐渐步入正轨，科学数据势必会成为我国高校图书馆馆藏的重要组成部分。高校图书馆可借鉴国外的可行性实践经验，扩展现有的图书馆馆藏发展内涵和外延，将理论与实践结合，在科学数据馆藏发展方面寻求新的进步与突破。

参考文献

［1］ 胡良霖."十四五"重点研发计划新项目科学数据汇交工作的几点思考[EB/OL]. [2022-11-24]. https://mp.weixin.qq.com/s/BNY3AuiB8BDZNovEoNg7YQ.

［2］ Tzanova S. Changes in academic libraries in the era of Open Science[J]. Education for Information, 2019, 36(8): 1-19.

［3］ 张俊,谢冰冰. 开放科学环境下的高校图书馆科研角色与服务[J]. 图书馆论坛, 2021,41(7): 96-107.

［4］ Ahmed M, Othman R. Readiness towards the implementation of open science initiatives in the Malaysian Comprehensive Public Universities[J]. The Journal of Academic Librarianship, 47(5).

［5］ 肖希明,尹彦力. 服务于"双一流"建设的高校图书馆信息资源建设[J]. 图书馆建设, 2018(4): 79-84.

［6］ 周力虹,段欣余,宋雅倩. 我国高校图书馆科研数据管理服务调查与分析[J]. 图书情报工作,2017,61(20): 77-86.

［7］ 李洋,温亮明. 我国高校图书馆科学数据开发现状调研与分析——以一流大学建设高校图书馆为例[J]. 图书馆工作与研究,2021(12): 5-15.

［8］ 胡卉,吴鸣,陈秀娟. 英美高校图书馆数据素养教育研究[J]. 图书与情报,2016(1):

62-69.

[9] The PURR[EB/OL].[2022-11-18]. https://purr.purdue.edu.

[10] About Purdue Libraries[EB/OL].[2022-11-18]. https://www.lib.purdue.edu/about/description.

[11] Data Curation Profiles[EB/OL].[2022-04-20]. https://guides.lib.purdue.edu/c.php?g=352772&p=2377891.

[12] 蔚海燕,卫军朝,张春芳.高校研究数据管理需求调查实践与探索——以上海大学为例[J].图书情报工作,2016,60(20):36-45.

[13] 吴爱芝,王盛.高校图书馆数据素养教育体系设计研究——以北京大学图书馆为例[J].大学图书馆学报,2020,38(6):96-103.

[14] Fall 2021 Courses[EB/OL].[2022-11-18]. https://www.lib.purdue.edu/initiatives/summer-fall-2021-courses#fallCourses.

[15] 杨雅茹,赵春雷,李弘毅,邵东航,纪文政.北京冬奥会张家口赛区未来三十年积雪物候数据集[J].中国科学数据(中英文网络版),2022,7(3):70-83.

高校图书馆名人捐赠资源推广 O2O 互动融合模式探究
——基于 SWOT 分析法

◎ 程梦琦　徐　晓*

> **摘　要**：为进一步挖掘名人捐赠资源内涵，助力高校图书馆提供精准学科服务和进行文化传播，本文基于 SWOT 分析高校名人捐赠资源推广 O2O 融合内、外部面临的机遇与挑战。分析目前名人捐赠资源 O2O 推广现状，在现行 O2O 推广基础上提出将名人捐赠资源推广线上线下脱离转向互动融合，从 Online To Offline、Off To Open、Offer To Obtain、Ordinary To Originality 四个角度出发制定将名人捐赠资源推广活动主题 IP 化、情感共鸣化、文案故事化、形式流行化、内容趣味化、落地艺术化的融合推广策略。
>
> **关键词**：高校图书馆；名人捐赠资源；资源推广；O2O 融合；互动融合

名人捐赠（以下简称"名赠"）资源作为高校图书馆（以下简称"高校馆"）特色资源的重要组成部分，具有无可比拟的文献价值、学术价值和精神价值[1]，是高校馆特色馆藏的核心竞争力体现。挖掘名赠资源内涵并推广同时也是高校馆提供精准化学科服务和文化传播的重要源泉。早在 1992 年，李玉文和王瑾就在《对图书资料捐赠工作的思考》一文中提到要重视名人捐赠工作[2]。目前国内高校馆对于名赠资源研究工作主要集中在五个方面，即捐赠工作的管

本文系"上海大学图书馆科研培育项目"研究成果之一。

*　程梦琦，上海大学图书馆助理馆员，研究方向：阅读推广、资源建设；徐晓，上海大学图书馆馆员，研究方向：阅读推广、资源建设。

理和服务模式探讨[3]、国内外捐赠现状和政策的调查分析[4]-[7]、捐赠资源建设个案创新研究[8]、资源的价值与发展机制探讨[9]-[11]、资源的收藏利用与保护[12]。其中关于名赠资源的价值挖掘、推广案例及资源宣传等问题进行了梳理和探讨,可见各高校馆对名赠资源的宣传工作已引起重视。

移动互联网时代,信息具有爆炸式增长、定向化呈现特点,大众在接受海量碎片化信息的同时正慢慢进入信息茧房,只能看到大数据算法精密推送的内容。在这种环境下,高校馆对名赠资源推广通常采取举办捐赠仪式、策划展览(含网上电子展览)、设置阅览室或专柜、邀请新闻媒体予以报道等方式。虽形式多样,但曝光度不够、关联度不高、内容单调,很难引起读者兴趣,导致名赠资源宣传工作收效甚微。同时由于缺乏有效的宣传推广策略,导致名赠资源的发现和利用都十分被动,价值无法得到有效实现和延展,名赠资源往往成为被人遗忘的书库一角。基于此,本文利用 SWOT 分析法,分析目前名赠资源推广的内部优、劣势和外部的机遇及挑战;以 O2O 模式创新资源推广策略,探索开放式的线上线下相融合的资源推广工作方式,打破原有推广中时间、地点、规模限制线上预热带动线下活动的优势,在提供优质资源服务、支撑学科建设的同时借助校园文化育人平台让名人捐赠资源背后的精神价值被广泛传播,从而进一步激发更多的人去研究资源的学术价值,吸引更多的人进行捐赠,推进捐赠工作的可持续发展。

一、基于 SWOT 分析名人捐赠资源推广 O2O 现状

O2O(Online To Offline)的概念是 2010 年由 Alex Rampell 提出,一开始主要应用于商业领域的线下商务机会与互联网的结合,让互联网成为线上交易的平台,带动线下交易[13]。后逐渐被图书馆界所关注,应用于图书馆服务推广领域[14]。通过对名赠资源 O2O 推广现状的 SWOT 分析,系统分析并整合,正视机遇与挑战,从而选择 O2O 融合最优推广方式,促进名赠资源推广的优化提升。

(一)名人捐赠资源 O2O 推广的内部优势

O2O 具有宣传形式灵活、信息获取便捷、线上线下互动体验丰富、服务内容创新、运行成本低等优势,并且可以有效促进线上线下的良性循环,如图 1。可通过此模式连接线上与线下互动,让互联网成为线下的前台,与不同高校联

盟资源共享进行资源推广，在此基础上充分利用互联网资源优势，挖掘线上用户和线下资源，通过社交拉近馆员与用户之间的距离，使二者之间的交流突破时间和空间限制，更好了解读者需求，进行精准的用户画像，提升服务质量，当读者的要求被极大满足，品牌价值被很好地诠释，也在一定程度上扩大知名度，维护用户忠诚度，提升了资源的竞争力。

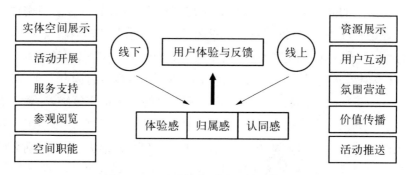

图1　O2O应用于捐赠资源推广模式图

1. 降低获取障碍，拉近与读者距离

名赠资源因其自身的特殊价值和意义，以往普遍采取建设线下专题阅览室，读者需提前预约才能获取资源，又因场地有限，只展示部分藏品，导致资源藏在"深闺"，资源获取困难，活动开展不易，活动报道延时。近年来，高校开始建设线上展厅并进行O2O推广[1]，尝试扩大资源开放力度，增强活动报道时效。与传统推广相比，O2O推广强调线下与线上结合，通过线上促进线下活动的开展，在资源获取难度降低的同时拉近了读者与馆之间的关系，扩大了资源知名度，提升了服务品质，增加了用户黏度。

2. 延伸推广空间，拓宽推广渠道

随着社交媒体崛起，名赠资源推广方式也开始变化，从原先线下推广活动转向公众号推文、直播等更便捷的推广方式。O2O延伸了资源推广的空间，在线下单一空间基础上获得了线上广阔的空间，使名赠资源拥有更多的宣传、展示机会，也缩短了信息获取时间。空间延伸带来了推广渠道拓宽，高校馆可以利用更多的宣传方式来进行线上线下宣传，提升了推广信息的覆盖面，能够快速吸引更多的读者，让读者更多地了解名赠资源，随时随地获取更加全面的信息，在便捷获取资源的同时也能与馆员很好地沟通，享受线下的贴心服务。

3. 增强资源可塑性，提升利用价值

近些年，各高校馆改变了以往只报道捐赠仪式、推送预约参观开放、藏书线下展览的推广方式,开始重视资源自身价值挖掘和揭示,积极开放线上线下展示平台,如开发学术名人捐赠知识发现平台、虚拟个人赠书室、官方网站和线下专题展览等。这为资源的 O2O 推广奠定了坚实的基础。资源数字化有利于资源的查阅和开发,从而对资源的捐赠者、资源自身以及相关事件进行专题性、连贯性、针对性推广,增强了资源的可塑性,增加资源的曝光,让资源被熟知,推动资源的合作共建与数字化共享,提升资源的利用价值。

(二)名人捐赠资源 O2O 推广的内部劣势

捐赠资源因其体量大、性质特殊等原因在资源推广上有一定的局限性,线下的空间开放存在预约、开放时间、只能在馆阅读等条件限制,使一部分读者望而却步。线上空间的建设单纯将线下的资源搬到线上,虽然解决了一部分资料查找问题,但由于宣传不到位、简单的资料分类上传等原因使大部分读者还处于一个边缘状态,更遑论让读者真切感受其中深厚的文化底蕴和背后的精神价值。同时部分高校馆存在捐赠页面隐蔽、捐赠资源整合提炼的内在揭示较少[8]、对捐赠的背景、捐赠人的信息挖掘、项目介绍、后续使用情况报道较少的问题,这导致了虽然部分高校馆在建设特色馆藏资源的同时加大了对捐赠资源的宣传力度,但内容大都集中在捐赠事物本身,而对于资源背后的潜在价值少有发掘和呈现,只增加推广频次,推广形式单一,导致资源推广吸引力不够,效果不理想。只面向校内读者,使资源的受众面窄,也降低了资源的使用效率。

馆员在进行资源转化的过程中对 O2O 推广的理解只局限于线上和线下,而没有注意到该模式的真正内涵应该是线上线下相互推动,互为补充,导致目前资源推广处在线上线下分离阶段。存在如线下捐赠仪式开展后对线上捐赠活动的回述式报道少、开辟实体阅览室展示提供预约阅览但相关新闻报道少、线下无呈现线上书单简介推送、线上资源平台建设后进入"沉睡"的问题,导致纸本资源入馆后被较少使用、藏品资源入库后难再现、展示资源走马观花式浏览现象成为各高校馆普遍存在的痛点。

(三)名人捐赠资源 O2O 推广外部机会

1. 线上空间和传播渠道增加

随着移动互联网、新媒体事业蓬勃发展,为高校馆名赠资源 O2O 推广带来契机。移动推广、在线推广和社交媒体推广为名赠资源推广扩充了渠道和拓宽了范围。如今,越来越多的人把手机作为"第三屏幕"用来发送短信、浏览网页、观看下载的视频和收发邮件,通过网页、视频公众号、抖音、推文等新媒体形式推广资源,跨越了以往资源推广时间和空间的障碍,使高校馆与读者之间的距离更近。

2. 线下科普活动进校园

依托科普事业中心"社区书院""科学家精神教育基地"等项目,科普活动与图书馆活动联手,优势互补,丰富的资源对接好的平台,共同走出校园,走进社区,走近师生,走向大众,进行更好的线下科学宣传与科学家精神传递活动,建设科学家精神教育基地。

(四)名人捐赠资源O2O推广外部挑战

移动互联网的发展一方面为资源传播带来好处,另一方面大量的信息充斥和大数据算法推送使人们容易进入信息茧房,导致信息来源越来越窄,高校馆如何利用互联网,让推送信息被关注,使读者有兴趣点击相关内容,如何让线上活动与线下资源很好地联动,成为挑战。同时,随着读者的参与意识越来越强,如何用读者喜爱的方式让资源被广大读者所接受,缺乏专业策展宣传团队,对于新技术的敏感度不够、开发应用时间长、缺乏资金支持和专业团队等成为高校馆O2O推广亟待解决的问题。

二、国内名人捐赠资源O2O推广案例分析

名赠资源多为某方面的专家捐赠的某一领域的文献,因其载体、类型、范围、来源、主题特殊,不仅具有很高的文化价值、史料价值和研究意义,也可作为传播科学家精神和爱国主义情怀的重要资源。对于此类资源推广高校馆主要面向群体是校内师生,且大部分学生都是00后,在面对海量未知且具有专业性的信息时,如何让资源被他们关注,使创新性的活动及推广模式在各高校馆中不断进行探索已成为重要课题。此外,通过拓宽宣传思路,完整呈现捐赠的缘起、过程和使用,提供相关背景资料等工作能够让公众感受到捐赠的意义,有效增强捐赠人的捐赠意愿和对图书馆的信任。

1. 赋能捐赠书房,让空间有"传承"

空间服务作为高校馆的一种重要服务形式,结合阅读推广服务赋能空间服务成为图书馆服务新方式。捐赠书房以独特的文化氛围、特色的人文空间

成为图书馆拓展和延伸线下阅读推广活动的重要阵地。湖州师范学院图书馆根据捐赠者不同的身份和专业特点建立不同特色的名人捐赠专库,根据藏品类型不同进行区别化管理与利用展示,将原本不易向社会公开的文献资料以适当的方式提供利用服务,在文献利用上尽可能降低门槛,以更好地促进研究。另外还将沈左尧先生捐赠的楹联资源摘出,延伸捐赠书房内涵,打造成文化建设精品场馆——沈行楹联艺术馆,免费向社会开放并精准提炼藏品文化元素,构建文化品牌[8]。北京师范大学图书馆利用捐赠资源定期举办精品捐赠图书馆展,如"钟敬先生藏书展",结合书展,举办"与老教授面对面交流会",成立"传统文化体验阅读学堂",在捐赠书房内举办非遗艺术作品展等活动[16],让捐赠资源在入馆后不再被束之高阁,空间不仅仅是存储资源的地方。空间"活起来"了,不仅满足了阅读活动需要,也能为用户提供人性化、舒适化、便捷性、艺术性的体验,为资源的推广起到了很好的效果并拓宽了资源的利用渠道。

2. 重新定义宣传方式,让资源有"流通"

随着移动互联网的迅速发展,网页、微信公众号、视频号等新宣传方式逐渐成为高校馆资源揭示推广的新平台,相应的对于捐赠资源的宣传也从捐赠新闻报道,线下开放空间阅览、书推活动转向线上线下资源呈现、展览导览、讲座揭示等方式。复旦大学图书馆在微信公众号中推出系列推文《复图博物志》图文并茂地对捐赠资源与捐赠书房进行系统的专题介绍。《钱意教授捐赠纪念展背后的故事》通过他人讲述的角度阐述藏品故事。南京大学图书馆通过开展讲座"独辟蹊径 与众不同:使用南大图书馆特藏文献以助研究"向同学们介绍南京大学有哪些特藏文献,该如何查找。开展线下展览导览"策展团队 接力导览"、线上直播"看馆藏珍品 听教授分享"专题系列活动,为大家解读特藏背后的文化密码。通过不同的角度对资源进行宣传,让资源迈出"流通"的第一步。

3. 参与人才培养,让价值有"传播"

捐赠资源不仅对于学科发展有研究价值,捐赠者的科研探索精神和赤子情怀传播也是图书馆发挥文化育人职能的重要体现。李政道图书馆通过线上线下将特色资源与服务嵌入课堂,开展思政教育、科学精神培养等课程,为教学的过程提供资源与空间服务。组建学生团队推动学术交流与社会实践[1],打造育人第二课堂。复旦大学图书馆利用陈毅元帅、陈望道老校长等捐赠红色资源开展实体数字两种渠道价值推广。如与杨浦区文化和旅游局联合策划举办的"陈毅与上海——纪念上海解放70周年大型展览";又在图书馆举办

"纪念陈毅诞辰一百二十周年书画作品展"等展览活动,推出"毅公书屋"虚拟全景在线版及专题数据平台对资源进行整合揭示[17],通过多种渠道对资源进行推广,让资源的价值得以"传播"。

三、名人捐赠资源 O2O 融合推广提升策略

互联网的发展,让普通大众和媒体的距离更近,从在传统媒体时代下单纯作为信息接收者转变成问题提出者、言行质疑者和现实发难者,拥有更真实话语权。大众的需求越来越被重视,沟通方式也由封闭式转向互动式。因此,高校馆也越来越重视宣传的方式及读者在资源推广中起的作用。基于上述各高校对资源推广的尝试,将从用户角度出发设计活动,通过 O2O 融合加强捐赠资源推广活动,让资源脱颖而出,读者愿意花更多的时间,让有意义的推广活动逐渐转向在有意义的基础上吸引读者眼球的有意思的推广活动。让更多的读者参与,成为资源价值传播的推手。

(一) Offline To Online,艺术化氛围营造及资源推广主题化

资源的推广不仅是推广渠道的更新,从线下走向线上,用线上推动线下,线上线下资源有内涵的氛围感营造和资源主题推广也十分重要。

1. O2O 环境艺术化

相较于普通阅览室陈设,艺术化的环境营造,能够让读者身临其境,更快地沉浸在环境中。如重庆大学民国复古风图书馆,在这里阅读,仿佛穿越回民国,别有一番情趣。如上海大学钱伟长图书馆,在提供图书馆基础功能服务的同时,将钱伟长老校长捐赠资源整理形成钱伟长纪念展、伟长书屋,以历史图片、资料、实物以及辅助新科技手段展示了钱伟长作为科学家、教育家和社会活动家的丰富人生,并配以场景还原,让到访者能沉浸在氛围之中。线上环境的艺术化也十分重要。充分利用 O2O 特性,努力开发线上资源与线下资源相配套,注重线上空间氛围营造。北京大学图书馆根据捐赠者个人特色及资源特点,以及捐赠者的学科背景和所赠体数特点,采取不同的设计风格和栏目内容,各有侧重的展示,尽显各自特色[15]。依托书房,成立特殊的专题化的活动场所。

2. 树立资源推广品牌

树立资源推广品牌首先要帮助读者更好地识别资源,提供优质的资源。

通过资源建设的主题化和主题化推广,树立资源品牌。资源的主题化,是贯穿于资源建设与推广中的每一个环节的主题化,用每个环节的主题化来形成自己独特的差异化,并灌注价值形成自己特有的IP。更好地传播爱国主义情怀,成为新生入校、校友返校等爱国主义教育基地,形成图书馆的一个品牌,成为一个新的地标建筑。上海大学图书馆通过挖掘资源背后的故事,形成"心系乌蒙 情牵千里——钱伟长与毕节试验区扶贫记忆"展览,微信公众号向大家揭示钱伟长老校长捐赠资源背后的故事来诠释主题,各种方式辅助报道钱伟长老校长的相关新闻,宣扬爱国主义思想。这些活动都是通过确定一个主题,通过对主题中分支的诠释,形成自己独有的品牌。通过用心地诠释,而不是材料简单地堆砌,借助 Offline To Online 模式,让资源令更多的人知道,形成有文化根源的自己的特色品牌,通过对资源的 IP 建设价值观传递。由线上线下脱离转向线上线下融合发展,有计划、有组织循序渐进对资源进行多维度、多角度揭示。产品差异化是个持续的过程,可通过快速、便利和细心的服务、渠道的覆盖范围、专业程度、品牌形象的差异化定位陈述。如北京大学图书馆对李大钊阅览室的连续报道和背后故事挖掘。

（二）Off To Open,从"闭门造车"到情感共享

O2O融合资源推广不仅是单纯地利用新技术新平台将资源放置其中,等着读者发现,而是应该更加主动地去吸引读者,加入读者。

1."拥抱"读者,通过O2O推广拉近与读者的距离

随着数字人文技术的发展,利用数字人文构建学术名人知识模型构建的形式化与实例化,为我们O2O推广提供了基础[18]。我们对于捐赠资源不论是开辟实体空间供师生阅览还是定期举办展览活动宣传,出发点都是为与读者建立联系,提供更好、更便利的服务。但内容把握上往往十分主观和被动,觉得这个点值得我们宣传,而对于读者的感受总是猜测多于沟通,对于资源的处理总是工作心态多于情感诉求。另外,资源多"养在深闺",离读者日常活动区域很远,如上海大学图书馆的捐赠资源藏在图书馆六楼,位置隐蔽不易找寻,资源的获取也是层层枷锁。所以,导致了读者与资源的情感脱节。首先,我们要将工作转变为热爱,这个热爱来源于我们对这份事业的兴趣与热爱,从内心认可这是一件有意义的事,这是一件值得全心全意做的事业,这样才会把事情做好。设置专人专岗推进工作是有必要的[19]。对于资源,需要加大推广力度,特别是让大家都知道有这个资源,随时随地都能看见资源。不仅是线下

设立明显的标识指引牌,更要在线上及时更新资源动态、资源指引。在做活动推广的过程中,不仅布置现场活动,还积极在视频号、抖音号、快手号等平台实行同步直播。

2. 增加互动,让读者参与其中

对于读者,我们要先了解读者,知道读者自己真实的诉求,基于马斯洛需求理论分析中的自我实现理论,根据线上资源使用行为分析和招募学生助理,利用在校读者的各个阶段,如新生入校、考试周、毕业季开展相关活动,以点带面了解读者最关心的是什么,从闭门预约阅览到开放空间让学生活动,从自说自话式资源推广到让学生参与其中,用读者喜欢的方式,采用读者的建议,让他们有参与感、获得感和成就感,通过文案情感化营销、活动情感化营销来传播思想,形成与观众的情感共鸣,让读者对图书馆及其资源、服务产生归属感。同时利用线上视频、网站、跟帖和聊天窗口、线下体验与使用感调研和邀请学生参与非正式的焦点小组,向他们咨询、问策和定期满意度调研,了解他们所需所想。以便在提供普适服务的同时可以更好地定制化支持服务,让服务更加完善。

3. 建立合作,构建线上共享推广平台

每个高校都有自己特色的名人捐赠资源,有的也会有一些重合。通过合作共建与数字化共享[20],将相似相同的资源整合,形成线下各有特色,线上活动联动的新形态。通过合作,将资源整合,利用各高校馆优势共建,将线上资源整合,进行线上共同建设,同时可推出统一的活动推广,扩大推广的效应及范围。在此基础上可以推出线下联展、资源互借、资源建设分享等线下互动,将资源用活、将推广深化。

(三) Offer To Obtain,流行化形式刺激资源推广效果

图书馆营销推广无疑是有意义的,但如果一味强调"有意义"而无法吸引读者参与的兴趣,无法引起共鸣,那这样的营销活动无疑是失败的[21]。

1. O2O推广中的多感官认知活动形式

以往的捐赠资源推广着力点多为宣传资源的价值意义,形式显得过于拘谨刻板,如单纯的举办定期书展,将手稿等物品放入展示柜内、置于墙上展示,让非专业的人望而却步,也难与从小成长在新兴事物爆发增长的00后产生共鸣。要吸引他们的关注,活动推广的形式必须丰富多样,内容必须贴近他们的学习生活方式,语言要适应他们接受的风格。这个时候,我们应该与时俱进,用当下流行的线下展示形式,例如语音导览、沉浸式导览、"谁是卧底"游戏、开

盲盒、舞台剧等和线上新媒体形式结合，如微博、抖音号、微信公众号、朋友圈、直播，利用二维码体积小、信息量大的特点，读者扫描可以进入该作者的主页看到个人信息事迹、图书介绍等流行的方式加强资源的"有意思"推广。利用VR等新技术，拉近观众与物品的距离，混合现实技术使藏品周围出现虚拟藏品，虚拟的讲解员也可进行一对一讲解。

2. 利用文创产品延伸推广

增加文创产品开发资金投入，让资源以另一种形式获取。另外，在加强用户体验感的同时，要及时跟进配套服务，如客服，及时维护与读者线上线下关系，并让读者参与互动活动的前后期过程，提高熟悉度、凝聚力、归属感，提高读者黏度，提升平台的生命力。将资源下沉，从为读者提供无针对性资源服务到获取读者信息，让读者主动参与从而提供更为精准的服务。建立粉丝群，定期举办活动吸引注意，从而建立一个拥有高忠诚度用户的活跃社区。

（四）Ordinary To Originality 活动思路内容趣味化

高校馆开展特色资源阅读推广活动是其重要职能和核心业务，对高校精神文化认同、特色学科建设和教学科研具有重要作用[22]。阅读推广活动如何引起读者的兴趣，让读者参与其中，推广活动的常规模式转向形式流行化、内容趣味化的个性特色互动模式非常重要。

1. 加强O2O融合推广互动

O2O融合推广的优势在于可以拉近与读者之间的关系，让读者更有参与感。通过建设在线读者关系管理平台，如建群、网页聊天页面等，方便洞察读者，同时可以将前置推广，将特藏资源推广融入从资源获取的一开始，甚至更前，让读者参与到资源建设与发掘的每一个过程，可以邀请读者参与进资源的整理和发掘，部门联动，沉浸式流程加上合理的奖励机制[23]，让读者更有热情参与。从读者处汲取活动灵感使活动更好地开展。借鉴南京大学图书馆"上书房行走——走进南大人的书房"系列活动，上海交通大学图书馆推出"战役进行时\李政道在他艰难岁月里的故事"书推＋小视频＋故事介绍，利用二维码进行线上展览。

2. 活化推广思路，推广内容趣味化

微信活动与话题的策划，必须体现其个性化、互动性以及人性化，给用户一定的亲切感，就像朋友间的沟通。有价值的内容，精心图文，内容互动再加上体验感如720全景云参观，促进用户主动参与互动。在有意义的基础上做到"有意思",如中山大学图书馆书推活动"差点因书名错过的书",其标题会引起我们阅读的兴趣,想要探究到底是什么活动。首先让自己活动的名字有趣,在此基础上,活动内容紧扣时代脉搏,紧抓热点,借助各类工具提高趣味性和采用激励机制,通过情感共鸣,借助故事或事件开展,用流行的"有意思"的语言,营造推广活动氛围,让活动的内容成为有故事情节的线下活动和线上推广,形成一个持续的话题,与读者进行实时互动来发酵事件,吸引更多的人来关注。如"抗疫进行时/与大师一起随笔画"这一活动,结合当下热点话题,利用绘画的形式,介绍赠书,引人入胜。

四、结语

捐赠资源的阅读推广是高校馆的重要使命。在信息爆炸时代,如何抓住读者眼球,将资源推广出去,需要我们不断挖掘资源价值,创新推广方式,活化资源的同时注重构建社交网络与用户进行及时的沟通反馈。让捐赠资源不仅面向师生,还能进一步走向社会,传播价值。在合理揭示资源的基础上增加其营销效率,达到提高资源利用率,从而增强高校馆社会竞争力,吸引更多高质量的捐赠。在此基础上,O2O融合推广促进资源有效利用从而吸引更多的捐赠,因为名人作品及收藏通常具有较高的收藏价值,而且名人具有一定的社会影响力,其捐赠更容易引起社会关注,形成带动效应。不仅是资源捐赠还可以是资金的支持,让捐赠走可持续发展道路,是一条双赢之路。

参考文献

[1] 汤萌,郭晶,袁继军.高校图书馆名人档案特色资源创新服务研究——以上海交通大学李政道图书馆为例[J].大学图书馆学报,2021,39(1):63-68.

[2] 李玉文,王瑾.对图书资料捐赠工作的思考[J].晋图学刊,1992(3):22-23+31.

[3] 张蓓,晏凌.清华大学图书馆捐赠管理及服务系统的设计与实现[J].现代图书情报技术,2009(Z1):111-116.

[4] 刘斐,李菁楠,姚兰.欧洲高校图书馆捐赠调研及启示[J].大学图书馆学报,2021,39(2):99-106.

[5] 方向明,肖贵鑫.中美高校图书馆赠书政策比较研究——以常春藤联盟和九校联盟为例[J].图书馆杂志,2020,39(12):43-51.

[6] 关绍云,黄长伟."双一流"高校图书馆捐赠工作调查与分析[J].图书馆工作与研究,

[7] 刘倩雯.加拿大高校图书馆捐赠工作调查分析与启示[J].图书馆工作与研究,2019(9):48-54.

[8] 张微微,龚景兴,姚锦芳.高校图书馆特色人文空间建设研究——以湖州师范学院图书馆基于名人捐赠的特色专库为例[J].大学图书馆学报,2019,37(5):53-60.

[9] 王乐.略论高校图书馆特色馆藏建设的价值与发展方向[J].大学图书馆学报,2020,38(3):12-17.

[10] 黄雯越,王铮.数字环境下研究型图书馆的特藏建设:内涵、趋势与实践案例[J].图书情报工作,2016,60(17):40-46.

[11] 晏凌,张蓓.基于捐赠的高校图书馆特藏建设关键问题研究——系统管理、特色资源发掘模式及服务机制[J].图书情报工作,2010,54(21):88-92.

[12] 陈红彦.国家图书馆近现代名家手稿的收藏、保护与利用[J].国家图书馆学刊,2019,28(5):20-25.

[13] 谭贤著.O2O融合 打造全渠道营销和极致体验(第2版)[M].人民邮电出版社,2018.

[14] 李正超.基于O2O的图书馆线上与线下互动融合模式探析[J].图书馆工作与研究,2018(6):54-57.

[15] 刘丹.捐赠特藏资源的建设与展示——北京大学图书馆的实践[J].高校图书馆工作,2018,38(6):29-32.

[16] 于静,弓建华,孙媛媛,黄运红.创意,让阅读空间"活起来"——北京师范大学图书馆阅读主题空间创意设计实践[J].图书馆杂志,2020,39(5):55-63.

[17] 袁玉红,王乐.高校图书馆红色专题文献阅读推广思路探讨[J].图书馆工作与研究,2021(9):93-97.

[18] 刘宁静,刘音,王莫言,郭晶.数字人文视角下学术名人知识模型构建研究——以李政道数字资源中心为例[J].图书情报工作,2019,63(23):113-121.

[19] 官文娟.高校图书馆图书捐赠现状的调查与分析——以华东地区"211工程"高校为例[J].图书馆学研究,2018(7):58-63.

[20] 田稷,孙晓菲,韩子静.亚洲文明特色文献资源的体系化建设规划与实践——以浙江大学图书馆为例[J].大学图书馆学报,2020,38(3):18-23.

[21] 刘汝建."有意义"不如"有意思" 论高校图书馆的营销策略[J].图书馆杂志,2017,36(11):62-65.

[22] 郑丽君.高校图书馆特色资源阅读推广策略研究[J].图书馆,2021(7):64-69.

[23] 吴敏.美国加州大学图书馆捐赠服务工作分析及启示[J].图书馆工作与研究,2021(12):57-62.

利用译书名词对照表(准索引)编制书后索引的探索

——以《乌合之众》《花朵的秘密生命》为例

◎ 鲍国海*

> **摘　要**：根据有关资料揭示欧洲图书索引起源；国内译书虽无索引或名为索引，但有译名(名词)对照表，笔者将其称为准索引(PrepIndex)，可在此基础上编制译书索引；以《乌合之众》和《花朵的秘密生命》为例，进行译书索引编制实践。
>
> **关键词**：欧洲图书索引；起源；古斯塔夫·勒庞；《乌合之众》；沙曼·阿普特·萝赛；《花朵的秘密生命》；名词对照表；准索引；书后索引；编制方法

一、欧洲图书索引起源

"索引"一词最早出现在16世纪的欧洲。1593年，在克里斯托弗·马洛(Christopher Marlowe)所写的《海洛与利安德》(Hero and Leander，注：Leander 为希神 Hero 的情人)中的一句台词里：

> Therefore, even as an index to a book
> So to his mind was young Leander's look.
> 因此，即使作为一本书的索引

---

* 鲍国海，上海大学图书馆副研究馆员，研究方向：信息分析、期刊、索引。

所以在他看来是年轻的利安德的样子。

莎士比亚在《特洛伊罗斯与克雷西达》(Troilus and Cressida, I. 3. 344)中的诗句中也提到了类似的索引,该诗句写于九年后:

And in such indexes, although small pricks
To their subsequent volumes, there is seen
The baby figure of the giant mass
Of things to come at large.
在这些索引中,尽管有点小问题
在随后的卷中,可以看到
巨大质量的婴儿形象

但根据诺曼奈特(G. Norman Knight)的说法:"在那个时期,我们通常认为'书的索引'就是我们现在应该称之为目录的东西。"

从现代意义上讲,英文书的第一批索引是普卢塔克的《平行生活》(Parallel Lifes)中的索引,这是托马斯·诺斯爵士(Sir Thomas North)1595年翻译的一本书。亨利·斯科贝尔(Henry Scobell)1658年的《议会法案和条例》(Acts and Ordinance of Parliament)中有一节题为"整本书最重要内容的字母表"。这一节是在"下表中的总标题索引"之后的。这两个索引都比亚历山大·克鲁登(Alexander Cruden)的一致性索引(1737)早,后者被错误地认为是英语书中发现的最早的索引[1]。

在国内出版的《猎书客》中也记录了欧洲图书索引的实例。威廉·波林(William Prynne,1600-1669)由于在其1633年(或有种说法是1632年)所写的《游手好闲者列传》一书索引中,将"臭名昭著的妓女们(Notorious Whores)"列在书中索引"女演员们(Women Actors)"之下,被认为是讽刺王妃亨利艾达·玛利亚(1609-1669)(法国国王亨利四世和玛利亚·梅迪西斯的女儿)的言辞,而在1637年惨遭两耳被割的刑罚[2]。

由此可见,索引在欧洲早已成为图书不可或缺的组成部分。与论文的关键词一样,图书索引所揭示的知识点,构成了书籍以及其他文献知识地图的指南,在读者检索文献的过程之中起着纲举目张、指点迷津的作用。

二、译书名词(译名)对照表与准索引

早在 2006 年,张琪玉教授就一语中的:"我国出版界不理解图书内容索引,因而不重视它,这是无需进一步说明的事实。"[3]

目前,国内有些出版社在译书出版过程中,往往遗漏了原书索引,这给读者利用索引检索译书内容带来了不便。笔者发现,有些译书虽无索引,但有以 HW 或 WH 形式出现(注:H 为中文名词,W 为外文名词)的中外《名词(译名)对照表》(Check List)(以下简称《对照表》),虽然它缺少了出处项而无法用来检索正文,但已具备了索引的基本元素,笔者称其为"准索引"(Quasi-Index),可以在此基础上编制译书索引,方法为:核实并添加《对照表》词条译书出处;通读译书,增补可供检索的索引款目词及出处;建立索引参照系统;合并准索引词条与增补索引款目词及出处,按汉语拼音词序排列索引词。

本文以《乌合之众》[4]和《花朵的秘密生命》[5]作为文、理科译书范例,对此进行探索。

三、利用译书准索引编制译书索引

(一)《乌合之众》和《花朵的秘密生命》简介

《乌合之众:大众心理研究》(*The Crowd: A Study of the Popular Mind*)(以下简称《乌合之众》)是法国社会心理学家、社会学家,群体心理学的创始人古斯塔夫·勒庞(Gustave Le Bon, 1841 - 1931)在 1895 年出版的一本社会心理学领域的经典著作,至今已被翻译成近 20 种语言出版。作者以十分简约的方式,考察了群体的特殊心理与思维方式,尤其对个人与群体的迥异心理进行了精辟分析,出版后在国内外社科界有着很大的影响力,国内有多种译本。

《花朵的秘密生命:一朵花的自然史》(*Anatomy of A Rose: Exploring the Secret Life of Flowers*)(以下简称《花朵的秘密生命》)是美国知名自然作家沙曼·阿普特·萝赛(Sharman Apt Russell)写的一本植物学科普图书,曾获"山与原图书奖",被誉为"将文字谱以音符"。本书介绍了形形色色的花朵,以及它们在数百万年演化过程中对颜色、形状和气味作出的改变。同时,作者

还深入探讨了花香与花的感知,展示了这种浪漫植物与人类生活的密切关联。其清晰的逻辑和灵动的文笔,能够带领读者重新认识我们熟悉而又陌生的植物,开启花朵的探秘之旅。

这两本译书都无索引,但在书中分别有《译名对照表》[6]和《名词对照表》[7],分别包含112个和342个名词。

（二）《乌合之众》索引编制

首先,对本书《对照表》列出的112个人名进行了核实,共查到对应106个,分别添加出处;其次,根据本书内容新增索引款目词及出处;最后,合并两部分词目,按照汉语拼音词序编制《乌合之众》索引(部分),见表1。

表1 《乌合之众》译书索引编制举例

《乌合之众》《对照表》(部分)	新增索引款目词及出处	新编《乌合之众》索引(部分)
阿道夫·吉约 Adopphe Gulliot 阿尔维耶拉 Goblet d'Alviela 阿伦特 Hannah Arendt 阿伦诺 Aynpo 安东尼 Marcus Antonius 奥尔波特 Gordon W. Allport 奥热罗 Pierre-F.-C. Augereau 奥古斯都 Augustus 比劳-凡尔纳 Billaud-Varennes 比希纳 Ludwig Buchner 伯吉斯 Watson Burgess 布尔热 Paul Bourget 布朗热 Georges Boulonger 布罗伊尔 Josef Breuer 布吕尔 Breal 成吉思汗 Ghergis Khan 达维 Davey 戴鲁莱德 Paul Deroulede 丹东 Georges Danton 丹纳 Hippolyte Taine 德哈考特 D'Harcout 德布瓦 Collot d'Herbois 德拉卢 Delarue 德穆兰 Camolle des Monlins ……	巴黎 17,21 波拿巴主义 21 柏拉图 30 达尔文主义 32 第三共和国 26 法国 14,19-20,22,…… 法国大革命 25,58,72,…… 《法国大革命和革命心理》(1912)(勒庞)27 过度服从 3 勒庞 1-18,20,23,…… 集体行为 10 麦卡锡主义 19 普法战争 78n 群体 6-10,41-42,45-46,…… 群体犯罪 55 群体心理 56,61,64,…… 《群体心理学》(勒庞)4 《君主论》(马基亚维利)13 人群 3,10 社会服从 3 《社会心理学手册》(奥尔波特)1	A 阿道夫·吉约 141-142 阿尔维耶拉 42 阿伦特 33,309 阿伦诺 193 安东尼 113 奥尔波特 1 《社会心理学手册》1 奥热罗 192-193 奥古斯都 119,213 B 巴黎 17,21 比劳-凡尔纳 267 波拿巴主义 21 比希纳 122 柏拉图 30 伯吉斯 33 布尔热 18-91,20,151,…… 布朗热 77,121,248 布罗伊尔 13 《癔病研究》(1895)13 布吕尔 142 C 成吉思汗 108,205

续　表

《乌合之众》《对照表》(部分)	新增索引款目词及出处	新编《乌合之众》索引(部分)
	《社会研究的语言》(拉扎斯菲尔德)32 社会主义 37-38 苏格拉底 6 托马斯定理 28 无产阶级 37 《乌合之众》(1895)(勒庞)1-5,11,13,…… 心理群体 62-63,65 《癔病研究》(1895)(布罗伊尔,弗洛伊德)13 议会 72	D 达尔文主义 32 达维 84 第三共和国 26 戴鲁莱德 21 丹东 124,268 丹纳 14,56,100,…… 德哈考特 89 德布瓦 268 德拉卢 228 德穆兰 264 F 法国 14,19-20,22,…… 法国大革命 25,58,72,…… 《法国大革命和革命心理学》见 勒庞 弗洛伊德 2,4-5,31,…… 《癔病研究》(1895)13 G 过度服从 3 L 拉扎斯菲尔德 32 《社会研究的语言》32 勒庞 1-18,20,23,…… 《法国大革命和革命心理学》(1912)27 《群体心理学》4 《乌合之众》(1895) 1-5,11,13,…… J 集体行为 10 M 马基亚维利 13 《君主论》13 麦卡锡主义 19 P 普法战争 78

续 表

《乌合之众》《对照表》(部分)	新增索引款目词及出处	新编《乌合之众》索引(部分)
		Q 群体 6-10,41-42,45-46,…… 群体犯罪 55 群体心理 56,61,64,…… 《群体心理学》见 勒庞 《君主论》见 马基亚维利 R 人群 3,10 S 社会服从 3 《社会心理学手册》见 奥尔波特 《社会研究的语言》见 拉扎斯菲尔德 社会主义 37-38 苏格拉底 6 T 托马斯定理 28 W 无产阶级 37 《乌合之众》见 勒庞 X 心理群体 62-63,65, Y 《癔病研究》见 布罗伊尔 《癔病研究》见 弗洛伊德 议会 72

(三)《花朵的秘密生命》索引编制

首先,对本书《对照表》列出的 342 个植物名称和专用名词进行核实,共查到对应 331 个,分别添加出处;其次,根据本书内容新增索引款目词及出处;最后,合并两部分词目,按照汉语拼音词序编制《花朵的秘密生命》索引(部分),见表 2。

表 2 《花朵的秘密生命》译书索引编制举例

《花朵的秘密生命》《对照表》(部分)	新增索引款目词及出处	新编《花朵的秘密生命》索引(部分)
A 矮牵牛 Petunia 艾氏乐 Emory oak B 巴赫花精疗法 Bach Flower Remedies 霸王龙 Tyrannosaurus rex 白垩纪 Cretaceos period 被片 Tepal C 草本植物 Herb 草蛉 Lacewings 传粉者 Pollinators D 大丽花 Dahlia 当归 Angelica/*Angelica sinensis* 吊钟柳 Penstemon, Beardstongue 杜鹃花 Azaleas, Rhododendrons F 发香团 Osmophore 分类学 Taxonomy 凤仙花 Impatiens, Touch-me-not H 海芋 Arum lily, Lily arum 黑胡桃木 Black walnut/*Juglans nigra* 花药 Anther 黄粉蝶 Swallowtail butterflies L 龙舌兰 Tequilla 耧斗菜 Columbine/*Aquilegia* 绿头苍蝇 Blowflies M 马利筋 Milkweed 蔓越莓 Craneerries 美国皂荚 Honey locust/*Gladitschia triacanthos*	三禾草类植物 101,107,118,…… 《花如何改变世界》(艾斯利)144 基因术 176,178 林奈 128-129,132,210 马铃薯 167,175 牵牛花 94 《圣经》29,92 叶绿体 147 质谱 166	A 矮牵牛 172-173 艾斯利 《花如何改变世界》144 艾氏乐 183 澳大利亚 142 B 巴赫花精疗法 185 霸王龙 145 白垩纪 142-146 被片 44-45 别碰我 见 凤仙花 蝙蝠 11,23,26,…… C 草本植物 144 草蛉 23 传粉者 11,30,25,…… D 大丽花 177 达尔文 50,74,78,…… 当归 183 吊钟柳 5,116,126 杜鹃花 143 F 发香团 68 分类学 125 番茄 114,167,175 凤仙花(别碰我)35,126,172-173 H 海芋 68,79 禾草类植物 101,107,118,…… 黑胡桃木 117 《花如何改变世界》见 艾斯利 花药 42,53,59,…… 黄粉蝶 24 J 基因术 176,178 L 林奈 128-129 132,210

续表

《花朵的秘密生命》《对照表》（部分）	新增索引款目词及出处	新编《花朵的秘密生命》索引（部分）
N 拟交配 Pseudocopulation P 胚珠 Ovule Q 旗瓣 Banner petal 前味 Top note 秋葵 Globemallow/*Sphearalcea* R 忍冬 Honeysuckle/*Lonicera jaopnica* 柔荑花序 Catkin S 三色堇 Pansy/Viola tricolor 生长抑制剂 Growth inhibitor 麝香 Musk Y 营养繁殖 Vegetative reproduction Z 杂交育种 Cross-breeding		龙舌兰（世纪花）93-94 耧斗菜 66,76,116 绿头苍蝇 35 M 马利筋 78 马铃薯 167,175 蔓越莓 102 美国皂荚 130 N 拟交配 37 P 胚珠 5,42-43,74,…… Q 旗瓣 26 前味 30 牵牛花 94 秋葵 15 R 忍冬 29,74,184 柔荑花序 99,184 S 三色堇 53 《圣经》29,92 生长抑制剂 116 麝香 30,34,93 世纪花 见 龙舌兰 Y 叶绿体 147 营养繁殖 58,77 Z 杂交育种 47,59,172-173 质谱 166

四、结论

利用译书准索引（《对照表》）编制索引是对译书索引的补救方法之一。关键还是要提高译者、编者和出版者的索引意识，保留及汉化原书索引，唯有如此，才能不断提高我国图书索引率，缩小与国外图书索引率的差距，改变如今"出版大国，索引小国"的现状。

参考文献

[1] https://encyclopedia.thefreedictionary.com/Index＋(publishing)[2020-05-10].

[2] [英]约翰·希尔·巴顿.猎书客[M].杨理亚，张同林译.上海社会科学院出版社，2015：120，142.

[3] 张琪玉.图书内容索引编制法：写作和编辑参考手册[M].化学工业出版社，2006：14.

[4] [法]古斯塔夫·勒庞.乌合之众：大众心理研究[M].冯克利译.广西师范大学出版社，2015.

[5] [美]沙曼·阿普特·萝赛.花朵的秘密生命：一朵花的自然史[M].钟友珊译.北京联合出版公司，2017.

[6] [法]古斯塔夫·勒庞.乌合之众：大众心理研究[M].冯克利译.广西师范大学出版社，2015：311-312.

[7] [美]沙曼·阿普特·萝赛.花朵的秘密生命：一朵花的自然史[M].钟友珊译.北京联合出版公司，2017：219-234.

区块链技术在图书馆馆配文献资源建设中的价值与策略研究

◎ 朱雅靓　盛兴军*

> **摘　要**：文章针对图书馆馆配文献资源建设中存在的电子书版权保护、馆配参与主体间信任以及馆配资源质量等问题展开文献调研,探讨区块链技术在图书馆馆配文献资源建设方面的应用价值,并提出构建基于区块链技术的图书馆馆配文献资源建设策略。
> **关键词**：区块链技术;馆配文献资源;构建策略

互联网及数字化技术的广泛应用,推动了图书馆馆配文献资源建设逐渐向多元化、高质量方向转型。但从当前馆配市场发展情况来看,图书馆馆配资源建设仍然存在诸多问题亟待解决。

区块链技术由于其独特的去中化、不可篡改、时间戳、分布式存储等特性,使得它能够从技术角度打通馆配生态中存在的信任壁垒,为社、馆、商之间更深层次的合作搭建一条互联互通的信任纽带,让馆配生态的协同效应得到充分释放,从而进一步提高图书馆馆配文献资源建设质量。与此同时,2021年6月,工信部联合发布了《关于加快推动区块链技术应用和产业发展的指导意见》,其中明确提出要积极推动区块链技术赋能实体经济和公共服务领域的发展[1]。图书馆馆配文献资源建设不仅是作为公共服务机构图书馆开展服务的基础,同时又与出版社、馆配商等实体行业的发展息息相关。因此,积极探索

---

* 朱雅靓,上海大学文化遗产与信息管理学院硕士研究生,研究方向：图书馆用户服务;盛兴军,上海大学图书馆副研究馆员,研究方向：图书馆用户服务、情报咨询服务。

区块链技术对图书馆馆配文献资源建设的应用价值,不仅对图书馆发展,甚至对整个馆配生态发展都具有很重要的现实意义。

基于此,本文主要通过查找近年来相关文献,提出了图书馆馆配文献资源建设中存在的三大主要问题,并探讨了区块链技术在图书馆馆配资源建设的应用对解决这些问题的意义和作用,以期为图书馆馆配文献资源的平台化、智能化建设提供参考。

一、相关文献回顾

(一)图书馆馆配文献资源建设的研究现状

图书馆馆配文献资源建设一直是图书馆开展信息服务的基础。因此,有关馆配资源建设的期刊论文也较多,笔者通过调研与研读相关文献发现,国内围绕图书馆馆配文献资源建设的研究,主要集中在以下三个方面:

第一,关于电子书馆配资源馆藏建设的研究,主要针对电子书的版权保护、电子书品种、电子书质量、纸电文献同步等问题的探讨。肖婷等人认为当前馆配电子书市场中存在的品种少、质量差问题,主要是出版社出于对盗版和盈利问题的担忧而导致的出版意愿不足,她们提出除了从制度和技术角度加强对电子书版权保护之外,图书馆也可以尝试与出版社建立直销关系来缓解出版社的盈利困扰[2][3]。在此之前,袁芳也分析过这个问题,她认为只有"纸电捆绑"的销售模式能够激发出版社对电子书出版的兴趣[4]。汪姝辰针对高校图书馆电子资源建设中存在的同样问题,认为图书馆积极推进"纸电同步",可以使出版社、馆配商及图书馆多方受益[5]。

第二,关于图书馆对馆配商选择策略方面的研究。当图书馆需要进行大批量采购时,常常会以采购招标的形式进行。因此,招标流程问题就成为许多学者关心的问题。张美莉指出,在选择中标馆配商时,由于政府或图书馆只重视"低折扣"的硬性指标,而忽视对其他指标进行评估,从而出现低质馆配商中标而优质馆配商流失的情况,导致图书馆文献资源建设质量无法得到保证。因此,她认为,图书馆应该完善与规范招标制度和注重对馆配商综合实力的评价,并加强对馆配商实际服务过程质量的监督[6]。章秋玲则针对民营高校图书馆采购招标问题,明确提出图书馆在选择馆配商时除了考虑折扣,还应该把馆配商的书目是否齐全、配送准时、高效分编等具体要求纳入评估中[7]。

第三,关于馆配资源采访模式的研究。当下数字化时代,各行各业都在以新的姿态寻求服务模式的创新,对图书馆、馆配商以及出版社来说也是如此,总是需要与时俱进探索新的合作模式。孙健认为图书馆要保障文献资源采购质量,就需要创新馆配业务。因此,他结合当前图书馆馆配业务易受馆配商限制的风险,提出了"社馆配"采购、互联网采购以及读者决策采购(PDA)三种采购模式[8]。高文静则以天津少儿图书馆为例,认为基于二八定律重点出版社采购模式可以覆盖市场大部分馆配资源,同时提出建立出版社、馆配商及图书馆三方合作模式来保障图书馆与出版社之间的书目信息互通[9]。姜传菊则通过分析高校图书馆采访现状,认为"互联网+"的图书馆采访模式,除了使出版社、馆配商、图书馆及读者之间互通有无之外,也为高校图书馆提供了丰富可挖掘的数据资源[10]。此外,近两年图书馆馆配采访方式也发生了许多新变化,传统线下"馆配会"逐渐向线上"馆配会"转型。当前,"云馆配"模式已成为馆配市场中各参与主体的新宠,并且相关研究论文呈现逐年增加的趋势。当然,关于该模式实践中存在的不足,学者们也在不断深入研究。例如,赵慧真和黄晓明通过对不同云馆配平台进行对比分析,发现"云馆配"模式中仍存在多平台各自为政的异构问题,认为多平台操作对图书馆和读者都造成诸多不利影响,而且由于平台的独立性,平台间交互不足,使得市场中书目资源分散,书目数据标准不一。因此,他们提出建立一个可供行业内所有的"社馆商"三方能共同使用,并可根据三方不同身份赋予不同权限和功能的统一采访平台[11][12]。从学者关于馆配资源采访模式的研究论文中,可以看出图书馆采购模式的两个特点:一是在采购原则上,"以用户需求为中心"的理念成为馆配资源采购的基本原则,尤其体现在读者决策采购(PDA)模式上;二是在平台建设上,由于行业目前缺乏统一的馆配采访平台,书目信息互通困难,使得图书馆的采购策略主要还是以"抓重点"为主,但是这种方式可能会使图书馆错失部分优质馆配资源。

(二)区块链技术在馆配文献资源建设方面的研究现状

通过核心期刊文献调研发现,国内关于区块链技术在图书馆的应用研究,主要集中在数字版权管理、馆际信息共建共享、图书馆服务、读者隐私保护等方面,而在馆配文献资源建设的实践应用方面却不多。笔者在中国知网中输入主题词"区块链"和"馆配",只检索到几篇文献。其中,于新国是最早提出,将区块链技术应用于高校图书馆的自馆配OA电子资源建设,主要强调的是区块链技术在实现多方共同参与方面的应用价值[13]。此外,另外两位学者从平台构建的角度,探讨了区块链技术对图书馆资源建设的应用构想。如田新华认为,区块链技术的时间戳、智能合约、数字加密等技术可以有效解决电子书馆配资源的交易中的版权管理问题,因此他提出构建一个基于区块链技术的馆配电子书出版交易平台[14]。张宏艳则从整个图书生态链视角分析,提出利用区块链技术构建一个融合出版社、馆配商、图书馆与读者的书业一站式平台,她认为区块链技术可以打通整个书业生态的信息孤岛、信息不畅等问题,实现包括书目数据、用户数据等海量数据的整合,从而提高图书馆采购质量和水平[15]。由此可见,当前区块链技术在图书馆馆配资源建设方面的研究论文虽然不多,并且这方面的理论与实践研究也都十分紧迫。但是,随着区块链技术的快速发展,该技术在图书馆馆配资源建设方面,尤其是在电子资源馆配平台建设中的应用价值却越来越大。

(三)图书馆馆配文献资源建设存在的问题

综上所述,从国内学者们的研究问题来看,要加强图书馆馆配文献资源建设的质量,解决数据整合、电子书版权保护、招标流程优化等问题是关键。通过对研究现状进行分析后,笔者认为当前馆配文献资源建设中主要存在三大亟待解决的问题。

1. 数据资源整合问题

数据资源整合问题主要包括由信息壁垒造成的书目数据和采访数据整合困难的问题。

书目数据提供一直是图书馆进行馆配资源采选时主要的采选形式,因此,图书馆馆配资源选择范围常常高度依赖馆配商的书目供应能力。而馆配商各自为政的经营特质,以及馆配供应链上参与主体之间的信息不对称,使得彼此书目数据互通困难,图书馆难以获得完整的书目信息资源[16]。为了扩大选择范围,图书馆需要分别同多个馆配商合作采购以尽可能覆盖更多适合入藏的馆配资源。但即便如此,图书馆所获得的书目信息也未必完整,且由于馆配商之间资源存在重复,图书馆常常需要进行多次馆藏查重以避免重复采购。

此外,书目数据整合的价值不只是便于图书馆采访,关键在于能够产生更赋价值的图书馆采访数据,而这也是一些大型馆配商愿意投入大量资金建设馆配采访平台的重要原因。但由于商业竞争的存在,各自为政的馆配采访平台基本是存在大量重复书目数据却又缺乏联系的信息孤岛。换句话说,由于缺乏统一的馆配采访平台，图书馆整个行业甚至单个图书馆的采访数据都独立分散在各个馆配平台的手中，且难以实现有效整合。因此，导致出版社和馆配商都无法获悉市场真实采选情况，缺乏数据分析模块的图书馆更是难以了解本馆及同类馆的采选情况。

2. 供求关系失衡问题

图书馆馆配文献资源的供求关系问题主要反映在两个方面：其一，由于合作馆配商资源提供的有限性以及馆配商逐利的商业本质，造成图书馆馆配文献资源需求与馆配市场资源供应存在匹配缺口。馆配商利用与图书馆的信息不对称性，刻意屏蔽部分书目信息，使图书馆错失了部分高质量、高折扣的馆配资源[17]。与此同时，出版社因与图书馆缺乏沟通途径，难以获悉图书馆的真实需求，从而出现库存积压问题，使得其新书出版动力也存在制约；其二，数字阅读的流行，使电子书采购日益成为图书馆馆配资源建设的重点。但现实情况是馆配市场上电子书供给动力不足，尤其是高品质电子书十分匮乏，图书馆常常陷入无书可采的局面[18]。一方面，市场上盗版电子书层出不穷而数字版权管理却很困难，一定程度上挫伤了出版社推行数字出版进程的积极性。另一方面，市场定价机制不完善导致馆配市场上电子书价格参差不齐，且价格相比纸质图书普遍低许多。总而言之，出版社因为既担忧图书馆公益性质可能会产生的盗版侵权，又担心电子书发行会挤压纸质图书市场。因此，出版社对电子书的营销授权总是保持着十分慎重的态度，而图书馆纸电文献资源同步率普遍不高也很大程度源于此。

3. "低价中标"问题

在信息经济学中，有一个逆向选择理论，它指的是由于交易双方信息不对称，买方无法识别商品质量优劣，使得市场交易商品平均质量不断下降，最终导致优质品完全被劣质品驱逐出市场的现象[19]。实际上，图书馆招投标项目中的"低价中标"问题就是最直接的体现。由于图书馆对馆配商提供的馆配资源质量及服务质量情况了解不足，因而在招投标过程中往往倾向以折扣力度定标。这种唯一指标很容易形成馆配商之间的非理性竞争，使部分优质馆配商迫于无奈退出市场[20]。而对于低价中标馆配商，在中标之后为了获取更多的利润空间，趋向从所提供的书目数据质量、物流配送效率、编目人员专业性等其他方面降低成本，导致其资源和服务质量难以得到保障，从而给图书馆馆配资源建设带来风险。

二、区块链在图书馆馆配文献资源建设中的应用价值

（一）打破信息壁垒，实现"社馆配"一体化资源建设新模式

在馆配市场传统的信息流通模式中，书目信息的同步路径呈现从"出版社-馆配商-图书馆"的单向节点式同步，图书馆因与馆配商、出版社之间存在信息不对称，使得上游出版社和下游图书馆的书目信息和真实采访数据的流通都受限于处于中游的馆配商。区块链技术的应用价值之一，就在于它能够打通出版社与图书馆的信息壁垒，消除图书馆与馆配商之间的信息不对称，使信息流通过程得到精简，从而促进书目数据与采访数据的有效整合。

在书目数据整合方面，区块链技术可以改变和加速馆配供应链的书目信息互通方式与效率，并有效避免因馆配商的刻意屏蔽对出版社利益以及图书馆馆配资源需求的不利影响。首先，利用区块链技术的防篡改特点，可以保证书目数据来源的安全可靠与可追溯，从而解决多出版社和多馆配商的书目数据、编目数据和其他增值服务提供的数据问题；其次，利用区块链技术的去中心化特点，使各出版社、馆配商、图书馆都可作为一个独立节点。只要出版社或其他资源提供方上传最新书目信息，就自动全网同步到其他节点，而无须经由馆配商就可实现多源书目数据的有效整合，同时图书馆也可实时获取到最新完整的书目信息。除此之外，区块链技术在解决书目数据整合的基础上，还能够帮助图书馆解决多平台登录操作问题，使图书馆只需对采选书目与馆藏书目进行一次查重即可。

在采购数据的整合方面，区块链技术不仅可以实现对采访数据的整合，同时通过与大数据技术进行结合，可形成反映馆配市场真实采访情况的数据价值链。对图书馆而言，这不仅能够帮助图书馆了解自身的采访情况，同时也可提供更多同类馆的参考案例和数据依据以辅助采选。对出版社而言，图书馆采访数据的整合有助于出版社洞悉馆配市场的真实需求情况，以此为来年选题和新书出版提供参考。对馆配商来说，数据整合虽然压缩了馆配商基于信息不对称性所获利润空间，但是从全局和长远角度考虑，却减少了馆配商对市场需求信息的不确定性，有助于其转换视角，更专注于提升图书馆特色资源和资源服务能力等方面的竞争力，从而避免或减少低价竞争。

（二）保障数字版权，促进馆配资源的供求平衡

电子书版权问题是导致馆配供求失衡的关键，也是馆配市场中最难解决的问题，但通过区块链技术的应用，可实现电子书版权的全生命周期监控，从而提升出版社对电子书出版的信心。

随着区块链技术的发展，在电子书版权保护方面，可利用区块链的时间戳和防篡改特征，对电子书涉及的著作权、出版权、使用权等进行确权、验证、授权管理，同时交易记录及使用记录也可进行全程追溯，使电子书从出版到交易再到整个流通过程都呈现透明化、公开化，让出版社可以实时了解到电子书的真实流向，以及读者阅读评价数据，这样既可保障出版社的电子版权权益，又可以帮助图书馆规避侵权风险。同时，通过记录和识别读者的阅读内容、阅读评价，建立读者群体的阅读档案，也能够帮助出版社和图书馆评估电子书质量和了解读者需求，从而为读者开发和提供更多优质的内容。在定价机制方面，目前我国图书馆馆配电子书采选主要采用包库打包方式或建立本地镜像服务平台来实现，但这两种方式也导致电子书价格普遍偏低，出版社盈利空间十分狭窄的问题。当然，也有学者通过调研发现，"一书一价"采购似乎更为出版社所青睐[18]。不可否认的是，随着技术的不断发展，在保障电子书版权的前提条件下，利用智能合约技术设置定价规则，相信"一书一价"采购模式，也将会成为现实。

（三）预防"低价中标"，提高中标馆配商服务质量

区块链技术可以解决图书馆采购招标中图书馆与竞标者的信任壁垒，并实现招标流程信息的完整真实记录。在招标过程中，图书馆或政府部门可以借助区块链平台的开放性、防篡改、可追溯、数字加密特性，要求竞标者按照招标文件要求，在平台中上传相关"参标"信息及标书文件，并利用区块链技术的开放性建立一套公开透明的诚信体系内容，从而保证竞标者所提交信息的真实性与安全性。在评标过程中，可以通过提前预设涵盖服务质量、效率、学科覆盖等多维度的指标对竞标者的标书内容进行综合打分，再由相应的评标人进行"共识确认"。最后评标完成后，将评标结果进行全链路广播。与此同时，对中标后续签署的合同数据进行加密上链存储，并通过与相关司法认证机构相联系以保证签署合同的法律有效性，一旦诉诸法律，能够被司法机构认可和采纳，从而保障中标的馆配商能够按照既定规范，高质量履行合约。

三、区块链在馆配文献资源建设体系中的构建策略

（一）从政策层面，加强顶层设计规划，推动区块链赋能馆配生态建设

区块链技术赋能馆配生态建设，离不开政策环境的协同。因此，政府的作用就十分重要。在加强同馆配行业协会沟通交流的基础上，政府可以从政策制定、资金保障、利益激励三个方面做好顶层设计规划，以便为区块链技术赋能新型馆配生态体系建设提供有力支撑，从而进一步推动图书馆的馆配文献资源建设。

在政策制定上，政府相关部门应为区块链技术应用馆配生态建设做好政策部署与统筹规划。比如，政府相关部门可以从馆配平台建设的运营管理机制、数据共享机制、参与主体权益分配机制、数据隐私保护等方面制定出台一些更具针对性的相关指导文件；在资金保障方面，馆配生态建设除了社会资本的引入外，政府财政资金的投入也是推进馆配生态可持续转型与发展的重要保障。此外，利益激励是促进馆配生态建设中多元主体协同创新的直接动力。一方面，政府部门可以通过机构联动方式，将各大型出版社、馆配商以及图书馆集中在一起，共同交流探讨，在行业规范和技术标准等诸多方面达成共识。另一方面，政府也可以通过采取税收政策，针对那些积极参与图书馆馆配资源建设的出版社、馆配商等给予相应的税收减免、奖励补贴等激励措施，以调动他们的积极性，形成多主体共同参与馆配资源建设的良好局面。

（二）从行业层面，构建统一标准化体系，打造统一馆配资源服务平台

2021年5月，由大学数字图书馆国际合作计划（China Academic Digital Associative Library，简称CADAL）项目中心、清华大学图书馆、复旦大学图书馆等16家单位共同发起成立数字知识服务联盟[21]。如今，该联盟已成功吸引了全国几十家大型出版社加入，共同构建联盟内数字化资源采购平台。该平台是打破"数据壁垒"，实现统一馆配资源建设平台的成功案例。

随着区块链技术的不断发展，数据标准化与技术应用规范化成为打破"数据壁垒"的关键。同时，要推进馆配生态标准化体系建设，行业协会以及馆配

联盟组织的主导作用十分重要。可以预见,在区块链技术的支持下,由图书馆行业协会或联盟牵头,组织不同类型的图书馆与大型馆配商、出版集团,构建统一的标准化体系,对馆配资源建设中所涉及的文献书目数据、电子书发行格式、API通用接口等,进行统一标准规范,统一定价机制、联合合作模式、技术保障机制等进行深入探讨,共同推动一体化的馆配资源服务平台体系建设,将成为未来馆配资源建设的重要内容。

此外,除了数据与技术标准规范化建设之外,还应注重常态化监测标准体系的建立。2019年,人民网联合微众银行推出基于联盟链的"人民版权"平台,通过引入版权认证机构、仲裁机构、互联网法院等核心节点,保障维护网络版权秩序和线上内容创作生态[22]。与之相似的是,在图书馆馆配资源服务平台构建中,也可考虑借鉴该种模式,如通过引入多家第三方权威机构,构建高效率与完善的版权保护管理机制,以保障馆配资源建设平台运营过程的常态化监控与异常事件的有效处理。

(三)从管理层面,构建双向反馈机制,筑牢馆配生态评价与声誉体系

反馈机制是指通过各类定量化标准指标对图书馆馆配资源建设中的各个环节,以及参与主体进行综合评估与管理把控。如馆配商对出版社授权的书目品种进行评估,图书馆对馆配商提供的书目数据、图书、编目数据、服务等质量进行评估,读者对图书馆提供的馆藏资源进行评估等。反馈机制可以包含两个部分:一个是智能化信息反馈,由平台系统自动跟踪,包括订单状态、图书加工环节、物流配送等进行主动反馈;另一个则偏向于以定量化标准进行主观评估,通过将图书馆馆配资源采购环节进行拆分,形成包含订单处理速度、到货周期、服务态度、图书外部加工质量、编目数据质量、问题处理效率等多维度的定量化评价指标。当图书馆确认整个馆配采购订单交易完成后即可按照相应的定量化指标进行评价,当然评价指标也不可设定过多,馆配商也可以针对收到的评价做出回复。此外,读者对图书馆提供的馆配文献资源的评价也是反馈机制的一部分,并且该部分反馈对图书馆、馆配商以及出版社而言至关重要。

总之,通过设计定量化指标评价体系的方法有助于加强馆配生态中声誉机制的建立,帮助图书馆识别与遴选出好的馆配商,帮助馆配商发现与挖掘好的出版社,帮助出版社创新和开发优质馆配内容,从而为图书馆馆藏建设提供

更多更优质的馆配资源。

四、结语

区块链技术作为一项颠覆性技术,它的出现给图书馆馆配文献资源建设带来了新的机遇,其去中心化、开放透明、不可篡改和可追溯等特征将有效打破馆配生态中各参与主体间的信息壁垒,并从数据资源整合、版权保护等多方面提高图书馆馆配文献资源建设质量。尽管当前区块链技术在馆配资源建设方面还缺乏十分成熟的实践成果,但随着该技术在馆配文献资源建设领域的不断发展和应用,相信未来,区块链技术在馆配生态领域的变革作用也愈加显著,也将会有更多更丰富的实践成果。

参考文献

[1] 工业和信息化部.工业和信息化部 中央网络安全和信息化委员会办公室关于加快推动区块链技术应用和产业发展的指导意见[EB/OL].[2021-11-25].https://www.miit.gov.cn/jgsj/xxjsfzs/wjfb/art/2021/art_aac4af17ec1f4d9fadd5051015d.html.

[2] 肖婷,张军.中文电子书馆配研究——基于全国90家出版社的问卷调查分析[J].图书馆学研究,2017(15):22-27.

[3] 郭慧玲.图书馆电子书馆配研究[J].图书馆工作与研究,2017(5):57-61.

[4] 袁芳.从融合到同步——馆配电子书市场的发展构想[J].出版发行研究,2016(7):87-89.

[5] 汪姝辰.高校图书馆电子书资源建设问题研究[J].高校图书馆工作,2020,40(2):42-44,50.

[6] 张美莉.高校图书馆选择馆配商之策略探析[J].出版广角,2016(5):66-68.

[7] 章志玲.民办高校图书馆选择馆配商的基本策略探讨[J].出版发行研究,2018(12):95-98.

[8] 孙健.创新馆配业务 优化馆藏文献资源[J].新世纪图书馆,2018(7):44-47.

[9] 高文静.图书馆重点出版社采购模式初探——以天津图书馆(天津市少年儿童图书馆)中文普通图书采访为例[J].图书馆工作与研究,2020(S1):61-64.

[10] 姜传菊."互联网+"环境下高校图书馆采访工作创新[J].出版发行研究,2019(2):95-98.

[11] 赵慧真.后疫情时期"云馆配"模式的多维比较与优化研究[J].图书馆工作与研究,

2020(12):77-84,104.

[12] 黄晓明.云馆配实践中存在的问题与发展思考[J].出版发行研究,2021(2):37-41.

[13] 于新国.基于区块链技术的图书馆自馆配数字化文献资源建设研究——以高校图书馆整本OA电子期刊资源建设为例[J].图书馆研究与工作,2017(2):40-43+82.

[14] 田新华.基于区块链技术的馆配电子书出版交易平台的构想——以高校图书馆馆配电子书资源建设为视角[J].新世纪图书馆,2019(5):44-48.

[15] 张洪艳.基于区块链理念的书业一站式平台功能研究[J].图书馆工作与研究,2021(2):82-87.

[16] 王运显.图书馆馆配生态关系研究[J].图书馆界,2020(5):16-20.

[17] 张蓉.从馆配视角破解纸质图书滞销浪费难题[J].出版参考,2021(3):35-37.

[18] 张会田.纸电融合模式下的中文电子书馆配应用平台建设[J].图书馆学研究,2021(7):51-58.

[19] 谢识予.经济博弈论[M].复旦大学出版社,2017:187-188.

[20] 王永珍,谷彦.图书低价中标的困境及其解决路径[J].山西大同大学学报(社会科学版),2020,34(4):117-119.

[21] 黄晨.面向未来的数字知识服务联盟[EB/OL].[2021-12-20].https://www.calsp.cn/?s=%E9%BB%84%E6%99%A8.

[22] 新京报.人民网与微众银行共推"人民版权"平台[EB/OL].[2021-12-20].https://baijiahao.baidu.com/s?id=1639240891976763512&wfr=spider&for=pc.

研究型大学图书馆建设与探索

文化内涵

融合发展视域下高校图书馆文化 IP 开发与探索

——以上海大学图书馆为例

◎ 吴明明*

> **摘 要：** 随着融合发展的背景下，高校图书馆文化 IP 也日益成为学术关注的角度，对于高校图书馆而言，如何通过图书馆品牌的设计，充分挖掘馆藏信息资源背后的文化元素，并提取核心文化要素融入文化活动、文化现象或文创产品的设计创作之中，赋予审美体验及教育价值，从而形成自身特有的文化 IP，是本文所关注的重点，结合笔者近 12 年的高校文化创新实践案例，向读者提供高校图书馆文化 IP 的开发与探索之路，有助于相关研究者提供更多的研究思路。
>
> **关键词：** 文化 IP；图书馆文化

一、文化 IP 及图书馆文化 IP 相关概念

（一）文化 IP 概念的界定

2018 年 9 月 20 - 25 日，中国文化 IP 及创新设计展（以下简称"中国 IP 展"）在全国农业展览馆召开。论坛以"优秀内容创作、赋能运营传播"为主题，围绕文化 IP 在多个专题领域进行了研究、实践和案例分享，共同探讨文化 IP

---

* 吴明明，上海大学图书馆馆员，研究方向：文化 IP、展览与设计。

最核心的竞争力,以及如何赋能新时代的运营传播。现如今,随着在学科与学科之间的不断交叉与融合的背景下,高校文化本体也在悄然发生着变化。在余秋雨的《何谓文化》一书中提到"文化,是一种包含精神价值和生活方式的生态共同体。它通过积累和引导创建集体人格"。

IP 是(Intellectual Property)知识产权的英文缩写。在 2018 年中国文化 IP 产业发展报告中提到"文化 IP"的概念:特指一种文化产品之间的连接融合,是有着高辨识度、自带流量、强变现穿透能力、长变现周期的文化符号,我们将这样的文化符号称为"文化 IP"[1]。顾名思义,我们可以将文化 IP 理解为赋有共同精神价值与生活方式的集体人格的知识产权。

(二)文化 IP 特有的属性

1. 极高的识别度

文化 IP 需要极高的形象识别度,高价值的文化 IP 通常具有与众不同的视觉形象或形式。例如各大品牌的 LOGO,通过简单的图像瞬间识别其品牌的含义。

2. 深厚的文化含义

除了文化 IP 中所蕴含的文化内容尤为重要,其代表着文化本身重要的核心价值观。例如同样可作为文化 IP 的建筑体,即新建成的上海图书馆的建筑楼宇,除了外在的视觉形象,通过建筑形式的创新表达,其所表达的文化含义也同样深刻。

(三)图书馆文化 IP 现状

文化 IP 代表着某一类标签、文化现象,可以引起兴趣,用户愿意追捧,可能转化为消费行为;从运营角度看,文化 IP 代表着某一个品牌、无形资产,可以通过产业化融合,转化为消费品,实现价值变现。在笔者看来,图书馆文化 IP 并不是一个具体的"事物",而是一个被构建出来的"文化概念",图书馆中的文化 IP,可以是代表着图书馆形象的品牌、无形资产、文化活动(展览、学术交流、活动等),使得读者愿意接纳,最终实现图书馆的文化价值。原故宫博物院院长单霁翔做客"2019 中国·南京'一带一路'视野中的栖霞文化"两场活动时,他认为要让文化遗产资源"活起来",一是要深入研究人们的生活,二是要深挖自己的文化资源,不要模仿[2]。

如今图书馆文化 IP 最为常见的方式是通过图书馆品牌的设计,充分挖掘馆藏信息资源背后的文化元素,并提取核心文化要素融入文化活动、文化现象或文创产品的设计创作之中,赋予故事给读者带来审美体验,从而形成自身的文化IP[3]。例如举办有特色的展览、开发一系列文创产品,如帆布包、马克杯、笔记本等。

二、文化IP与上海大学图书馆

上海大学图书馆由宝山校区的校本部馆、钱伟长馆,延长校区的文荟馆和嘉定校区的联合馆四个分馆组成。当今的图书馆正处在时代转折期,同时也处在难得的机遇期。图书馆应该是信息集散(Information Utility)中心、学习中心(Learning Center)、艺术中心(Art Center)、创意中心(Creative Center)、分享资源(Shared Resources)的中心,集信息、学习、娱乐于一体的传播平台[4]。多年来,上海大学图书馆重视文化创新服务,探索培育了一系列文化IP品牌。其中,作为国内最早举办展览的高校图书馆之一,通过以文化展览的形式,打造图书馆独有的文化IP形象,自2010年起至今,已举办113场文化展览,已成为校园文化中一抹独具图书馆特色的文化IP。除此之外,上海大学高度重视文化IP的打造,从顶层设计出发,成立专业文创团队,设计专业的VI视觉系统、文创产品、宣传海报等一系列方式,逐渐形成一个个富有特色的图书馆文化IP。

(一)建立文创小组,整合专业团队

近年来,随着图书馆角色的转型,上海大学图书馆依托学校多学科的学科背景,围绕文化创意为主题,以美术学、设计学为专业要求,招募设计学背景的专业志愿者,成立了以馆员为主,以志愿者为辅的文创工作小组。除此之外,邀请上海大学美术学院的师生以项目制的方式共同参与部分文化类创新项目。

(二)创新引领驱动,挖掘文化内涵

上海大学图书馆充分挖掘馆藏信息资源背后的文化元素,并提取核心文化要素融入文化活动、文化现象或文创产品的设计创作之中,赋予美感、赋予意义,形成独具上海大学特色的文化IP。

三、设计创新文化，打造文化IP

（一）上海大学图书馆文化IP的特点

1. 学术为特色、文化为校园

上海大学图书馆因其高校的背景，所以在文化IP打造方面，不同于其他商业IP，需要体现出特定的学术性，同时，受众群体为广大师生，所以，文化IP的服务对象较为特殊。

2. 设计为主导、教育为价值

在打造文化IP时，设计占据主导，没有高端的设计作为支撑，无法将普通的事物美感化、象形化。与此同时，不同于商业IP销售的定位，校园文化IP其价值最重要的体现是在教育本质上。

（二）上海大学图书馆文化IP分类

上海大学图书馆文化IP通过以下四方面来呈现：

1. 建筑体、室内设计、空间布局

例如，上海大学校本部图书馆建于2000年，馆舍面积3.92万平方米，拥有11个阅览室。在2016年，为了提供更有效的空间，图书馆通过顶层设计，充分利用大厅与楼层的走道回廊巧妙地设计出5个大型研习空间，同时提供1240多个自修座位。

2. VI（视觉形象系统）

视觉形象的基础是LOGO（标识）。上海大学在2010年组织专业人员进行图书馆LOGO的设计，笔者有幸作为主创人员分别参与设计了上海大学图书馆LOGO和上海大学钱伟长图书馆LOGO。

其中，如图1所示，上海大学图书馆的LOGO是基于图的素描版本，通过以蓝色为主色调，从建筑本体一步步演变设计，最终形成了上海大学图书馆的LOGO（图2）。

如图3、4所示，上海大学钱伟长图书馆LOGO，此LOGO的形成凝聚了多位专家老师的心血，此LOGO是在著名书法家于连成老师专为钱伟长图书馆所题书法"钱图"二字（图3）的基础上，进行元素提取及设计，围绕钱伟长老校长的精神内涵，最终设计出钱伟长图书馆LOGO（图4）。

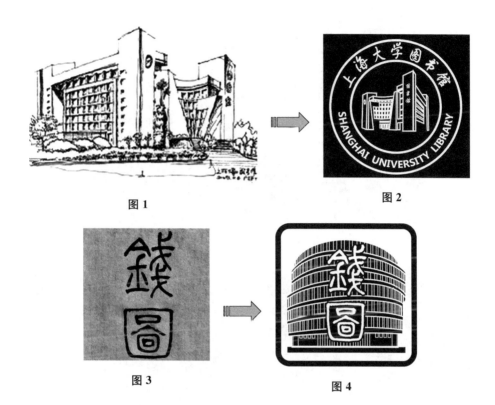

图 1

图 2

图 3

图 4

3. 馆藏资源

上海大学作为红色学府,如何利用馆藏资源,打造文化 IP,是图书馆一直摸索的道路,其中,自 2010 年起,举办 113 场展览,而其中,围绕红色教育主题的,共计 85 场展览。这是经过近 12 年的探索与实践,逐渐形成以展览作为媒介,打造图书馆特有的文化 IP。其中,包括 2021 年 6 月举办的"伟大的开端——南昌起义史实展"。这个展览意在重温"南昌起义"峥嵘岁月,学习伟大"八一精神"的生动素材,生动记录上海大学师生们在南昌起义中的光辉业绩,增强了爱国主义情感(图 5)。

4. 文化创意设计与文创产品设计

上海大学近期围绕"二十四节气"的主题,设计了一系列的二十四节气月历文化海报,通过微信公众号等方式的推送,进一步地突出文化 IP 的教育价值(图 6)。

与此同时,也设计了一系列文创产品,如"百年上大"笔记本、"钱伟长图书馆"原创系列文创纪念品(图 7)。

图 5

图 6

图 7

四、高校图书馆文化 IP 发展之困境

(一) 政策体系不全,缺乏顶层设计

高校图书馆,从原有的"藏书阁"变成如今的"文化交流平台",其中打造文化 IP 尤为重要。由于思维及专业角度的转化程度不同,仍然有不少高校图书馆至今仍定位图书馆为"藏书阁",从人员招聘的专业要求便一目了然,仍旧没有打造文化 IP 的理念,这样势必导致对文化 IP 的重视度不够,尚未出现整体统一的文化 IP 顶层设计。

(二) 文化 IP 创新力不足,缺乏专业性

一个文化 IP 的打造,需要具有丰富的文化底蕴的同时,更应具有专业的设计。设计的重要性,在打造文化 IP 之时,便显露无遗。例如一些设计,无美感之余,更体现得毫无创意。有些马克杯的设计,只是简单模仿,将简单的图纹粘贴在产品上,并未经过专业的文化设计,无法凸显图书馆的真正学术价值。

(三) 文化 IP 形象缺乏文化性

文化 IP 通过文创产品来体现,而成功的文创产品不仅要满足鉴赏之美,而且要有文化的内涵与意义,这也是文创产品价格高于功能产品的重要原因[5]。图书馆的文化属性,需要更加体现文化价值、文化内涵的文创产品来打造文化 IP 的形象,而一旦一种文创产品缺乏文化的关联,便只是简单的功能产品,从而显得苍白无力,毫无文化底蕴。

(四) 文化 IP 缺乏专业设计人才

目前而言,高校图书馆在打造文化 IP 的过程中,缺乏专业设计人才。例如在图书馆实际工作过程中,用于高端学术会议,接待参访时的 PPT,由于缺乏专业的设计人才,毫无专业的审美、构图、色彩、调性把控能力,从而使设计的 PPT 不尽人意。又如用于会议时的会议 LOGO、背景桁架、会议海报、LOGO 标牌、胸牌、指示牌等一系列的 VI(视觉系统)设计,设计感不强的话,从视觉上就无法体现图书馆自身的专业形象,进而无法打造文化 IP。

五、高校图书馆开发文化 IP 的发展建议

（一）分析用户群体，开发"定制文创"

首先，高校图书馆通过大量的数据及调研分析高校的用户群体，从中收集年龄、年级、性别、学科背景等方面，从而开发适合他们的文化 IP，例如文创产品、海报推送等。以上海大学图书馆为例，首先，近年来的用户大部分为 00 后的新生代，所以，近期设计推出的海报、推文、文创小书签、文创帆布袋，都符合更加崇尚自由、个性、卡通、文艺等风格；其次，图书馆可通过不同的社群分析，开发适合不同社群的文创 IP。例如上海大学在 2014 年毕业季的时候，设计了带有本馆 LOGO 的书签、印章，将读者的情感融入文创产品中，从而达到共情，这样一来，既有个性又体现了人文关怀。

（二）加强跨界合作，打造专业的文化 IP

面对如今的信息化时代，高校图书馆在有发展机遇的同时，面临了更多的挑战：即跨学科、跨界的交流与融合。基于这个现状，笔者认为，高校图书馆可以围绕文化 IP 方面进行进一步的重视与加强。以上海大学图书馆为例，在 2010 年，笔者参与设计出了上海大学图书馆原创的 LOGO，通过这类视觉形象标示的设计，从视觉艺术的角度，设计了代表上海大学图书馆自己独特风格的 LOGO，以 LOGO 为设计起点，才有了后续文化 IP 一步步的打造过程。

（三）借品牌效应，打造"文化 IP"产品

文化 IP 的打造，更多的是需要有文化品牌的效应，从而让读者认可其文化的价值。如上海大学图书馆，在满足正常师生阅读空间、信息查询、资源提供等需求的同时，建立和完善自己的核心品牌，如"向大师致敬"品牌，通过与上海大学美术学院建筑系的共同合作，举办建筑系学生建筑模型展览，此展览已坚持 10 年。又如利用特色馆藏老报纸《申报》等资源，举办"老报纸系列展览"文化品牌，共举办了四场展览与活动。

（四）重视创意设计，研发"特色文创产品"

创意可以带来希望，创意带来美好。构建文化符号与产品语意的映射关

系需要借助设计修辞的手段[6],好的创意会给予原本普通的事物一种新的希望与畅想。高校图书馆可以根据自身的特色,设计一系列既富有文化内涵,又富有创意有趣的"特色文创产品"。如上海大学图书馆为配合"百年校庆"开发了文创笔记本,获得不少好评。

(五) 吸纳跨界人才,完善人才队伍建设

任何时候,人才对于一个部门是至关重要的,而文创人才是文化 IP 中最为核心的因素。文创人才不仅仅需要集文学、美术、设计、历史等学科于一体的跨学科人才,更需要的是拥有丰富热情与创造力的人才。近年来,随着国家政策的大力扶持,此类人才也在不断涌现,如上海大学图书馆,近年来吸纳有多学科背景的专业人才的同时,注重给予更多年轻馆员成长与发展的平台,推进了人才的有效发展,从而进一步地实现了文化 IP 的长效发展。

参考文献

［1］ 田伴奇.《文旅人数据蓝皮书:中国文化与旅游产业发展大数据报告(2021)在京发布》[J].中国国情国力,2022(1).
［2］ 如何让文化遗产资源"活起来"? 单霁翔分享"大 IP"经验[EB/OL].[2020 - 07 - 12]. https://new.qq.com/omn/20191118/20191118A09MDO00.html.
［3］ 吴明明,刘华.转型期学术图书馆的空间再造[J].图书馆杂志,2015,34(7):32 - 36.
［4］ 马琳.新时代图书馆文创 IP 价值链刍议[J].图书馆学刊,2021,43(5):9 - 12.
［5］ 陈畅.公共图书馆文创产品的开发与推广研究[J].图书馆学研究,2017(11):74 - 78.
［6］ 朱永明.视觉传达设计中的图形、符号与语言[J].南京艺术学院学报(美术与设计版),2004(1):58 - 60.

论钱伟长科研精神与大学图书馆文化育人建设

◎ 倪代川 李 赛*

> **摘 要**：本文以钱伟长科研人生和科研成果为基础，简要分析钱伟长以国家需求为导向的科学爱国精神、秉承持之以恒的钻研精神以及追求学科交叉融合的创新精神，并结合大学图书馆工作实际，从学科服务拓展、学术素养培育、科学精神弘扬以及文化遗产传承四个方面阐释钱伟长科研精神对大学图书馆文化育人建设的启示。
>
> **关键词**：钱伟长；科研精神；大学图书馆；文化育人

2011年，笔者有幸参与中国科协老科学家学术成长采集工程钱伟长院士学术文献的收集整理工作，并对钱伟长发表的学术论文和学术著作以及评价钱伟长学术贡献的各类文献进行了初步梳理，对钱伟长的学术成果和科研精神有了一定认识，特别是结合自身大学图书馆工作体验，深感钱伟长的科研精神对大学图书馆文化育人建设具有重要启示意义。2012年10月，在钱伟长诞辰100周年之际，上海大学开始筹建钱伟长图书馆，以表达对校长钱伟长的崇高敬意与无限怀念，并于当年10月8日在上海大学宝山校区东区举行钱伟长图书馆奠基仪式。2019年5月，钱伟长图书馆于宝山校区东区建成并全面开放，位于钱伟长图书馆三楼、六楼的钱伟长纪念馆、伟长书屋、匡迪书屋等科学家书房也相继落成，成为新生入学教育、校友返校忆旧、校内成果展示、校外

---

* 倪代川，副研究馆员，硕士生导师，上海大学图书馆副馆长，研究方向：数字档案馆、信息资源管理、图书馆文化；李赛，上海大学文化遗产与信息管理学院硕士研究生，研究方向：信息资源管理。

嘉宾来访的又一重要场所和平台,是上海大学新的文化地标。2022年,我们迎来了上海大学建校100周年,在百年上大的发展征程中,钱伟长为上海大学的发展倾入了毕生心血,被誉为"永远的校长",成为全体上大师生的精神坐标。2022年5月,钱伟长图书馆被评为首批"全国科学家精神教育基地",值此纪念百年上大之际,为进一步加强科学家精神教育基地建设,从科研精神视角探讨分析钱伟长科研精神与大学图书馆文化育人功能的实现,这既有利于推进大学图书馆文化内涵建设,也对下一步推进"科学家精神教育基地"建设具有借鉴意义。文章在对钱伟长院士科研人生梳理基础上,阐释凝练钱伟长科研精神的内涵与价值,分析揭示钱伟长科研精神对大学图书馆文化育人建设的启示,以期广大图书馆员能够自觉践行钱伟长科研精神,协同推进一流研究型大学图书馆建设,充分发挥大学图书馆的空间优势、资源优势与文化优势,推动大学图书馆文化育人建设持续创新发展。

一、钱伟长的科研人生

钱伟长的科研之路及其科研成果既是其科研人生的生命写照和生动体现,也是阐释践行钱伟长科研精神的学术基础和精神内核。钱伟长毕生致力于学术科研,在科研之路上历经坎坷,孜孜不倦,永不懈息,不仅取得卓越学术成果,造就出其卓越的学术人生,而且其科研精神更值得人们去学习和实践。钱伟长是我国著名的科学家、教育家,杰出的社会活动家,中国科学院资深院士。1931—1937年在清华大学学习,后留学加拿大多伦多大学,并于1942年获力学博士学位。1942—1946年在美国加州理工学院喷射推进研究所任研究工程师。1946年回国,任清华大学教授,兼任北京大学、燕京大学教授。新中国成立后,历任清华大学教授、副教务长、教务长、副校长,中国科学院学部委员,中国科学院力学研究所副所长、研究员,中国科学院数学研究所研究员,中国科学院自动化研究所所长,国务院科学规划委员会委员,中华全国青年联合会副秘书长,中国力学会副理事长,上海工业大学校长,上海市应用数学和力学研究所所长,上海大学校长等职务。

钱伟长一生致力于科学研究,形成了其丰富、坎坷且辉煌的学术人生路。总结钱伟长的科研人生与学术成就,上海大学终身教授戴世强老师曾用"爱国敬业、自强不息、锐意创新、求真务实、广闻博览、群策群力"二十四个字对其治学动力、治学精神、治学态度、治学方法和治学谋略进行了高度凝练,这是对钱伟长科研精神的高度概括[1]。早在1937年就读于清华大学期间，钱伟长所作的《硒的单游离光谱分析》一文便开创了我国稀土元素研究的先河，受到国际物理学界的广泛赞誉。在加拿大多伦多大学求学期间，他同导师辛格教授一起完成论文《弹性板壳的内禀理论》，该理论给出的薄板薄壳非线性内禀方程即非线性微分方程组被科学界称为"钱伟长方程"。1942年，他到美国加州理工学院喷射推进研究所担任研究工程师，与钱学森等一起，在著名科学家冯·卡门的指导下从事航空航天领域的研究工作，撰写的《变扭率的扭转》一文，与冯·卡门共同署名发表在美国科技期刊《航空科学月刊》上，成为世界上第一篇关于奇异摄动理论的研究论文，此文奠定了钱伟长在此领域内的基石地位，并被冯·卡门称为自己一生中最为经典的弹性力学论文。1946年9月，钱伟长回到祖国，进入了朝思暮想的清华大学，并积极参与复校工作。1949年新中国成立，钱伟长留在国内积极参加新中国建设。1951年他在中国科学院数学研究所创办了我国第一个力学研究室，后来又与钱学森合作创办了中国科学院力学研究所和自动化研究所。1956年出版了我国第一本弹性力学专著《弹性力学》。1964年他用拉格朗日乘数法建立广义变分原理，导出壳体的非线性方程、广义变分原理享誉世界。1972年10月，钱伟长参加中国科学家代表团，访问了英国、瑞典、加拿大和美国。1979年为促成中国力学学会成立理性力学与力学中的数学方法专业组，他亲自担任组长。1980年创办了《应用数学和力学》杂志。他不仅在力学研究方面取得了巨大成就，还广泛涉猎中文信息处理、高能电池、三角级数求和公式等领域，并作出了重要贡献。由于他在弹性薄板大挠度理论和广义变分原理方面的出色工作，他于1955年和1982年两度荣获国家自然科学二等奖。1984年他创办上海市应用数学和力学研究所，同年提出汉字宏观字形编码，简称"钱码"，对中文信息处理作出重要贡献。1998年其专著《穿甲力学》获全国优秀科技图书一等奖，1999年获何梁何利奖。

二、钱伟长科研精神管窥

钱伟长曾经说："回顾我这一辈子，我是一个科学工作者、教育工作者，但更是一个爱国主义者。"[2] 2011年2月14日，钱伟长被评为"感动中国"2010年度人物，组委会对钱伟长的颁奖词如下："从义理到物理，从固体到流体，顺逆交替，委屈不曲，荣辱数变，老而弥坚，这就是他人生的完美力学，无名无利无悔,有情有义有祖国。"[3]这短短的颁奖词,正是对钱伟长科研精神的高度凝练,反映出钱伟长以国家需求为导向的科学爱国精神、秉承持之以恒的科学钻研精神以及追求学科交叉融合的科学创新精神,对新时期大学图书馆通过文化育人建设贯彻高校立德树人根本任务具有重大意义。

(一)国家需求导向的科学爱国精神

钱伟长用他一生的奋斗印证了一句话:"我没有专业,国家的需要就是我的专业。"这句名言在上海大学师生心中烙下了深深印迹,成为上大师生共有的精神支柱。1931年9月刚入学,"九一八"事变就爆发了,钱伟长苦苦思索救国报国之路,他向时任清华大学理学院院长叶企孙教授和物理系主任吴有训教授提出了"弃文从理"、改学物理的申请。在回答吴有训教授为什么要改学物理之问时,钱伟长回答说:"我本来喜爱文学,也准备学文科,但是现在我感到学文科救不了中国,我们国家迫切需要的是科学技术,是飞机大炮,我的数理化成绩虽然不好,但我有决心赶上去。"[4]早在1951年,钱伟长在《人民清华》上便发表《物理教学与爱国主义教育的结合》一文,明确指出:"爱国主义教育是一切教育工作的前提,贯彻爱国主义教育是目前教育工作的中心任务。我们绝对不能把爱国主义教育和某一专门的业务教学分开来看,把它单纯地看作只是现阶段的一个政治任务。因为,只有我们把爱国主义教育贯彻到每一业务教学中去,才能达到提高业务的目的,才能很好地完成培育青年的任务。"[5]1953年6月,钱伟长在《中国青年》上发表《高等学校的工科专业》,对青年们提出了殷切期望,"青年们,只要你们决心献身祖国,决心为建设祖国而努力,每一个专业都将给祖国带来巨大的财富,你将从每一个专业看到伟大祖国的光明前途和我们未来的幸福生活"[6]。1953年8月,钱伟长在繁忙工作之余撰写了科普通俗读物《中国历史上的科学发明》,并由中国青年出版社出版,全书洋溢着一位知识分子的爱国主义情怀,充满了严谨的科学精神[7]。1978年9月9日,钱伟长在武汉作的《为实现四个现代化而努力奋斗》报告中指出:"因为我们有党的领导。党是一个最大的组织能力,而且是有指导能力的一个集体,这个集体是指导我们全部科学技术人员为祖国的现代化而进行斗争的一个最有组织的集体。"[8]无论是弃文从理的从学之路,还是在毕生追求的科研之路,钱伟长一生当中所有重大选择,都是为了祖国的繁荣富强,他在给博士生指导的过程中曾经以自己为例来诠释这句话:"我36岁学力学,44岁学俄语,58岁学电池知识。不要以为年纪大了不能学东西,我学计算机是在64岁以后,我现在也搞计算机了,当然不像年轻人那么好,不过也吓不倒我。真理只有一条,国家需要你干,你就学。"[9] 钱伟长一生学过十几个专业,科研生涯涉足几十个行业。每一次重大的改变和选择,都是因为国家的需要。徐匡迪院士在追忆其时曾说:"没有对祖国的真挚感情,哪有他的人生动力和远大目标。每每回忆起这些事,我都深深地为钱老的人格魅力和爱国情怀所感动,也深深觉得当代学界更应该像老一辈科学家一样,将爱国作为自己追求事业成功的唯一动力。"[10]

(二)秉承持之以恒的科学钻研精神

钱伟长毕生从事科学研究,长期从事力学研究,在环壳理论、广义变分原理和汉字宏观字型编码等方面作出突出贡献。在科研战场上秉承国家需求导向,矢志科学报国之心,纵横驰骋,广泛涉猎,成果丰硕。笔者前期参与中国科协老科学家学术成长采集工程,通过网络资源、馆藏资源、数据库资源等各种途径,对钱伟长学术著作及学术论文进行了初步梳理,共采集到学术著作类目录近百条,学术论文类目录三百余条;同时,钱伟长还在报刊中广发文章,据统计,撰写报刊文章五百余篇,其中直接与学术问题有关的约占70%。从已经采集到的钱伟长科研成果来看,其研究主要侧重于自然科学领域中的力学领域;晚年,他积极投身于高等教育事业中,在教育学领域建树突出,出版了《教育和教学问题的思考》《论教育》等教育学著作,形成了颇具特色的钱伟长教育思想,成为上海大学建设发展的重要指导思想,是上海大学宝贵的精神财富;此外,钱伟长也在人文社会科学领域建树颇丰,如《鲜卑族的由来与现在的分布》《中国现代的语言文字问题和两岸关系》《新时期知识分子的地位和作用》《发展战略研究和系统工程》《振兴中华,汉字大有可为》《"华夏"的由来》等学术论文,充分体现着其文化自觉和人文素养。

钱伟长身兼科学家、社会活动家、教育家等多重角色,即便是走上教育管理岗位之后,也从未放弃过科学研究。钱伟长一生较为坎坷,"在遭受挫折,面对精神打击的时候,他依然刻苦钻研科学技术,相信祖国和自己都能够好起来"[11]。"钱老一生都在用行动告诫我们,科学家必须时刻站在世界科学前沿",在上海大学终身教授戴世强老师的记忆中,钱老曾不下十次对他说所谓成功的秘诀只有一个,那就是勤奋、用功,"说来也许没人会信,钱老'开夜车'的习惯从16岁起一直延续到86岁,整整坚持了70年"[12]。2004年3月12日,钱伟长给中央领导写信,建议编研出版《20世纪中国知名科学家学术成就概览》系列,这项建议受到中央领导高度重视,2006年《概览》被立为国家"十一五"重点出版项目[13]。正是这种持之以恒的科学钻研精神,造就了钱伟长不仅在顺境中成就斐然,而且在逆境中也能忘我研究,坚持科研,出版了系列专著,发表了数百篇学术论文,并获得中国科学院资深院士等荣誉称号,成就了其科学巨匠的科学人生。

(三)学科交叉融合的科研创新精神

钱伟长在科学研究中十分重视学科交叉,力求在学科交叉中寻求突破创新。钱伟长学贯中西,博古通今,从文科到理科,从力学到应用数学,从物理到教育再到社会活动,他一生学过十几个专业,科研生涯涉足几十个行业,在多个领域均取得了常人无法企及的卓越贡献,是一位罕见的百科全书式的通才跨界者[14]。1985年5月17日,他在《光明日报》发表《交叉科学与科学家的社会责任》一文,对交叉科学进行了深入解读,认为"世界上没有一样东西是一成不变的,要注意其发展,要注意其变化。不重视发展和变化,任何一门学问都是不能进步的。我们搞交叉科学,同样要注意这个问题。其次,要重视联系实际。不联系实际,那我们什么学科都是没有生命力的",并结合自身经验指出:"我年轻的时候,曾以为钻会一门纯科学,就会整个地推动科学事业前进,从而推动社会前进。然而,积四十年之经验表明,纯科学要搞,不搞就不是一个科学家;可是光是埋头纯科学,其社会效果不一定是百分之百。要达到充分的社会效果,你就必须研究社会科学方面的东西。一个对我们的祖国、民族负有深深的责任感的科学家,必然要考虑社会科学和自然科学的交叉关系领域里的问题。"[15] 20世纪50年代,钱伟长在清华大学任教时就呼吁文理同校。1957年,钱伟长在《人民日报》发表了那篇著名的《高等工业学校的培养目标问题》一文,明确提出:"高等学校的教学工作的质量,并不仅仅是以教给学生的知识数量的总和来衡量的,更重要的,是培养学生如何在已经获得的知识基础上去获得更多的知识,组织这些知识为某一个特定的生产服务。"[16] 自1983年开始,他在担任上海工业大学、上海大学校长期间,推出"三制"——学分制、选课制和短学期制,并提出了著名的"拆墙"理论,成为钱伟长教育思想的重要内容,他指出:"那种把学科与学科之间界限划得很严、各种专业分工过细、互不通气的孤立状态必须打破……我们主张理工合一,文理渗透,反对现在国内中学就文理分家的现象。"[17]钱伟长在科研上的学科交叉创新精神,他不仅是这样认为的,也是这样实践的,在担任上海大学校长期间,他力推学科交叉融合,先后成立了影视艺术与技术学院、数码艺术学院,将建筑专业纳入美术学院,推进学分制等。钱伟长在科研过程中,非常重视学科间的交叉融合,在其个人的科研历程中,他在力学、数学领域积极交叉研究,成果斐然,同时,还积极在人文社会科学大胆探索,发明"钱码",着眼于"教育"理论与实践,提出"打破四堵墙"口号,主张"培养全面的人",在人文社会科学的基础学科中积极探索学科交叉融合,为上大师生做出了垂范。

三、钱伟长科研精神对大学图书馆文化育人的启示

钱伟长一生崇尚科学、追求真理,其科研精神非常值得我们学习和继承。钱伟长科研精神所蕴含的丰富内涵与彰显的社会价值,不仅有利于促进广大师生树立科学的学术科研态度,而且也能推动大学图书馆文化内涵建设,特别是大学图书馆作为大学的心脏和大学精神的弘扬主体,它是大学共同体的天然组成部分,是大学学术精神、学术传统、学术功能的集大成者,承担着新时期文化育人的重要功能,特别是在大学生信息素养、文化素养、学术素养等培育涵养过程中具有不可或缺的作用。为此,通过梳理钱伟长科研人生、学术成果与治学态度,总结阐释钱伟长科研精神,分析揭示钱伟长科研精神与大学图书馆文化育人之间的内在关系,不仅有利于进一步弘扬钱伟长科研精神,而且对大学图书馆文化育人建设具有重要启示。通过对钱伟长学术文献的系统梳理和相关研究资料的掌握,我们对钱伟长科研精神有了一定了解,深感钱伟长科研精神对于在大学图书馆学科服务、学术素养培育、科学精神弘扬以及文化遗产传承等方面具有重要启示价值,有利于丰富大学图书馆文化育人建设内容,深化大学图书馆文化育人内涵,普及学术道德意识和科研创新精神,全面拓展新时代大学图书馆文化育人功能。

(一) 启示一:学科交叉与学科服务拓展

鼓励学科交叉融合是钱伟长科研精神的重要组成部分,图书馆作为大学科研服务与学科服务的重要支撑平台,其学科服务内容与学科服务能力在研究型大学图书馆建设发展过程中位居战略地位,不仅关系到图书馆自身服务内涵、服务能级的提升,而且也能为学校学科发展提供智力支持,促进大学学科交叉融合创新。为此,需要深刻理解钱伟长科研精神,践行钱伟长学科交叉融合理念,在推进图书馆学科服务内涵建设过程中服务好学校"五五"学科建

设战略。

1. 深度挖掘学校科研现状,推动学校学科交叉融合创新

学科交叉是现代学科发展的突出特征,也是大学学科建设的重要方向。大学图书馆可以凭借自身的资源优势和检索优势,围绕学校学科发展,通过各类数据库深度挖掘本校师生科研状况,揭示本校学科竞争力和分布状况,为学校师生科研创新提供数据支持,并为校际科研合作平台的构建提供科研决策支撑,有利于学校师生寻求合作对象,推动校内学科交叉发展。如上海大学图书馆2012年启动的上海大学科研竞争力分析,不定期推出学科情报分析报告,通过横向与纵向比较分析,不仅摸清了上海大学科研发展的基本脉络和水平,而且也通过国内外相关比较,找出了自身的优势学科和相对薄弱之处,这不仅提升了图书馆的学科服务层次,也为学校科研发展提供了重要分析基础和信息基础,有效地呈现出上海大学科研实况,为校领导和相关院系、部处的决策提供了有力参考,受到全校师生的广泛关注,也受到校领导的表彰。近年来,上海大学图书馆持续推进学科情报服务,编写学科发展分析报告,为学校学科发展提供智力支持,与科研处、法学院联合成立知识产权信息服务中心,并入选教育部"高校知识产权信息服务中心",助力学校科技成果转化和知识产权学科建设。

2. 加强馆员科研队伍建设,提升大学图书馆学科服务能级

虽然学科交叉发展与需求为图书馆学科服务提供了契机,但是,能否抓住这种机遇需要图书馆自身拥有过硬的学科服务能力,能够为学校学科交叉发展提供切实支持。为此,面对学校学科发展和交叉需求,图书馆应该通过围绕馆员科研能力,加强自身学科服务队伍建设,提升学科服务能力。通过观察和分析钱伟长科研思想,我们认为,大学图书馆在学科服务建设方面可以融合渗透钱伟长学科交叉思想与实践,在推动学校交叉学科建设方面积极参与,可以凭借图书馆的馆藏资源优势、学科信息分析优势、情报挖掘优势,主动为本校学科服务创造条件。同时,为了提升学科服务水平,大学图书馆馆员应该积极贯彻实践"高校教师一定要搞科研""教师进行科研是提高教学质量的最可靠的保证""大学教师的教学和科研不能分割""最关键的问题是教师要做科研"[18]等钱伟长大学科研思想,围绕图书馆学科服务需求,深化学科服务队伍建设,从馆员学科学历背景、学科服务机制等方面主动融入学校学科建设与科研创新工作,创新图书馆学科服务方式,完善图书馆学科服务体系,积极开展学科交叉融合服务研究,提升馆员科研能力和学术水平,增强自身学科服务能

力，为提高图书馆学科服务能级提供人力资源支持。

（二）启示二：学术诚信与学术素养培育

纵观钱伟长的科研之路，我们清楚地感知科学道路上没有捷径，需要持之以恒的追求，同时要坚守学术诚信，树立学术自信，在优良的学风和坚定的学术理念中开展科学研究。高校图书馆作为大学学术共同体的重要成员，肩负着培育学术素养、弘扬学术精神的重要职责，这既是大学图书馆学术功能的内在要求，也是大学图书馆学术价值的重要体现。

1. 加强学术诚信宣传，弘扬学术诚信之风

目前，学术诚信缺失现象较为普遍，学术造假丑闻不断，《人民日报》《光明日报》《中国青年报》以及人民网、新华网等主流媒体，纷纷撰文批评学术失信问题，以学术道德为核心的学术诚信问题被社会广为关注，也成为学术界面临的重大问题，如何严肃学术风气、坚守学术诚信、弘扬学术道德已经成为学术共同体极为关注的问题。图书馆不仅是大学师生的重要信息平台，也是大学师生互动交流的重要公共空间，是学校人员流动最为密切的公共场所。近年来，上海大学图书馆与研究生院、出版社、期刊社、外国语学院等学校院系部门联合成立"写作中心"，通过邀请校内外专家组织专题辅导、学生朋辈辅导、长三角年度写作论坛等路径，以专家问诊、朋辈学习、学术交流等方式，不断拓展学术写作空间，弘扬学术诚信与科研精神，取得了实效。鉴于此，高校图书馆完全可以充分凭借自身空间优势、资源优势与专业优势，主动与学校教务部门、科研部门、研究生院、学生会、研究生会等机构一起，千方百计拓展学术诚信宣传渠道，优化学术诚信宣传形式，丰富学术诚信宣传内容，通过学术诚信案例分析、学术诚信焦点新闻、学者学术诚信精神、学术不端影响、学术不端内容等学术诚信分析，弘扬学术诚信精神，为大学学术诚信氛围的形塑积极贡献。

2. 积极拓展学术诚信教育，培育读者学术素养

大学图书馆作为大学信息素养、文化素养、学术素养培育的重要平台，加强对大学生学术素养的培育具有不可推卸的责任，也具备无以比拟的天然优势，更是大学生学术素养培育的重要载体。由于图书馆有其资源和服务优势，结合图书馆的业务工作开展学术诚信教育将是图书馆读者学术素养培育的重要内容，图书馆馆员可以在学术诚信教育中发挥重要作用。大学作为科研的摇篮，特别是广大的大学生群体将是未来学术科研的中坚力量，加强大学生学

术素养的培育不仅是大学教师的基本职责,也应是大学图书馆服务的重要内容。为此,大学图书馆可以凭借自身的优势,通过建立学术诚信专栏、链接国内外学术诚信教育网站等专题宣传与开展学术诚信专题讲座、在信息素养教育课程中增加学术诚信教育内容等各种途径积极宣传学术诚信与学术道德,在读者群体中弘扬学术自觉精神;以信息素养教育为平台积极开展学术规范的规训教育,提升大学生科研素养水平,形塑大学生科研规范自觉。

(三) 启示三：科研创新与科学精神弘扬

创新是推动民族进步和社会发展的根本动力,"创新是一个民族进步的灵魂,是国家兴旺发达的不竭动力"[19]。创新已成为经济社会文化发展的共识,也是钱伟长科研精神的核心理念之一,更是现代大学科学研究和学术探讨的重要方针,作为大学共同体重要组成部分的大学图书馆,理应通过自身优势弘扬科学精神,营造科研创新氛围。

1. 宣传科研创新精神,营造科研创新氛围

钱伟长的毕生科研成果正是其科研创新精神的成果,同时,作为大学校长,他高度重视大学创新精神的培育,2000年,他在全校中层干部会议上作《如何培养有创新精神的人》专题报告[20],要求无论是文科还是理科,无论是教师还是学生,无论教学还是科研,都要坚持创新精神。对于大学图书馆而言,作为大学的重要成员,理应坚持创新精神,可以凭借自身的平台优势和服务优势,通过各种途径大力弘扬以科研创新为核心的科学精神,在大学生读者群体中内化科研创新思想,弘扬科研创新精神。大学图书馆可以围绕创新意识积极开展大学科研创新氛围的培育,通过开展创新方法、创新途径、创新案例等一系列创新主题教育,培育大学图书馆读者良好的创新思维惯性,使读者充分认识到创新在学术科研工作中的重要作用,同时使广大充分认识到自身应该成为富有创新精神和与时俱进的人,走在时代前列,担负起国家科研创新之责,为社会发展、民族进步贡献智慧。2022年5月24日,上海大学钱伟长图书馆以"伟长书屋""匡迪书屋"等图书馆科学家书房建设为基础,成功申请全国"首批科学家精神教育基地",为进一步弘扬科研创新精神提供了优质平台,旨在让爱国、创新、求实、奉献、协同、育人的科学家精神真正融入基地日常建设,为国家培养出尊重科学、崇尚科学、热爱科学、堪当重任的时代新人。

2. 围绕大学精神理念,弘扬大学科学精神

中山大学前校长黄达人教授指出:"图书馆之于大学的意义,或者与这防

护林是相似的。图书馆是大学的地标,是大学的象征,是大学精神的重要守护者。"[21]作为大学共同体基本成员的大学图书馆,不仅具有为大学科研、教学提供文献信息支撑的基本保障功能,而且是贯彻实践大学精神的重要成员,理应担当大学精神的传播者和实践者,主动守护大学精神。在大学科研创新精神的弘扬过程中,大学图书馆应当敢于承担,积极弘扬大学科研精神,营造大学尊重科研、热爱科研、投身科研的大学科学研究氛围,使之内化于大学精神实质。大学图书馆具体情形千差万别,可以结合各自实际情况具体开展科研创新精神的弘扬,如有的大学图书馆开辟有院士、知名学者宣传板块,通过业绩介绍、座右铭等具体内容展示,这既美化了图书馆的环境,又弘扬了学者的科学精神;同时,大学图书馆可以凭借文献检索与利用教学课堂,将科研创新精神纳入课堂教学内容体系,提高大学生科学精神认知水平;还可以通过建设研究型大学图书馆,鼓励一批具有科学精神的图书馆员,身先垂范,自觉加入科研行列,这不仅难能可贵,而且也是最有成效的一种科学精神实践弘扬和有效探索。

(四)启示四:国家需求与文化遗产传承

爱国是钱伟长一生的不懈追求,爱国主义情怀是钱伟长科研精神的重要组成部分。钱伟长有句名言:"祖国的需要,就是我的专业""为国家民族培养人才",这是钱伟长作为大学校长的矢志追求,也是钱伟长毕生科研追求的根本动力。这种科研精神中的浓浓爱国情怀为我们大学图书馆建设与发展给予了重要启示,特别是在国家民族文化遗产传承上,大学图书馆理应大有作为。

1. 秉承爱国情怀,服务国家文化大发展大繁荣战略

2005年7月,钱伟长最后一次出席上海大学毕业典礼,在典礼结束之际,钱校长道出了令全体上大学子终生难忘的临别赠言:"我们的校训是'自强不息',我希望加两句:'先天下之忧而忧,后天下之乐而乐'。天下是什么,是老百姓;忧的是什么,是火箭升不了空,是假冒伪劣产品那么多。孩子们,你们是否能记在心上。"[22]这是钱伟长以国家需求为导向的爱国主义精神的鲜明体现,也成为今天我们上海大学全体师生的矢志追求。大学图书馆作为国家重要的文化组织机构,应当在社会主义文化大发展大繁荣的伟大建设征程中主动担当。为此,广大图书馆员务必要学习钱伟长的爱国情怀,秉承钱伟长所追求的"天下之忧",将钱老以国家需求为导向的科学爱国精神贯穿到大学图书馆事业发展过程中,主动加强自身建设,为国家文化发展战略积极服务,使大

学图书馆融入国家图书馆事业乃至社会主义文化大发展大繁荣国家文化发展伟大战略之中,为实现中华民族伟大复兴作出积极贡献,不断提高国家文化软实力,发挥文化引领风尚、教育人民、服务社会、推动发展的作用。

2. 树立文化自觉,切实做好中华民族文化遗产传承

著名图书馆学家黄宗忠教授认为:"图书馆办馆的根本目的是两条:一是保存人类记忆,传承人类文明;二是服务于人,满足社会需求,推动社会发展与进步。"[23]其实不同历史时期、不同国别和地区、不同类型的图书馆,其各项工作都是紧紧围绕这两个根本目的在进行。诚如程焕文教授所言:"图书馆在变化,但是,图书馆收集、整理、保存和利用人类文化遗产的职能不会改变。"[24]大学图书馆作为图书馆家族的重要成员,文化传承乃是其基本功能之一,需要广大大学图书馆馆员从国家文化遗产传承的高度去认识大学图书馆事业发展,探索大学图书馆在保存人类记忆、传承人类文明事业中的实践举措。大学图书馆馆员应树立文化自觉,勇于承担社会赋予图书馆文化传承的神圣使命,为弘扬五千年华夏文明自觉承担,为延续五千年文化血脉自觉担当。

参考文献

[1] 武际可. 力学史与方法论论文集[M]. 中国林业出版社,2003:21-44.

[2] 钱伟长文集(上卷 1931—1986)[M]. 上海大学出版社,2013:1.

[3] 《感动中国》20年颁奖辞集锦,来了![EB/OL]. [2022-10-03]. https://baijiahao.baidu.com/s?id=17265427093821530788&wfr=spider&for=pc.

[4] 程炜,王静. 民盟先贤钱伟长:立志科学报国[EB/OL]. [2022-09-20]. http://www.rmzxb.com.cn/c/2022-02-24/3056078.shtml.

[5] 钱伟长文集(上卷 1931—1986)[M]. 上海大学出版社,2013:43-48.

[6] 钱伟长文集(上卷 1931—1986)[M]. 上海大学出版社,2013:105-109.

[7] 他从中华最艰辛的岁月中走来,顺逆交替,始终一心为国——走近钱伟长的科学人[EB/OL]. [2022-09-20]. https://new.qq.com/rain/a/20211208A003R700.

[8] 钱伟长文集(上卷 1931—1986)[M]. 上海大学出版社,2013:211-232.

[9] 黄辛. 钱伟长——祖国的需要就是我的专业[N]. 科学时报,2010-08-02(A3).

[10][11] 徐匡迪. 爱国奉献 伟业流长——缅怀钱伟长先生[N]. 人民日报,2010-09-07(7).

[12] 仟荃. 科学家钱伟长的治学之本:"祖国的需要,就是我的专业"[EB/OL]. [2022-10-03]. http://www.cas.cn/zt/rwzt/zmkxjqwcss/spjs/201008/t20100802_2916228.html.

[13][14] 方正怡,方鸿辉. 我是忠于我的祖国的——钱伟长的科学人生[J]. 群言,2010(9):34-37.

[15] 钱伟长文集(上卷 1931—1986)[M]. 上海大学出版社,2013:613-614.

[16] 钱伟长文集(上卷 1931—1986)[M]. 上海大学出版社,2013:192-194.

[17] 钱伟长. 钱伟长名言录[N]. 常州日报,2010-07-31(A3).

[18] 叶松庆. 钱伟长的科学教育思想与实践[J]. 上海大学学报(社会科学版),1999(4):90-98.

[19] 江泽民. 江泽民同志在全国科学技术大会上的讲话[J]. 科协论坛,1995(7):3-8.

[20] 钱伟长文集(下卷 1987—2009)[M]. 上海大学出版社,2013:1282-1287.

[21] 黄达人. 图书馆是大学精神的守护者——中山大学黄达人校长在图书馆80周年馆庆暨新馆开馆典礼上的讲话[J]. 大学图书馆学报,2005(1):2,57.

[22] "钱校长"是钱伟长生前最喜欢的称呼[EB/OL]. [2022-10-03]. https://www.edu.cn/ke_yan_yu_fa_zhan/special_topic/qwc/201008/t20100802_502699.shtml.

[23] 黄宗忠. 转变办馆理念,以提高图书馆服务档次为重心,推动我国图书馆事业持续发展[J]. 图书馆,2008(1):7-13.

[24] 程焕文. 图书馆在变,图书馆的价值没变[EB/OL]. [2022-10-03]. http://blog.sina.com.cn/s/blog_4978019f0102e02w.html.

高校图书馆如何走好展览服务之路

◎ 张 蕨[*]

> **摘 要**：本文论述了高校图书馆展览服务的定义和意义，分析了目前高校图书馆在展览服务中存在的一些问题与实践困难，以及对高校图书馆展览服务该如何持续有效的开展下去，提出了一些改进举措。
>
> **关键词**：高校图书馆；展览服务

2003年，文化部将图书馆展览活动纳入《省图书馆评估标准与细则》[1]，推进了图书馆展览事业的发展。2015年末，教育部颁布新版《普通高等学校图书馆规程》。该规程虽未对高校图书馆展览提出具体要求，但在总则中明确指出"高等学校图书馆是校园文化和社会文化建设的重要基地""图书馆应充分发挥在学校人才培养、科学研究、社会服务和文化传承创新中的作用"[2-3]。因此，高校图书馆开展展览服务是顺应时代发展的必然所趋，而高校图书馆展览服务将以怎样的方式可持续发展下去，是摆在我们面前急需思考的问题与实践难题。

一、图书馆展览服务的定义和意义

图书馆展览服务是指在图书馆的一定地域空间和网络空间通过展品陈列等方式以展示文化艺术为主要内容的读者服务[4]。展览服务是图书馆宣传推广馆藏资源、提升知识传播效果、发挥社会教育职能的重要服务形式之一，如

---

[*] 张蕨，上海大学图书馆助理馆员，研究方向：图书馆、展览服务。

今发展为图书馆界常态化的主流服务[5]。

高校图书馆在校园文化乃至社会文化建设中担任着重要角色,而其中展览服务在许多方面都发挥着重要作用。对于图书馆自身而言,展览服务是充分发掘和展示馆藏文献、进行阅读推广等活动、打造品牌形象最直接的平台;对于学校而言,展览服务是传播各类文化、支持教学科研任务、反映学校发展历程和动态、推动部门及院系间的合作、展现师生风采的重要窗口。

二、国内高校图书馆展览服务存在的问题

目前,绝大多数公共图书馆及许多国外高校图书馆已形成一套成熟完整的展览服务机制和展览模式,相比之下,国内只有小部分高校图书馆通过长期探索和实践,逐渐开始形成一套较为系统的、契合自身发展状况的展览服务模式。许多高校图书馆对展览服务的重视程度偏低,展览服务工作在图书馆业务工作中长期处于边缘化地位,其中存在的问题不容忽视,制约着展览服务的发展。

(一)对展览工作缺乏重视,办展意识不足

展览工作在图书馆服务工作中所占比重很小,许多高校图书馆未将展览视为自己的业务工作内容之一,认为其存在的意义不大,或是觉得展览就应该由博物馆、美术学院来筹办。

许多高校图书馆在最初设计规划和建造时,并未将展览空间考虑进去或是未留有足够的发展空间,留给展览使用的场地不是过于狭小就是位置偏远,利用馆内某个空闲角落作为展览空间,使得展览举办的形式,展览展出的规模都受到了极大的局限性,展览的影响力和吸引力也大打折扣。

举办一个展览需要人力、物力、财力的多重配合,展架搭建、海报设计、展板制作、展览图录出版、设备租赁等都需要有经费的支持。但许多高校图书馆并没有设置展览专项经费,因经费不足、展览设施落后而导致展览呈现效果不佳甚至是取消展览的情况也偶有发生。

(二)展览形式及内容太过单一,创新度不够

观察许多高校图书馆所举办的展览内容可以发现,展览的形式多以图片展、文献展、图书展、书画艺术展、红色展览等题材为主,内容大同小异,主题不鲜明、个性不突出,大多数展览都采用"固定"模式,展览的交互性与大众参与

感也不强。

（三）展览流程不规范，专业人才缺失

许多高校图书馆并未设置专门的展览部门或建立一支专业的策展团队，当需要举办一个展览时，只是临时性地把可能涉及的部门工作人员集合在一起，其中拥有一定展览专业知识的馆员少之又少。从展览前期研究（选题调研及中心思想、展览大纲和内容的撰写、展品信息资料及图片的收集）；到中期展览的策划与筹备（展品的选择，运输及保护、展览的形式设计：如展览框架结构的搭建、展览动线的设计、展览灯光的布置等）；到后期展览的宣传及存档工作，都需要足够的专业知识来支撑。

（四）展览服务心态急需转变

由于对展览服务的不重视及缺乏专业性，一些高校图书馆在开展展览服务工作时，仍保持着较为传统的思想，主要以被动地提供展览空闲场地为主，如对方有需要，会辅助其完成展览工作。其余时间，宁愿让空间闲置甚至拿来充当临时仓库，也不肯化被动为主动，主动去寻求举办展览的机会。一个高校图书馆的展览服务想要持续发展下去，势必要学会打破固有的思维、改变被动的心态。

（五）展览宣传力度小

浏览许多高校图书馆的主页时，发现很难找到和展览相关的内容，更别说为展览开辟一个专栏进行报道及对往期展览进行回顾。对所办展览的宣传也大多就是进行一些简单的新闻报道、编辑一篇微信推文进行推送；或者是制作一个简易的易拉宝放在图书馆大厅，很多师生要到图书馆来才知道最近有什么展览可以参观。由于对展览宣传力度不到位、许多读者对展览内容知之甚少，参观展览的积极性也大大减少。

三、图书馆展览服务改进举措

（一）建立系统的展览服务运行体系

1. 成立专业的策展团队

一个展览成功举办的背后必然有一个优秀且专业的策展团队在为其作支

撑和保障,对整个展览进行统筹规划与管理,图书馆应该有意识的开始吸引各类专业人才的加入。一个专业的策展团队,由几部分组成:首先,策展人的存在必不可少,策展人就像是展览的导演,负责掌控全局;其次,还需要有设计小组(负责展览的形式设计、内容设计、衍生产品开发),研讨小组(负责展览文字内容的整理、展览配套图录的编辑出版、展览延伸活动的筹划),公共关系小组(负责展览相关的各类媒体宣传、志愿者服务、展览意见收集等),技术小组(负责展览相关网站、虚拟展览、为各类新媒体技术提供支持)。

2. 制定展览相关的各项体系

展览审核体系。无论是图书馆自身筹备展览还是与其他部门或机构合作办展,都应该有相应的制度进行约束,才能确保展览平稳有序地进行。对于展览的各项方案,如展览选题方案(展览主题、展览种类、展品的选择、展览目的等);展品运输方案(作品的尺寸、数量、包装情况等);展览设计方案(画册/图录、宣传册、邀请函、海报、展板、桁架等);展览布撤展方案(作品放置位置、展厅空间改造、展厅搭建、灯光打造、音影设备等);展览宣传方案(媒体宣传、主页新闻稿、微信、微博等媒体平台推送、视频影像资料等);开闭幕式方案(出席的领导及嘉宾名单、日常安排、议程安排等)进行相应的审核与筛选。

展览经费申请体系。许多高校图书馆并未设置专门的展览经费,一般都是从馆内现有经费中调拨一些出来,用于展览。在筹备一个展览时,可能会出现一些不可控因素导致展览经费超支,在这样的情况下,图书馆可以考虑向学校申请相应的经费支持,也可考虑接受来自外界的捐赠(如社会个人、团体、机构),在接受经费资助的时候,我们也要对捐赠者进行严格的考察和审核,确保经费的安全性。

展览评价体系。对于图书馆及其展览服务而言,评价的主要目的是将效用评价结果作为参考反馈给工作人员,帮助组织者了解活动开展的不足和成功经验,改善展览服务的规划、设计和实施环节,提升组织管理水平及服务质量[6]。图书馆可以通过在展览现场发放问卷调查,在各类媒体平台和账号上发布意见征集帖,或者通过电话、邮件等形式来收集大众对于展览的评价和建议,了解展览活动是否满足公众需求、参观者对于展览的体验感和观感如何。图书馆自身也可对所举办的展览进行定期复盘和梳理,分析是否还有可改进的地方或可提升的空间。

展览培训体系。高校图书馆应注重人才培养,不断提高服务水平。定期开展专业培训课程(展览专业培训、各类软件操作),定期组织参观及交流研讨活动,聘请专家开展讲座及答疑活动,扩大和培养专业的志愿者队伍等。

(二)利用新技术、打造新展览

随着科技的发展,各类新兴技术崛起,线上展览、虚拟展厅的概念开始普及,其发展逐渐成熟,越来越多的图书馆开始采用"线下＋线上"相结合的方式开展展览服务,线上展览作为一种展示形式,能够提高信息获取的效率。常见的线上展览一般有三种不同的展示方式:虚拟展厅、实景复刻及VR全景拍摄。虚拟展厅利用3D建模技术构建展厅模型,设计场景布局及功能模块,通过技术合成输出完整的展厅模型,带来沉浸式的观感体验,而与实景复刻相比,虚拟展厅并不需要任何线下实体空间,其优点是可以为展览支出省下许多经费。实景复刻是对线下真实场景的复制,需要采集真实场景的信息,通过三维建模技术,1∶1还原场景原貌,利用Web3D技术将三维模型数据转化为可视化的3D线上展厅。而VR全景拍摄是通过VR全景相机对线下已有的场景进行拍摄,将真实的场景导入全景系统,实现三维虚拟全景展示,这两者的优点是方便无法在线下参观实体展览的用户以及想要回顾展览的人可以在任何时间、任何地点、不限次数的观看展览,对于图书馆而言,也是保存展览资料,进行存档工作的一种不错的方式。

AR技术和设备,也常常会被运用在展览中。AR又称增强现实技术(Augmented Reality),是指将真实世界信息和虚拟世界信息"无缝"集成的新技术,是把原本在现实世界的一定时间空间范围内很难体验到的实体信息(视觉信息、声音、味道、触觉等),通过电脑等科学技术,模拟仿真后再叠加,将虚拟的信息应用到真实世界,让参观者在参观展览时能够获得一种身临其境的体验。许多图书馆、博物馆等也会在展览现场利用AR设备设计一些小游戏,从而增加展览的互动性和趣味性。同时也可借鉴国外一些博物馆、美术馆的做法,利用AR技术配合手机程序,当参观者把手机对准展品时,手机上会出现详细的展品介绍及相关知识拓展。

(三)建立多方位合作,拓展展览服务内容

每所高校图书馆在图书及文献资料收藏上的侧重点是不同的,应充分发挥自己的馆藏资源优势,举办拥有自身特色、能够展现自身文化建设的系列化展览,打造专属品牌形象。充分挖掘特色馆藏资源,为展览提供丰富的素材和内容,可在为读者提供服务的同时,协助图书馆进一步加强相关资源的收集和整理,最终实现"以展征藏、以藏促展"的目的[7]。利用举办展览的机会,查漏补缺,盘活资源,对馆藏资源进行梳理和补充。在经费和条件允许的情况下,依托馆藏文化资源,深入发掘展览内涵,利用品牌符号、文化符号、地域符号、视觉元素等作为创意来源,开发特色文创产品。文创产品的开发作为展览的一个新阐释途径,所展示和形成的文化现象,其影响力有时并不逊色于展览自身所带来的社会影响,其正在逐渐发展成为一种有效率的文化传播方式。

高校图书馆作为学校的一个重要教育机构,它不但是文献信息中心,同时也应该成为学校的文化中心,所以仅仅只展出馆内自身资源是远远不够的,高校图书馆要学会开阔视野,提高办展意识,展开多方位合作。

如可以和博物馆、档案馆合作,实现跨界融合,打破不同机构间的边界。利用博物馆展览相关理论,吸收博物馆对不同类型展览的办展经验,在藏品保管、运输、保护、展示等方面的经验,提升展览的传播效益和整体专业水平;学习档案馆收集、保存及展示珍贵文献资料的做法和经验。

也可以与学校社团,各院系间联系,了解师生对展览的题材、内容、形式有哪些兴趣或者看法,也可以和师生共同组建一支展览志愿者服务团队,全程参与到展览的筹划与举办中,或者是也可以定期合作,把有意义的、有趣的师生活动用图片展一类的形式呈现出来,向全校乃至社会展示师生风采。

与学校出版社、期刊社以及校外数据库供应商合作,定期收录一些好的图书著作,丰富馆藏资源。与学校各职能部门合作,收集学校一些重要活动,学术论坛,讲座会议等的影像资料、文字材料。

增强馆际之间的交流合作。2013年,上海地区高校图书馆成立了上海高校展览资源共建共享联盟,开启了高校图书馆展览服务联盟的先驱。徐健晖提出,国内的高校应积极探索建立联盟,联盟在展览信息、展览资源、展览组团谈判、展览联合制作及人才联合培养等方面可以实现资源互补和共享[8]。其他地区的高校图书馆可以参考和借鉴上海高校展览资源共建共享联盟的模式、经验,尝试建立地区高校联盟。

也可以和其他高校、地方图书馆、美术馆及博物馆沟通交流,引入其他高校及公共馆举办的优秀展览案例,以巡展或联展的方式进行展出。这样的做法不仅可以加强学校之间、学校与公共机构之间的联系,形成交流纽带,促进共生发展;同时也是图书馆在丰富校园文化的内容与内涵,发挥图书馆文化育人与文化传承的职能的体现。

(四)加强宣传推广力度和方式

图书馆主页是大众了解一所图书馆,接收各类信息资源最直接的方式,所以图书馆应该专门为展览设置一个专栏,将展览相关内容和信息公布在网页上(近期展览公告、往期展览回顾、展览场地申请、展览相关讲座信息、新闻稿等);也可提供展览讲解服务(策展人导览解读、学生志愿者讲解);比较重要的展览可将展览图片放置在主页轮显中循环播放,也可和学校新媒体中心联系,在学校信息平台上发布展览相关信息,增加曝光率。

定期发布微信推送,形成系列推文。可将每个展览从前期展览筹备策划到展览布展施工到展览完成,按阶段编辑微信推文,让大家可以实时了解展览最新动态,增加大众期待度。或是将策展过程和展览内容制作成短视频进行发布,更直观地对展览进行宣传。也可邀请校外媒体机构、媒体平台等前来参观,对展览做相关报道,打开知名度,提升展览影响力。

四、结语

随着社会的不断发展,高校图书馆不能再固守成规,要学会改变传统,适应时代需求,实现自身职能,开展全方位的服务。要重视展览服务的拓展,加强理论体系建设,深化展览精神文化内涵,积累创新实践经验,从收集知识、加工知识到传播知识、促进新知识生产的角色转变,实现图书馆功能和使命的提升。

参考文献

[1] 中国图书馆学会.中国图书馆年鉴[M].科学技术文献出版社,2003:607-620.

[2] 燕今伟,朱强.《普通高等学校图书馆规程》修订述要[J].大学图书馆学报,2016,34(2):5-8.

[3] 燕今伟,朱强.《普通高等学校图书馆规程》修订述要[J].大学图书馆学报,2016,34(2):9-13.

[4] 王世伟.图书馆展览服务初探[J].图书馆杂志,2006(10):22-26.

[5] 马祥涛.基于"全评价"理论的图书馆展览服务评价研究[J].图书馆,2020(10):104-110.

[6] 马祥涛.基于"全评价"理论的图书馆展览服务评价研究[J].图书馆,2020(10):

104-110.

[7] 王世伟. 图书馆展览服务初探[J]. 图书馆杂志,2006,25(10):22-26.

[8] 徐健晖. 高校图书馆展览服务改进刍议[J]. 大学图书情报学刊,2018,36(6):57-60.

先秦藏书事业的功能演进及其对当代图书馆建设的启发

◎ 范　晶　介　凤[*]

> **摘　要**：从商周到春秋战国时期，先秦藏书事业经历了一个功能演进的过程，亦即逐步世俗化的过程。其宗教功能渐趋消解，实用功能开始显现，随着私人藏书事业的兴起，新的社会功能也逐渐形成。这一过程从侧面展现了我国先秦文明发展的脉络。通过考察时代背景之下的文化特征，来分析和理解先秦藏书事业功能演进各阶段的相关要素和具体表现，有助于理解我国早期图书馆的发展轨迹，对现代图书馆的社会职能以及发展方向的构建也有一定的启发。
>
> **关键词**：藏书事业；功能演进；世俗化；私人藏书

　　书籍是人类智慧和经验的总结，从人们有意识地将符号与图画记录在某种材料上开始，用于传递和传承信息的原始文本就产生了，随着文明的进一步发展，早期的文字出现了。据考古发掘，早在三千多年以前，先民已开始使用成熟的甲骨文字了[1]，尽管甲骨文书还有别于后世意义上的书籍，但确实已具备书籍的雏形，可以视作原始书籍。先秦藏书事业按藏书功能来看，大致可分为两个阶段：商周时期和春秋战国时期，藏书事业在这两个阶段呈现出各自的特点。在这个发展过程中，有一种变化虽不夺目却意义深远，它反映了整个社会意识形态的变迁，这就是藏书事业功能的演进，亦即其世俗化过程。下文

---

[*] 范晶，上海大学图书馆助理馆员，研究方向：读者服务；介凤，上海大学图书馆馆员，研究方向：信息服务。

将论及这一重要变化及对今人的启发。

一、商周时期：藏书事业具有重要的宗教功能

我国早期的文献按载体不同，主要分为甲骨文献、青铜文献、石刻文书、简牍书、缣帛文书。王国维先生在《简牍检署考》中称"书契之用，自刻画始。金石也，甲骨也，竹木也，三者不知孰为后先，而以竹木之用为最广"[2]。尽管这些充当商代与西周知识载体的器物，大部分已不复存在，但留存至今的甲骨文书和青铜铭文使我们得以一窥早期图书的面貌，并探究隐藏在这些图书和藏书活动之下的文明遗迹。

（一）早期文字和图书的宗教功能

图书的作用，据古人所言，是为了流传于世，以示子孙。墨子曰"书于竹帛，镂于金石，琢于槃盂，传遗后世子孙者知之"[3]，《左传》中记载刻作青铜铭文是为了"铭其功烈，以示子孙，昭明德而惩无礼也"[4]。由此可知，古人成书作册乃是为了将先人的智慧以文字为媒介传达给后人。对先民来说，文字和符号蕴含着强大的巫术力量。公元前两世纪成书的《淮南子》记载，"昔者，苍颉作书而天雨粟，鬼夜哭"[5]。为何在上古的神话传说中，文字拥有这种令天地变色、万鬼同哭的力量？张光直先生认为，因为文字源于知识，而知识来自祖先（神灵），中国古代的文字形式也因此具有了内在力量。也就是说，祖先（神灵）的智慧通过文字的媒介显示于后人。文字作为信息载体，成为沟通天地人神的媒介。占有这种沟通手段，就能控制并独占从文字中得来的祖先（神灵）的知识和预言能力，也就能取得政治权威和预言能力[6]。事实上，知识的神圣性可能来源于最古老的宗教经验，来自原始人类对天空本性的思考：天界的至上神无所不在，俯视万物，创造并统治万物因而"遍知"万物[7]，对早期人类来说，知识因此具有神圣起源并具"神圣力量"。

既然知识有其"神圣起源"，文字曾经与权力直接相关，那么关于三代史官负笈出奔的记载也就不足为奇了。三代之际，不仅君权神授，知识也属"神授"。典籍所载，不管是道德训诫、法律法规还是仪礼章程，都有着神圣起源。典籍乃天命的象征，是天命所在，守典犹如守天命，而失国以失去掌典史官为先兆[8]。这一时期的典籍不仅具有"情报资料"的功能，更具有使帝王统治合法化的功能，占有这些典籍，象征着帝王统治的合法性与政治权威性。这表明

早期的藏书活动必然与权力中心密切相关,并承担着重要的宗教功能。

(二)殷商时期:作为一种宗教活动的藏书事业

目前所知的关于殷商与西周早期藏书地点与藏书内容的信息,也印证了藏书活动的宗教意义。依据目前考古发掘的情况,可以确定殷商与西周早期王室收藏的典籍主要贮存于宗庙中,大量的甲骨文书被收藏在宗庙、宗庙内及附近的窖穴中[9]。宗庙,作为天子祭祀祖先、沟通天地最重要的场所,是商周时期文献的主要收藏场所。现存文献多为甲骨卜辞、铭文礼器,它们所录内容与其形式皆深具宗教色彩,发挥着特定的宗教功能:甲骨文书刻录的卜辞记录了与祖先(神灵)沟通所得的结果,即神示,象征了统治者统治的合法性与神圣性;而刻有铭文的青铜礼器既具有藏书的性质,又意味着对资源、财富、沟通祖先的手段的独占,即对统治权力的独占[6]。它们构成这一时期重大仪式活动不可或缺的要素,是统治的重要象征。可见,殷商时期的藏书事业本身就是一项仪式性活动,具有重要的宗教功能。

作为藏书事业负责人的史官当然也具备相应的宗教职能。我国早期的史官有"巫史"或"史巫"之称,所谓巫史同源[10],巫史文化是殷商时期的文化特质。徐复观先生认为:"史的原始职务,是从事于宗教活动的,其他各种记事职务,都是关联宗教,或由宗教演变而来。"[11]既然早期的知识和文字具有古老的"宗教—巫术"价值和力量,那么作为当时唯一掌握文字的阶层,史官或者说史巫自然充当了宗教媒介的角色,行使着重要的宗教职能。

然而文明的演进有其自身规律,到西周中晚期,藏书活动的宗教功能开始淡化,或者说藏书活动开始展现出更为实用和世俗的功能。

(三)西周时期:藏书事业开始具有世俗的实用功能

西周藏书事业的变化,在青铜文书的功能转变中得到清晰的体现。西周时期,甲骨文书渐稀,而青铜文书则大量增加。有学者统计了已出土的商周时期青铜器,商代青铜文书字数均不超过50字,而到西周中晚期,不仅青铜器数量增多,而且100字以上的青铜文书占比不小且不断上升,甚至有多件200字以上的青铜文书。其中记录战争和王命的青铜文书已开始具有封建社会关系中的"身份契约"的功能;记录田地纠纷和疆界划定的青铜文书则带有经济性质的契约功能[12]。也就是说到了西周中晚期,青铜文书不再仅仅具有宗教功能,其中一部分承担了契约功能,具有更为实用的价值。这一过程伴随着中国古文字传播功能的变迁,即"文字不再仅是宗教活动的一部分,而是在现实生活中拥有了更加实用的功能,双方的承诺可以用文字作为保障"[12]。至此,藏书事业的宗教功能渐趋淡化,实用功能开始凸显。

周代的藏书处所体现出同样的特点。除王室宗庙,周代还设立了天府、太史府与盟府等专门藏书处所。收藏的文献,除了礼制典章、法规章程,还包括周天子与诸侯或诸侯之间的会议盟约,乡州都鄙及官府的治职文书,审理案件的判决文书,等等[13]。具有实用价值和契约功能的文书逐渐成为官方藏书活动的重要组成部分。

史官的职能和功用也表现出相应的轨迹走向。商代晚期,巫史文化衰落,史官的巫术色彩开始消退,巫史流落四方诸侯国。进入西周,随着完备的礼乐制度的建立,史官这一职务不断地分化和细化。从其工作内容来看,史官依然是处理文字与知识事务的专职者:他们需要论政咨询、记言记事,保管和整理档案图籍,负责占卜、祭祀等重大的宗教事务和各类仪式典礼等,其职权范围囊括了文职、官职、礼职、史职、"天"职、武职六大类事务,几乎垄断了文字与知识的所有事宜[8]。尽管职能范围几乎不变,周代史官却经历了一个"由巫而史"[12]的理性化过程,到春秋时期史官所承担的职务中与宗教相关的活动比重已不到三分之一[14]。从商末到春秋时期这样一个长时段,以文字记录的理性化、道德化为契机,史官的宗教职能渐趋没落。

如果说西周的官方藏书事业是一个复合体,既承担了部分宗教功能,又开始具有世俗的实用功能,那么兴起于春秋战国时期的私家藏书事业则完全是个体的世俗化的行为,本身便体现了个体意识的觉醒,其与早期藏书事业用于向集体展示权力与政治权威的宗教功能有着本质的区别。

二、春秋战国时期:新兴的私人藏书事业具有全新的社会功能

春秋战国时期,政治经济文化和社会生活各方面都在经历着巨大的变革,人们的思想意识形态同样处于动荡变化中,藏书事业也随之发展变迁。到战国末期,藏书事业已经与初时有了较大差异。

(一)书籍功能的转变:成为思想学术交流的媒介

西周的礼制典章有其特定的宗教功能,它规定了西周的礼乐制度,通过一整套固定的行为守则和祭祀礼仪来沟通天地人神,一举一动,皆有定法。如

此,传统秩序和等级制度,即"神圣秩序"就能得到维护。然而至西周末期,周室衰落,传统的礼乐制度开始动摇,并逐步走向崩坏,传统秩序和等级制度正受着严峻的挑战。《汉书·艺文志》记载:"周室既微,载籍残缺。及周之衰,诸侯将逾法度,恶其害己,皆灭去其籍,自孔子时而不具。"[15]春秋战国时期,各国诸侯乃至权臣因自身统治的合法性问题而损毁图书的事件,屡见不鲜,不少上古文献因此佚亡[16]。这意味着传统礼乐制度正走向分崩离析,它所承载的宗教功能也因此衰微,"礼"的神圣性逐渐消逝,礼法的约束力量日趋微弱。

社会形态与社会思潮变革的同时,随着文字传播功能的变迁,书籍功能进一步世俗化。传统秩序和传统价值的崩溃带来的危机,使得人们的内在观念和精神世界陷入冲突与动荡中,并推动人们进一步思索人性,探究人类的命运以及人与自然万物的关系。随着文字垄断被打破,诸子百家相继出现,各成流派,不再受统一范式的束缚。这一时期的思想家们对社会关系、人类命运和人性善恶各有自己的主张,他们在著述中也都提出了各自的解决办法。现实世界成为这些著述的主题,它们为君主提供治国之道和外交策略,为君子提供完善自身品德的途径,为人们认识客观世界提供经验总结。书籍不再象征统治手段和资源的独占,不再具有宗教功能,而是成为人们认识现实世界与表达自我的工具,具有了思想交流和学术交流的媒介功能,它记录了古人上下求索的足迹,是古人好奇心和求知热情的明证。

随着书籍功能的转变,私家藏书事业兴起。

(二)私人藏书事业的社会功能:培养人才、教化民众

私人藏书事业自其兴起之初,就展现出了新的社会功能——培养人才、教化民众的功能。

钱存训先生认为:在中国图书馆发展过程中,私人藏书是在官书档库建立之后,政府设立中央管制的藏书之前[17]。这一时期文化教育不断下行,从"学在官府"到"学在四夷",直至私学的诞生,经历了一个持续发展的过程。这种文化的下行及简牍的盛行,伴随着同时期知识阶层——"士"阶层的出现和壮大,使思想文化得到前所未有的传播。学者思想家们或自己著书立说,或出弟子把他们的言行和思想记录下来,编纂成册,使春秋战国时期成为我国思想史上的一个高峰。《墨子》提及"今天下之士君子之书不可胜载"[3],可以想见当时私家著述之盛,书籍的内容、种类之丰富。伴随私家著述兴盛而来的,是私人藏书事业的兴起。对于知识阶层来说,出于个人智识与精神方面的需求,

收藏图书几乎是必然的。"士"阶层成为私人藏书的主要力量,他们搜罗所能找到的书籍,抄录士人的著述,抄写流入民间的官书,记录口耳相传的故事[18],私人藏书便这样积累起来。

书籍成为思想交流和学术交流的媒介,使得私人藏书事业天然地具备了培养人才的功能。活跃在这一时期的学者思想家们通常都有着数目不小的私人藏书,他们既是私人藏书的收集者又是私家著述的作者,其代表人物孔子、墨子、惠施、王寿、苏秦、吕不韦等[19],皆为学者与思想家,也即"士"阶层的典型代表。其中多有教育家,门下弟子众多。因简策笨重,他们平时用箧负书,需要远行时,则用车载图书随行。这些私人藏书类似一个小型的"私人流动图书馆",陪着他们周游列国,授徒讲学,培养了一批批人才。鲁、宋、楚等诸侯国也在这一过程中成为春秋时期的文化中心[20]。至战国中后期,齐国甚至产生了稷下学宫这一官办大学性质的机构,吸引了大量学者和慕名求学的弟子,学术交流空前活跃,藏书种类不断丰富,使得稷下学宫成为当时的学术中心和图书资料中心[21]。

其次,私人藏书事业在教化民众这方面也发挥了其特定的功能。以孔子、墨子为例,众所周知,孔子是有教无类的首倡者,学生中有不少平民子弟,例如他的得意门生颜回,而墨子更是平民出身,手工业者的代表人物,其弟子也多为平民。这些学者教育家在向平民子弟传授知识的过程中,无形中也实现了教化民众的功能。其藏书活动在其中定然起到了重要的作用,且反过来又加速了书籍的传播和思想的交流。孔子三千弟子,"身通六艺者七十二人,由是六籍乃布于民间,官学得闻于私室"[22]。六籍布于民间,说明知识传播的广度,已经覆盖到了普通民众。到了战国末期,私家藏书可谓愈加普遍,据《韩非子五蠹》记载:"今境内之民皆言治,藏商、管之法者家有之,而国愈贫,言耕者众,执耒者寡也;境内皆言兵,藏孙、吴之书者家有之,而兵愈弱,言战者多,被甲者少也。"[23]其所反映的现实状况为:思想家通过书籍传播政治主张和实用策略,"境内之民"纷纷收藏书籍,在书籍中寻求应对现实困境的出路,尽管结果不尽如人意。这段话不仅透露出战国末期民间私人藏书的相对普遍,且清晰地表达了书籍的世俗功能与功利效用,藏书活动已完全剥离了早期所具有的宗教意义。

私人藏书事业所承担的培养人才、教化民众的社会功能在我国早期图书馆发展史上具有重要的意义,对我国当代图书馆建设也是富于启示和教益的。

三、对我国当代图书馆建设的启发

先秦藏书事业开启了我国图书馆发展史的源流，其功能演进过程展示了先秦文明的走向，揭开了庞大的文化图景的一角。今天，当我们回顾这一过程时，依然可以从不同角度得到重要的启发。

一方面，藏书事业功能转变的过程，实际上也是一个世俗化过程，藏书活动从早期"人—神"沟通的仪式性功用，转变成"人—人"沟通的实用性功用，实现了"读者—作者（书籍）""读者—读者"之间的思想交流。没有这种思想学术交流，就不可能有诸子百家的文化盛况。从某种程度上来说，学术和思想交流的深度和广度，决定了一个时代的文化高度。尤其对互联网时代的图书馆建设来说，其发展的目标和方向，就是多角度全方位地促进学术和思想的交流。高校图书馆如今正进入数字学术发展阶段，其数据整合、数据管理和项目嵌入使得学术的交流与合作达到新的深度，并仍在不断地探索和完善中。同时，不论是高校或者公共图书馆，在空间设计、阅读推广等不同层次的规划中，都可将促进信息、学术和思想的交流作为要素来考虑。

另一方面，藏书事业历经漫长的功能演进过程，而"知识—书籍"的超越性价值从未被完全消解，这赋予图书馆历久弥新的意义。"神"的时代已经离我们远去，藏书事业早已不再具有宗教功能，然而知识却依然在某种意义上保留了其非凡的、神圣的价值。那些曾经的神圣意象和象征悄然进入日常生活，存留在某些熟悉的用法和词汇中，不动声色地滋润着人们的心灵和头脑。看一看这些耳熟能详的表达：书籍是人类进步的阶梯，图书馆是知识的海洋，学习的圣地等，我们很容易在其中发现知识超越性的一面。从古至今，我们无数次在传说和流行文化中遇见过这样"一本书"，它或是玄奥天书，或是太公兵法，或是武林秘笈，得到这本书就能得到超凡的智慧或者力量，这样看似无法通过理性检验的情节，却能让现代人自然地接受并从中得到快乐和抚慰，我们不难在其中分辨出关于知识神圣性的古老观念。如今，当我们步入一座图书馆，身处宽敞高远的空间，目力所及乃是一排排高大的书架，其上整齐排列着各类图书，我们心中油然而生的是对知识之无边浩瀚的敬畏之情。人类个体是何等渺小，而其求知和探索之心又是何等坚韧，无数个体跨越时间与空间，积累起浩如烟海的知识宝库。对我们每一位图书馆从业人员来说，对知识的敬畏以及对求知者的尊重，一直是支撑我们工作并为我们指明方向的力量源泉。

四、结语

先秦藏书事业的发展与变化，折射出时代的特征，反映了整个社会意识形态领域的重要演变。这种演变并非一蹴而就，它经历了漫长的过程，在与社会生活和自然环境的一次次碰撞与互动中，积蓄着力量，促使人类自我意识的进一步觉醒。由此，人类对自身与外部世界的认识得以加深，文字与书籍得以世俗化，书籍种类不断丰富，私人藏书事业日益兴盛，文化的传播与传承也愈加便利，最终促成了这一时期文化的空前繁荣。探寻先秦藏书事业世俗化的过程，展示其发展背景与原因，有助于厘清我国古代图书馆的发展轨迹，并揭示出早期图书馆更为全面清晰的图景，由此进一步加深我们对现代图书馆建设的认识，对图书馆社会职能、发展方向的构建也有一定的启发作用。

参考文献

[1] 刘国进.中国上古图书源流[M].新华出版社，2003：51.
[2] 王国维.王国维讲考古学[M].团结出版社，2019：1.
[3] 梁奇.墨子译注[M].上海三联书店，2014：124.
[4] 李梦生.左传译注下[M].上海古籍出版社，2016：913.
[5] 陶曲勇.字以通神——有关史前汉字的宗教性因素考察[J].基督教文化学刊，2020(1)：91-116.
[6] 张光直.美术、神话与祭祀[M].郭净，译.上海三联书店，2013：75-88.
[7] 米尔恰伊利亚德.神圣的存在——比较宗教的范型[M].晏可佳，姚蓓琴，译.广西师范大学出版社，2008：52.
[8] 耿相新.中国简帛书籍史[M].生活·读书·新知三联书店，2011：407-408.
[9] 马媛媛.从出土文献看先秦藏书[J].图书与情报，2010(5)：156-160.
[10] 李瑞良.中国古代图书流通史[M].上海人民出版社，2000：9.
[11] 徐复观.徐复观全集：两汉思想史[M].九州出版社，2014：29.
[12] 赵云泽，董翙宸.中国上古时期的媒介革命："巫史理性化"与文字功能的转变及其影响[J].新闻与传播研究，2019，26(7)：92-106.
[13] 刘渝生.周王朝官府藏书处所辨析[J].图书情报工作，1986(4)：9-14.
[14] 林晓平.春秋战国时期史官职责与史学传统[J].史学理论研究，2003(1)：59-69.
[15] 班固.汉书[M].中华书局，2007：327.
[16] 李玉安.中国图书散佚史[M].武汉大学出版社，2014：47-50.

[17] 钱存训.书于竹帛——中国古代的文字记录[M].世纪出版集团,2006:10.
[18] 陈德第.先秦至隋唐五代藏书家考略[M].天津古籍出版社,2011:1-4.
[19] 宁波市天一阁博物馆.《天一阁文丛》第十一辑[G].浙江古籍出版社,2013:12.
[20] 谢灼华.中国图书和图书馆史[M].武汉大学出版社,2005:37.
[21] 滕琳.春秋战国时期文化中心的转移[D].山东师范大学,2011:30-31.
[22] 蒋元卿.中国图书分类之沿革[M].中华书局,1983:17.
[23] 张觉.韩非子译注[M].岳麓书社,2006:661.

上海大学图书馆科学家书屋建设实践案例分析

◎ 付 丽 李 柯*

> **摘 要**:"伟长书屋"和"匡迪书屋"是上海大学图书馆特色馆藏,也是由名人捐赠而设立的书屋。本文通过叙述两座科学家书屋的建设和概况,以及依托书屋开展的特色服务和活动,分析名人捐赠类特藏在高校图书馆中的运营现状,为此类图书馆特藏资源的开发和利用提供实践案例和经验分享。
>
> **关键词**:上海大学图书馆;特色馆藏;名人捐赠;科学家书屋

2022年5月30日,中国科协、教育部、科技部等七部委共同发布了首批科学家精神教育基地名单,钱伟长图书馆成功入选。首批科学家精神教育基地涵盖科技馆、学校、科研院所、科技企业、国家重点实验室、重大科技工程纪念馆(遗迹)、科技人物纪念馆和故居等类别,覆盖航天、物理、数学、医学、农业、交通、核工业等多个领域。以知名科学家命名的场馆中除了"袁隆平杂交水稻科学园""中国中医科学院中药研究所屠呦呦研究员工作室"等学术机构外,李四光纪念馆、钱学森图书馆、钱伟长图书馆是其中引人注目的具有名人纪念性质的公共文化机构。科学家精神教育基地的建设期为五年,在建设期内,相关部门将对基地的场馆设施、展陈、讲解员、教育活动、新媒体情况、管理制度等方面进行考核。

---

* 付丽,上海大学图书馆助理馆员,研究方向:博物馆学、观众研究等;李柯,上海大学图书馆馆员,研究方向:阅读推广、用户服务。

钱伟长图书馆获选全国首批科学家精神教育基地,是上海大学的光荣,也是钱伟长图书馆扎实推进特色图书馆建设实践的充分肯定。回顾建设探索之路,两个科学家书屋的实践值得系统总结。

一、上海大学图书馆书屋建设背景及概况

上海大学科学家书屋目前包含"伟长书屋"和"匡迪书屋"两个空间,分别以钱伟长和徐匡迪两位科学家的名字命名,是上海大学图书馆特色馆藏之一。最初两座书屋设立在上海大学宝山校区校本部图书馆,2019年钱伟长图书馆建成开放,书屋搬迁至钱伟长图书馆六楼,2019年12月正式对外开放。

(一)伟长书屋建设背景及概况

伟长书屋所藏的全部图书及藏品是由钱伟长先生及其家属捐赠。钱伟长先生是我国著名科学家、教育家,杰出的社会活动家,中国近代力学奠基人之一。1955年当选为中国科学院学部委员(院士),1956年当选为波兰科学院外籍院士。历任全国政协第六、七、八、九届副主席,中国民主同盟第五、六、七届中央委员会副主席和第七、八、九届名誉主席。曾任清华大学教务长、副校长。1983年调任上海工业大学(上海大学合并四所学校之一)校长,1994年担任新组建的上海大学的首任校长。钱伟长校长对图书馆有着深厚的感情,曾多次向图书馆捐赠图书,亲自画图设计校本部馆,关心学生在馆学习环境,并表示将其收藏的图书、期刊全部捐赠给图书馆。2010年校本部图书馆203室设立"钱伟长捐赠陈列室",陈列钱伟长捐赠的1 717册图书。2018年后,其家属将钱老的全部藏书、资料、期刊论文及部分钱老的照片、荣誉证书、信件、个人收藏、家具、生活用品等分批捐赠给上海大学图书馆。目前伟长书屋共收藏图书7 500余册,期刊10 000余册,资料1 000余件,家具及藏品400余件。捐赠图书涉及自然科学、人文科学、社会科学等领域。

(二)匡迪书屋建设背景及概况

匡迪书屋所藏的全部图书及藏品是由徐匡迪先生捐赠。徐匡迪先生是我国著名的冶金学家、战略科学家,中国工程院院士,是英国皇家工程院、瑞典皇家工程院、塞尔维亚工程院、美国工程院、俄罗斯工程科学院外籍院士。曾任上海市市长,中共上海市委副书记,中国工程院院长,全国政协十届副主席,中

共十四届中央候补委员,十五届、十六届中央委员。徐匡迪院士不仅是卓越的科学家,而且还是一位资深教育家。一直以来,徐匡迪院士心系教育,心系上大。自1972年起,在上海工业大学工作期间先后担任冶金工程系主任、常务副校长等职。在他带领下,上海大学钢铁冶金学科及其实验室已成为教育部重点学科和上海市重点实验室。1989年后,他虽然主要在政府部门任职,公务异常繁忙,但他仍时刻关注着上海大学的点点滴滴,积极推进上海大学建设与发展。2017年至今,徐匡迪院士将个人藏书及珍贵的藏品陆续捐赠给上海大学。目前,匡迪书屋共收藏图书8 000余册,藏品2 000余件。捐赠图书涉及人文、社科、科技、钢铁、冶金、材料等各领域,包括中华文库、湖湘文库、西湖全书等大型丛书,院士文集、院士文库、院士传记、院士画册等院士专题文献,名人著作、文集,中国工程院咨询报告等各类决策咨询文献,以及多种大型画册、地图册、百科全书等。捐赠藏品包括名人铜像、坐像、火箭、飞机、月球车模型、钢铁材料纪念品、瓷器、珍贵照片等。

目前,伟长书屋与匡迪书屋对校内师生全天开放,校外团队预约可进行参观。所有图书均可供读者阅览,书目信息可在图书馆书目查询系统中检索,书屋内也有捐赠图书及藏品清单可供读者查阅。同时,图书馆官方网站也已开设名为"钱伟长数据库"和"匡迪书屋"的虚拟陈列室,微信公众号开设两座书屋的360度全景漫游,为读者提供线上阅览和参观服务。

二、书屋特色服务与活动

(一)日常参观阅览

书屋目前对读者和观众全天开放,提供图书阅览、书屋参观及预约讲解的服务。自开放至今,接待多批参观团体和个人,包括校内师生、校友团体、行业馆、上海市及其他市县等多批参观团体。此外,在新生季和读书月及校内的优质服务月期间增设定时讲解服务,受到观众的欢迎。截至目前,共接待团体及个人阅览参观一万余人次。

(二)主题学术活动

在匡迪书屋的尾厅,设有小型学术讲堂和活动座椅,可开展多样化的学术和交流活动。2020年,钱伟长图书馆获批宝山区"社区书院",依托"社区书院"品牌项目,联动宝山区科协科普资源,共同开展学术讲座、科普课堂、读书沙龙等活动,如"科技助梦,未来可期——探秘'天问一号'"讲座、"量子通信卫星"线下电影和讲座沙龙、"数学之城"线下沙龙讲座、"未来大学"科学传播计划、《鼠疫》读书分享会等。学术活动的开展吸引了更多人走进书屋,了解科学家,从一定程度上促进了书屋的阅读推广。

(三)特色展览活动

书屋中除了常设展品及图书之外,积极挖掘馆藏特色资源以及人物事迹,组织特色展览活动。2021年适逢建党百年及脱贫攻坚的决胜之年,通过对馆藏资源的研究,将钱伟长曾担任毕节试验区专家组组长,在毕节地区进行扶贫的事迹进行深入挖掘,通过田野调查,收集了钱伟长在毕节期间的影音、图像、新闻报道等珍贵资料,并策划了"心系乌蒙 情牵千里——钱伟长与毕节试验区扶贫记忆展"。该展览是以书屋资源为依托,展现钱伟长在我国扶贫事业中的足迹,也是"展读"形式的阅读推广,是图书馆中阅读与展览的结合。

为了发挥藏品资源的更大价值,匡迪书屋模型藏品参与了由上海汽车博物馆、中国航海博物馆、上海航宇中心及上海大学图书馆共同合作的"上下四方无极限——海陆空交通工具模型展",展览在上海汽车博物馆举办。这也是馆内藏品"送出去"走进公共场馆的一次尝试,展览期间吸引了33万人次参观,同时也提高了书屋及图书馆的社会影响力。

为纪念建党百年,匡迪书屋推出徐匡迪院士捐赠的《共产党宣言》(第一版)影印件及徐匡迪院士捐赠的系列主题藏品的展览,吸引校内外师生参观。

(四)学生人才培养

上海大学图书馆与校内理学院、通信学院签订合作协议,合作开展讲解服务等。通过对学生进行讲解内容的培训,首先让志愿者了解书屋的精神内涵,再由志愿者向观众群体进行传播,达到传承和弘扬科学家精神的目的。此外,图书馆通过选拔优秀志愿者参加"第八届上海市科普讲解员大赛",并获得初赛一等奖和三等奖的优秀成绩。

(五)云端线上服务

2020年新冠肺炎疫情期间,为实现闭馆不闭展,更好地服务师生,伟长书屋和匡迪书屋增设云端线上漫游,观众可通过上海大学图书馆微信公众号进入书屋,云享参观书屋。此外,与学院合作在媒体平台推出"大师坐客伟长书房"及线上云导览等服务。

(六)馆校合作项目

2021年上海大学图书馆与上海市久隆模范中学建立合作机制,在资源利用服务、开放团体参观、建立社会实践基地、探索高校图书馆与中小学协同服务模式等多方面开展合作共建。上海市久隆模范中学是徐匡迪担任上海市市长期间倡议成立的一所学校,并多次将自己的科研奖金及稿费捐助该校,而"匡迪书屋"也同样是徐匡迪捐赠给上海大学的宝贵财富。两校有着同样的机缘,借此开展合作,共同搭建育人平台。此外,上海市久隆模范中学每年将近有十分之一左右的毕业生考入上海大学,匡迪书屋拟计划招募该中学毕业学生的志愿者计划,接力人才培养和科学家精神传扬。

三、书屋建设的价值与意义解读

(一)书屋意义解读

1. 空间融合下展读线路的延伸

从建筑空间的划分角度来看,钱伟长图书馆是一个综合性、融合性的空间,集图书馆、博物馆、纪念馆、校史馆于一体。一楼、二楼主要为博物馆展示空间;三楼的外圈为钱伟长纪念馆与校史馆空间;三楼内侧为书香谷,可供展览讲座;四楼、五楼主要为图书馆的阅览区,六楼为图书馆名人捐赠和上大文库的特藏空间;伟长书屋与匡迪书屋是其中两个最为重要的特藏空间。

从空间使用功能角度来看,博物馆、纪念馆、校史馆空间主要用于展览展示,图书馆空间主要以图书阅览为主。但伟长书屋与匡迪书屋是图书馆空间中集阅览、展览、交流相融合的一个综合性功能的学习空间。书屋中除了陈列钱伟长和徐匡迪院士捐赠的图书还展示着丰富的藏品,藏品包括他们捐赠的家具、生活用品、手稿文献、各类证书、模型藏品等,此外,图书中不乏社会各界名人的签名本,具有重要的收藏与展览意义。从书屋展览功能的角度来看,展览主要是基于钱伟长和徐匡迪的人物生平展开的逻辑叙事。尤其是伟长书屋,展示内容与三楼的钱伟长纪念馆有着内容上的连接,所以从一般的参观路线上,很多观众在参观完纪念馆后会继续来到书屋进行参观学习。

当前，图书馆的功能从传统的阅览变得更加丰富，其中展览也日渐成为图书馆的重要功能。阅读不仅仅停留于图书的阅读，展览的阅读也是读者获取信息的重要来源。而书屋可同时满足用户参观和阅览的多种需求，也是对纪念馆参观线路的进一步延伸。

2. "规则"空间里的叙事空间

图书馆中的楼层、书架排列都是基于图书的分类标准进行空间划分的。图书需要经过采编、典藏等一系列有序的流程，在"中图法"制定的标准和规则下进行分类上架。甚至，当前阅览室的座位也全部编号，使用前需要预先在系统中进行选座。整体来看，空间之内都是有序的，是在"规则"之下的。但是书屋是一个特例。

首先，书屋中所有的藏书虽然也是按照"中图法"进行编目，但是并没有与其他同类图书打散放在一起，而是按照人物捐赠，将其作为一个整体；第二，书屋中的藏品不只是冰冷的物体，每一件藏品都蕴含着丰富的故事，藏品之间又通过排列组合组成小的叙事单元，或反映学术经历，或反映治学理念，等等；第三，书屋中的图书不仅仅是狭义的图书本身，同时充当着展品的角色，珍贵的签名本反映了图书作者与捐赠者之间的社会交往，而全部的图书更是捐赠者所涉猎的学术或知识领域的重要体现。图书和藏品共同组成了一个叙事性的展览空间，向读者和观众讲述着捐赠者的人物故事。有故事便与观众有着情感的连接，引导观众走进捐赠者的世界。

3. "人物"经历与品格的具象化表征

钱伟长和徐匡迪有着多重的身份和标签，是院士、科学家、校长……我们以学习他们的精神作为开展教育活动的内容，提出继承和弘扬"科学家精神""大师精神"。但"精神"是抽象化的概念，如何来弘扬？弘扬什么？

在书屋这个场域之下，没有宣传口号式的标语，而是一件件藏品的组合，向观众讲述具体的人物故事和事迹。如伟长书屋中"钱伟长在政协会议中的讲话稿"及"会议纪念品"反映的是其作为社会活动家为国事建言献策，"系列的研究手稿"表现其的科研和学术精神。匡迪书屋中精美的嫦娥系列航天模型藏品反映的是徐匡迪院士为绕月探测工程作出的突出贡献；二件金属材料制作的纪念品反映的是徐匡迪院士在冶金领域的科研创新和学术成就；证明"第十二届光华工程科技成就奖"的奖牌及证书与徐匡迪夫妇将这笔荣誉奖金全部捐赠给上海市久隆模范中学的捐赠证书，表达了徐匡迪对教育事业的关心。书屋中的每一件藏品背后都是人物经历和精神品格的体现，观众通过参观来透物见人,透物见精神。藏品从具体的实用性功能,经过博物馆被转化为叙事功能。在这里的物是物、物非物。

(二)用户人群分析

从书屋开放至今,虽然经历新冠肺炎疫情,但线下观众量也达到一万余人,其中包括校内外的团队参观和零散的读者。从用户的参观目的来看主要可以分为以下两种群体。

1. 因"人"而来

钱伟长是上海大学重组的第一任校长,为上海大学的发展作出了巨大的贡献,备受师生敬仰和尊崇,同时他也是我国著名的科学家、教育家和社会活动家。徐匡迪也曾担任过上海工业大学副校长、上海大学教授,同时也是上海市市长、我国著名的科学家。因此,书屋开放以来,很多观众是慕名而来。由于捐赠者个人的社会影响力和高贵的品格吸引了众多观众前来参观。

2. 因"空间"而来

书屋中除了具有展览功能,也是重要的阅览空间。书屋中设置阅览座位,这里的阅览空间与阅览室不同,除了木质桌椅也设有可以面对面交流的沙发,环境更加古朴和典雅,给读者人置身书房的感觉。因此也有一部分读者是为独特的学习空间而来。书屋中所有的书籍因为都是名人捐赠,翻阅名家藏书也是一种精神力量的传递。此外,在匡迪书屋的尾厅,设置有可以容纳约 50 人左右的小型讲堂,供开展学术讲座和活动交流使用。讲堂中设有活动式座椅,校内师生可以通过预约使用。这里不仅是阅览、展览空间,也是学习交流的空间。

(三)书屋发挥的作用与价值

1. 成为大学生精神文明教育的基地

大学生精神文明教育是大学教育的重要内容。钱伟长作为享誉世界的力学泰斗,其严谨治学,敢于创新和探索,是我国近代力学的奠基人,更是上海大学的"终身校长"。钱伟长说:"我没有专业,国家的需要就是我的专业。"其炽热的爱国之心是上海大学及全社会宝贵的精神财富。徐匡迪说:"国家的需要就是努力的方向。"其"为国而学"的科学家情怀以及对教育事业的深切关心,值得我们大力弘扬、代代相传。2022 年,上海大学钱伟长图书馆成功入选首批全国科学家精神教育基地。书屋通过对阅读与展览空间的营造,以及举办系列教育活动,以科学家精神和爱国情怀为导向,提升学生的精神文明素养。

2. 成为党建活动引领的重要场所

科学家书房集伟长书屋、匡迪书屋、初心视听室为一体的多元育人空间,收藏了科学家手稿、著作、用品和影音文献等珍贵资源,书屋所承载着的精神文化赋予了书屋独特的内涵,是校园的精神文化高地,书屋已成为校内外开展党建学习的极佳场所,在传承红色文化基因和弘扬爱国主义精神方面发挥重要作用。钱伟长和徐匡迪的人物事迹深深地影响着读者和观众,潜移默化地感染学生们的心灵,他们成为广大师生学习的先锋和模范。

3. 开展"人物"研究的引擎和发动机

伟长书屋和匡迪书屋分别是收藏钱伟长和徐匡迪人物资料最全的场所。以书屋为依托,可以开展相关的人物研究。如"心系乌蒙　情牵千里——钱伟长与毕节试验区扶贫记忆展览"就是在馆藏资料基础上展开的研究,通过资料整理形成研究线索,并赴实地调查获取更多的实物和信息资料,最终形成研究成果,并以展览的形式进行展示。这也是不断丰富馆藏的过程,使人物事迹变得更加丰满。

综上所述,上海大学图书馆科学家书屋的运营和实践是图书馆名人捐赠特藏资源开发和利用的有益尝试和实践。希望为同类型图书馆资源利用提供有效的借鉴。

参考文献

[1] 代小佩.140家入选首批科学家精神教育基地名单公布[N].科技日报,2022-05-31(002).

[2] 许捷.故事的力量——博物馆叙事展览的结构与建构[M].浙江大学出版社,2021(12).

[3] 李姗.论高校图书馆的思想政治教育功能[J].教育学研究,2021(1):117-119.

[4] 王乐.高校红色专题特藏的价值挖掘——以复旦大学图书馆为例[J].大学图书馆学报,2022,40(1).

[5] 王远弟,等.深化红色资源"展读"践行立德树人使命——2021年上海大学图书馆阅读推广创新案例[J].高校图书馆工作,2022(2):82-84.

[6] 张微微,龚景兴,姚锦芳.高校图书馆特色人文空间建设研究——以湖州师范学院图书馆基于名人捐赠的特色专库为例[J].大学图书馆学报,2019(5).

研究型大学图书馆建设与探索

阅 读 推 广

基于历史维度的图书馆阅读推广合理性问题研究

◎ 桂罗敏*

> **摘　要**：合理性问题关系到图书馆阅读推广的存在意义和未来走向，是其理论与实践的基础与前提。但目前有关合理性的研究大多预设了合理性而论证合理性，较少批判性审视图书馆阅读推广合理性的困境和危机。本文借鉴科学哲学关于合理性问题研究的方法论，从主体性、价值目标、历史变迁等维度审视图书馆阅读推广合理性的状况，并提出数字时代图书馆阅读推广合理化路径的建议。
>
> **关键词**：合理性；阅读推广；图书馆阅读推广

图书馆阅读推广事业正在遭遇前所未有的挑战。新型的阅读推广形态层出不穷，如云图书馆、移动读书平台、线下网红书店、机场阅读空间等，提供丰富的阅读资源或良好的阅读体验，吸引原图书馆读者和用户群的注意力[1]。图书馆阅读推广发展之路越来越艰难[2]。

围绕如何应对外来挑战或摆脱困境，成为当下图书馆阅读推广研究的根本性问题。目前大部分研究是从技术革新或模式优化的角度寻求解决路径，如引进新媒体技术，再造阅读空间。而另有一些研究则从追问图书馆为什么开展阅读推广开始，探讨图书馆阅读推广存在与发展的合理性问题[3-5]，试图从逻辑与伦理上寻找支撑图书馆阅读推广发展的依据。然而，这些研究大多预设了合理性而论证其合理性，未能批判性审视图书馆阅读推广的合理性危

---

* 桂罗敏，上海大学图书馆副研究馆员，博士，研究方向：图书馆用户教育。

机，也未能深入分析合理性危机产生的根源。

本文无意于对图书馆阅读推广是否合理进行论证，而是在借鉴科学哲学中合理性本体论和方法论基础上，选取一些研究合理性问题的核心维度，审视目前图书馆阅读推广是否满足合理性存在的条件，哪些状况可能导致合理性危机，从而提出数字时代图书馆阅读推广如何予以合理化的建议。

一、合理性问题研究的意义及其方法

（一）合理性问题及其研究意义

所谓合理性，通常是指论断或行动存在的理由或依据，是一切行为和活动实施的前提。作为众多学科的研究旨趣之一，合理性研究源远流长，其源头可追溯到亚里斯多德和苏格拉底等人。至近现代，韦伯[6]、哈贝马斯[7]、普特南[8]等也都做过专题论述。

在某种意义上，合理性概念被赋予与真理、理性等关键性概念一样的地位，认知科学、科学哲学、伦理学和社会学等领域，都对合理性问题展开过持久和广泛的探讨。甚至有学者认为，合理性可以成为检验真理的标准。

合理性不是一个抽象的概念，而是主观动机与客观世界之间意义互动交换的结果。对合理性问题的研究可用于指导实践行动，具体体现为：① 评估论断或者行为的预期效果；② 为行动决策提供依据；③ 促进行动的合理化。

（二）合理性的研究方法

合理性研究有许多流派，产生不同的定义和分类原则。如：亚里斯多德将合理性分为理论合理性和实践合理性，韦伯将其分为形式合理性、实质合理性、价值合理性和工具合理性。

合理性的判断标准和分析模型也有很多。如，塞尔的"经典模型"提出合理性需要遵循六个规则，涉及了信念、愿望、目标的逻辑一致性[9]。戴维森认为合理性需要满足主体条件、内在规定和外部要求，并提出九种审视维度：规范性、主体性、主体间性、主观性、客观性、解释性、语言、心灵、行动[10]。王炳森认为合理性涉及了思维逻辑性、主体目的性、客体规律性、行为技术性四个互相关联的维度[11]。杨耀坤认为应该系统、历史地考察合理性，提出本体论、认识论、方法论、逻辑-数学、价值论、创造论、社会文化七个层面，和纵向与横向、目的与工具、经验与理性、理性与非理性、内部与外部五对侧面的考察维度[12]。

总而言之,判断行动是否合理是一个复杂的系统工程。需要分析理性行动者的行动、意愿和目标是否逻辑一致,观察行动是否符合客观规律,同时还要考虑历史变迁对合理性的影响。对合理性的研究,可以指导行动朝着合理化方向发展。

二、图书馆阅读推广合理性的研究方法

(一)图书馆阅读推广合理性的审视维度

作为影响力较大的社会行动,同样可以通过审视其是否满足合理性的基本条件,来评估图书馆阅读推广是否合理,而不是仅仅对从功能效用的角度来判断。根据前人研究的成果,本文提出图书馆阅读推广合理性的审视维度:

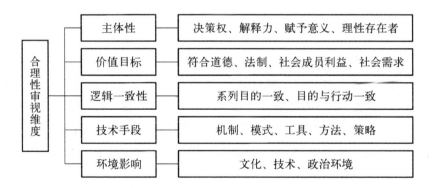

(1)主体性。主体性指行动者必须是一个具有信念、意愿、目的和需求的理性存在者。这是对主体性的基本要求。

(2)价值目标。社会行动受社会规律的约束,其价值目标应符合社会成员的普遍利益和需求。有必要考察图书馆阅读推广价值目标是否符合价值、道德、准则。

(3)目的与行动的逻辑一致性。为保证行动的有效性,考察图书馆阅读推广目标是否融贯,目标与行动的与内在逻辑是否一致。

(4)技术手段。这里并非狭义的技术。而是指行动主体基于行动意愿,选择某种工具、方法和策略,达到行动目标,也被称为技术合理性或者工具合

理性。

（5）环境变迁因素的影响。当时代环境发生变化，原有的合理性可能不再有效。技术变迁对主体和价值目标、技术手段、策略都有影响。

（二）图书馆阅读推广合理性的研究过程

纵观图书馆阅读推广从一项非主流服务上升为图书馆核心服务的历程，其存在合理性一直受到技术、政治和文化因素的影响和挑战，并不断进行着自我的合理化。本文将图书馆阅读推广的发展过程大致划分早期阶段、全球化运动阶段、国家运动化阶段、当下数字化阶段四个阶段。运用上述合理性审视维度，分析图书馆阅读推广各历史发展阶段的是否满足合理性原则，从而评估每个阶段中阅读推广合理性的状况，是否存在危机。

三、早期阶段图书馆阅读推广行动的合理性

（一）主体性

早期的图书馆阅读推广行动，是图书馆实现其价值目标的方式和手段。图书馆对阅读推广行动拥有绝对的主导权，其行动与主张的目的、意愿、期望是一致的。但是，这一时期的阅读推广行动未被赋予独特的行动意义，也未形成专门的理论、断言和主张，只是图书馆服务的组成部分。只能说，早期的阅读推广行动的主体性是明确的，但就行动本身而言，其主体性又是非理想状态的。

（二）价值目标

早期的图书馆阅读推广并未对价值目标形成专门的表述，因为从属于图书馆服务，自然而然以图书馆服务的价值目标为目标[13]。现代图书馆早已超越藏书功能，而将谋求社会成员的权利和发展作为其更为宏大的价值目标。1949年，由国际图联与教科文组织共同颁布的《公共图书馆宣言》表述了其终极价值目标：为人类寻求和平和精神幸福，为个人和群体提供获得终身教育、自主决策和文化发展的条件。也即是说，让每个公民获得阅读的权利，是图书馆阅读推广的根本性价值目标。

（三）技术手段

早期的图书馆阅读推广，通常被归入图书馆教育范畴，其技术手段非常丰富。对于阅读贫弱者，促进其产生读书兴趣，提供阅读资源；对于阅读能力低下的，引导其读什么书，怎么读[14]。于鸣镝将20世纪八九十年代图书馆采用的导读形式归纳为：推荐好书、图示馆藏、接待咨询、板报剪报、复制目次、专题索引、读者报告、读者研讨、个别指导、重点辅导、课堂教育、编制推荐书目、表彰优秀读者、成立读者协会，共14种较有成效的常用方法[15]。

四、全球化运动中的图书馆阅读推广合理性

（一）主体性

1995年，联合国教科文组织将每年4月23日设为"世界图书与版权日"，也称为"世界读书日"。该事件标志着阅读推广开启了全球化运动进程。"世界读书日"宣言将作者、出版商、教师、图书管理员、公共和私人机构、人道主义非政府组织和大众媒体等个体与组织，一并称为这场世界行动的相关利益者[16]。

在这场由出版部门最初倡议的全球化运动中，图书馆凭借其丰富的活动经验成为核心参与者。在这全球性平台上，与其他参与者基于共同目标和利益需求而开展合作，主持和举办系列影响深远的活动。

随着运动的深入发展，图书馆阅读推广主体性不断增强，形成其专门的信念和理想，获得独特的价值和意义，从众多图书馆服务中凸显而出。

（二）价值目标

"世界读书日宣言"如此表述阅读推广运动的价值目标："全面扩大人们对世界文化传统的共同认识，鼓励采取理解、宽容和对话的态度。"[17]以及"希望散居在全球各地的人们，无论年老还是年轻，无论贫穷还是富有，无论患病还是健康，都能享受阅读带来的乐趣"。

阅读推广运动的价值目标并非凭空而来，而是派生于教科文组织的价值目标。作为对种族歧视和反犹太主义暴力行径为特点的世界大战的回应，联合国教科文组织的精神与使命是通过教育手段，消除仇恨，倡导包容，培养全球公民；其价值目标是通过教育、科学和文化的合作交流，促进和平、平等和可

持续发展[18]。

阅读推广全球化运动追求的价值目标强调和平、合作和交流,包容了更多的人群,适应于全球化趋势和普遍性利益需求,是阅读推广运动快速获得全球响应的重要因素。

(三) 技术手段

全球化运动中的图书馆阅读推广,意在传播和平、安全、尊严、自由、平等、可持续发展,其实现形式以大型活动为主,较前期阶段的阅读活动,显现出组织化和规模化特征。如联合国教科文组织每年在世界范围内推选一个城市为"图书之都",并在该城市举办各种大型仪式、书展和阅读活动。通过各种文化象征、权威形象的展演,促进当地民众的阅读行为。图书馆作为联合国教科文组织的成员,是活动的重要组织者、策划者和执行者。

五、国家文化战略中的图书馆阅读推广合理性

(一) 非完全主体性的困境

全球化潮流之下,阅读推广进入各个国家和地区。许多国家将"全民阅读"作为提升人口素质的举措纳入国家文化战略规划,并设立专门的制度条例,如美国的《卓越阅读法》、俄罗斯的《国家支持与发展阅读纲要》、中国的《关于开展全民阅读活动的倡议书》[19]。

由政府机构组织的全民阅读活动中,组织者是实际的行动主体,图书馆只是执行者的角色,是非完全行为主体,缺乏专门的目标和需求。事实上,由于大多数图书馆阅读推广习惯于依赖政府组织,导致模式雷同、缺乏创新、效果不理想,继而影响到图书馆阅读推广理论的形成。如芝加哥图书馆成功发起的"一城一书",在图书馆协会要求下成为全国性活动,但同类型活动却在纽约的多元化氛围中遭遇了失败[20]。

一些学者表达了目前图书馆领域将阅读推广合理性依赖于政府法令的担忧。王波认为目前"只关注阅读推广的政策法案和活动现象,没有对阅读推广活动的合理性和科学性进行学术论证"[21]。范并思则认为,因"全民阅读已经成为国家战略",所以将"服务于全民阅读的图书馆活动视为天然合理的"是一个误区[22]。

（二）多价值目标的困境

纳入国家战略范畴的全民阅读运动，其价值目标涉及了地区利益和民众需求。如，英国因其作为发达国家而国民阅读状况不乐观，便最早将阅读计划纳入国家文化战略。其举办的"国家阅读年"系列活动的目标是"让所有人为快乐而阅读，有目的地阅读，构建一个人人皆读书的国家"[23]。又如，中国政府考虑到"民众每年的阅读量还不到有些国家人均的十分之一"等现状[24]，以及"建设学习型社会，提高国民素质"的战略需要，连续在2014年和2015年将"倡导全民阅读"写入《中国政府工作报告》[25]。中国全民阅读的价值目标是：继承中华读书传统，提升个人修养，推广社会文明，以及振兴国家民族。

如果把图书馆阅读推广的自发行动、参与全球化运动、纳入国家发展战略看作三个发展阶段，其分别对应三种价值目标：帮助弱势群体获得平等权利，促进群体间的共享与交流，促进本地区或民族的发展权利。这些目标互相融合，也有区别和差异。

目前图书馆阅读推广存在多价值目标的困境。在不同的价值目标指导下的行动内容有所不同，从而产生不同的阅读推广定义。如范并思基于帮助弱势群体的价值目标，将图书馆阅读推广定义为"使不爱阅读的人爱上阅读，使不会阅读的学会阅读，使阅读有困难的人跨越阅读障碍"；而王波以"提高人类文化素质、提升各民族软实力、加快各国富强和民族振兴的进程"为目标，将图书馆阅读推广定义为"培养民众阅读兴趣、阅读习惯，提高民众阅读质量、阅读能力、阅读效果的活动"[26]。多价值目标导致的后果是，行动逻辑上不一致或者行动不融贯，从而影响活动效果。

六、数字时代图书馆阅读推广的合理性

（一）图书馆阅读推广的主体性危机

数字时代的一个重要特征是去权威化。在技术与资本的双重驱动下，专业的壁垒日益消解。阅读推广领域已不再是出版社和图书馆的专门领地，新的阅读推广主体源源不断地加入，颠覆了传统的推广模式，如微信读书、豆瓣读书、网易读书等新的阅读传播和推广者，能便捷精准地满足读者的学习需求，吸引大量用户；又如同商场、机场、景点等特殊场景下的人性化阅读空间提

升阅读者的感官体验,大获民众喜爱。

在各种新型阅读推广者的重重包围之下,图书馆阅读推广活动不再具有资源上的优势,相反,由于其活动内容狭窄、形式单一,导致其读者和用户日渐流失。长此以往,图书馆阅读推广主体性不只是眼下的弱化问题,而可能被取而代之,最终趋于丧失。

(二)图书馆阅读推广的价值目标危机

历来的阅读推广价值目标总是指向一些重大的社会问题,当现代技术发展到能够解决这些社会问题时,这些价值目标必将遭遇是否能够存在的危机。

第一个挑战是针对帮助弱者获得发展权利的价值目标。数字技术的普及帮助信息贫困者获取更多的阅读机会。如中国的"全国文化信息资源共享工程",就是通过在全国发展现代通信技术,解决偏远地区信息获取困难的问题[27],大大改善了先进与落后地区间的信息鸿沟与信息不平等。

第二个挑战针对提升国民素养和国家竞争力的价值目标。文字、视频、音频等传播媒介为人们提供了丰富多样的信息获取通道,使得民众获得更多的学习机会,从而提升认知水平和文化素养。随着通信技术和智能化技术的发展,国民素养的提升不再是一件难事。

(三)图书馆阅读推广技术手段的危机

为了实现价值目标,行动者总是设法在现实条件下寻求最有效的技术和手段。

传统的图书馆阅读推广活动,利用的是其特有的馆藏资源、物理空间和人力资源,实行与读者面对面的沟通与互动。进入数字时代以来,无需进入图书馆空间,分散全球网站的文献资源,通过有线或无线网络瞬间到达用户手里。读者也无需接触图书馆员,大数据技术可测算用户特征并了解数据用户需求,以精准化推送阅读资料。

目前的图书馆阅读推广正在尝试借助新技术平台开展活动,如运用微信号推送新书目录,推介专题阅读等。然而,由于图书馆推广者在专业知识、写作表达方面并不具备优势,对用户的吸引力不容乐观。根据相关调查,显示目前公益机构开发的阅读推广公众号关注度普遍较低,未能产生实质性的社会意义[28]。

七、促进图书馆阅读推广行动合理化的路径

（一）主体性

为了化解图书馆阅读推广的合理性危机，促进行动的合理化，图书馆的首要任务是建立起完整的主体性。

图书馆需要认清自己并不是知识的生产者，而是活动的组织者。组织过程中，图书馆是需要构建清晰的目标和意图，并对行动有所预期。同时，应充分考虑社会效应、图书馆发展，以及合作方的利益，确定行动的长远与近期的行动目标，设立活动效果的评估指标。

图书馆又是促成多方合作的主导者。可与政府组织之间主动建立起合作而非依赖的关系，开展各种活动，如与社区文化管理部门合作开展活动；可与同行之间建立互助合作的关系，如与出版社、博物馆合作开设主题书展；也可与商业化阅读推广组织建立协作渠道，如与交通部门或商场文宣部合作开设阅读活动。

（二）建立更具包容性的价值目标体系

图书馆阅读推广行动合理化的关键，是建立完善的价值目标体系。图书馆阅读推广价值目标体系应该包括总体目标和具体目标。

第一，总体目标的建立。研究者应从更底层的伦理和逻辑上寻求社会成员的共同目标。比如，社会认同是人类基本的共同心理需求。以此为视角，图书馆阅读推广从自发行动到参与全民运动和政府行动，不管是满足弱势群体需求，还是提升全民素养，都是为了促进民众参与社会，建构社会认同的过程。若以"促进社会成员的健康认同"作为阅读推广的总体价值目标，一方面可兼容传统的阅读推广价值目标，另一方面又能适用于不同文化背景、历史阶段、年龄段的社会群体。

第二，具体目标的建立。图书馆阅读推广的具体目标应该是面向不同人群的动态化目标体系。比如，可针对不同人群建立自我认同和社会认同体系。面向儿童和青少年人群，以促进其获得进入成年人的社会认同为目标，面对贫困者是以促进融入常人社会的认同为目标，面对具备一定文化素养的人群则是提升其自我认同为目标。

（三）建立动态化的图书馆阅读推广实践目标

图书馆作为公益性组织，在每个历史阶段都以解决社会问题、弥补制度缺陷、满足需求为其存在意义。图书馆阅读推广的目标既要继承传统价值目标的精神内涵，又要动态适应当下社会成员的实际需求。因此，在价值目标体系基础上，图书馆应主动了解和发现社会问题和需求，建立进一步的动态实践目标体系。具体如下：

首先，跟踪社会问题而设定目标。比如，现代数字技术导致信息过载和迷航，产生"被算法喂食的受众"[29]，对人的社会认同构成威胁。而现代数字技术暂时无法解决这些问题，图书馆有责任和义务组织相关的阅读活动，促进公民建构健康的文化认同和价值认同。

其次，发现社会热点需求而设定目标。比如，联合国教科文组织在2020年的世界阅读日，针对新冠肺炎疫情现状而提出的阅读推广建议："在这个世界上大多数学校都关闭了，人们不得不限制在户外的时间的时候，我们比以往任何时候都更应该利用书本的力量来对抗孤立，加强人与人之间的联系，拓展我们的视野，同时激发我们的思想和创造力。"[30]及时而敏锐地发现国际社会当下的阅读需求。

（四）拓展图书馆阅读推广技术手段

为了实现图书馆阅读推广的价值目标和实践目标，图书馆应尝试各种可能的技术手段。这里的技术手段非狭义的技术，而是指模式、路径和工具。具体包括：

第一，扩展阅读推广的功能。在加强阅读功能研究的基础上，拓展阅读推广的社会功能。如Usherwood通过访谈和问卷调查发现阅读推广可促进人们参与社交的积极性，甚至改变其生活态度[31]。图书馆可以引导阅读推广活动突出其在社交方面的功效。又如，现代技术环境下阅读推广不仅仅限于书籍的内容阅读，还应推广必要的阅读技能，谢蓉等人主张拓展阅读推广范畴，培养读者有效获取阅读资源的信息素养及能力[32]。

第二，建立阅读推广用户需求调研的长期机制。图书馆阅读推广联盟应该定期开展研讨会，组织专家研究当下和未来读者的需求走向。呼应国际和国家的战略，针对社会问题和需求，定期编制和发布报告，指导各个图书馆更有效地开展活动。

第三,开展新媒体技术利用研究和实践。新媒体技术是当下信息传播的重要渠道,如公众号、小程序、微博、抖音。目前图书馆阅读推广利用新媒体的能力较弱。图书馆应该开展新媒体技术利用的研究,举办新媒体阅读推广竞赛,鼓励图书馆员开拓新媒体阅读推广渠道。

参考文献

[1] 饶权. 回顾与前瞻:图书馆转型发展面临的问题与思考[J]. 中国图书馆学报,2020(1):4-15.

[2] 王波. 王波谈高校图书馆阅读推广的发展方向[J]. 晋图学刊,2019(4):1-12.

[3] 王波. 图书馆阅读推广亟待研究的若干问题[J]. 图书与情报,2011(5):32-35.

[4] 吴晞. 任务、使命与方向:图书馆的阅读推广工作[J]. 图书馆杂志,2014,33(4):18-22.

[5] 范并思. 图书馆阅读推广的合理性审视[J]. 图书情报工作,2017,61(23):34-39.

[6] [德]马克斯·韦伯. 经济与社会 第1卷[M]. 上海人民出版社,2010.

[7] [德]于·哈贝马斯,洪佩郁、蔺菁译. 交往行动理论(第1卷)行动的合理性和社会合理化[M]. 重庆出版社,1994.

[8] [美]希拉里·普特南,童世骏、李光程译. 理性、真理与历史[M]. 上海译文出版社,2005.

[9] 陈嘉明. 理解与合理性[J]. 哲学研究,2017(9):75-81.

[10] 陈常燊. 理解的准则[M]. 中国社会科学出版社,2012.

[11] 王炳书. 价值的合理性及其标准[J]. 社会科学辑刊,1998(1):11-16.

[12] 杨耀坤. 科学合理性是多方面联系的总和——略论科学合理性的内涵结构(科学合理性问题系列论文之二)[J]. 科学技术与辩证法,1999(3):31-35.

[13] 范并思. 图书馆阅读推广的合理性审视[J]. 图书情报工作,2017,61(23):34-39.

[14] 范并思. 阅读推广与图书馆学:基础理论问题分析[J]. 中国图书馆学报,2014(5):4-13.

[15] 于鸣镝. 导读论[J]. 大学图书馆学报,1991(3):11-12.

[16] World Book and Copyright Day[EB/OL]. [2020-09-07]. https://en.unesco.org/commemorations/worldbookday.

[17] World Book and Copyright Day[EB/OL]. [2020-09-07]. https://en.unesco.org/commemorations/worldbookday.

[18] Records of the General Conference, 28th session, Paris, 25 October to 16 November 1995, v. 1:Resolutions Records of the General Conference, 28th session, Paris, 25 October to 16 November 1995, v. 1. [EB/OL]. [2020-04-23]. https://unesdoc.

unesco. org/ark：/48223/pf0000101803. page=56.

[19] 邱冠华,金德政.图书馆阅读推广基础工作[M].朝华出版社,2015.

[20] 韦泊."一城一书"运动 纽约与芝加哥命运不同[J].出版参考,2002(19)：28.

[21] 王波.图书馆阅读推广亟待研究的若干问题[J].图书与情报,2011(5)：32-35.

[22] 范并思.图书馆阅读推广的合理性审视[J].图书情报工作,2017(23)：34-39.

[23] 秦鸿.英国的阅读推广活动考察[J].图书与情报,2011(5)：46-50.

[24] 2015年国务院总理李克强答中外记者问[EB/OL].[2020-08-07]. http://www.china.com.cn/cppcc/2015-03/15/content_35058836.htm.

[25] 2015年政府工作报告. http://www.china.com.cn/lianghui/news/2019-02/28/content_74505893.shtml.

[26] 王波.阅读推广、图书馆阅读推广的定义——兼论如何认识和学习图书馆时尚阅读推广案例[J].图书馆论坛,2015(10)：1-7.

[27] 苏超."文化共享工程"可持续发展研究[D].南开大学,2014.

[28] 王涵,尹章池.NGO和NPO社交媒体阅读推广动员机制研究——基于全民阅读公众号的调研[J].图书情报工作,2019,63(21)：47-55.

[29] 陈昌凤,霍婕.权力迁移与人本精神：算法式新闻分发的技术伦理[J].新闻与写作,2018(1)：63-66.

[30] World Book and Copyright Day[EB/OL].[2020-04-23]. https://en.unesco.org/commemorations/worldbookday.

[31] USHERWOOD B, TOYNE J. The value and impact of reading imaginative literature[J]. Journal of Librarianship and Information Science, 2002, 34 (1)：33-41.

[32] 谢蓉,刘炜,赵珊珊.试论图书馆阅读推广理论的构建[J].中国图书馆学报,2015(5)：87-98.

新媒体环境下基于SWOT分析的高校图书馆阅读推广研究
——以上海大学图书馆为例

◎ 阙晨静[*]

> **摘　要**：本文探讨了新媒体环境下高校图书馆阅读推广创新服务的几项战略方案，以期更好地推动高校图书馆阅读推广工作深入开展。文章以上海大学图书馆为例，运用SWOT分析法梳理了在新媒体环境下高校图书馆在阅读推广中所面临的优势与劣势、机会与威胁，分析了增长型战略（SO）、扭转型战略（WO）、多元化战略（ST）、防御型战略（WT）四种战略。研究提出积极利用抖音等新媒体平台、加强阅读推广人才队伍建设、加强与社会各界合作、阅读推广品牌化等战略。
>
> **关键词**：高校图书馆；阅读推广；SWOT分析；新媒体

改革开放尤其是党的十八大以来，我国广大人民的美好精神文化需求日益上升，"需求侧"升级为"日益增长的美好生活需要"。在这个大趋势下，阅读推广工作变得愈发重要。高校图书馆开展阅读推广活动对高校师生的专业水平提高有着建设性的作用，阅读推广是高校图书馆服务工作永恒的命题。

随着新媒体技术的发展，特别是5G时代的到来，让短视频、直播等各类新媒体平台飞速崛起，新媒体以及时、便捷、多样等特点汇聚了巨大的用户群体。与此同时，读者的阅读方式也正在发生明显变化。高校图书馆在新媒体环境下创新阅读推广服务模式显得尤为重要。

---

[*] 阙晨静，上海大学图书馆助理馆员，研究方向：阅读推广、资源建设。

SWOT 分析法最初是在 20 世纪 80 年代，由美国旧金山大学管理学教授韦里克提出，经常会被用于企业战略制定和竞争对手分析，后逐渐辐射到其他学科。该方法通过对研究机构内部的 S(Strengths, 优势)、W(Weaknesses, 劣势)以及外部的 O(Opportunities, 机会)、T(Threats, 威胁)等因素进行分析研究，从而制定可行的发展战略。本文以上海大学图书馆为例，通过 SWOT 分析法研究高校图书馆阅读推广的优劣势及机会、威胁，进而论述了在新媒体环境下，如何不断加强高校图书馆阅读推广。

一、上海大学图书馆阅读推广的 SWOT 分析

上海大学是上海市属、国家"211 工程"重点建设的综合性大学，是教育部与上海市人民政府共建高校，上海市首批高水平地方高校建设试点，国家"双一流"建设高校。上海大学图书馆紧密配合学校学科发展的步伐，秉持以学校与科研需求为导向，以全心全意为读者服务为宗旨，馆藏资源涵盖学校的所有学科，力求为学校教学科研提供强有力的文献信息保障。上海大学图书馆持续不断地在开展"两季两月"（新生季、毕业季、读书月、优质服务月）及其他阅读推广活动，力求开拓师生文化视野，提高师生人文修养。

（一）内部优势

1. 馆藏资源丰富

高校图书馆作为大学的"心脏"，是学校推进文化传承创新的重要窗口，师生在这里驻足研读、激活思想、濡染文化、汲取文化营养。20 多年来，上海大学图书馆在不断增加纸本馆藏的同时，大力发展数字资源，引入大量的国内外电子资源，订购中外文数据库 80 余种。现已形成了由纸本图书、纸本报刊（包括合订本）、电子图书、电子报刊全文数据库、多媒体数据库及二次文献检索平台等所组成的多类型、多载体的综合性馆藏体系。师生还可通过馆际互借与文献传递服务从国内外图书馆获得馆内没有的文献资源。2021 年，上海大学图书馆书刊外借量为 146 756 次，电子资源下载量为 12 898 657 次。丰富的馆藏资源为阅读推广工作的开展打下了坚实的基础。

2. 馆藏空间不断扩张

有调查显示，在 96 所国内高校图书馆中，近 73％的图书馆在 2020－2025 年之间均有空间再造计划[1]。近年来，上海大学图书馆为落实学校人才培养

规划,助力阅读推广工作开展,打造学习环境新亮点,在学校的大力支持下不断扩张馆藏空间。2019年5月,新建的钱伟长图书馆正式对外开放。2021年,上海大学图书馆打造24小时学习空间,共可容纳读者500余人;钱伟长图书馆视听室、研讨空间正式开放预约;文荟图书馆研学空间开放试运行;开辟贵重物品保管室,贴心为读者保管遗留在馆内的贵重物品。

除了进一步拓展馆藏空间,上海大学图书馆还不断进行空间修缮及改造。2021年,上海大学图书馆对校本部馆进行修缮,并对嘉定校区联合馆以及延长校区文荟馆进行空间改造,旨在为读者提供更安全舒适的阅读学习环境,完善相关设施设备配置及公共区域设计,并增加公位近1 000个。

原空间的改造以及新空间的开放对吸引读者前往图书馆参加阅读推广活动起到了积极作用。目前,上海大学图书馆馆舍总面积7.91万平方米,拥有阅览室20余个,可提供阅览座位近6 000个;拥有可供师生讨论交流的研究空间10余个;除国定节假日外,每天开放14小时,每周开放98小时,全馆实行开放式借阅一体化服务,并通过四个校区分馆的馆藏通借通还淡化了校区的界限,为师生提供了良好的阅读和学习环境。

3. 图书馆分馆建设

高校图书馆通过馆院合作共建,建立图书馆分馆,可在一定程度上缓解图书馆经费不足,人力不足的情况。以上海大学图书馆为例,为加强文献资源科学管理,发挥文献资源最大价值,盘活全校文献资产,促进馆院深度融合,进一步推进阅读推广工作,上海大学图书馆已与社会学院、钱伟长学院结合实际,发挥各自优势,共同建立上海大学图书馆社会学院分馆及钱伟长学院分馆,后期将与更多学院共建分馆。

(二) 内部劣势

1. 阅读推广活动形式单一

目前,我国高校图书馆阅读推广活动大多采取读书月、读书角、讲座等形式。这些活动每年都大同小异,因此仅容易吸引刚入校的大一新生,但对高年级的学生来说吸引力很小。上海大学图书馆的阅读推广活动也存在这一问题。

2. 专业人才缺乏

上海大学图书馆老龄化严重,缺乏阅读推广专业人才,缺少新鲜血液,退休人员日益增多,新进馆员受限,制约图书馆阅读推广工作开展。馆内现有在编员工107人,其中29岁及以下仅6人(占比不到6%),50岁及以上34人(占比约32%);硕士学位及以上58人(占比54%);副高职称及以上仅14人(占比13%);专职负责阅读推广工作的员工仅2人(占比不到2%),且均不是阅读推广相关专业。专业人才的缺乏直接影响了阅读推广工作的开展。

3. 经费紧缺

经费紧缺是目前国内高校图书馆面临的现实困境之一。上海大学图书馆服务空间的不断增加以及服务环境的持续改善导致运营成本持续上升,但日常运营费却因人员自然减员逐年减少,因此日常运营经费严重不足。图书馆自身的经费是开展阅读推广工作的基本保障,也是其最为稳定的经费来源。原本可用于阅读推广活动的经费本就极度缺乏,在下拨经费减少的情况下,阅读推广工作的开展变得更加困难。

(三)外部机会

1. 图书馆进入智慧化转型期

国家图书馆是全国图书馆信息网络中心,推动了我国图书馆事业由传统向数字化转型。2020年,国家图书馆正式向有关部门提出建设"全国智慧图书馆体系"的建议,这预示着图书馆将逐渐进入智慧化转型期。图书馆向智慧化的转型将为高校图书馆开展阅读推广工作创造更多的机会。

2. 新媒体技术的应用

图书馆不仅是新技术的倡导者,更是技术进步的受益者。新媒体阅读平台在与日俱增,各类平台已飞速崛起。在新媒体时代,相比传统纸质阅读,高校大学生大多更倾向于多媒体形式阅读。多媒体形式阅读不但可以减少搜索时间,增加阅读效率,能使阅读变得更具互动性,增加读者的阅读兴趣。根据巨量算数2022年1月5日发布的《2021年抖音数据报告》显示,2021年抖音平台获赞最多的职业是教师,约为72.9亿次。"双一流"高校抖音入驻率达92%,2021年运用抖音开播14 463场次[2]。

(四)外部威胁

1. 读者阅读习惯改变

在新媒体时代,读者的阅读习惯发生了巨大的变化,从传统的阅读方式向网络化阅读方式转变,从纸质阅读到数字阅读,从深度阅读到碎片化阅读,如何吸引读者参加图书馆开展的阅读推广活动变得越来越困难。2020年中国数字阅读产业规模 351.6 亿元,用户规模 4.94 亿人,人均电子书阅读量 9.1 本,用户平均单次电子阅读时长为 79.3 分钟,17 点至 22 点是阅读的"晚高峰"[3]。

2. 各类信息服务商的竞争

百度、谷歌等搜索引擎因具有开放及整合资源的信息服务方式已经成为高校图书馆需要面对的较大威胁[4]。各类信息服务商均在持续升级服务内容、方式及技术架构,因此吸引分流走了较大一波读者。

通过以上海大学图书馆为例,对高校图书馆阅读推广服务影响因素的全面分析,总结出高校图书馆阅读推广的 SWOT 分析矩阵(见表1)。按照发挥优势、改善劣势、把握机会、克服威胁的原则,得出 SO、WO、ST、WT 四种战略组合,进而提出高校图书馆阅读推广创新服务发展策略。

表1 高校图书馆阅读推广服务 SWOT 分析

	内部优势(S) S1:馆藏资源丰富 S2:馆藏空间不断扩张 S3:图书馆分馆建设	内部劣势(W) W1:阅读推广活动形式单一 W2:专业人才缺乏 W3:经费紧缺
外部机会(O) O1:图书馆进入智慧化转型期 O2:新媒体技术的应用	SO 战略 SO1:在新空间/分馆开展阅读推广活动 SO2:利用馆院深度融合开展阅读推广活动	WO 战略 WO1:积极利用抖音等新媒体平台 WO2:加强阅读推广人才队伍建设
外部威胁(T) T1:读者阅读习惯改变 T2:各类信息服务商的竞争	ST 战略 ST1:将碎片化阅读与推广融合在一起 ST2:读者荐购平台升级	WT 战略 WT1:阅读推广活动品牌化 WT2:加强与社会各界合作

二、基于 SWOT 分析的高校图书馆阅读推广服务发展策略

(一)SO 战略方案

1. 在新空间/分馆开展阅读推广活动

在面临智慧化转型的新媒体时代,高校图书馆应该突破时间、空间的限制,结合自身特色,积极合理利用新媒体技术,不再局限于微信、微博等平台。以上海大学图书馆为例,可以充分利用丰富的馆藏资源,结合时下热点,以吸

引读者的短视频、直播形式,定期/不定期地开展阅读推广活动。此外,鉴于馆藏空间的不断扩张及创新改造,可以利用读者对新空间的新鲜感,在新空间开展各类阅读推广活动。

2. 利用馆院深度融合开展阅读推广活动

馆院融合可以使图书馆与学院的资源实现资源共建共享、互联互通,亦有利于图书馆阅读推广活动的开展推进。目前,上海大学图书馆已建立了两个分馆,可以在分馆开展针对性阅读推广活动,节省活动经费开支。此外,可在分馆所在学院招聘学生助理/学生志愿者参与到阅读推广活动中。

(二) ST 战略方案

1. 将碎片化阅读与阅读推广融合在一起

《中国共产党第十九届中央委员会第五次全体会议公报》指出,到2035年的远景目标是:"建成文化强国,国民素质和社会文明程度达到新高度,国家文化软实力显著增强。"[5]碎片化阅读已逐渐成为高校大学生阅读的主要形式。高校图书馆应顺应读者阅读习惯的改变,了解读者的真实需求,结合时事热点,优化、归类、提炼馆藏资源,向读者提供高质量的阅读内容,将碎片化阅读与阅读推广融合在一起。使读者无需来馆,在线上即可参加阅读推广活动,如举办一些书评、读书分享、热点探讨、云游图书馆等活动。

2. 读者荐购平台升级

进一步结合读者的实际阅读需求,打造更为舒适的选书和阅读环境,开拓新的馆藏建设及阅读服务创新模式,可对读者荐购平台进行升级改造。利用读者荐购平台与各出版社开展合作,建设各类荐书角;也可与校内外各部门开展等各类专题主题书展。

(三) WO 战略方案

1. 积极利用抖音等新媒体平台

高校图书馆应用新媒体阅读是大势所趋。高校图书馆开展阅读推广活动需要不断优化和创新读者阅读推广服务形式。如今,新媒技术层出不穷,高校图书馆不应局限在原有的微信、微博形式上,应紧跟时代的潮流,合理利用新媒体平台,明确读者的真实需求,吸引读者的注意力,比如利用抖音平台、建立图书馆小程序等,加强与读者的互动体验感。同时,新媒体平台也应与纸质资源进行一定的融合,将线上和线下有效结合在一起,从线上匹配相同属性读者再聚集到线下。目前,上海大学图书馆尚未开通抖音账号,可在后期开通,并有计划地利用该平台,创作出主题明确、内容生动的优质阅读短视频。

2. 加强阅读推广人才队伍建设

阅读推广是一项长期的、专业的工作,建立一支高质量的阅读推广队伍是阅读推广工作走向专业化、常态化的有力保障。除了招聘相关专业人员,还可以聘请在阅读推广领域的优秀专家来馆开展专业培训,提升馆内阅读推广工作人员的专业知识水平和技能水平。此外,还可在校内招聘学生志愿者/学生助理,组建一支年轻有活力的阅读推广学生团队,协助馆内工作人员开展阅读推广工作。

(四)WT 战略方案

1. 阅读推广活动品牌化

图书馆阅读推广品牌化能有效提升图书馆的知名度和读者的参与度,从而更好地行使文化服务职能。以上海大学图书馆为例,虽早已有"两季两月"品牌活动,但每年活动形式不够丰富,对老生的吸引力逐年下降,故应定期开展阅读推广活动效果的评价反馈工作。评价反馈工作可以检测阅读推广成效,评估图书馆提供的服务效果及读者满意度[6]。此外,打造多个阅读推广服务品牌,查漏补缺,不断吸取反馈,与时俱进,完善品牌运营规划,最大化品牌效益,使高校图书馆成为校园文化和社会文化建设的重要基地。

2. 加强与社会各界的合作

第一,加强馆内合作。不可局限于一个阅读推广部门,由馆内各部门集思广益,互相协作,激发阅读推广创意;第二,加强馆际合作。多与兄弟院校图书馆、公共图书馆联办阅读推广活动,扩大活动影响力;第三,加强与社会的合作。可与出版社、书商、中小学、展览展馆等社会各界合作,举办线上和线下的阅读推广活动,促进阅读推广活动多样性。通过与社会各界的合作,可以争取到一些赞助的活动经费,一定程度上缓解经费紧缺问题。

三、结语

高校图书馆阅读推广是一个长期发展和积累的过程。本文以上海大学图书馆为例,通过 SWOT 分析法,清晰地看到高校阅读推广的优势与劣势、挑战与机遇。笔者认为今后高校图书馆应该合理利用馆藏资源、馆藏空间与馆院融合,加强阅读推广人才队伍建设、积极利用抖音等新媒体平台,与社会各界合作,将碎片化阅读与阅读推广结合在一起,促进阅读推广活动品牌化。高校图书馆还须不断探索新模式,推出新举措,利用新媒体平台,力求让师生在校园的每一个角落,都能感受到图书馆的存在,都能享受到阅读的快乐。

参考文献

[1] 史艳芬.国内高校图书馆空间再造现状调查及关键要素分析[J].图书馆,2020(5):81-86.

[2] 武智强,苏炼,李小平.新媒体时代高校图书馆抖音短视频阅读推广策略研究[J].大众文艺,2022(8):121-123.

[3] 光明网.2020年度中国数字阅读报告发布人均电子书阅读量9.1本[EB/OL].[2022-08-31].https://m.gmw.cn/baijia/2021-04/16/1302236356.html.

[4] 常颖聪,黄思慧.基于SWOT分析的新文科背景下高校图书馆发展策略研究[J].图书馆理论与实践,2022(2):25-32.

[5] 新华网.(授权发布)中国共产党第十九届中央委员会第五次全体会议公报[EB/OL].[2022-08-31].http://www.xinhuanet.com/politics/2020-10/29/c_1126674147.htm.

[6] Marchionini G. Evaluating Digital Libraries: A Longitudinal and Multifaceted View[J]. Library Trends, 2000(49): 304-333.

自媒体人短视频阅读推广经验探析

◎ 薛　玥　倪代川*

摘　要：在全民阅读推广的背景下，图书馆使用新型手段进行阅读推广势不可挡。研究自媒体人短视频阅读推广可有效帮助图书馆更快更高效地使用短视频这一手段来进行阅读推广。论文采用网络调查法，针对抖音平台中与阅读推广相关的超过100万粉丝的自媒体人进行调研分析，总结了自媒体人短视频阅读推广服务经验。研究表明图书馆在开展短视频阅读推广服务时可以从品牌形象、服务效果、主题内容等方面进行优化，从而改善短视频内容质量，扩大短视频传播影响力，增强图书馆阅读推广服务实际效果。

关键词：短视频；阅读推广；图书馆；自媒体人

近年来，短视频和直播从社交媒体中脱颖而出，成为势不可挡的两大热潮。第48次《中国互联网络发展状况统计报告》显示，截至2021年6月，短视频用户规模达8.88亿人次，较2020年12月增长1 440万人次，占网民整体的87.8%。我国网络直播用户规模达6.38亿人次，同比增长7 539万人次，占网民整体的63.1%[1]。随着短视频产业的快速发展，诸多图书馆也已开始尝试使用短视频进行阅读推广服务工作，创新了阅读推广服务的方式方法，丰富了阅读推广服务内容，但从实际效果观察，总体收效甚微[2]；与此同时，许多自媒体人进行的阅读推广服务反而效果显著，值得图书馆界学习探究。当前，国内

---

* 薛玥，上海大学文化遗产与信息管理学院硕士研究生，研究方向：阅读推广；倪代川，副研究馆员，上海大学图书馆副馆长，硕士生导师，研究方向：数字档案馆、信息资源管理、图书馆文化。

图书馆界在短视频阅读推广方面大多以公共图书馆为主体来进行研究。牛国强认为短视频具有吸引潜在读者、"为书找人"、高渗透率推广、复合阅读行为等优势，希望图书馆利用这些优势从推广理念融合、自传播与控制、寻求新用户、创意需求、经费保障这几方面进行改善[3]。张承对公共图书馆使用抖音账号进行数字阅读推广实践进行了分析，提出公共图书馆应采用短视频情感营销激发用户共鸣、用渠道营销提高数字阅读推广精准性与可达性、用互动营销将用户数字阅读推广关注度转化为参与力等措施[4]。徐彤阳和李婷认为阅读推广效果在短视频社会化主体中存在着主题性差异及短时间的关注高峰期[5]。Kingsley T. Ihejirika等人认为图书馆在社交媒体营销方面所采用的方法缺乏明确的目的和适当的规划，但这些是创建和维持社交媒体参与的基本要素[6]。Soohyung Joo等人通过对内容类型和用户参与行为方面（包括喜欢、分享和评论）之间关系的分析，得出内容激发情感也有助于提高公共图书馆社交媒体背景下的参与度的结论[7]。因此，本文以自媒体人短视频阅读推广服务为研究主题，对自媒体人短视频阅读推广服务进行研究分析，期望为图书馆应用短视频进行阅读推广服务提供经验借鉴，以提升图书馆界短视频阅读推广服务实践效果。

一、自媒体人短视频阅读推广调查研究

自媒体作为一个多样化的载体传播平台，而自媒体的内容产出源——自媒体人是一个私人化、平民化、普泛化、自主化的传播者，他们以现代化、电子化的手段，从独特的视觉向社会人群传播新型媒体信息[8]。自媒体人阅读推广即自媒体人利用多种大众传媒平台自主自发地进行阅读推广，利用指导阅读、推荐阅读、分享书籍经验等方式，来扩大阅读的受众群体，提升用户的阅读体验。

自媒体人阅读推广研究有助于图书馆了解抖音等短视频平台的可用性、可玩性、可交流性，使图书馆了解到用户当前的兴趣类型、主题偏向和情感触动等，以便调整短视频阅读推广策略。自媒体人利用短视频进行阅读推广的视频效果率先取决于视频的质量，视频质量的高低取决于内容的选择。内容的选定涉及阅读推广类型的筛选、主题、拍摄内容等一系列流程，最重要的是有触发用户情绪的点，能引起用户共鸣，推动用户自发传播视频。而视频的点赞、转发、评论是视频传播效果好坏的象征。平台服务是鉴别粉丝忠诚度的体

现,也是互动交流的保障,保障粉丝与博主之间的联系。而抖音带货情况可以反映用户对于博主的认可,对博主进行阅读推广内容的认可。因此本文选取了当前增长速度快、短视频行业排名第一的抖音平台来进行调查,以"读书""阅读""推书"等为关键词进行搜索,筛选出粉丝数量稳定在 100 万以上的 15 位自媒体人作为研究对象,他们的多个作品点赞量上万次或在平台内有广泛的传播效应,从内容创作形式、作品传播情况和作品带货情况来分析自媒体人短视频阅读推广的效果。

(一)自媒体人内容创作形式

本文首先选取了 15 位阅读推广自媒体人,从外部特征入手进行整体分析,这与抖音平台的可用性相关。一个高质量视频可吸引用户进入主页,而一个赏心悦目的主页可以留住用户。因此,笔者从简介、主题内容的形式以及提供的服务三方面进行了调研。简介是用户快速了解博主的渠道,用户可以从简介中知道博主主要做的视频涉及哪个领域,有没有用户感兴趣的领域。而主题内容的格式、人物的形象影响用户对作品的整体印象和作品的点击率。在粉丝量逐渐增多后,博主就需要最大限度地发挥自身价值,对粉丝进行维护。这时提供的服务,就会加深彼此的了解和忠诚度,对双方都有益。

表 1 中,从主题内容形式上看,"三栏式+中间人物+上下标题"和"标题+满屏背景+人物"是博主们常用的两种格式。其中"三栏式"博主们用得最多。大多数博主都是在分享观点或者分享书中知识来推荐书目以及一些知识科普,少部分博主会介绍自己的经验、干货、过往的经历等。

表 1 自媒体人账号内容创作形式基本情况

名　称	简　介	主题内容形式	服务(图书相关)
碎嘴许美达	身份、个人感言、联系方式	人物+字幕	商品链接(儿童绘本居多);直播
主持人王芳	身份、联系方式、商务合作	风格不固定 标题+人物或人物	商品链接(儿童绘本、教育类);直播
刘媛媛	职业、经历、内容介绍、个人感言、商务合作、其他平台账号	三栏式,中间人物,上下标题 固定背景,标题+人物或人物	商品链接(绘本类、教育类);粉丝群;直播

续　表

名　称	简　介	主题内容形式	服务（图书相关）
Caroline涵涵姐	职业、经历、内容介绍、联系方式、商务合作、个人感言	三栏式，中间人物，上下标题 标题＋人物或人物，背景偶尔统一	商品链接（个人成长、心灵感悟、名著、教育）；粉丝群；直播
九三学长	经历、身份认证、内容介绍、联系方式、商务合作、其他平台账号	背景三栏，上下标题，中间人物，分享观点	商品链接（名著、个人成长）；粉丝群；直播
阿甘阅读会	经历、身份认证、内容介绍、个人感言、商务合作、联系方式	三栏式，黑色背景，上下标题，中间人物阐述	商品链接（生活技巧）
都靓读书	联系方式、商务合作、其他平台账号	三栏式，上下标题，中间人物阐述 海报式，背景相同，人物相同，更换标题	商品链接（名著、散文、个人成长、心灵感悟等）；直播
王小骞	身份定位、经历、内容介绍、个人感言、联系方式、商务合作	上方标题＋人物，固定背景 标题＋人物或人物	商品链接（绘本、教育）；粉丝群；直播
小嘉啊	内容介绍、自我定位、其他平台账号	背景墙固定，标题下方，视频添加元素	商品链接（文学名著、散文、成长）；粉丝群；直播
陈大侠	个人感言	标题居中，人物站立分享观点	商品链接（文学名著、诗词歌赋、绘本）
静静教主	个人感言、内容介绍、联系方式、商务合作	三栏式，中间人物，上标题 人物＋标题居中	商品链接（生活技巧）
丹青旅者	个人感言、其他平台账号、商务合作	标题＋人物 三栏式＋上下标题	商品链接（处事技巧、历史诗词、教育）
传奇阅读	个人感言、内容介绍、联系方式	格式统一，标题居中，多是分享人＋观点	商品链接（智慧励志、人际交往、文学名著）；直播
老明读书	个人感言	三栏式，中间人物，上下标题，黑白滤镜	商品链接；粉丝群；直播

续　表

名　称	简　介	主题内容形式	服务(图书相关)
焦尾Tyler	个人感言、其他平台账号、商务合作	三栏式 标题居中,背景为人物或者	商品链接(小说、个人成长、历史);粉丝群

从提供的服务看,主要有"商品橱窗""直播动态"和"粉丝群"三个方面,这15位自媒体人都有"商品橱窗",多数博主提供了"直播服务",少数博主有"粉丝群"。

在内容创作格式上,创作者的主页视频界面都呈现出一种整齐、直观了然的状态。简介清晰明了地介绍了自己,视频表现方式多采用"三栏式"或"人物+标题"的格式来展现阅读推广的主标题和内容,这15位自媒体人都有"商品橱窗",商品多是图书类,但其涉及的主题不同。而"直播"和"粉丝群"是带货的进阶,"直播"也是自媒体人在直播过程中介绍书、宣传书、解答用户问题,进而提供图书售卖服务。提供直播的服务,证明创作者对自己的能力有所把握。"粉丝群"侧面反映了用户对创作者内容创作的认可,对博主的信赖感,加进粉丝群可以与博主进行直接交流,增强互动感,而"粉丝群"的数量代表了博主的个人影响程度和博主的受欢迎程度,代表博主受到了用户的认可。

(二) 自媒体人账号传播效果

传播效果反映了用户的喜爱程度以及用户对该视频质量的认可度。笔者参考了王兴兰[9]的研究传播力的传播指标,从15位阅读推广自媒体人的作品量、获赞数、粉丝数、首发作品时间、赞粉比、评论数和转发数来研究其作品的传播效果。作品数量能反映阅读推广自媒体人所发作品的数目与频次,获赞数量表示粉丝为阅读推广自媒体人作品点赞的次数,粉丝数量代表平台内关注该自媒体人账号的用户数量,赞粉比反映粉丝对博主内容的赞赏量比例。评论数量表示用户对作品的评论次数,转发数量表示博主的作品被用户转发的次数。通过观察这几点,可以清晰明了地了解博主是如何用短视频推广阅读,并在短时间获得用户的认可,与用户情感共通,从而提高粉丝黏性,完成流量转化。

表2中,从作品的获赞量看,"碎嘴许美达"获赞数最高,为1.5亿次。粉

丝数最高的为"碎嘴许美达"。由此可见，"碎嘴许美达"的作品粉丝反馈力度强，获取支持力度大，内容吸引用户。"碎嘴许美达"的视频风格属于搞笑生活类，她的视频基本上是关于日常生活分享，间接穿插着书籍推广，在阅读推广方面，她极具表演力的表达方式和生动幽默的语言讲解，被用户誉为"单口相声"的表达者，从而让用户在吸收知识传播的同时，也收获了快乐。她的每个视频都充满了感染力，推荐的图书多是儿童类，因此她的粉丝群体中大多数是新手父母。

表2 自媒体人账号传播效果

名 称	发布作品（个）	获赞数（万次）	粉丝数量（万人）	首发作品时间	赞粉比(%)
碎嘴许美达	627	15 000	1 240.0	2018.10.24	1 212.78
主持人王芳	1 711	6 444.4	868.2	2018.3.30	742.55
刘媛媛	830	4 413.6	854.0	2019.4.25	517.41
Caroline涵涵姐	436	3 491.7	629.5	2018.6.21	554.89
九三学长	285	3 166.5	270.7	2018.2.16	1 170.06
阿甘阅读会	280	2 739.3	394.5	2020.6.4	694.46
都靓读书	553	2 341.6	448.0	2019.5.14	522.68
王小骞	451	1 976.2	376.6	2019.4.19	525.87
小嘉啊	195	1 843.8	161.9	2019.10.3	1 139.42
陈大侠	166	1 439.0	237.9	2019.10.30	604.81
丹青旅者	172	878.3	200.2	2019.12.30	438.63
静静教主	91	873.7	147.1	2019.10.19	593.82
传奇阅读	72	829.2	145.8	2020.3.23	568.68
老明读书	21	720.6	143.5	2020.9.13	502.23
焦尾Tyler	179	472.2	119.6	2019.9.23	394.98

按时间顺序来看，比较同时间发布作品的博主，2018年"碎嘴许美达"的视频质和量较高，是同期出色的创作人。而2019年"刘媛媛"的作品较多，量比较可观。2020年"老明读书"用极低的作品数量赚取了720.6万次点赞和143.5万个粉丝，说明他的视频质量富有价值，颇受用户认同。"老明读书"只有22个作品，却在不到一年的时间里获得了722.4万次的点赞量，他的视频相比其他博主来说时长稍长，但蕴含价值极高。他用一种揭秘的方式，向用户传达书籍里的精华，所传输的都是有实践性和行动力的方法，穿插着故事联系实际来讲解，且带有一定的神秘性，吸引着用户看完视频。而他进行阅读推广的视频多从现象出发，利用书中理论和自己的总结来教用户如何更好地成为自己，其中的深度需要多次观看视频才能吸收消化。

视频反馈效果是用户共鸣、体验、沟通交流的体现。研究视频反馈效果帮助图书馆获取大众人群对不同主题的触动点、交流评论方式以及他们对不同活动的感官体验。因此笔者对获赞量最高、评论量最高和转发量最高的视频做了统计，发现这三个指标涉及的视频有所重叠。而其中仅有5位涉及了阅读推广，获得了不错的播放量，其中获赞最高的为"都靓读书"的"你们知道冰心究竟干了什么，才让这么多作家不喜欢么？♯暑期知识大作战♯好书分享"，为138.6万次，评论最多的是"丹青旅者"的"归根到底，只炒概念做模式，走不远。♯社会♯读书♯文化♯企业家"，为6.0万次，转发量最多的是"传奇阅读"的"♯郭德纲一路坎坷势必疾恶如仇♯相声♯德云社♯于谦♯岳云鹏"，为3.4万次。

获赞量最高的视频用一种诙谐有趣的语言对民国的几大作家进行了比较，配乐与整体走向切合，博主表现力强，形象地表现出了文学圈争锋的画面，娱乐中又凸显了一种趣味性。而评论量最多的视频输出了一种批判性的观点，引发了用户争议，提起了话题度，使得用户纷纷评论自己的看法。转发量最多的视频高度概括了郭德纲本人的故事和他的观点，从传播角度讲，郭德纲作为相声界的名人，具有极大的影响力，而转发量居多说明郭德纲这个人的过往或者他的某些观点戳中了用户的心理，激发了用户的分享欲。

这15位自媒体人的视频并非全是阅读推广，其中还夹杂着日常生活、学习方法、知识科普、育儿经验等分享，他们推广的书籍种类涉及传统文化、儿童教育、文学名著、为人处世、思维方法等几大类，且他们的语言风格和表达方式都带有鲜明的个人特点，他们的视频所传达出来的理念都是他们思想的延伸，具有深度和思考性。从内容创作的角度来讲，这15位自媒体人多为本人出镜,或温柔、或搞笑、或风趣地娓娓道来书中观点,与实际生活相结合,个人形象干净大方,带有自身独有的风格,表现效果突出,输出观点又带有博主独特的见解和意蕴,具有一定的深度和广度,原创性和真实性俱佳。而在内容传播力度上,这些自媒体人的内容都在某种程度上触及用户的痛点,不仅帮助用户解决生活中的某些困惑,甚至无形中解决了用户找不到书、不知道看什么书的难题,起到了阅读推广人的作用。

(三)自媒体人带货情况分析

当博主视频效果反馈达到一定正向程度,粉丝数量趋于稳定且缓慢增长,博主为粉丝谋福利,即进行互动来增加粉丝黏性,增强粉丝对用户的信任感。而带货情况就是互动效果的反馈。笔者借助抖音平台和灰豚数据,调查了阅读推广自媒体人带货口碑、30天内销售量、近30天内发布视频带货比例、近90天直播场数/场均销售量和近90天场均观看人数。这些指标都在一定程度上反映了视频的真实反馈效果,阅读推广效果是否落实到了实处,用户是否认可博主的知识产出、视频内容等。

表3 阅读推广自媒体人带货量统计

名称	带货口碑	近30天内销售量(件)	近30天内发布视频带货比例(%)	近90天直播场数(次)/场均销售量(件)	近90天场均观看人数(人)
碎嘴许美达	4.97	100 000+	6.49	159/1 147	103 000
主持人王芳	4.98	100 000+	21.54	170/23 000	386 000
刘媛媛	4.92	100 000+	21.40	171/6 595	183 000
Caroline涵涵姐	4.81	21 000	20.22	12/802	82 000
九三学长	4.14(低)	1 523	8.85	10/5	4 661
阿甘阅读会	4.60	20 000	34.22	—	—
都靓读书	4.67	34 000	51.46	4/704	89 000
王小骞	4.81	100 000+	12.89	18/12 000	427 000

续　表

名　称	带货口碑	近30天内销售量(件)	近30天内发布视频带货比例(%)	近90天直播场数(次)/场均销售量(件)	近90天场均观看人数(人)
小嘉啊	4.91	42 000	29.60	2/6 773	195 000
陈大侠	4.93	2 647	30.53	—	
静静教主	4.25	124	5.26	—	
丹青旅者	4.83	4 687	54.67	—	
传奇阅读	4.60	3 437	77.05	4/0	1 902
老明读书	4.51	164	21.05	2/5	4 716
焦尾 Tyler	4.99	9 439	68.42	—	

通过对表3进行分析,笔者发现带有个人身份加持的博主在近30天内的带货量都达到了100 000＋。比如"主持人王芳""刘媛媛""王小骞"。他们自身具有一定的知名度。从近30天内带货视频率和销售量来看,"王小骞"推广效果较好。从近90天直播场数/销售量和观看人数来看,有五个人还未开通直播服务。但从直播场数和销售量看,"主持人王芳"和"王小骞"销售量最多,都突破了万件,但相比较来看,"王小骞"直播转化效果最好。再配合直播观看人数,观看"王小骞"直播的人数最多。"王小骞"所推广的是儿童类相关书籍,关注她的用户群体大多也是新手父母,她的视频内容会以自己的女儿为范本,讲述该本书提升了女儿的思维能力,该本书适合几岁儿童阅读等,这种方式增强了内容的生活感和真实感,深度戳到用户面对育儿的不知所措,以及该怎么教育孩子,如何通过阅读帮助孩子解决问题的痛点,促成交易。在直播过程中,"王小骞"不止带货,还会跟大家分享一些育儿和平常教育孩子的经验,这些内容在一定程度上加深了粉丝对她的信任感。再配合上她的个人风格、思维、思想的呈现以及名人身份的加持,用户就会慢慢突破心理防线,尝试在抖音买书,逐渐成为其粉丝。

带有名人身份的博主在账号开通初期就因为名人效应获得了潜在的粉丝量,而在产出优质内容后,很容易就能通过视频运营增长用户,把老粉丝转化活跃粉丝。同时,博主的个人经历、经验解读会获得较高的赞赏量、评论量和转发量。这基于用户对博主的好奇心，尤其是素人博主。这些博主的经历造就了他们的处事方法、读书思维，甚至视频中都带有他们这些年因读书或者生活所带来的思维沉淀、生活阅历以及塑造的气质。而直播时博主回答问题的巧妙感和传播知识的氛围感以及与用户交流的亲近感都会拉近用户与博主间的距离，由认可博主的理论到成为博主的粉丝。从某种程度上讲，博主靠自身的文化底蕴和内涵输出知识，针对他所关注的领域，来收获认可他的用户群体。本质上除了抖音算法推荐，真正获得的用户还是关注该领域的用户群体，这是真正的活粉。而且这 15 位博主虽然内容不相同，但总体上都涉及了教育，这些粉丝群体有很多都是为了教育孩子、启迪孩子才关注博主的父母，由此看在短视频领域，亲子教育可以作为阅读推广的一个缺口。

二、自媒体人阅读推广经验分析

经过以上分析，笔者发现在短视频领域，阅读推广仍是一块"蓝海"，尽管有很多人推广书籍，推广阅读理念等，但视频反馈效果远不如生活娱乐类视频高。究其根本在于，大多数人把短视频看作是一个娱乐化平台，阅读推广的视频受众群体单一，新用户难以获取。这说明全民阅读推广仍旧需要图书馆和社会各界的努力。而从以上几位自媒体人的推广来看，有以下经验可供图书馆参考。

（一）创建短视频服务团队，扩散阅读推广意识

个体的力量是渺小的，团队的力量是巨大的。用短视频进行阅读推广，需要一个团队进行短视频的创作、内容主题选择、剪辑、运营、反馈效果优化等一系列流程，这些都需要专人分工合作，才能最大程度改善图书馆当前利用短视频进行阅读推广效果不佳的状况，像"都靓读书""阿甘阅读会"背后都有团队进行制作，分工合作，才能更新频繁，保质保量。而个人独自操作，虽然也可能获得不错的流量，但不如团队有效率有速度。所以，图书馆可以设立一个专门的新媒体部门，多招聘技能型人才，负责短视频、直播内容的创作、优化、数据分析等，可优先选择抖音平台的读书博主，他们有一定的经验，可以快速上手，进行产出。

当前图书馆利用短视频进行阅读推广的首要任务是扩散阅读意识。在用户看来，娱乐、情感、生活、美食等类型趣味性更能吸引他们浏览点赞。他们把

短视频当作是一个日常消遣的工具。而对于学习型人才来说，他们能把这个工具变成一个学习型产品进行输出。比如学习方法的产出、学习博主的诞生、阅读效果的提升。图书馆进行阅读推广最本质的受众群体先是那些愿意学习改变自身的人，他们认可阅读，喜欢阅读。而此范围外的用户，是图书馆的潜在用户。因此，图书馆可采取等级扩散的方法，先着重抓核心用户——一直在阅读的人，辐射重点用户——喜欢阅读的人，吸引潜在用户——能够通过阅读引起共鸣的人。

（二）抓住短视频流量密码，完善短视频服务标准

短视频本身具有突破感知的内容优势、即刻满足的消费闭环优势、视频化表达的流量优势和依托社交媒体的互动传播优势[10]。内容的深度可以拉近用户与博主之间的距离，直播服务可以完成消费闭环，视频效果极大反映了大众群体的兴趣所向，评论互动交流加速了视频的传播性。图书馆利用短视频进行阅读推广，需要研究短视频平台的可操作性和适用性，抓住流量密码，才能提升阅读推广的效果。沈丽红认为标题详尽、有话题引导的短视频更容易触达精准用户，提高视频的点击率，提升视频的完播率，从而更易成为热门视频[11]。因此，在内容创作格式上，图书馆可以适当注意抖音个人主页格式的统一性和整体性，在制作图书内容时要注意标题、内容、视频画面、声音等这些微小的细节，采用用户直观感受较好的"三栏式"或者"人物＋标题"这两种表现形式，清晰直观地用标题点明各个视频的主要内容，给用户营造一种氛围感，让用户能全神贯注地听博主输出观点，传播阅读意识，吸引新用户。

图书馆利用短视频进行阅读推广，最主要的是激发用户的兴趣，达到阅读推广的效果。因此构建用户关系、促进用户关系、完善用户关系显得尤为重要。而短视频就是用来构建用户关系，直播用来促进用户关系，粉丝群用来完善用户关系。所以，图书馆要完善短视频服务标准，学习自媒体人这种带货思维，把读者吸引到图书馆来借阅图书，来达成第一步用户关系的联系，同时利用直播来进行图书推介、知识分享、大咖讲书、六课堂等这些具有共享性的知识类活动，丰富读者的阅读经验，提升读者的阅读兴趣达成第二步满足读者的用户需求。此外，图书馆要多开设几个粉丝群来达成第三步完善用户关系，直接加强粉丝与图书馆的联系，让粉丝直接对接图书馆，从而更好地服务粉丝，推广阅读。

（三）注重短视频主题建设，拓展短视频阅读推广参与主体

从内容主题上看，自媒体人在阅读推广视频上，个人经验和知识科普占比较高，涉及教育的书籍推广居多。博主选择的都是自己擅长或感兴趣的领域。他们高度概括，凝练书中观点，然后结合实际生活，输出思维性总结。而大多数图书馆短视频形式较为单一，集中在某一两个主题[12]。因此，图书馆在用短视频进行阅读推广时要选择好合适的主题，针对不同的用户产出不同主题的内容，以强化用户参与度为着力点，打造具有沉浸式场景体验的短视频内容，主要包括核心层面与外围层面两类，核心层面的短视频内容主要以编辑说书、主播推荐为主，外围层面的短视频内容主要以线下售书场景展示、出版机构公众话题营销为主。特定用户决定了特定主体对特定主题的需求。比如"王小骞"主要分享儿童绘本、亲子教育类的短视频，她的粉丝群体就是那些期望在教育上寻求改变或者产生心灵共鸣的人。这代表"王小骞"成为一个领头人，教育、育儿是每个家庭头疼不已的难题。显而易见，图书馆很少在短视频上就某个主题开展服务。亲子教育类话题较少且难以引起新手父母的关注。因此，图书馆可以按主题类型招募志愿者，就不同主题展开讨论，可率先选择用户需求量大的缺口（比如育儿和教育），让他们分享自己面临的难题及自己的观点，然后邀请不同领域的专家与这些志愿者进行对话，产生出思想碰撞的火花。图书馆可采用层层嵌套的方式，先在该区的图书馆举办活动，再扩大范围到该市的图书馆，最后拓展到省图书馆，也可跨区合作，联合举办活动。

短视频所展开的"交流情境"不再只是一个人的观看行为，而是多人、多场景、多任务参与其中、开放协作的实践过程[14]。图书馆利用短视频进行阅读推广主体较为单一，尽管也与作者、大咖等知名人士合作，但是其反馈效果一般。而自媒体人最重要的特质是自带流量，短视频平台不缺乏爆款，持续爆款的人却寥寥无几。那些能在发出视频的两三天内达到破峰流量的百万粉丝博主，才是图书馆应该与之合作的伙伴。在阅读推广道路上，每个人都是推广者，图书馆可以就不同主题寻找这些主题中粉丝量多、正向反馈效果优秀的自媒体人进行合作，让其成为阅读推广人，或者做一个图书馆活动的宣发，实现"梦幻联动"，让博主发挥自己的号召力，带动粉丝群体，成为新的阅读推广人。此外，图书馆也要注意寻找有自己独特的视频表达方式的自媒体人，往往吸引用户的除了视频内容，还有拍摄手法、表达方式等这些容易被忽略的细节。自媒体人在进行阅读推广时，他的知识底蕴、文学素养、周身气质都会透过内容

向用户传递过来他的个人形象,这也会在一定程度上影响用户对博主的喜爱度。因此,图书馆可借鉴自媒体人的创作手法、内容策划思路,招募具有个人特色风格的博主或者针对专研不同领域且具有积极正面形象的个人创作者,让其负责图书馆短视频阅读推广,也可以与这些新兴传播阅读自媒体推广者进行合作,让其成为本地图书馆推广大使,扩大其自身影响力和图书馆的影响力,达到双向共赢的效果。

(四)树立短视频品牌意识,提升阅读推广服务形象

图书馆直播内容一般是进行好书分享、讲座之类的活动,但其传播力度较小,很少有人关注。其原因是图书馆作为一个公共文化机构,它在短视频上还未树立起自己的个体品牌形象,用户对图书馆的认知还停留在大众层面。因此,图书馆应该在短视频上打造属于自己独特的个体形象,使图书馆脱离传统印象,竭力开发图书馆在新媒体时代的作用,发挥图书馆在线上线下的资源整合、交叉服务作用,使读者感受到图书馆独有的魅力,同时也可在传播过程中,通过开设多个平台,擅用不同方法,来吸引用户,进行传播,用丰富多样的活动和奖品留存用户,达到口口相传的效果。一方面以创意的视频形式为基础、优质的视频内容为驱动,在用户与图书营销主体对图书形成共通的语义空间的同时,使传播内容更具价值性;另一方面充分发挥名人在品牌形象塑造方面的作用,运用人格化表达策略,建立与用户之间的信任关系,增加品牌好感度[15]。

博主的身份在账号开通初期就奠定了粉丝基础,且他们的内容在粉丝认可、传播的情况下很快就可破万次赞量。而知名度的影响力,诸如艺人、主持人、作家等身份,进行阅读推广,往往可以达到不错的效果。用户基于对这种知名度的认可,莫名就添加了信任感,再加上高质量的内容产出,戳到用户的痛点,用户就会去购买书籍,而博主也达到了阅读推广这一目的。对于普通博主来说,在某种程度上,用户有一种猎奇心理,有经历加持,用户可以了解到博主的真实性,就可以打破用户与博主之间似有若无的距离感,从而让用户更加认可博主。因此,图书馆可以双向发力,一方面邀请大咖,比如业界知名专家、教育学者、艺人、作家等,他们自身的影响力就会引来不少用户参加活动,可以让大咖代表图书馆分享阅读推广活动或者经验总结、知识分享等;另一方面图书馆内部要逐步培养实力强劲、具有个人特色、风格突出的出镜人和主播,在创作短视频时能够营造氛围感,缓解用户情绪,或者人物形象鲜明的出镜人,

可以极大地吸引年轻用户群体,提升图书馆的个体影响力。在吸引用户群体上,图书馆可率先从育儿和教育入手,对此方面进行阅读推广,吸引父母群体涌入,构建基础用户。此外,图书馆可以创建一个平台多个账号,形成大号带多个小号的矩阵,大号是图书馆,小号是图书馆培养的自媒体人,联合发力,多平台构建新媒体矩阵,扩大图书馆影响力,提升图书馆的品牌效应。图书馆在直播方面,要选择一个有把控力的主播,最好选有文学底蕴的主播,他们在阅读了大量书籍后,思想和深度以及气质远比普通主播更胜一筹,或者选表现力强、口才好、幽默风趣的主播,比较讨用户喜欢,能够带动直播气氛,促进用户关系。

三、结语

移动5G和智能终端的发展催生了诸多新手段,从最初的微信公众号到现在的短视频,其用户参与度、用户群体的数量都足以让图书馆意识到用新手段来进行阅读推广是势在必行的。但往往图书馆还没参透一个新手段的玩法,另一个新手段就接踵而至。尽管这些都属于媒体宣传手段,但每个手段都有自己的模式及规律。图书馆利用短视频进行阅读推广,其本质是要把阅读理念传输到人群中,扩大用户阅读群体,促进用户交流,改善用户服务。在进行阅读推广的过程中,图书馆更应该掌握该手段的可操作性、可用性和可玩性,抓住短视频获取流量高峰,短视频营销规律等,并在此基础上逐步完善图书馆在该方面的阅读推广服务体系,借鉴自媒体人在阅读推广方面的经验,加强合作交流,招揽更多阅读推广人,利用短视频平台,让用户成为"行走的"阅读推广者,共同促进全民阅读推广。

参考文献

[1] 中国互联网络信息中心. 第48次《中国互联网络发展状况统计报告》[EB/OL]. [2021-08-27]. http://www.199it.com/archives/1302651.html.

[2] 孙雨,陈凤娟. 公共图书馆"抖音"短视频服务现状及发展策略研究[J]. 图书馆工作与研究,2021(1):85-94.

[3] 牛国强. 短视频APP在图书馆阅读推广中的应用前景探析[J]. 图书馆工作与研究,2021(4):115-123.

[4] 张承. 基于短视频营销的公共图书馆数字阅读推广策略研究[J]. 图书馆工作与研

究,2021(5):85-91.

[5] 徐彤阳,李婷.短视频社会化阅读推广效果分析——以抖音短视频为例[J].图书馆,2021(2):74-81.

[6] Kingsley T. Ihejirika, Anne Goulding, Philip Calvert. Rethinking Academic Library Use of Social Media for Marketing: Management Strategies for Sustainable User Engagement[J]. Journal of Library Administration, 2021, 61(1): 58-85.

[7] Soohyung Joo, Namjoo Choi, Tae Hyun Baek. Library marketing via social media: The relationships between Facebook content and user engagement in public libraries [J]. Online information review, 2018, 42(6): 940-955.

[8] 艾媒咨询.艾媒报告|2017年中国自媒体从业人员生存状况调查报告[EB/OL].[2021-06-01]. https://www.iimedia.cn/c400/48685.html.

[9] 王兴兰,夏晓红.图书馆短视频账号传播力研究——以省级公共图书馆为例[J].图书馆学研究,2021(5):45-52.

[10] 蒲鹏举,郝建军.图书短视频营销策略创新探析——以《减糖生活》的抖音营销为例[J].出版广角,2021(11):64-66.

[11] 沈丽红.图书馆热门短视频内容规律探究——基于抖音平台的实证研究[J].图书馆,2020(12):75-82.

[12] 韩世曦,曾粤亮.我国省级公共图书馆抖音短视频运营现状调查分析[J].图书馆学研究,2021(12):30-37.

[13] 田杰.图书短视频营销的实践探索与创新策略——以抖音头部账号为例[J].出版广角,2020(19):55-57.

[14] 王晓红.短视频助力深度融合的关键机制——以融合出版为视角[J].现代出版,2020(1):54-58.

[15] 刘毅,曾佳欣.基于SIPS模型的短视频平台图书营销策略探究[J].出版发行研究,2020(3):19-25,67.

疫情封控期大学生心理问题产生及应对策略

——基于上海"双一流"高校的调研

◎ 康天月*

> **摘　要**：2022年3月以来，上海的新冠肺炎疫情防控形势极其严峻，上海高校均采用封闭管理或准封闭管理举措，长时间封闭措施容易引发大学生心理健康问题。高校图书馆应采取积极措施关心和缓解大学生心理健康问题。通过问卷调研及文献调研，探究新冠肺炎疫情防控封闭管理期大学生已产生及可能产生的心理健康问题，同时对上海"双一流"高校心理健康中心和图书馆心理健康服务工作展开线上调研。针对大学生心理健康问题产生及干预活动，结合调研情况，提出高校图书馆采用阅读疗法缓解大学生心理健康问题的改进策略，以期为今后突发性公共卫生事件下高校图书馆有效展开阅读疗法服务提供参考。
>
> **关键词**：阅读疗法；心理健康；高校图书馆

2022年3月以来，上海的新冠肺炎疫情（以下简称"疫情"）防控形势极其严峻，为更好控制疫情蔓延，切实保护高校师生健康，上海高校均采用封闭或准封闭管理举措，严格管控校园进出及线下活动。疫情具有突发性和不稳定性，封闭管理具有社交隔离属性，人们容易产生焦虑、抑郁、恐惧等负面情绪[1]，长时间处于封闭管理的大学生群体更易产生负面情绪。加之封闭管理对大学生正常学业、毕业和就业造成较大影响，严重打乱其学习、生活及未来

---

* 康天月，上海大学文化遗产与信息管理学院硕士研究生，研究方向：阅读推广、阅读疗法。

规划,加剧大学生心理健康问题。因此在疫情封控管理期,除了注重大学生身体健康保护,也要注重心理健康爱护。对此,上海高校心理健康中心纷纷做出反应,提供疫情专项心理健康服务及应急心理健康服务。疫情封控下高校心理咨询需求井喷,但心理健康中心资源有限,无法满足大学生需求,因此部分高校图书馆积极回应,主动开展阅读疗法服务,为心理健康中心服务提供有益补充。

阅读疗法是以文献为媒介,将阅读作为保健、养生以及辅助治疗疾病的手段。人类很早就认识到了阅读的修心与保健功效,在古代中国、古埃及时期就已开展阅读疗法实践[2]。疫情封控管理期间,心理健康中心服务一定程度上可以改善大学生心理健康状况,但还需阅读疗法作为辅助手段。很多大学生拒绝进行心理咨询,认为心理咨询会产生心理负担,因此往往不愿意向别人倾诉心理问题,存在轻度心理健康问题的大学生还会因不愿占用公共资源而放弃心理咨询。此时,高校需拓展心理健康服务路径,提供多样化心理健康服务。在阅读中嵌入心理咨询服务成为更易被接受的形式[3],大学生可以自主挑选书目以疏解心理问题,既减轻心理咨询的压力和负担,又避免占用公共资源;也可与图书馆员线上匿名交流,在保护个人隐私的情况下接受心理干预。阅读疗法可以在强保密性的环境中,为大学生提供不伤自尊的、无负担的心理疏导服务[4]。

本文基于校园封控管理背景,通过问卷对大学生心理状态及情绪舒缓方式进行调研分析,并对上海地区 15 所"双一流"高校心理健康中心和图书馆开展的心理健康工作进行线上调查,分析图书馆开展阅读疗法服务的必要性,针对高校图书馆开展阅读疗法服务存在的不足,提出具体改进策略。

一、封闭管理期大学生心理问题的产生

(一)大学生心理问题产生缘由

据《中国统计年鉴 2021》显示,2020 年我国在校普通本专科和研究生数量达 3 599 万人,大学生群体基数大,但社会阅历少,经济上和心理上需要外界支撑,抗压能力较弱[5]。大学生群体的应激性心理状态与疫情的流行程度高度相关[6],面对疫情时易产生更强烈的应激反应[7],焦虑和抑郁情况也普遍高于社会人士[8]。相较于疫情防控常态化阶段,疫情防控应急阶段下大学生心理健康问题进一步恶化,具有害怕、伤心、愤怒、焦虑、无聊情绪的大学生数量显著增加,具有平静、开心情绪的大学生数量显著下降[9],严重时甚至会导致抑郁症、焦虑症以及创伤后应激障碍等心理疾病[10]。研究表明,高校学生的焦虑检出率[11]和抑郁检出率[12]正呈现上升趋势,且疫情对生活影响程度越大,焦虑症和抑郁症患病率则越高[13]。封闭政策对大学生正常学习、生活和工作都带来较大冲击,严重打乱其正常生活秩序,更易引发不同程度的心理健康问题,还会导致校园舆情事件频发。某些高校学生在社交媒体平台发布对学校政策及校领导决策不满的言论,由于疫情封控管理期间社交媒体负面信息量过载,舆论信息密集混乱,真假难辨,学生常被谣言和过度解读的信息引导,发表言论有失偏颇。这容易使学生产生激进心理,增加焦虑情绪,削弱防疫凝聚力,使"心理抗疫"工作开展更为困难。

(二)大学生心理健康状态调研

本文选择有封校经历的高校学生作为调查对象,主要调查内容为疫情封校期间大学生心理状态及自我调节方式,通过问卷星设计、发放与回收电子问卷,2022年9月4日发放,14日回收,共发放问卷265份,剔除无效问卷后回收260份,覆盖本科生(42.69%)、硕士生(50.38%)及博士生(6.92%)。利用问卷星和Excel表进行数据统计和可视化分析。

如图1,由于疫情传播速度快,涉及范围广,封控管理期间大学生容易因担心自己、家人或身边人被感染而焦虑(69.81%),并对疫情扩散产生恐惧心

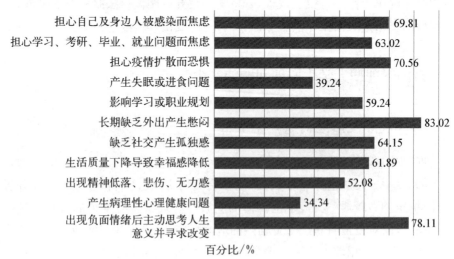

图1 封控期间大学生心理健康状况

理(70.56%)。高校教学工作均线上开展,对于非毕业生来说,线上教学难以保证学习质量,影响考研、出国等学业规划,对于毕业生来说,无法线下实习、应聘、数据调研及实验开展,影响毕业论文撰写及求职签约,打乱毕业规划与职业规划(59.24%),使大学生对学业、毕业及就业产生担忧和焦虑(63.02%)。封闭管理政策导致大学生长期不能外出,严重情况下甚至不能校内流动,致使大学生憋闷感增强(83.02%)。校园无法开展聚集性活动,与朋友见面机会减少,大学生社交需求无法满足,长期处于弱社交状态容易出现孤独感(64.15%)。因物资缺乏以及快递、外卖全面停摆,大学生物质资源获取存在障碍,生活质量下降,幸福感降低(61.89%)。封校带来的不便还会使大学生产生精神低落、悲伤、无力等负面情绪(52.08%),严重时会引发失眠、进食障碍等身体健康问题(39.24%),或焦虑症、抑郁症、恐惧症、强迫症等病理性心理健康问题(34.34%)。

综上,封校打乱了大学生原有生活秩序,为学习、生活及工作带来重重障碍,使大学生产生不同程度的恐惧、焦虑、抑郁、孤独等心理健康问题,甚至引发身体健康问题。封校政策持续时间长,且各地零星疫情反复,封校政策也反复执行,导致大学生心理健康问题反复出现,无法根治。因此,在封控管理中,做好"心理抗疫"是高校义不容辞的责任,也是需长期关注跟进的重点工作。

(三)大学生心理问题舒缓方式

出现负面情绪后,大学生可以通过自愈或他愈来舒缓。调查显示(见图2,图中的数据出自多项选题调查问卷),大学生通过阅读书籍(39.23%)、欣赏音乐及影视作品(55.38%)、运动健身(45.38%)、玩游戏(42.31%)等方式进行自愈,通过与好友倾诉(49.62%)或心理咨询(20.38%)进行他愈。数据显示,将心理咨询作为情绪疗愈手段并未成为主流。一方面,大学生群体基数大,心理健康中心数量少,"僧多肉少"的局面需要大学生以自我调节为主;另一方面,部分学生在进行心理咨询时会产生心理负担。这就要求高校探索心理健康服务多元创新路径。此外,78.11%的大学生出现负面情绪后会主动思考人生意义并寻求改

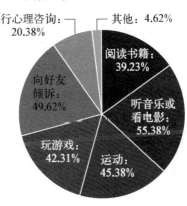

图2 大学生情绪舒缓方式

变,这类积极思考和情绪沉淀有利于消解封闭管理带来的负面情绪,促进心理健康[6]。阅读作为一种开阔视野、加深思考的方式,可以有效引导大学生将负面情绪转化为正面积极的人生思考,阅读疗法的推广便可以让更多人了解阅读的情绪疗愈和引导作用,并为大学生提供专业疗愈书目,使其更高效地获得疗愈。

二、封闭管理期大学生心理问题干预

(一)心理健康中心开展的服务

1. 日常咨询

疫情封控管理期间,上海高校心理健康中心相继开展疫情专项心理咨询服务。譬如,复旦大学心理健康中心提供了种类多样、形式新颖、内容全面的线上服务。由40位专业心理咨询师组成网络视频咨询服务队伍,保障学生日常心理咨询需求;邀请专业心理咨询师开设不同主题的积极心理工作坊,涉及静心冥想、安稳身心、专注学习、寻找变化中的稳定感以及安心助眠等内容,并同步线上视频资源,方便学生随时随地自学;开展朋辈心理辅导项目,学生可以在微信公众号"FDU糖心旦"留言,由经过专业培训的本、研高年级朋辈志愿者"小糖人"即时在线答复,以保证心理咨询的时效性,提升应急服务能力,同时朋辈辅导可使学生感到更亲切,提高主动参与心理咨询的积极性;提供扩容树洞式Tape提问箱,学生可以在Tape提问箱匿名留言,由心理健康教育中心专业老师及朋辈心理辅导志愿者团队回复,增强咨询服务的隐私性。

2. 应急服务

应急服务方面,各高校心理健康中心也推出了相关举措。如复旦大学心理健康中心开展医校合作,为治疗药物开通绿色通道,方便为学生配送急需心理药品,提供应急药品代配药服务。还提供24小时心理援助热线,保证学生可以随时接受心理援助。上海大学心理辅导中心在封校管理后提供疫情专项优先心理咨询服务,在心理咨询登记中备注"宿舍楼号+受疫情影响"后,心理辅导中心便优先安排咨询服务,尽快给予线上通话服务。这些措施都重点关注了疫情应急条件下大学生心理援助需求,保障学生能够随时得到药物和心理咨询援助。

（二）图书馆开展阅读疗法服务

笔者对上海15所"双一流"院校进行线上调研，搜集封闭管理期（3-5月）高校图书馆在官网及微信公众平台账号发布的推文，整理阅读疗法工作相关内容，总结工作开展状况。调研发现，高校图书馆阅读疗法工作开展整体较为丰富，但程度不均，部分图书馆从未涉及。截至2022年6月1日上海"解封"，15所图书馆中有6所未涉及阅读疗法服务，其他图书馆以专题讲座、书目推荐、线上书展、共读活动、与机构合作等形式开展阅读疗法活动。

1. 自主举办活动

以上海交通大学图书馆为例，其开展的活动有：① 征集活动，面向大学生举办书目分享、诗词推荐、影片分享、诵读音视频征集等活动，激发学生分享欲，调动书目疗愈自主性和积极性；② 领读者线上共读活动，提供丰厚奖励，如赠送图书馆特色文创、推送优秀书评、提供与作者面对面交谈机会等，增加学生参与积极性；③ 书目推荐活动，推荐缓解焦虑、舒缓心情的书籍，为增加荐书有效性和可推广性，书籍均选自央视《读书》、阅读疗法专家推荐书单、中国好书榜、豆瓣年度榜，并通过微信公众平台进行图文推送及视频制作，供学生观看；④ 推荐中国古籍数据库，鼓励学生在古籍中寻找心灵的光。上海交通大学图书馆活动形式丰富，聚焦阅读疗法，但更偏向阅读推广，缺乏一对一疗愈咨询服务。其他高校图书馆也开展了阅读疗法相关活动，如表1所示，包括阅读疗愈主题讲座、线上读书会、线上疗愈主题"微书展"等。

表1 上海"双一流"高校封控期阅读疗法开展情况

单 位	是否开展代表性阅读疗法活动	代表性阅读疗法活动具体内容
复旦大学	否	—
同济大学	否	—
上海交通大学	是	领读者线上共读 交圕·喜悦系列活动：推荐缓解焦虑、舒缓心情的书籍 书目、影片征集分享 诗词推荐、诵读音视频征集

续 表

单 位	是否开展代表性阅读疗法活动	代表性阅读疗法活动具体内容
华东理工大学	是	阅读疗愈主题讲座转载 参加书香"愈"疫,暖心"悦"读——2022"超星杯"疗愈阅读系列主题活动
东华大学	是	进行疗愈书籍推荐,相关书单可在京东读书专业版免费阅读
上海海洋大学	否	—
上海中医药大学	是	分主题开展疫情期间书目特别推荐活动
华东师范大学	是	参加书香"愈"疫,暖心"悦"读——2022"超星杯"疗愈阅读系列主题活动 进行疗愈书籍推荐,相关书单可在京东读书专业版免费阅读 在哔哩哔哩直播平台开展"读书散疫、爱在华东师大"线上读书会活动 开展线上线下共读活动
上海外国语大学	是	参加书香"愈"疫,暖心"悦"读——2022"超星杯"疗愈阅读系列主题活动 阅读疗愈主题讲座转载 线上疗愈主题阅读"微书展" 疗愈系荐读书目
上海财经大学	是	参加书香"愈"疫,暖心"悦"读——2022"超星杯"疗愈阅读系列主题活动
上海体育学院	否	—
上海音乐学院	是	参加书香"愈"疫,暖心"悦"读——2022"超星杯"疗愈阅读系列主题活动
上海大学	是	疗愈系书单推荐
上海科技大学	否	—
海军军医大学	否	—

2. 与第三方平台合作

图书馆除自主开展活动以外,也积极与第三方平台合作,举办阅读疗愈活动。如华东理工大学、华东师范大学、上海外国语大学、上海财经大学、上海音乐学院均与超星学习通APP进行合作,参与了"书香'愈'疫,暖心'悦'读——2022'超星杯'疗愈阅读系列主题活动"。活动期间,主办方邀请国内相关领域专家、学者及文化名人,举办疗愈主题阅读分享和健康知识讲座。参加者通过"超星学习通"APP或者PC端进入活动页面,进行阅读打卡,获得阅读积分;还可以通过阅读主办方提供的疗愈系书目,记录所思、所想、所感,以阅读心得、阅读笔记、短视频vlog等形式进行投稿。评委对所有征集作品进行研议,及时公布评选结果。在该项活动中,主办方设置十分丰厚的奖品,以提高大学生活动参与积极性。还邀请部分书目的作者,在线分享参与本次活动的感受及触动。此次活动通过奖品激励和阅读分享的形式,增加大学生参与度,旨在鼓舞大学生在做好自身防疫的同时,学会通过精心阅读来调整心态、平缓情绪,重新建立生活秩序。

(三)阅读疗法服务的不足

疫情封控期间图书馆阅读疗法服务总体较为薄弱,大学生群体中显示度不高,难以达到预期效果。具体表现为:① 部分图书馆并未开展阅读疗法活动,阅读疗法理念未得到推广,大学生不了解阅读疗法功效,遇到问题时不会选择利用阅读舒缓情绪,更不会求助图书馆;② 阅读疗法活动形式及平台单一,仅在微信公众平台进行书目推荐,无法保证内容触达程度及效果,且活动开展频率低,未建立长期跟踪反馈机制,疗效无法保障;③ 依赖于转载上海市图书馆学会等机构的书单及讲座,未根据本校疫情防控具体政策及学生心理健康状态针对性配伍书方并开展活动;④ 多为自助式阅读疗法,缺乏交互式阅读疗法及读书交流活动,对于想通过沟通缓解情绪问题的大学生缺乏相应解决方案;⑤ 提供服务的馆员并非心理学领域专家学者,疗愈过程专业性较弱,阅读疗法服务水平不高。

对此,图书馆应根据本校疫情防控形势及学生心理健康需求等具体情况,制定适应本校学生的个性化阅读疗法方案,提升阅读疗法服务的针对性和实效性。

三、封闭管理期阅读疗法提升策略

(一)深化阅读疗法理念推广

要想加强疫情期间阅读疗法功效,首先应让更多大学生了解、接触并使用阅读疗法解决心理健康问题,如果大学生不知晓阅读疗法理念,遇到心理健康问题时则不会求助图书馆。因此应加强阅读疗法理念推广,让越来越多的师生了解阅读对心理调节的作用,增加用阅读疗法缓解不良情绪的意愿[14]。如图3所示。

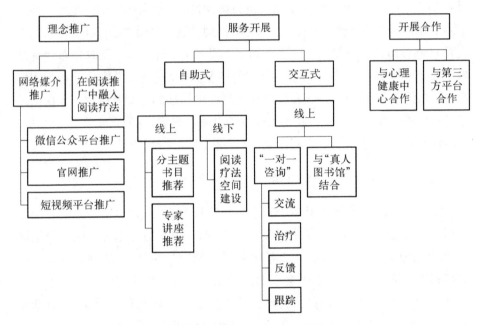

图3　高校图书馆阅读疗法服务框架图

1. 延伸推介平台

疫情封控管理状态下,高校需根据疫情防控形势及时调整封闭政策,图书馆的开放也需作出相应调整,此时图书馆线下提供资源和服务的能力降低,大多转向线上形式,探索线上服务新模式成为图书馆工作重要方向。根据第49次《中国互联网络发展状况统计报告》,截至2021年12月,我国网民规模达10.32亿人,互联网普及率达73.0%。其中,网络视频、短视频用户使用率分别为94.5%和90.5%,用户规模分别达9.75亿人和9.34亿人。网络视频已经十分大众化和普及化,以哔哩哔哩APP和抖音APP为代表的网络视频平台便成为线上推广有利介质[15]。高校图书馆可以利用短视频形式制作阅读疗法推广视频,也可以通过直播形式举办阅读疗法专家讲座。如上海市图书馆学会联合上海外国语大学图书馆邀请南京大学徐雁教授,在上海外国语大学微信视频号和SISU数字学术中心哔哩哔哩直播号举办《"读书身健方为福"——"阅疗-治愈系推荐书目"导读与情绪疗愈》讲座,以直播方式吸引高校学生关注,并在弹幕互动过程中与观众进行沟通反馈,以交互形式增加用户情感连接与共鸣。利用短视频平台可以一定程度上增加推广过程的趣味性和交互性,平台大数据推荐机制也可以更高效地将视频触达到更多目标大学生,大大提升推广效果。

2. 融入阅读推广

阅读疗法服务是阅读推广的一种形式,也是阅读推广的研究范式之一[16]。读者可以在接受阅读疗法服务的过程中,养成阅读习惯,增加阅读量,推动阅读推广工作开展。在阅读推广过程中加入心理健康及情绪疗愈主题书目推广,也可以无形中促进读者进行自助式阅读疗法。疫情封控管理期间,高校图书馆可以在开展阅读推广工作时,加大心理建设主题和情绪疗愈主题书目推广力度,或开展情绪疗愈类书目线上读书分享会,鼓励读者在线交流分享阅读体验。经费充足时,还可以通过赠送图书馆文创等奖品激励阅读行为。阅读推广与阅读疗法融合不仅可以促进阅读疗法普及,也可以提升图书馆工作效率,减少馆员重复工作量,节省经费,一举多得。

(二)聚焦阅读疗法自助式服务

阅读疗法包括自助式和交互式两种方式,自助式阅读疗法是读者根据图书馆推荐书目自主选择书籍阅读,交互式阅读疗法是读者接受他人干预和治疗,在其指导下阅读书籍,并在其帮助下解决心理问题[17]。高校图书馆需根据疫情防控政策决定自助式阅读疗法服务是否线上开展。线上可以利用短视频平台或其他自媒体平台提供服务,线下可以设立阅读疗法专区,为大学生提供专门阅读空间进行自主疗愈。

1. 线上拓展服务

疫情封控期间,大多数高校图书馆阅读疗法服务均在线上开展。图书馆可以利用短视频平台进行视频创作,以情绪疗愈类、心理调节类书目推荐以及心理知识科普等为创作主题,在全网视频平台账号发布;也可以在图书馆官网或微信公众平台推送书目推荐类文章。大学生可以通过订阅关注等行为轻松获取阅读疗法信息,大数据算法推荐机制能推进创作内容更高效地触达目标群体。同时,网络平台交互性强,读者可以与他人在线交流心得并分享书目,在沟通中缓解心理压力。如华东师范大学通过哔哩哔哩视频网站开展"读书散疫、爱在华东师大"线上读书会活动,通过推进学生线上沟通交流,提升疗愈效果。

线上书目推荐需要注意以下四点：① 为了使目标群体在接收推荐后更便利地找到资源进行阅读，应在视频及文章内容中或评论区提供线上馆藏资源获取网址或纸质馆藏位置，避免读者做好阅读准备后因难以获取文献而放弃。如上海中医药大学进行疗愈书目推荐时，在文章内加入了书目简介和全文获取二维码，方便学生定位书目并获取文献；② 应将心理健康问题与书目进行科学细致的分类并予以匹配，便于学生根据自身心理问题进行书目选择。除按照心理健康问题种类进行分类，还应根据不同人群特征针对性推荐书目，如针对非医学专业学生，推荐新冠疫情科普类书籍；针对身患慢性病的学生，推荐身残志坚的作家自传等励志类书籍；③ 在书目选择过程中兼顾专业性和专指性。依据专业阅读疗法书目进行推荐，如参考河北联合大学图书馆编制的《大学生心理问题阅读疗法推荐书目》，或者与心理健康中心合作编制适合本校封控情况的书目。专指性则是重点关注封控下大学生新产生的心理健康问题，包括焦虑、抑郁、孤独、悲伤等，针对上述症状推荐疗愈书籍。也要推荐鼓励高校学生团结抗疫的书籍，增加大学生抗疫凝聚力及与病毒抗争的勇气；④ 针对因大学生不明真相而引发校园舆情事件的现象，图书馆应推荐提升大学生信息素养和信息获取能力的书籍或讲座，增强大学生在海量网络信息中提取有用信息、筛除不良信息的能力。

2. 线下搭建平台

受疫情影响相对较小的高校图书馆可线下预约进馆，因此除提供线上自助式阅读疗法服务外，也应建设线下阅读疗法空间。在采光好的房间种植绿色盆栽，放置舒适座椅，营造温馨优雅的阅读氛围[18]，并设置阅读疗愈专题书架[16]，包括缓解抑郁情绪的书籍专区、缓解焦虑情绪的书籍专区、情绪疗愈绘本专区等，学生可以根据自身心理问题及阅读偏好，自主在专题书架借阅相关书籍，对"症"选书。专题书架馆藏配置和线上书目推荐原则一致。心理学书籍和疗愈类书籍的集中展示加之优雅的阅读环境，有益于吸引大学生进一步了解阅读疗法，也有益于提供更为便捷的自助式阅读疗法服务，增加自主疗愈渠道，舒缓大学生焦虑、抑郁等情绪，进一步改善其心理健康状况。

线下阅读疗法空间建设可以借鉴四川大学图书馆"沐心小屋"的经验。"沐心小屋"环境优雅，花团锦簇，客观上为读者提供适宜阅读的条件。并根据"中国图书馆学会阅读推广委员会阅读与心理健康分委员会"推荐的《针对大学生的阅读疗法的常用书目》进行藏书建设，专业性强，疗效显著。在疫情防控背景下,高校图书馆还应在线下阅读疗法空间馆藏中增加疫情知识普及、疫情中焦虑和抑郁情绪缓解等专门性书籍,并定期开展"心理抗疫"主题阅读活动和书单推荐活动,调动学生自主疗愈的积极性,促进心灵保健。

(三) 探索阅读疗法交互式服务

自助式阅读疗法适合心理健康问题较轻或不愿意与他人交流的大学生,而对于心理健康问题较严重及想通过沟通获取帮助的大学生,需要构建阅读疗法沟通平台,为大学生和专业馆员提供一对一的对话交流机会。因防疫政策要求,他助式交流平台更适合线上建设。线上交互中信息具有非对称性,阅读疗法咨询者可进行匿名治疗,降低隐私泄漏风险[19]。交互式线上阅读疗法治疗过程需要以下三步:首先,馆员与大学生一对一交流,以线上聊天或问卷形式,了解其学习和生活经历、阅读习惯、情绪状态和治疗需求等信息,并对信息进行归档;其次,根据大学生自身情况,针对性地推荐疗愈书目和讲座;再次,进行后续跟踪反馈,了解大学生情绪变化及阅读感想[16],及时调整书单,促进阅读疗愈效果最大化。

交互式阅读疗法也可以和"真人图书馆"结合。"真人图书馆"是一种促进图书馆员和读者交互的方式,在"真人图书馆"中,每个人都是一本可以借阅的书。读者通过借阅"真人图书"来了解其阅历和经验,进而开阔视野,探索知识。高校图书馆在进行"真人图书馆"服务探索过程中,可以增加心理健康和情绪激励主题,使大学生通过借阅"真人图书"了解他人克服不良情绪的经验,学习积极向上的生活态度,缓解、消除苦闷情绪,促进心理健康。

(四) 寻求合作平台

1. 与心理健康中心合作

阅读疗法活动中,高校图书馆的优势是具有海量高质量文献资源[20],缺点是在书目配伍和"一对一"咨询中,缺乏心理学理论指导。为弥补不足,高校图书馆可以与心理健康中心合作。宫梅玲提出阅读疗法、音乐疗法、朋辈辅导法和心理咨询法并举的立体化方法[21],为高校图书馆和心理健康中心合作提供了理论支撑。一方面,心理健康中心为馆员提供专业心理咨询业务培训,并依据心理学理论进行疗愈书目配伍,可以增强阅读疗法专业性,提升疗愈效果;另一方面,图书馆开展阅读疗法可以减轻心理健康中心工作压力,让学生有更多途径进行心理干预,为心理健康中心工作提供有益补充。因此,高校图书馆与心理健康中心合作可以优势互补,协同提升高校心理健康服务整体水平。

2. 与第三方平台合作

高校图书馆也可与第三方机构合作,开展阅读疗法主题活动。疫情封控期间,多所高校与超星学习通合作开展阅读疗愈主题活动,也有部分高校与京东读书合作,图书馆提供疗愈书目推荐,京东读书专业版 APP 提供免费电子文献资源。第三方平台开展此类活动旨在推广其产品,因此提供大量预算作为活动奖励。在合作中,高校图书馆承担活动宣传组织工作,第三方平台提供活动资金和策划方案。奖品可以激励更多学生参加活动,促进阅读行为的增加,提升阅读疗法宣传效果,同时推进第三方平台产品推广,双方互利共赢,增强活动的趣味性、主动性和持续性。

四、结语

大学生心理健康一直是社会和高校高度关注的问题,尤其是在疫情这一突发性重大公共卫生事件发生后,封控管理、对病毒的畏惧以及对未来的恐慌使大学生心理健康问题呈现井喷式爆发,囿于人力限制,高校心理健康咨询中心疲于应对,图书馆阅读疗法的开展成为心理健康服务的重要主力军。阅读疗法不仅使大学生通过阅读得到心灵的疗愈,还能在疗愈过程中培育阅读行为,有助于大学生养成良好的长期阅读习惯。高校图书馆根据突发性公共卫生事件中大学生产生的心理健康问题开展针对性阅读疗法,体现了"以读者为中心""爱生如子"的理念,这也成为图书馆践行服务原则、彰显社会价值、加强内涵建设的重要举措。封闭管理解除后,高校图书馆也应在疫情常态化管理状态下持续提供阅读疗法等心理健康服务,在实践中吸收师生反馈意见,形成反馈闭环,加强与心理健康服务机构合作,不断探索并实践更加科学实用、贴近读者需求的服务体系,持续为高校师生心理健康护航。

参考文献

[1] 王景文. 突发公共卫生事件下的图书馆阅读疗法应急服务研究——基于后疫情时期大学生心理问题的阅读疗法需求与应用调查[J]. 大学图书馆学报,2020,38(6):28-36.

[2] 王波.阅读疗法[M].海洋出版社,2014.

[3] 王惠惠.中小学图书馆开展阅读疗法服务路径探索[J].图书馆,2021(11):82-86.

[4] 宫梅玲,丛中.大学生心理问题阅读疗法研究[J].中国图书馆学报,2004(2):97-98.

[5] 江瑞辰,李安民.新冠肺炎疫情期间安徽大学生心理健康状况及其影响因素[J].环境与职业医学,2020,37(9):867-871.

[6] 尹秋馨,赵绮.COVID-19疫情下大学生居家隔离期间自我效能感与创伤后成长的关系:反刍性沉思的中介作用[J].卫生职业教育,2021,39(14):148-151.

[7] 罗品超.大学生心理危机干预理论与技术[M].广东高等教育出版社,2019.

[8] 朱小林,刘丹,闫芳,等.新冠肺炎流行期间学生与员工的心理健康状态[J].中国心理卫生杂志,2020,34(6):549-554.

[9] 张本钰,叶源,金君敏,等.新冠肺炎疫情防控不同阶段福建省大学生心理健康状况[J].中国学校卫生,2020,41(12):1896-1899.

[10] 王浩,司明玉,苏小游,等.新型冠状病毒肺炎疫情初期中国大学生心理健康调查及相关因素分析:基于多中心的横断面调查[J].中国医学科学院学报,2022,44(1):30-39.

[11] 王雨函,陈丹筠,陈逸雯,等.疫情隔离期间大学生广泛性焦虑状况及其与生命意义感、无聊感的关系[J].广东技术师范大学学报,2022,43(1):43-50.

[12] 王承敏,张星,李敏璐,等.新冠疫情期间检疫隔离人群焦虑和抑郁状况调查研究[J].中国社会医学杂志,2022,39(1):52-55.

[13] 石小盼,罗红,房茹,等.新冠肺炎疫情下湖北省大学生焦虑抑郁现状及影响因素[J].河南预防医学杂志,2021,32(9):657-661.

[14] 郭军城.高校图书馆开展大学生心理问题阅读治疗探讨[J].河北科技图苑,2014,27(2):56-57.

[15] 饶梓欣,李倩,许鑫.新冠肺炎疫情下公共图书馆视频内容生产与网络传播研究——以上海图书馆为例[J].图书馆杂志,2022,41(1):54-59.

[16] 艾雨青,陈菁."读书身健方为福"——情绪疗愈绘本解题书目及其对学校图书馆开展阅读疗法的启示[J].大学图书馆学报,2021,39(4):87-92+128.

[17] 胡靖,姜晓,姜婷婷,等.基于情商提升的大学生阅读疗法实践研究——以四川大学图书馆"沐心小屋"建设为例[J].图书馆建设,2017(3):48-54.

[18] 陈菁."书目疗法"的燃火及"书目疗法专区"的社会实践——台湾大学图书资讯学系陈书梅教授的知行合一[J].图书情报研究,2021,14(4):8-13+20.

[19] 赵晓华,尹智龙,杜慰纯.基于自媒体的高校图书馆阅读疗法应用研究[J].图书馆,2015(8):76-79.

[20] 孙红林,高凡.应急服务中阅读疗法社会功能发挥的有效路径探究——以"图书馆式"的抗"疫"为例[J].大学图书馆学报,2020,38(5):26-33.

[21] 徐海军,郭洪霞.阅读疗法师如何读书和选书——以宫梅玲研制童年创伤引发的抑郁障碍配伍书方为例[J].图书馆论坛,2018,38(11):126-129.

研究型大学图书馆建设与探索

智慧图书馆

智慧图书馆协同创新联盟的理论与实践研究

◎ 盛兴军 邓文琪[*]

> **摘 要**：本文基于智慧社会背景，结合智慧图书馆联盟的形成与发展，以我国"智图联盟"的建设实践为例，探索"智图联盟"的创建过程、发展模式和未来发展趋势。
> **关键词**：智慧图书馆；智慧图书馆联盟；智图联盟；协同创新

近年来，在以物联网、云计算、大数据、人工智能技术为代表的新一代信息技术的引领下，人类社会正快速向智慧社会迈进。"智能性"和"智慧化"不仅成为各行业发展新趋势，而且也成为许多国家的发展战略。自"智慧地球""智慧城市""智慧医疗""智慧社区"等概念相继提出之后，"智慧国家"与"智慧社会"的建设也提上了日程。在我国，早在2017年，"智慧社会"就被正式写入党的十九大报告，2021年的我国"十四五"规划中，也明确提出要打造"智慧型"国家，实现"智慧社会"转型。作为人类文化传承与传播基地的图书馆，在智慧化理论探讨和实践探索上也紧随潮流，智慧图书馆建设研究逐渐兴起，并迅速成为讨论热点。

2003年，芬兰奥卢大学教授艾托拉认为"智慧图书馆"（Smart Library）是一个帮助用户搜索所需信息和文献资源的、不受空间和时间限制的、可以被感知的移动图书馆[1]。目前，智慧图书馆正成为图书馆实践建设的主要形态，其

---

[*] 盛兴军，上海大学图书馆副研究馆员，硕士生导师，研究方向：图书馆用户服务、情报咨询服务；邓文琪，上海大学文博信息学院硕士研究生。

主要表现为人工智能技术在图书馆的成熟应用，如基于 RFID 的各类传感器技术在图书馆的一系列开发应用，很好地解决了读者个性化服务问题，并由此带来的图书馆空间的变化，如"无人图书馆""24 小时自助图书馆"，以及利用人工智能及机器学习等新型方式满足读者借阅需求，等等。如今，建设智慧图书馆成为智慧社会发展的时代要求，为智慧图书馆服务模式带来了新的机遇与挑战。

毫无疑问，"智慧图书馆"是信息技术背景下图书馆发展的一种更高级形态，建设智慧图书馆也成为智慧社会发展的时代要求。而由馆际互借逐渐发展起来的图书馆联盟，在新技术背景下，也不断朝向"智慧图书馆联盟"方向发展。因此，图书馆联盟的发展也紧随智慧化热潮，"智慧图书馆联盟"将成为智慧图书馆未来发展的新趋势，随着智慧图书馆的深入发展，智慧图书馆联盟的理论与实践研究也逐渐兴起。本文结合重庆大学图书馆关于我国智慧图书馆联盟建设的实践，探索"智慧图书馆协同创新联盟"建设，分析未来智慧图书馆协同创新联盟的发展。

一、"智慧图书馆联盟"的形成与发展

（一）传统图书馆联盟

早期馆际互借与图书馆实体联盟建立。传统纸本时代的图书馆联盟形式单一，内容简单，主要通过纸本书刊的交换实现馆际之间文献资源的互通有无从而满足用户需求。这种几个图书馆之间或者区域图书馆之间的联合与协作，在解决馆藏文献资源分布不均、图书馆经费、用户利用、提升图书馆的服务能力等方面，有一定的促进作用，但限于时空、地域和交通等限制，能够实现合作与协作的联盟大多资源少，水平低。

随着计算机和网络的诞生，人类进入信息时代，数字资源和虚拟服务快速发展，数字化资源成为图书馆馆藏信息的重要组成部分，随着电子邮件、虚拟传递技术的发展，馆际之间虚拟借阅成为跨时空、快捷方便的文献资源共享模式，由此促成了图书馆虚拟数字资源联盟形成。利用互联网和虚拟平台建立区域性图书馆数字资源共建共享联盟逐渐成为馆际合作、资源共享的主要服务方式。

最早的图书馆资源联盟产生于 20 世纪 30 年代的美国，互联网诞生以

后,数字图书馆联盟在北美及欧洲等地区的发达国家得到快速发展[2]。为实现大学多校区或区域联盟内多馆合作,20世纪90年代起,北美地区大学图书馆尝试推广共享本地图书馆系统,构建高校学术图书馆联盟[1]。到2009年,随着现代信息技术发展,北美地区的图书馆技术应用市场快速发展,以图书馆联盟为主导,采用ASP托管的共享图书馆自动化系统(SILS)正式应用于北美地区的各图书馆。1997年,在美国丹佛,来自世界各地图书馆联盟代表共同发起成立了"国际图书馆联盟联合体(ICOLC)",标志着国家化图书馆联盟形成。

数字图书馆时代,以虚拟资源合作共享为主体的数字图书馆联盟已在不同程度上实现了数字资源的共享,这可以看作是图书馆联盟的第二阶段。图书馆资源联盟使读者服务更加多元化,促进了图书馆服务联盟的广泛建立。图书馆虚拟资源与服务联盟成为当前图书馆联盟的主要形式,其中虚拟数字图书馆服务联盟发展最为快速[2]。但这种联盟只限于馆际之间资源共享与区域服务,若想将联盟的服务优势由图书馆之间延伸到图书馆之外的其他社会机构,使图书馆资源和服务能够更大程度上满足的社会化需求,图书馆社会化服务功能得到最大程度的发挥,则是智慧时代智慧图书馆联盟才能够完成的。

(二)智慧图书馆联盟

目前,学界对于"智慧图书馆联盟"这一概念尚没有一个明确的阐释,姚春燕、王佳宁将其定义为"智慧图书馆联盟是数字图书馆和移动终端不断完善数据利用与交互功能后,在原有图书馆联盟的基础上,经过信息获取及管理模式的调整,将信息获取、资源共享范围扩大到智慧城市,实现区域内经济、政治、文化、科研智慧图书馆服务体系,推进知识协同服务的一种合作形式"[3]。

1. 国内外智慧图书馆联盟的形成与发展

2004年,加拿大渥太华地区的12所博物馆、公共图书馆及大学图书馆共同成立了"智慧图书馆联盟",为读者提供一站式服务,该联盟的成立也标志着智慧图书馆联盟的诞生[4]。随后,欧洲及大洋洲地区也开始了智慧图书馆联盟方向的实践探索,譬如新西兰"Smart Libraries"(智慧图书馆联盟),该联盟联合了22所图书馆,向全社会提供免费信息获取服务[5]。

2001年,澳大利亚开展了数字环境下的智慧图书馆项目——e-

Smart Libraries,该项目由澳大利亚昆士兰州立图书馆、阿拉纳和麦德琳基金会、Telstra电信公司基金会协同建立,共 1 500 个公共图书馆参与其中为社区提供智慧化服务,该项目的开展显著推动了智慧城市的发展进步[6]。

此外,澳大利亚博物馆与图书馆服务协会与社会机构合作,推行社区复兴计划,借助企业、政府、非营利性机构等部门,共同推动智慧图书馆联盟与智慧城市建设[1]。这些图书馆与社会机构的合作证明了智慧图书馆联盟在推动区域与社会化服务所做出的努力。在新技术的驱动下,北美进入云计算托管的 LSP 时代,图书馆也在 2013 年开始了智慧转型,智慧图书馆联盟逐步换代更新、统一版本,图书馆信息系统生态链也得到了全方位的升级。在大环境下,图书馆个体是无法在行业中掌握话语权的。唯有作为一分子投身到联盟的构建当中,才能借助联盟的社会资源与竞争能力获得发展机会。

在欧洲,智慧图书馆联盟在高校发展较为迅速。代表有英国 M25 高校图书馆联盟,该联盟倡议与各社会机构联合,共同构建智慧图书馆联盟。M25 还提出要与其他联盟合作,扩建联盟范围、深化联盟协作。

2005 年我国开始智慧图书馆研究并探索智慧图书馆联盟建设。但由于联盟基础薄弱,仅有少部分学者关注到了智慧图书馆视域下的图书馆联盟合作研究。2015 年,江苏省高校图工委积极参与推动高校图书馆命运共同体建设,强调开展联盟平台、图书馆、用户、服务商之间的深度协作。2018 年,南京大学图书馆与图星共同开发"Libstar 智慧图书馆服务平台",解决了如何管理电子资源、如何提升馆藏利用率等问题[1]。

在此背景下,重庆大学图书馆与维普智图联手,合作开发了"DALIB·智图"平台,成为全球首个"智慧图书馆建设者联盟"的发起者与参与者,极大促进了智慧图书馆联盟的发展。

2. 国内外智慧图书馆联盟类型

智慧图书馆依托自身的智慧化资源和服务能力,与社会机构协同构建智慧图书馆联盟,对深化馆际之间、馆内外合作与协作,将信息服务、资源共享扩大到智慧城市、智慧社区及其社会组织,实现资源共建共享、协同共生,推进知识协同创新服务有着重要的意义。调研发现,目前国内外智慧图书馆联盟主要有以下几种类型,如表 1[7]所示:

表 1 国内外智慧图书馆联盟类型表

联盟类型	主体图书馆	联盟成员馆
公共智慧图书馆联盟	深圳图书馆之城	深圳智慧图书馆;盐田区、宝安区智慧图书馆等
	澳大利亚公共图书馆联盟	ALIA、托斯马尼亚库、维多利亚公共图书、昆士兰公共图书馆协会等
高校智慧图书馆联盟	英国 G5 超级精英大学联盟	牛津大学博德利图书馆、剑桥大学图书馆、伦敦政治经济学院图书馆、伦敦大学学院图书馆、帝国理工学院图书馆
区域性智慧图书馆联盟	新加坡国家图书馆董事会	国家图书馆、公共及区域图书馆联盟、国家档案馆等
主题智慧图书馆联盟	澳大利亚"e-Smart Libraries"	澳大利亚智慧图书馆、儿童安全专员办公室、ALIA、Alannah&Madeline 基金会、与 Telstra 基金会
	重庆大学知识产权信息服务联盟	重庆大学图书馆、四川大学图书馆、电子科技大学图书馆、重庆市知识产权局等

从表 1 中可以看出,第一类是以澳大利亚公共图书馆和深圳图书馆之城为代表的公共图书馆联盟。该联盟以区域内主要公共图书馆带动其他图书馆的方式来推动智慧城市建设,通常以区域性公共图书馆为主体来建设专业化、多层次、智慧化的服务平台,如深圳"图书馆之城"智慧服务平台就拥有云平台、微平台、数据分析与监控平台多个工作模块。

第二类是高校智慧图书馆联盟,这类智慧图书馆联盟旨在通过构建智慧化资源导航服务平台,提供智慧化一体化知识信息服务,实现高校之间文献资源互补,提升区域高校图书馆的服务水平[1]。较典型的是英国 G5 超级精英大学联盟。该联盟注重打造应用信息技术构建支付空间来满足用户的创意实践需求,开辟融入智能技术的可辅助用户创意实践的工作室,为大学图书馆、政府机构以及科研机构等不同主体之间加深协作提供了便利。

第三类是以国家图书馆或省级图书馆为代表的区域性智慧图书馆联盟,该联盟联合区域内各项组织机构,开展战略规划和科研项目的研究工作。比较著名的是由新加坡国家图书馆董事会(NLB)牵头打造的"新加坡智慧国家"项目,主要贡献有将 RFID 技术全面用于图书的发行与追踪、开发 NLB APP 以及 One Search 智慧检索系统,运用智慧化的社交媒体推广科研成果等。

第四类主题式智慧图书馆联盟是指针对某一主题构建联盟并持续对该主题进行研究而构建的联盟,代表有澳大利亚"e-Smart Libraries"项目及重庆大学知识产权信息服务联盟。"智慧澳大利亚合作"项目,通过与澳大利亚1 500个公共图书馆智慧化合作,将图书馆及其用户与信息利用工具和智慧化平台资源相联系,促进社区数字化、智慧化服务的融合。目前,该项目发布《图书馆助力智慧城市发展的10种方式》报告,提出图书馆将从建筑设计、热点技术、创意产业、终身学习、数字化接入、社区和文化等方面积极参与到智慧城市的建设中。

重庆大学知识产权信息服务联盟成立于2017年,该联盟共有20多所高校图书馆参与创办,最终以"成渝地区双城经济圈高校知识产权信息服务联盟"形式构建。其目的在于通过图书馆与地方知识产权局等机构合作,利用大学特色和图书馆智慧化软硬件设施,开展多领域、深层次的智慧化交流合作。

就以上案例可以看出,智慧图书馆联盟是对以往图书馆联盟的超越。在智慧化技术应用和资源平台建设上,智慧图书馆联盟依靠智慧技术使各个成员馆可以依靠新技术构建智慧资源平台,实现信息共享,增进交流与协作;在智慧化服务上,智慧图书馆联盟可以提供智慧化服务共享,通过联盟智慧平台优势建立不同分工体系与利益共享机制,实现联盟与外界机构的协作,促进区域性智慧城市建设和智慧图书馆、智慧服务联盟发展[8]。

综上所述,智慧图书馆联盟的构建既可以缓解当下智慧图书馆的研究创新难处,又有利于各联盟之间交流协作,从各个方面为巩固图书馆在信息领域不可替代的地位提供了新的助力。

二、我国"智慧图书馆协同创新联盟"案例研究

严格说来,"智慧图书馆协同创新联盟"(Union of Smart Library Collaborative Innovation,以下简称"智图联盟")是智慧图书馆联盟深入发展的一种形式,是在智慧图书馆联盟基础上,依托智慧平台与各成员馆、社会机构,实现资源的充分利用与合理布局,带动各馆积极融入当地智慧城市建设潮流,从而建成能汇集多方面经验智慧,促进区域协同创新发展的纸质资源与地域性经济文化建设的创新联盟。

(一)协同理论是构建"智图联盟"的理论基础

"智图联盟"包含"智慧图书馆联盟"与"协同论"两个核心概念。"协同论"

最早由德国物理学家哈肯提出,近十几年来被广泛应用到多学科研究领域,在经济全球化背景下,"协同创新"成为时代发展的主题。协同论认为,在同一环境中虽然存在着各种有着千差万别之属性的系统,但是各个系统间始终存在着相互影响而又相互合作的关系[9]。自然界如此,社会也是如此。如同一个部门中不同子部门间的相互配合与协作,即使是不同部门之间,也同样存在着关系的协调,企业间更是不乏相互竞争、相互干扰和制约的多样联系。将"协同论"用于智慧图书馆联盟,对图书馆空间、资源、服务之间的相互关系、图书馆联盟主体与成员馆之间、图书馆联盟各成员馆之间的分工协作和合作等研究都具有借鉴意义。

"智图联盟"坚持协同创新、开放合作、空间资源和服务共享的发展理念,与协同论不谋而合。"智图联盟"通过建立开放性的智慧资源交流和服务平台,广泛开展与其他图书馆和组织机构等通力合作,有效推动了图书馆与区域机构共同发展。借助协同论可以实现成员馆之间、联盟馆与社会机构之间的"互联互通、信息共享",开展协同式智慧服务,推进我国智慧图书馆联盟的创新与实践。

(二)"智图联盟"创建

2017年3月,重庆大学图书馆与其余20多所高校图书馆代表参加智慧图书馆服务联盟会议,探讨如何开展智慧图书馆联盟创新服务问题。2018年11月23日,智慧图书馆协同创新联盟(Union Of Smart Library Collaborative Innovation,简称"智图联盟")在重庆大学正式成立。

目前,智图联盟已经发展正式成员44所,所开展的服务涉及全国103所高校,遍及14个省市。目前,"智图联盟"成员馆分工明确,共设6个工作组,具体任务分工如下(见表2):

表2 "智图联盟"各成员馆工作任务表

图书馆名称	工作组	具体工作安排
重庆大学图书馆	研究与培训组	联合联盟成员开展智慧图书馆建设的基础理论、应用实践研究,以及研究成果的实践推广与人员培训
兰州大学图书馆	服务共享组	探索与发掘联盟成员之间开展服务共享的形式与内容,建立服务共享的权利规则与义务守则

续表

图书馆名称	工作组	具体工作安排
西南交大图书馆	数据标准与业务流程标准组	联合联盟成员共同确立智慧图书馆建设的元数据标准以及业务流程标准
宁波大学图书馆	创新智慧服务组	联合联盟成员共同开展智慧服务研究,创新图书馆服务内容与提高图书馆服务水平
暨南大学图书馆	统计分析与宣传组	联合联盟成员共同开展数据统计分析研究,丰富图书馆宣传形式与内容
电子科大图书馆	知识服务与创新组	联合联盟成员开展知识服务与创新范畴的相关研究与实践

自 2018 年"智图联盟"成立以来,重庆大学图书馆和各成员馆始终围绕着上述分工开展创新服务,在倡导图书馆智慧化的过程中更是取得了不俗的成就。

(三)"智图联盟"建设实践

"智图联盟"自建立以来,在创新发展的道路上步履不停,各项实践活动推陈出新,近几年来的主要工作实绩如下(见表3):

表 3 "智图联盟"成员馆主要活动表

工作内容	主要实践活动
注重人才培养	重庆大学研究与培训工作组,主要围绕"人才培训"与"联合研究"两大专项展开,定期在联盟框架内开展"智慧图书馆访问学者计划"与"智慧图书馆建设与培训计划",为智图联盟提供了组织和人才保障
制定数据与业务标准	智图联盟成员馆之一的西南交通大学推出了《智慧图书馆协同创新联盟文献元数据标准 V1.0(试行)》
促进成果转化	宁波大学通过研究移动端智慧推荐服务,开发图书馆推荐"学术头条"
开发"线上+线下"学术模式	2019 年举办的第二届智慧图书馆创新与发展论坛中参会者共同探讨了大数据时代背景下图书馆该如何建设与发展。2020 年受疫情影响,智图联盟与时俱进,将高校图书馆学科馆员培训会转为线上开展,并形成 6 篇成果报告

重庆大学一直处于智慧图书馆联盟实践探索的前沿位置。校内图书馆基于元数据管理平台进行了读者交互、馆藏分析等一系列功能创新,在协同合作方面,重庆大学图书馆同样硕果累累:一是其联合贵州民族大学图书馆、西南交通大学图书馆建设的智慧图书馆服务门户联盟;二是与维普智图共同研发的"智图"智慧图书馆系统,为智慧图书馆的彻底实现打下了坚实的基础。重庆大学图书馆同时也致力于自主研究与协同创新,如今已经取得一定的成果。如与维普资讯开展的智慧图书馆建设的战略合作,双方协同构建了基于文献元数据仓储的智慧图书馆服务门户,实现了对"纸质+电子"文献资源的元数据收割。此外,重庆大学图书馆还基于元数据智慧管理平台进行了一系列创新型服务工作[10]。

(四)"智图联盟"的未来规划

"智图联盟"未来工作方向主要致力于智慧图书馆联盟背景下的协同创新。在组织结构上,将简单的个体自联盟模式转向群体性、专业性、区域性社群联盟模式;在管理上强化机构协同合作和协同合作标准制定;在内容上,强调数字化虚拟化智慧化协同创新服务平台、创新研究平台建设和具有协同创新精神的专业人才培养。具体内容如下:

1. 强化不同行业机构协同合作与行业协同创新标准制定

"智图联盟"是智慧图书馆联盟的全新形式与深化发展,将对我国智慧图书馆联盟未来发展起到推动作用。为此,"智图联盟"分别于2018年、2019年联合了各成员馆开展了智慧图书馆协同创新联盟工作会议,不仅讨论联盟图书馆之间的共建合作与协同合作问题,还对联盟工作组划分、成员各自工作任务、牵头馆和成员馆之间的工作交流等细则问题。

在人才培养方面的合作共享。"智图联盟"基于"强强联合、合作共赢"的方式,与高校、企业、科研机构等建立多种形式的合作关系,依托智慧图书馆服务门户,实现人力资源的共享,共同推动智慧馆员建设以及人才的协作。

在标准制定方面,通过建立数据标准与业务流程标准,优化"智图联盟"平台、规范工作机制、建设联盟内统一的义献元数据仓储,最终达到联盟内文献资源优势互补的目的。西南交通大学图书馆于2019年10月推出了《智慧图书馆协同创新联盟文献元数据标准 V1.0(试行)》,对联盟内部元数据的收集、整理与保存一系列工作制定了规范化的标准,为其他成员馆的相关业务开展提供了参考模板,通过对数据与业务流程制定标准,使得"智图联盟"的资源调整布局能力更为高效灵活,联盟体系更加壮大。

2. 构建"智图联盟"专业人才队伍的智慧化协同合作培养机制

"智图联盟"建立以来,一直致力于聚合有识之士,推动智慧人才培养。"智图联盟"依托信息技术,与各个成员馆之间通过人力资源共享,开展联合参考咨询、联合编目等业务的协同合作。如由重大图书馆负责的"研究与培训工作组",主要从"人员培训"与"实践研究"两方面开展工作。为加强联盟馆之间人才交流和学术研究,重庆大学图书馆实施了"前沿研究高级访问馆员计划",2019年又举办了"智慧图书馆建设与应用培训班",为"智图联盟"未来人力资源需求提供了保障。

3. 强化"智图联盟"成员之间成果的智慧性转化平台建设

在成果转化方面,"智图联盟"积极推动智慧门户专题资源库共建,实现课程文献资源、馆员科研专题资源、推荐资源等汇编资源的共享,宁波大学图书馆基于移动端的智慧化推荐服务,推出"学术头条"软件,基于大数据的深度学习,制作精准的多维度用户画像来进行智能化推荐服务,实现由"用户找资源"到"资源追寻用户"服务的思想转变。同时还打造社群中心,使用户能够自由发表学术观点、科研心得,提高自身的传播力。未来宁波大学图书馆还将对学术头条进行智慧化更新,进一步提升用户体验与推荐的精准度。

(五)智慧图书馆联盟与"智图联盟"发展趋势探讨

"智图联盟"发展至今,在理论研讨和实践中都取得了一定的成绩,但仍存在着一些问题,如智慧性虚拟图书馆协同创新联盟的建设有待强化、智慧化行业协同创新功能实现有待进一步拓展、联盟内外机构之间的合作与协作有待进一步加强等一系列亟待解决的问题。同时,智图联盟的成员馆绝大多数都是高校图书馆,而与其他公共图书馆或社会机构的协作则非常缺乏,为避免图书馆成为"信息孤岛",鼓励图书馆增加与外界的合作机会,切实为当地整体经济文化建设提供帮助,应深化联盟与诸如出版产业、互联网产业等多产业的合作发展,积极利用其他社会资源扩充馆藏信息资源,做到互惠互利,共同进步。例如由江苏省科学技术情报研究所牵头,南京大学、东南大学等10所图书馆共同参与创办的江苏省工程技术文献信息中心。该联盟不局限于图书馆,而是整合了江苏省科技、教育与文化三大系统的10余家设施的信息资源文献提供服务,其建设与运行经验非常值得借鉴。尽管如此,"智图联盟"在推动智慧图书馆联盟朝向协同创新发展方向上,仍旧值得期待。在可预见的未来,主要表现在以下三个方面：

一是有利于联盟在协同中提高创新服务能力。"智图联盟"代表了智慧图书馆发展的一个方向和一种趋势,在大数据时代,新一代信息技术将大大提升智慧图书馆联盟的服务效能、扩展联盟的服务范围、加深联盟的服务层次,使图书馆更好地发挥在城市发展,文化建设当中的积极作用。无论是智慧图书馆联盟还是"智图联盟",用户服务智慧化、用户服务模式创新程度都是评价联盟发展是否成熟的重要标准之一。推动智慧门户专题资源的共建共享、打造以智慧门户为核心的管理平台和协同创新服务平台,始终是联盟提升智慧社会背景下智慧服务的核心,所以,从智慧图书馆联盟到"智图联盟",都需要构建一套完整的智慧化协同创新服务体系并借此提高协同服务创新能力。

二是有利于充分实现联盟中成员馆之间的资源共享与互通互联。开放共享是智慧图书馆的基因,智慧图书馆联盟和"智图联盟"都是基于大数据、云计算、云存储、区块链以及人工智能技术的应该才真正实现联盟成员之间开放数据访问、共享数据成果,通过互通数据提供更全面的数据支撑,实现服务升级。"智图联盟"的协同合作也是建立在各成员馆之间的协同合作上最终完成的。

三是有利于联盟馆员培养及人才共享。高素质的馆员队伍是联盟建设不可缺少的,因此成熟的智慧联盟既是文献资源之间的共享,也是人力资源的共享。智慧图书馆的"智慧"不仅仅是机器的"智能"与"智慧性",更是"人的智慧",智慧联盟中的馆员应不仅具备图情专业知识和人文素养,而且也应具有较高信息素养、数据素养以及数据分析能力的复合型人才。因此,智慧联盟需要制定人才培训计划来储备复合型人才,促进智慧联盟未来的良性发展。这一点,"智图联盟"的实践已是很好的证明,他们在人才发展规划上,积极推动学科馆员、编目馆员、信息素养等专业馆员的共享与合作研究,各成员馆之间也可以共同开展联合参考咨询、联合编目等业务合作,解决中小型图书馆人才不足的问题。同时,"智图联盟"还会定期开展图书馆人才的培训计划,为人力资源的供给与流通提供保障。

三、结论

图书馆联盟自 20 世纪 90 年代开始大规模发展至今,在高速迭代的信息技术加持下得到了持续发展,智慧化理念与服务逐渐成为图书馆联盟转型发展和实践探索方向之一。程焕文认为：图书馆联盟是 21 世纪图书馆发展的大趋势[11]。而智慧图书馆联盟及"智图联盟"便是智慧社会背景下必然的方向与趋势。尤其是"智图联盟"的诞生,代表着国内智慧图书馆联盟建设模式的转变,具有非同一般的意义。虽然"智图联盟"目前还存在着不足,但实践表明,国内智慧图书馆联盟建设已经全面转型升级,将为我国未来智慧图书馆形态及智慧图书馆联盟的发展提供强大的推动力。

参考文献

[1] 潘星.智慧图书馆联盟建设策略研究[D].扬州大学,2021:15-17.

[2] 全赛虎,胡国杰.海南省高校图书馆联盟运作及发展趋势[J].中小企业管理与科技(下旬刊),2010(11):214-215.

[3] 姚春燕,王佳宁.智慧图书馆视域下的区域图书馆联盟构建探析[J].农业图书情报学报,2020,32(1):58-64.

[4] SMART Libraries. Welcome to SMART Libraries, New Zealand'S first public and tertiary library collaboration[EB/OL].[2016-05-10]. https://www.wls.org.nz/smartlibraries.

[5] e-Smart Libraries. About us[EB/OL].[2016-05-10]. https://www.esmart.org.au/esmart-libraries/.

[6] 孙健.图书馆助力智慧城市发展方式研究——《图书馆助力智慧城市发展的10种方式》报告解读启示[J].农业图书情报学刊,2017,29(11):102.104.

[7] 智慧图书馆协同创新联盟在重庆大学成立[EB/OL].[2022-02-07]. http://news.cqu.edu.cn/archives/news2/content/2018/11/23/ff562d053db8d06e18f21079175e22b1d4a4130a.html.

[8] 姚春燕,查志强.图书馆联盟智慧服务实践研究与建设启示[J].河南图书馆学刊,2021(4):117-121.

[9] 李国武.舆论信息引导协同论[J].新闻知识,2010(12):57-59.

[10] 张洁,袁辉.智慧图书馆系统支撑下的学科服务实践[J].图书馆论坛,2017,37(7):27.

[11] 程焕文.图书馆联盟:21世纪图书馆发展的大趋势[J].图书情报工作,2004(7):5.

高校图书馆智慧转型的路径研究

——以上海大学图书馆 2010-2020 年转型情况为考察对象

◎ 周 悦[*]

> **摘 要**：本文以高校图书馆的智慧转型作为切入点，介绍了智慧图书馆的研究成果以及智慧转型中的空间再造模式，结合上海大学图书馆 2010-2020 年间的发展历史，对该馆的智慧转型情况进行统计分析，探究该馆未来实现智慧转型的路径。
>
> **关键词**：高校图书馆；智慧转型；空间再造；智慧空间；智慧化知识服务体系

2021 年 12 月，教育部高校图工委和北京大学图书馆共同发布的《大学图书馆现代化指南针报告》提出：五年内，大学图书馆将进入以学习服务和文化体验为主导的未来空间的转型过渡时期，需要重新思考定位馆舍空间的功能。在高校图书馆普遍出现物理场所功能弱化的大背景下，未来图书馆如何发展成为各高校图书馆必须面对的新课题。随着人工智能技术的日趋成熟，高校图书馆在丰富馆藏资源的同时，可以通过引入新技术逐步实现智能化、智慧化的创新发展。通过高校图书馆的智慧转型，将实体空间和虚拟空间融合升级，建成完善的智慧化知识服务体系，依托智慧空间在物理场所和网络空间全天候向高校师生和科研活动提供丰富的知识信息产品，重塑高校图书馆知识文化中心的品牌。

---

[*] 周悦，上海大学图书馆助理馆员，研究方向：智慧转型、空间再造。

一、高校图书馆的智慧转型

智慧化是高校图书馆未来的发展方向,图书馆的建设重心要围绕让服务读者回归本位展开,通过智能化技术手段实现实体空间和虚拟空间的智慧化升级,并将两者融合发展成智慧空间,孵化出图书馆的智慧化知识服务体系。

(一)高校图书馆即将步入智慧化时代

人工智能技术近年来日趋成熟,高校图书馆即将步入智慧化时代,教育部高校图工委在《大学图书馆现代化指南针报告》中明确提出高校图书馆要积极利用新技术逐步实现智能化、智慧化的创新发展。图书馆的发展进程与科学技术的应用密切相关,高校图书馆经历过计算机图书馆、网络图书馆、数字图书馆、移动图书馆几个阶段。在 2003 年芬兰学者提出智慧图书馆的概念后,学界对于智慧图书馆的相关理论进行了长期研究。有学者将智慧图书馆相关的研究范式分为基础理论说、技术探索说、空间发展说、模型构建说、非技术人文说五种类型[1]。

从发展理念来看,经过前两代图书馆的变迁,高校图书馆发展理念正在逐步转变。现代图书馆不仅是储存馆藏资源的场所,同时也是提供并传播知识的场所。传统图书馆以文献存储和开架阅览为主导的模式已无法适应未来图书馆的要求。未来图书馆的核心将从书本位向人本位转移,这是现代图书馆与传统图书馆的本质区别[2]。高校图书馆在智慧化转型过程中,要以读者为中心,构建学习服务和文化体验为主导的未来空间[3]。

从技术角度来看,高校图书馆总体仍处于智慧图书馆建设的初级阶段。高校图书馆在过去数字化转型过程中应用的一些技术,比如自助借还、自动清点、一站式服务门户等,使得图书馆具备了智能化和自助化的基本特征,为智慧图书馆的建设奠定了基础[4]。高校图书馆要继续加强智能化、信息化技术能力,将传统图书馆提供服务的逻辑和路径向未来图书馆转型。从北京大学、南京大学等高校对图书馆智慧转型的探索,可以发现下一代图书馆更加聚焦于读者,通过大数据、物联网、智能机器人等技术手段,让读者通过智慧图书馆高效专业的服务快速发现其所需的资源。

从空间角度来看,实体空间和虚拟空间均已成为智慧图书馆的重要资源。

智慧空间是智慧图书馆的有机组成部分，其功能布局以用户体验为重心，依托高度感知、高效互联和智能化[5]。高校图书馆应当重新思考定位馆舍空间的功能，着重通过高密度存储空间建设来释放实体空间[6]。智慧图书馆在保留原有馆藏资源的核心功能的同时，还要提供多元化的线上线下空间模块，以适应《普通高等学校图书馆规程》提出的将高等学校图书馆建成校园文化和社会文化建设的重要基地，充分发挥图书馆在学校人才培养、科学研究、社会服务和文化传承创新中的作用。

（二）图书馆智慧转型中的空间再造

在智慧图书馆以人为本的发展理念指导下，图书馆的角色定位将从传统阅览室为主的时代向以学习和交流为标志的知识中心转移[7]。高校图书馆肩负打造校园知识资源中心和推广阅读的职能，依托智能化技术手段对原有的实体空间和虚拟空间进行融合再造，建立起智能、高效的知识服务体系，更好地向读者和用户提供专业的信息服务和学科服务。

智慧图书馆的实体空间包括馆舍、馆藏实体资源以及设施设备。馆藏资源依然是未来图书馆的核心，随着高校的发展壮大，图书馆的馆藏资源持续增加，但受限于各种因素，馆舍面积难以增加。未来图书馆通过技术设备的智能化升级，优化馆藏资源的存储、流通方式，以满足馆藏资源增长的空间需求。对原有馆舍空间进行完善，依托实体空间布局的合理调整，释放出更多的实体空间。并将空间资源投入到创客空间、学习空间、信息共享空间等模块中，满足师生的多样化的需求。图书馆要为重塑校园知识资源中心的场所精神，为高校师生的学习研究交流提供友好的、有启发性的文化场所[8]，创造出精神家园般的文化环境，将读者重新吸引到图书馆，以实现图书馆的场所价值和服务价值。

智慧图书馆的虚拟空间是实体空间的重要延伸，由网站、数据库、电子图书等构成。目前国内高校图书馆负责电子资源的馆员人数较少，且管理模式仍处于手工化和半自动的管理模式[9]。以上海大学图书馆为例，现有 76 个数据库和近 800 万册的电子图书，期刊、论文等电子资源的下载量已大幅超越纸质资源的借阅量。目前上海大学图书馆通过配备 Aleph500 自动化集成系统、MetaLib 整合检索系统、SFX 开放链接系统，Primo 资源发现与获取系统，多个系统合力支撑起图书馆的虚拟空间架构。作为面向未来的智慧图书馆，要转变在电子资源上较为粗犷的管理模式，将分散割裂的软件系统融为一体，以适应海量电子资源的管理需求。通过建设新一代图书馆服务平台,将纸质资源和电子资源管理融合起来,实现图书馆全部馆藏资源的统一管理,并以此为依托孵化出图书馆的智慧化知识服务体系。

智慧图书馆要消除实体空间和虚拟空间的割裂,在智慧化语境中通过空间再造,最终实现空间融合,推动高校图书馆空间建设与知识服务的协同、凝练、融合与发展[10]。理想状态下的智慧图书馆,让用户在任何时间和地点都能通过图书馆的智慧空间获得高效专业的知识服务,还能依托智慧化知识服务体系向特定用户或群体提供精准的信息服务产品,树立起图书馆的文化品牌,重塑图书馆的场所精神,最终将智慧图书馆打造成为校园文化和社会文化建设的重要基地。

二、上海大学图书馆智慧化转型发展检视

通过对上海大学图书馆2010-2020年间的相关数据进行分析,可以发现上海大学图书馆近年来,在馆舍空间和电子资源方面发展迅速,物理场馆呈现弱化的特点。上海大学图书馆在已构建较全面的文献资源保障体系的基础上,开始探索馆舍空间优化的方案;在虚拟空间中,初步实现了电子资源的整合和利用。受限于智能化应用程度较低,上海大学图书馆还未能完成智慧化转型。

(一)上海大学图书馆2010-2020年发展概况

2010-2020年,上海大学图书馆在场馆空间和馆藏资源方面获得长足发展,馆藏资源由纸质图书逐渐过渡到纸质资源与数字资源并存,围绕本校重点学科构建较全面的文献资源保障体系。

在空间资源方面,上海大学图书馆具有得天独厚的优势。上海大学图书馆现有四处馆舍,分别为校本部图书馆、文荟图书馆、联合图书馆以及2019年投入使用的钱伟长图书馆。馆舍总面积7.91万平方米,在全国211以上综合性大学中位列第9名;拥有21个阅览室及研习空间,可提供读者座位4 642个;拥有可供师生讨论交流的研究空间,目前有14个研究空间可供预约使用。

在馆藏资源方面,从图1可以看出纸质图书和电子图书累积量均保持增长态势。目前上海大学图书馆提供近纸质中文报刊1 312种,外文报刊179

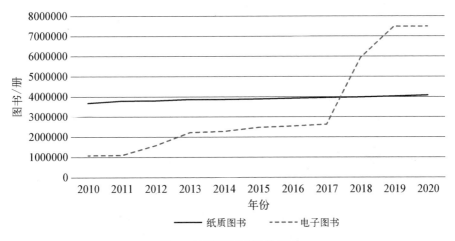

图1 馆藏资源增长趋势图

种,纸质图书累积量从2010年的3 688 602册增长至2020年度的4 076 080册。在电子资源方面,现有数据库76个,中外文电子期刊约520 000册,中外文电子图书近7 490 000册。电子图书发展迅猛,从2010年的1 088 117册猛增至2020年的7 491 268册,增幅达到689%。数量增幅较大的年份为2018年和2019年,原因在于图书馆加大了对电子图书的投入力度,陆续开通超星中文电子图书数据库、书香电子书、Springer、Elsvier等电子图书资源库。2018年,馆藏电子图书首次超越纸质图书,是本馆建设智慧图书馆过程中的重要标志年份。

在学科服务方面,上海大学图书馆在"211"工程文献保障项目专项资金支持下,文献资源建设长期围绕学校的重点学科开展,目前已形成了由纸本图书、纸本报刊(包括合订本)、电子图书、电子报刊全文数据库、多媒体数据库及二次文献检索平台等所组成的多类型、多载体的综合性馆藏体系。依托信息资源优势,嵌入教学和科研过程,开展学科化服务,发布《上海大学ESI学科发展报告》《上海大学国际合作论文科研竞争力分析报告》等报告,分享了图书馆通过情报信息调研形成的一系列成果,助力学科发展和科研决策。

(二)打造多元化实体空间的尝试

上海大学图书馆的馆藏资源由纸质图书逐渐过渡到纸质资源与数字资源并存,但是进馆人数的增幅明显小于本校师生总人数的增幅以及本馆提供的读者座位数的增幅,纸质资源的借阅量逐年下降,整体呈现出物理场所功能明显弱化的趋势。

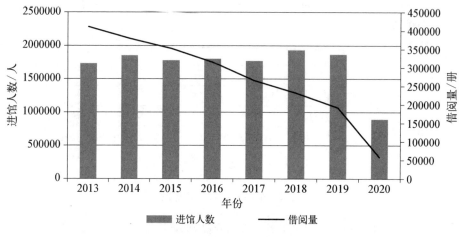

图 2 馆舍空间利用情况

从图 2 可以看出,上海大学图书馆每年进馆人数从 2013 年的 1 729 996 人次上升到 2019 年的 1 866 627 人次,2020 年因新冠肺炎疫情防控,进馆人数明显大幅下降。上海大学图书馆提供的读者座位总数整体呈现上升趋势,2011 年至 2020 年能提供的座位总数从 2 482 个上升至 4 643 个,增加幅度达到 187%。本馆在纸质图书以及上大师生总人数逐年递增的背景下,书刊外借量自 2013 年的高点 410 975 册一路下降至 2019 年的 192 186 册。总体可以看出近年来书刊外借量呈现下降态势,且降幅明显。

以上数据体现高校师生对于图书馆的认知不仅限于书籍借阅,还包括图书馆提供的多元空间服务。面对服务对象需求的变化,上海大学图书馆积极响应,及时开始转型升级,从传统图书馆的书本位向构建学习服务和文化体验为主导的多元空间转型。2014 年,上海大学图书馆对校本部馆原有空间进行改造,开辟出 15 处研究空间。2015 年,上海大学图书馆将校本部馆中流通库与阅览室图书的两套体系合并,同一学科的图书只出现在同一空间,并在阅览室内图书布局实行学科区域化,以此优化空间布局,将更多的空间提供给读者。2021 年,上海大学图书馆将原有的 800 余平方米的半圆形超市空间改造成 24 小时学习空间,打造"有黏性的校园"把学生老师尽可能地吸引到学校的各类学习空间里。

表 1 空间设施及服务项目一览表

高校图书馆名称	RFID/GIS	自助借还	座位预约	3D设备	朗读空间	多媒体视听空间	智慧搜索	智能机器人	VR体验设备	智能问答	多媒体研讨空间
北京大学	✓	✓	✓	✓	✓	✓	✓				✓
清华大学	✓	✓	✓		✓	✓	✓	✓	✓	✓	✓
浙江大学		✓	✓	✓		✓					✓
复旦大学	✓	✓			✓	✓					✓
南京大学	✓	✓					✓	✓	✓		✓
武汉大学	✓	✓	✓	✓	✓				✓		✓
西安交通大学		✓	✓	✓		✓	✓		✓		✓
天津大学	✓					✓	✓				✓
华东师范大学		✓		✓	✓						✓
电子科技大学	✓			✓		✓					✓
上海大学	✓	✓	✓		✓		✓				✓

从表1来看,与"双一流"高校的图书馆提供的空间设施及服务项目相比,上海大学图书馆在RFID系统、自助借还、座位预约、朗读空间、研习空间、研究空间、多媒体资源室以及视听室已基本达到"双一流"高校的平均水平,在3D/VR设备的利用、应用智能机器人、人工智能的应用等方面存在差距。此外,上海大学还在图书馆的微信公众号中提供伟长书屋、匡迪书屋的全景空间导航功能。

综上所述,在高校图书馆物理场所功能弱化的大背景下,上海大学图书馆努力打造图书馆的多元化实体空间,积极引入新技术以推进读者阅览空间和学习空间的建设。

(三)虚拟空间发展情况

上海大学图书馆经过2010-2020年的高速发展,已基本完成数字化转型,但是距离智慧化图书馆尚有差距。截至 2020 年底,上海大学图书馆订购的电子期刊 520 000 册,电子图书 7 490 000 册,分布在 76 个数据库及平台。上述数据库涉及综合类 29 个(38%),理工农医类 34 个(45%),文法经类 13 个(17%),见图 3。

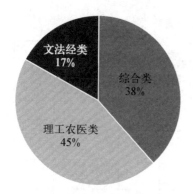

图 3　数据库类型概览

为了处理海量的电子数据,2010 年起上海大学图书馆从 EXLIBRIS 公司购买图书馆自动化集成系统 ALEPH500 和整合检索系统 Metalib/SFX,又于 2016 年引入 Primo 资源发现与获取系统。通过上述软件系统引导师生检索和访问各类电子资源,在已建立的较全面的文献资源保障体系上,实现电子资源从检索到获取的完整解决方案,初步实现了电子资源的整合和利用。上海大学图书馆三区四馆均已配备完善的网络系统和查阅设备,拥有良好的网络应用环境,为读者"无界限"使用学校文献资源提供基础设施保障。

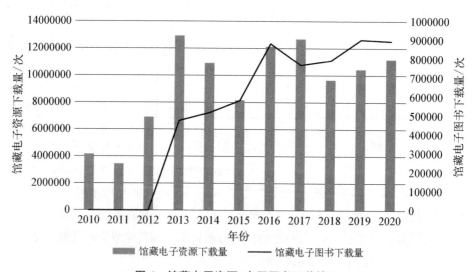

图 4　馆藏电子资源、电子图书下载情况

通过图 4 可以看出,2010 年至 2020 年间用户使用馆藏电子资源和电子图书呈现明显的上升趋势,馆藏电子资源的下载量出现大幅度提升,馆藏电子资源数量从 415 万次升至 1 117 万次。馆藏电子图书下载量从 2013 年的 47 万次增长至 2020 年的 86 万次。

上海大学图书馆已出现智慧化图书馆的雏形，RFID自助借还服务、智能座位预约服务，电子资源的"检索-获取"的一站式服务，已将人工智能技术应用在图书馆的日常服务中。然而与先行先试的其他"双一流"高校图书馆相比，上海大学图书馆尚未将机器人或者人工智能引入图书馆的日常工作，也未能依托大数据平台对馆藏的海量数据资源进行深入整合，为相关学科提供学术信息服务产品。整体而言，上海大学图书馆距离利用智慧化、智慧化技术实现创新发展的目标要求还有不小差距。

三、上海大学图书馆智慧化转型的对策建议

建设智慧图书馆的最终目标是为高校师生和科研活动建立完善的资源保障体系，提供多元化空间模块满足线上线下的多种知识需求，依托大数据平台对全部馆藏资源进行深入发掘，融合并孵化出完整的智慧化全学科知识服务体系，重塑高校图书馆知识文化中心的品牌，打造图书馆独有的场所精神。2010-2020年，上海大学图书馆虽然在各方面都取得长足进步，但是距离智慧时代的潮头尚远，需要探索出适合上海大学的智慧转型路径。

（一）强化资源保障体系建设

2010-2020年，上海大学图书馆在馆藏资源获得长足的发展，馆藏资源目前处于纸质资源与数字资源并存的状态，但是纸质资源的增幅明显小于电子资源，数据库、电子图书等数字资源是近期馆藏资源发展的重点。上海大学图书馆提出在2025年全面优化、提升文献保障体系，达到国内"双一流"院校水平，最终实现全学科文献资源的均衡发展，助力科技创新高地和新文科建设，加大数据库在资源建设中的比重，完成生均电子书倍增计划，力争生均电子书达100本的发展目标。但是目前上海大学的资源保障经费仅为不少于"985"大学的一半左右，部分上海市属院校资源保障经费也后来居上。近年来资源成本每年约以8%的涨幅攀升，图书馆资源建设已不能满足高水平大学建设和上海大学"五五战略"实施的资源保障需求。此外，高校图书馆对于纸质图书、期刊的需求依然客观存在，根据普通高等学校基本办学条件指标合格标准[11]，综合类院校生均图书应为100册/生，生均年进书量至少4册，该指标的附注中明确指出电子类图书测算时均不包括在内。在高校扩招入学人数大量增加的背景下，近10年来上海大学生均拥有文献（不含电子文献）一直在

80册/人上下徘徊,上海大学图书馆馆藏纸质资源指标与教育部的要求还有较大的差距。为确保"双一流"建设中资源保障不成为发展短板,上海大学图书馆一方面要向上级部门争取资源保障经费,以加快资源建设的步伐,另一方面要强化学科服务工作,通过走访调研等方式充分听取相关院系的意见,让相关学科深入参与到馆藏资源建设中,以此来优化馆藏资源的结构,提升资源利用效率,切实推动重点建设学科的保障工作。

(二)优化实体空间布局

步入智慧图书馆时代,高校图书馆逐渐开始探索以学习服务和文化体验为主导的未来图书馆模式,如何对纸质资源的存储借阅流通环节进行优化,在多元空间建设中需要预留多少空间给纸质资源?图书馆的空间规划要服务于资源保障体系建设,在此基础上通过图书盘点机器人、自动清点等人工智能技术简化借阅流通环节,把利用率馆藏资源转入高密度存储空间,最终实现空间资源的释放。在实体空间上,上海大学图书馆存在物理场所功能明显弱化的趋势,馆舍新老交杂多元空间发展不均衡等问题。在钱伟长图书馆的建设过程中,上海大学秉持以读者为中心的设计理念,突破传统设计,将该馆打造成上海大学东区的地标建筑。馆舍内部设计则采用"书香谷"概念设计,由书架环绕的通透中庭取代只有交通和纪念作用的大堂,将研习空间、阅览室等辅助空间设计在建筑外圈。这是一次重塑图书馆知识中心和文化体验场所精神的成功尝试。上海大学图书馆其他三处馆舍已使用多年,存在设备老化、设施陈旧、空间利用率不高等问题,亟须进行馆舍空间再造。上海大学图书馆要秉持以人为本的理念,借鉴钱伟长馆空间设计上以及校本部馆 24 小时学习空间的空间再造上的成功经验,充分考虑师生的阅读学习过程中的舒适度,尽可能对现有馆舍进行馆舍修缮和空间布局调整,以释放出更多的实体空间。将空间资源投入到学习空间、信息共享空间等多元空间模块,依托智能化技术手段打造出能满足读者的不同时段和场景需求的智能空间,将图书馆塑造成读者的精神家园,重塑图书馆的场所精神。

(三)提高智能化水平打造智慧空间

上海大学已经大幅提升藏、借、阅等方面的数字化程度,但是在智能化设施设备方面普及率较低。智能化设施设备是图书馆提供知识服务的重要载体和基础,提高设施设备的技术水平,提升智能化设备和人工智能技术的普及程度,可以直接提升高校图书馆的服务品质。智能化设施设备也是跨越空间鸿沟的桥梁,把图书馆的实体空间与虚拟空间有机结合起来,打造出高校图书馆独有的智慧空间。南京大学图书馆联合南京大学智能机器人研究院研发了全球首台智能图书盘点机器人"图客",将 RFID 技术与人工智能、物联网感知、计算机视觉、大数据处理等高新技术相融合,实现精确全自动化盘点与定位图书,图书盘点效率每小时超过 20 000 册[12]。清华大学图书馆于 2010 年底就上线"清小图"智能问答系统,该系统可以自动应答关于图书借还、电子资源、座位预约、馆藏目录、馆内服务等方面的图书馆常见问题,还可以通过聊天交互的形式实现馆藏资源的快速查询,为读者提供不受时间和地点限制的、全天候的智能咨询服务[13]。通过其他"双一流"高校图书馆在人工智能技术方面的应用经验可以看出,未来图书馆大规模大范围应用模拟人类感知的智能技术将会是大势所趋。上海大学图书馆要尽快提高人工智能技术在图书馆日常工作中的普及程度,将线上线下空间有机融合起来,提高图书馆的服务效率与品质,创建服务高校师生和科研活动的智慧空间。

(四)提高馆藏资源的管理水平

上海大学图书馆已初步构建一站式电子资源服务门户,但是还未引入可以统一管理馆藏纸质资源与电子资源的平台。目前部分高校图书馆先行先试引入了下一代图书馆管理系统,将分散在不同系统中数据集成起来,让决策者可以清晰把握图书馆馆藏资源全貌,提高馆藏资源的管理水平。南京大学图书馆依托 NLSP 下一代图书馆管理系统重构并统一各类资源管理的工作流程,实现全类型资源检索服务获取的一站式服务[14]。从清华大学引入下一代图书馆管理系统 Alma 经验来看,高校图书馆通过 Alma 系统可以实现业务数据和内容数据的深度关联,通过一个管理平台即可以呈现图书馆馆藏资源的全貌。也可以将特定资源的经费、类型、用量相互关联并形成报表,协助图书馆对于某类资源的管理作出决策[15]。北京大学图书馆设立了学科信息门户,针对某个特定学科,或者跨学科、交叉学科领域,提供一站式的学术内容服务[16]。总体而言,下一代图书馆服务系统可以实现纸质图书、电子图书、数据库各类型资源的统一管理,并以海量的数据为基础,向读者提供分类导航、精确检索、大数据分析等专业高效的服务。上海大学图书馆目前使用的图书馆管理软件均由 ExLibri 公司出品,该公司已推出下一代图书馆管理系统 Alma,可以继续选用该公司的平台产品或进行自主研发。

（五）建立全流程学科科研数据支持服务

高校图书馆是高校科研生态的重要组成部分，图书馆要为高校师生和科研活动提供完善的资源保障体系，并不断产出知识和信息服务产品。图书馆可以发挥在信息资源和专业服务上的优势，依托大数据平台对全部馆藏资源进行深入发掘，为高校科研和学科建设提供完整的学科知识服务体系。2015年北京大学图书馆即成立研究支持中心，提供基于科研生命周期的研究支持服务体系，该体系包括向特定方向课题、项目提供定制型信息服务产品的科研支持服务以及面向科研管理层需求的决策支持服务[17]。高校图书馆提供的学科馆员服务，多数图书馆已进入学科馆员参与资源建设阶段，部分图书馆已经创新进入学科知识服务馆员阶段，学科馆员介入科研团队，协助开展学科规划评价、构建学科知识环境[18]。上海大学图书馆已建立学科馆员制度并发布了诸如《上海大学ESI学科发展报告》《上海大学国际合作论文科研竞争力分析报告》等。然而受限于经费及馆员能力问题，上海大学图书馆对于学科服务仅仅停留在文献资源保障层面。通过智慧转型，上海大学在已建成的文献资源保障体系基础上，依托一体化资源平台，通过大数据提供学科文献信息服务，拓展图书馆知识服务的深度和广度，探索学科研究服务，整合学科资源，向各院系提供精准的科研支持和决策支持信息服务。

参考文献

[1] 张翀,于兴尚,郭畅等.智慧图书馆研究范式和服务路径探析[J].图书馆,2021(11):30-37.

[2] 周萍,陈雅.转型期我国高校图书馆智慧空间再造研究[J].图书馆,2020(12):48-54.

[3] 陈建龙,邵燕,张慧丽等.大学图书馆现代化指南针报告[J].大学图书馆学报,2022,40(1):22-33.

[4] 孙鹏,车宝晶.我国高校智慧图书馆建设进展及策略研究[J].图书馆工作与研究,2022(2):30-36.

[5] 刘宝瑞,马院利.基于智慧理念的智慧图书馆空间样貌探究[J].图书馆学研究,2015(11):26-29.

[6] 陈建龙,邵燕,张慧丽等.大学图书馆现代化的前沿课题和时代命题——《大学图书馆现代化指南针报告》解读[J].中国图书馆学报,2022,48(1):17-28.

[7] 吴建中.走向第三代图书馆[J].图书馆杂志,2016,35(6):4-9.

［8］ 肖珑.后数图时代的图书馆空间功能及其布局设计［J］.图书情报工作,2013(20): 5-10.

［9］ 窦天芳,杨慧.清华大学图书馆一体化资源管理平台建设——以 ALMA 系统实施为例［J］.数字图书馆论坛,2020(5):2-7.

［10］ 叶飞,弓越,翟姗姗,周玮琛.面向知识服务的高校图书馆智慧空间构建研究［J］.情报科学,2021,39(12):17-24+45.

［11］ 教育部,教育部关于印发《普通高等学校基本办学条件指标(试行)》的通知［EB-OL］.［2022-05-25］.http://www.moe.gov.cn/srcsite/A03/s7050/200402/t20040206_180515.html.

［12］ 南京大学图书馆,智慧盘点机器人［EB-OL］.［2022-05-25］.http://lib.nju.edu.cn/zhtsg/zhpdjqr.htm.

［13］ 清华大学图书馆,"清小图"智能问答系统服务简介［EB-OL］.［2022-05-25］.https://lib.tsinghua.edu.cn/info/1073/4018.htm.

［14］ 南京大学图书馆,NLSP 下一代图书馆管理系统［EB-OL］.［2022-05-25］.http://lib.nju.edu.cn/zhtsg/NLSPxydtsgglxt.htm.

［15］ 窦天芳,杨慧.清华大学图书馆一体化资源管理平台建设——以 ALMA 系统实施为例［J］.数字图书馆论坛,2020(5):2-7.

［16］ 北京大学图书馆,学科信息门户［EB/OL］.［2022-05-25］.https://www.lib.pku.edu.cn/portal/cn/fw/xkfw/xuekexinximenhu.

［17］ 肖珑,张春红.高校图书馆研究支持服务体系:理论与构建——兼述北京大学图书馆的相关实践［J］.大学图书馆学报,2016,34(6):35-42.

［18］ 肖珑.支持"双一流"建设的高校图书馆服务创新趋势研究［J］.大学图书馆学报,2018,36(5):43-51.

AI 虚拟主播技术在图书馆智能播报与智慧化服务中的应用

◎ 陈静恬　盛兴军*

> **摘　要**：AI 虚拟主播技术是人工智能技术在信息传播领域应用的一大衍生产物。通过对 AI 虚拟主播技术的概念、特征、功能、作用、发展历程及应用原理等方面展开分析，探究该技术在现有应用领域所带来的巨大突破，进而提出 AI 虚拟主播技术在图书馆空间、资源、用户三个方面展开智能播报与智慧化服务的应用，以期在读者与图书馆之间构造一个更生动的交互过程，助力图书馆服务质量的提升。
>
> **关键词**：AI 虚拟主播技术；智能播报；图书馆服务

随着人机交互的逐步完善和机器学习等科技的日益成熟，人工智能时代已经来临，并引领了新一轮科技革命的战略性技术在当下蓬勃发展，AI 虚拟主播技术也在此背景下应运而生并逐渐成为热门，受到广泛关注。在经济社会发展强烈需求的驱动之下，越来越多的人工智能技术被逐渐应用于市场，成为经济社会各领域发展的新引擎。

图书馆领域一直以来都是现代信息技术应用的主战场。早在 20 世纪计算机诞生开始，元数据、RFID、二维码等技术就接连被应用于图书馆领域，而今大数据、移动互联网、区块链等新兴技术也纷纷在图书馆领域展开尝试并投入广泛应用。伴随着图书馆信息化进程的不断深入，未来无疑将有更多的新

---

* 陈静恬，上海大学文化遗产与信息管理学院硕士研究生，研究方向：数字图书馆；盛兴军，上海大学图书馆副研究馆员，研究方向：图书馆用户服务、情报咨询服务。

兴技术将引入图书馆领域,鉴于此,本文基于当前人工智能技术环境之下,对 AI 虚拟主播技术融入图书馆服务应用展开了进一步研究。

一、AI 相关概念综述

(一) AI 虚拟主播概念、特征、功能与作用

1. AI 虚拟主播技术的概念

AI 虚拟主播技术是指通过计算机技术实现类似真人主播功能虚拟人物的一项人工智能技术,起源于日本。它通过采集真人(或卡通形象)主播的声音和图像,并使用语音合成、图像处理、机器翻译等人工智能技术合成制作出主播形象,并通过程序设定提前输入文字新闻稿和相关新闻图片,自动生成实时的面部表情、肢体动作与语言驱动,合成各种需求的播报视频,实现多种虚拟创新互动场景[1],应用于社交、游戏、在线教育等场景,实现虚拟主播、虚拟偶像、虚拟代言人、虚拟教师等创新互动场景。

2. AI 虚拟主播技术的特征

(1) 自动化播报,准确率高

AI 虚拟主播技术支持文本到视频的自动输出。在形象、声音等完成采集,系统成型之后,编辑人员仅需输入需播报文本,即可自动生成虚拟主播,完成虚拟场景实时互动,准确高效[2]。

(2) 可控化播报,不限时空

AI 虚拟主播技术实质上是人为操作系统完成的程序映射,播报的语速、停顿、声音、模板等均可调控配置,不受时空影响和限制,能实现 24 小时随时随地的实时播报,非常及时。

(3) 个性化播报,多元满足

AI 虚拟主播技术可根据场景、内容的不同需求定制虚拟主播形象,包括外形定制、口音定制、表情定制、全身或半身定制等方面,可随时切换,并且一次采集就可实现多种生成、多元传播,在满足多元需求的同时也节约了极大的人力物力成本。

3. AI 虚拟主播技术的功能与作用

(1) 形象定制

AI 虚拟主播技术支持虚拟主播外形、声音以及效果等形象的定制。在外

形方面,利用了3D显示技术、形象驱动技术口唇以及互动显示等技术,采集所需求对象的外形数据进行定制。在声音方面,同样可采集所需求对象声音数据进行专属的语音个性化定制,或按需求由人工合成声音数据。

(2) 信息传递

AI虚拟主播技术的初衷就是为了能够更高效地实现信息传递。通过人为输入需要播报的文本内容,AI虚拟主播能够高效地将文本转化为视频播报,传递给受众所需信息。

(3) 拓展功能

其一,可根据需求3D建模真实场景或虚拟场景,同时也可以实现AI虚拟主播形象唱歌、主动式对话等功能。其二,可以实现多语种播报,依靠机器翻译能力实现播报内容语种的随时转换,满足不同语言需求的受众。

(二) AI虚拟主播技术发展历程

1. 早期形式——虚拟主持人

2001年,英国PA New Media公司推出世界上第一个虚拟主持人——阿娜诺娃(Ananova)(图1)。CNN将其描述为"一个可播报新闻、体育、天气等的虚拟播音员,堪比一个真实的有血有肉的主播"。虽是一个只有头部动画、表情也略显僵硬的2D虚拟人物,但其因可根据新闻脚本快速制作视频,并可24小时持续播报的特点,还是在全球刮起了一阵打造"虚拟主持人"的飓风。

图1 阿娜诺娃

此后,日本推出了寺井有纪(Yuki),中国推出了阿拉娜(Alana),美国推出了薇薇安(Vivian),韩国推出了露西雅(Lusia)。从2D到3D,从只有头部到拥有全部身体,从只有虚拟人物播报到拥有演播室进行播报,虚拟主持人日渐成熟,被越来越多媒体关注和使用。

2004年央视CCTV-6频道《光影周刊》栏目推出了国内首位虚拟电视节目主持人——小龙(图2),其功能得到了进一步的完善。其被赋予三维形象技术,拥有高挑的身材,并集合了刘德华、梁朝伟和金城武的"面部优势"。不过囿于技术水平,早期虚拟主播智能化较低,应用范围有限,当时兴起的虚拟主播热也仅是昙花一现。

2. AI 虚拟主播正式诞生

2016 年,日本的"超级 AI"虚拟主播——绊爱(kizunaai)首次亮相。与早期虚拟主持人不同,绊爱是由真人扮演而成。在专业公司制定好绊爱的 3D 模型后,由真人穿上动捕设备,在背后控制绊爱的面部动态表情及动作,并由声优去配音及对口型,从而进行直播或录制视频。

图 2　小龙

相比早期虚拟主持人,无论是 3D 形象,还是语音、动作,绊爱都明显更胜一筹。这种整体播报质感和体验的升级,让绊爱几乎在没有任何市场运作的前提下,使其所在的平台订阅数一路扶摇直上,其也从虚拟主播摇身一变成为全民偶像。同时,绊爱的出现也让 AI 虚拟主播技术的关注度提高到前所未有的热度。

而在我国,AI 虚拟主播直到 2018 年才出现,但其各方面的进步性都带给了国人很大的惊喜。2018 年 5 月,科大讯飞携手相芯科技打造了虚拟主持人——"康晓辉"。这位虚拟主持人有着与真人相似的外形,不仅与央视记者江凯一同主持了《直播长江》安徽篇,还在现场进行了实时互动。

相比绊爱,"康晓辉"的一大亮点就在于其背后的虚拟形象生成技术(PTA),该技术让人们摆脱了 3D 虚拟形象定制所需的高昂成本,只需普通摄像头和一张自拍,就可实时生成与自己相似且更美观的 3D 虚拟形象。

2018 年 11 月,全球首个"AI 合成主播"诞生;2019 年 3 月,全球首个"AI 合成女主播"诞生;2019 年春晚,AI 虚拟主持人团队诞生……在这套 AI 虚拟主播的方案中,只需输入一段既有的新闻文本,主播就可实时进行播报,且发音与唇形、面部表情等也完全吻合,无论是看上去还是听上去,似乎都与真人无二[3]。从超级 AI 主播到"AI 合成主播",AI 虚拟主播技术日趋完备成熟,也让 AI 虚拟主播逐渐跳脱出"主播"的限制,开始在教育、旅游等领域衍生出 AI 虚拟教师、AI 虚拟导游等尝试。例如 2022 年,在河南开放大学,同样出自科大讯飞手笔的一位名叫河开开的 AI 虚拟教师就正式被投入使用,在学校内担任主播工作[4]。

AI虚拟主播技术的产生与发展在一定程度上也反映了人工智能技术的发展变化,其内在的技术原理十分复杂,但近些年也一直致力于寻求突破。

二、模型架构与实践

(一) AI虚拟主播技术模型架构

1. 利用深度学习实现文本转语音技术

AI虚拟主播跟真人主播一样,读的都是事先写好的稿子,也就是从文字转换为语音,背后需要的就是语音合成技术(TTS,Text to Speech),比如高德导航中的名人语音导航就是语音合成技术在生活中最广泛的应用之一。整体来说,就是经过建立数据集、文本序列转换为成音素序列、合成声音三个步骤,结合情感迁移技术,实现个性化语音合成。

2. 利用UNITY引擎构建形象及动作模板

AI虚拟主播的样貌是计算机三维模型在屏幕、VR眼镜等终端的渲染成像。首先要采集真人主播的外形数据,再利用UNITY引擎,运用三维重建、表情合成、唇语合成等图像技术构建AI虚拟主播的形象、表情、唇语、动作等模板。

3. 利用多模态合成技术制定映射规则

AI虚拟主播的面部表情动作和肢体动作由计算机指令操作,为了将声音、唇动、表情在一条时间轴上匹配,保证三者的协调一致、连贯自然以达到生成视频的目的,需要用到多模态合成技术来制定语音与口型、动作的映射规则。指令中三维空间的位移数据匹配AI虚拟主播三维模型标记点实现同步控制,从而支配AI虚拟主播的运动[5]。

(二) 当前AI虚拟主播技术市场应用

1. 新闻播报与大型会议虚拟直播

如同上文所提及的"康晓辉",AI虚拟主播技术目前最广泛的应用就是新闻播报领域。例如《人民日报》采集其报社主持人果欣禹的外形与声音数据,开发出AI虚拟主播果果,于每日7点准时为观众播报国内外热点事件;搜狗联合新华社以新华社记者赵琬微为原型设计出"新小微"AI虚拟主播,在不同场景中更好地满足新闻呈现的多样化需求;科大讯飞联合中央广播电视总台打造了首个AI虚拟记者"通通",在第二届"一带一路"国际合作高峰论坛期间推出系列视频《A.I.记者"通通"游世界》,在视频中带领观众游历"一带一路"沿途的风土人情、探索见证"一带一路"带来的改变与发展。

2. 电视节目或大型商业活动线下主持

除了新闻播报,AI虚拟主播技术如今还被应用于更生活化的主持场景中。例如在2019年两会期间,深得著名主持人白岩松"亲传"的AI记者助理"小白"作为代表选手,它能与人直接面对面交流,其声音与白岩松老师的声音相似度极高,就连白岩松本人都称赞其声音"唯真性高";在2019年央视网络春晚舞台上,以主持人撒贝宁为原型的AI虚拟主播"小小撒"与原型同台亮相,也掀开了AI虚拟主播技术时代的一大步。

3. 其他应用市场及其发展前景

AI虚拟主播技术出现不仅是传媒业的专属福利,它的普适性让个性化内容生成的门槛大为降低,娱乐、医疗健康、教育、法律等多个领域和场景,无一不适用,目前以商业应用居多。目前,搜狗率先展开了传媒界外拓展领域的尝试:在手机上借助"搜狗制音坊"小程序,也能通过录制用户一段讲话,让其转化为各种名人的声音——这就是语音合成技术在作用。同时,视觉方面的合成也不例外,比如将相机里自己的面部秒变指定的某位艺人[6]。包括上文中提到的AI虚拟教师、AI虚拟导游等先例的成功,都让AI虚拟主播技术的前景大好。

目前,AI虚拟主播技术仍处于探索阶段,还存在着一定的不足,例如在智能化水平(建模拟人化、播报适配度等方面)上还存在着一定的进步空间,也存在情感互动不足等问题,或许也会面临道德伦理困境。但随着时间的推移、技术的不断改进,对AI虚拟主播行业发展的规范和引导的不断加强,放眼长远对其进行形象维护和运营,AI虚拟主播技术应用将会形成健康可持续的商业模式。人们会慢慢地接受它在生活中带来的各项便利。技术日臻成熟,其技术和应用价值正在突显。从应用情况看,该市场在未来五年内仍将保持高速增长,不仅能播报新闻、直播带货,还能讲好中国故事,传播好中国声音,让AI虚拟主播发展成为一个极具潜力的朝阳产业。

三、AI应用实践与未来发展

AI虚拟主播技术在图书馆智能播报服务中的应用前景广阔。随着AI技术的不断成熟和市场需求发展的不断完善，AI虚拟主播技术在图书馆智慧化服务中的广泛应用指日可待。

上文已经用大量篇幅叙述了AI虚拟主播技术的来龙去脉，目的即是为接下来AI虚拟主播技术在图书馆领域的应用构想做好铺垫的作用。笔者在了解AI虚拟主播技术之后，认为该技术的普适性很强，能够实现与许多领域的跨界融合。结合自身所学专业，随机联想到AI虚拟主播技术以智能播报形式在图书馆空间、图书馆资源、图书馆用户服务三方面的应用，如若实现，可进一步加快图书馆信息化的进程，且为图书馆与用户之间构造一座更为生动的交互桥梁。

（一）拓展图书馆智慧化空间服务新路径

1. 图书馆门厅显示屏智能播报服务

许多图书馆的内部或外部的门厅处都会配备有一块大显示屏（图3），一部分图书馆还在图书馆合适的空间内安装了许多小显示屏（图4），位置绝佳，日常用于播放宣传海报、图书馆注意事项等，在多数时间并未发挥过大作用。而如若将AI虚拟主播技术应用于大屏幕展开智能播报服务，则能充分发挥大屏幕的作用，实现更好的图书馆空间服务。

图3　图书馆门厅大显示屏　　　　图4　图书馆导览系统

（1）利用智能播报服务，设计更加生动形象的提醒、告知服务

一是开闭馆时的人性化提醒服务。一般的图书馆都会在早晚的开、闭馆之时采用循环播放语音的模式迎接读者入馆与提醒读者离馆，播报内容十年如一日，大多数读者几乎没有过多的关注。AI虚拟主播完全可以替代机械化的图书馆音响，每到迎接读者入馆、提醒读者离馆之时，便不再是没有感情的循环播放语音，而是在大屏幕上跳动着像真人一般的"朋友"，能够有效地拉近

读者与图书馆的距离。

二是根据不同类型图书馆服务对象开展差异化服务。图书馆类型多样，接待读者各不相同，不仅公共图书馆和大学图书馆存在巨大差异，即使是同一类型的图书馆，读者类型也复杂多样。如公共图书馆中有儿童图书馆、社区图书馆等。在这里引入AI虚拟主播技术，可以根据图书馆的类型来选取不同的AI虚拟主播形象，比如儿童图书馆采用儿童形象的AI虚拟主播，少数民族地区的图书馆采用穿民族服装的AI虚拟主播等。

三是节假日、特定节日的个性化祝福与温馨提示。传统图书馆大屏幕的内容过于枯燥，没有记忆点。如若利用AI虚拟主播技术将原先的屏幕内容进行智能播报，能够有效地吸引读者们的注意力，在达到想要的宣传效果的同时也增添了趣味性。同时还能对AI虚拟主播大屏幕播报的内容进行个性化定制，比如过节时给读者送上祝福语，天气有变时提醒读者添衣、带伞等，都能让读者感受到这是一座有"温度"的图书馆。

（2）利用智能播报服务，开展重大节日或文化展览、学术活动的宣传服务

一是图书馆各种文化展览、重大新闻活动的智能播报。当前，媒体融合快速发展，各大图书馆都致力于结合自身特色文化开展各项文化展览，同时也成为许多重大新闻的报道对象。目前图书馆推广各项文化展览与重大新闻活动的方式拘泥于简报、网站、微信公众号推文等形式，受众不广。利用AI虚拟主播技术将图书馆近期的各项文化展览与重大新闻活动进行播报，可以有效地提升这些展览和活动的推广范围，让图书馆内的读者、图书馆外的行人都能及时接收到展览和活动的开展和结束信息，无形中增加各项文化展览的受众及相关重大新闻活动的影响力。

二是图书馆学术沙龙、师生学术讲座与社团活动的智能播报。为助力科研工作者及社会各界能够更好地利用图书馆资源、创造更多的学术交流机会，很多图书馆都会在图书馆内开展各项学术交流活动。特别是各大高校图书馆，会在馆内定期举办学术沙龙、师生学术讲座与社团活动，但活动的宣发一直都集中在小部分人群。利用AI虚拟主播在图书馆大屏循环播报近期学术活动的预告及之后的总结，可以将更多的师生吸引到馆内各项学术活动的参与中来，增强学术资源的流动性。

三是图书馆"两季一日""新书推荐""图书馆导览"的智能播报。图书馆通常都伴随有新书推荐等功能，但大多数情况下都无人问津，而AI虚拟主播则能很好地胜任"书籍推荐官"这一角色。在"两季一日"等特别活动期间及大屏

日常空闲时间，AI 虚拟主播可以通过大屏向各位读者推荐新书、经典书目或符合当时热点的书籍，播报其推荐缘由及创作背景等内容，以最直观的方式引起读者的阅读兴趣，让读者感知图书馆、了解图书馆、走进图书馆。

2. 导览系统智能播报服务

随着图书馆信息化进程的加快，现在几乎每家图书馆的入口都会有导览系统，通常是以一台如同电脑般的机器形式展现。目前图书馆导览系统的作用主要是为读者介绍图书馆的构造、藏书信息等，AI 虚拟主播技术可结合其作用进行智能播报服务的升华。

（1）利用虚拟主播的"形象大使"功能，提升图书馆形象与品牌宣传服务

一般的图书馆导览系统对于图书馆构造的介绍形式是显示一张地图，读者可以点击任何区域以进行进一步的了解，但仅限于文字并不够形象。如若引入 AI 虚拟主播技术来引导读者云参观整座图书馆，了解其渊源、意义等，由原先单一的文字介绍转变为了云浏览模式，并且可以根据自己的需要选择自己想了解的部分，更加生动形象，记忆深刻。

（2）借助语音交互实现图书馆馆藏拟人化书目推介服务

部分导览系统还会带有藏书信息的介绍与推荐，这里也可以应用到 AI 虚拟主播技术。比如以 AI 虚拟主播互动的形式对读者进行藏书的介绍与推荐，读者可以通过对话"告诉"AI 虚拟主播自己的需求，AI 虚拟主播经过计算给读者推荐相应的藏书，并以智能播报的形式告诉读者藏书的位置，还可以结合图书馆构造，由 AI 虚拟主播引领读者怎样去到相应的位置。

（二）变革图书馆资源服务模式

1. 改变文献资源利用模式

图书是图书馆最重要的资源。针对 AI 虚拟主播技术在图书中的应用，主要有以下两个方面。

（1）利用智能播报转换图书馆知识服务形式："扫一扫"图书变电影

不置可否，图书是知识的摇篮。但在人们心态越来越浮躁的当下，许多人开始不能沉下心来读书，效率很低。对此，在早些年就已经开始有学者关注，并给出了有声书等对策，比如科大讯飞就曾利用智能语音技术还原著名配音艺术家李易老师的声音，使其经典的"时代之音"再现银幕。在此基础上，如若再引入 AI 虚拟主播技术，则能使之锦上添花。

AI 虚拟主播技术能在还原李易老师的声音的同时，将其形象也同时加以

还原。这样一来,读者便可以通过扫描预先设置好的图书二维码等形式,由原来的读一本书变成免费看一场李易老师声情并茂的讲解,一本书"看"完就仿佛看了一场电影,满足视觉与听觉的双重享受。

(2)利用智能播报提供个性化阅读服务、满足不同需求

在上述构想的基础上,还可以在图书智能播报中引入个性化阅读模式。一方面,针对不同种类的书目,可以选取不同形象的 AI 虚拟主播,比如军事类的图书由军人形象的 AI 虚拟主播进行智能播报,儿童读物由卡通形象的 AI 虚拟主播进行智能播报。另一方面,针对不同的语言需求,可以自行选择 AI 虚拟主播以何种语言进行播报。如此,无论拥有的是何种语言的图书,都相当于拥有无数不同版本的译本,可以满足不同语言需求的读者,通过不同语言的转换也可以帮助读者在阅读过程中学习双语。

2. 提升图书馆资源空间服务模式

朗读亭一直以来都是图书馆利用率最高的资源空间之一,近几年又涌现出"瀑布流"借阅机的新形式,将传统纸质图书以数字的形式展示,图书由屏幕顶部缓缓飘落,动态流动,犹如瀑布飞流直下,支持图书在线阅读、视频在线观看,亦可以通过终端设备扫码带走、进行观看[7],成为图书馆界的资源空间新宠。

也是如今图书馆非常重要的资源空间之一,用于满足读者朗读文章的需求,AI 虚拟主播技术与朗读亭资源的结合可以以人机交互的模式进行(图5)。近期,许多图书馆开始在图书馆中尝试"瀑布流"借阅机的新形式(图6),AI 虚拟主播技术也同样可以加以应用,来打造"朗读空间"服务新模式。

图5 图书馆朗读亭

图6 图书馆"瀑布流"借阅机

(1)导读服务模式

助力学习方法技能训练。读者在朗读亭朗读文章时,可以选择由 AI 虚拟

主播来进行导读，为读者提供朗读每篇文章时语速、停顿、情感、表情等方面的参考，帮助读者理解每篇文章的语意以及每句文字的语境，以助力读者学会更好的朗读方式。

开展经典导读，拓展阅读推广服务新模式。朗读亭可以提前设定好一些经典作品的导读推荐，比如短小精悍的中国古典诗词、现代诗歌、散文、大型的经典著作等供读者自由选择，由AI虚拟主播来为读者提供所选书目的导读与听读服务。

打造"朗读空间"，拓展空间服务新模式。除了普通的朗读需求之外，仍有一些特定专业的同学需要更为专业的朗读环境，比如外语系的语言学习朗读空间、音乐系歌唱训练室、播音系的朗读室、表演系的话剧表演空间及有业余兴趣的读者训练营等。朗读亭可以利用AI虚拟主播技术，同时为上述一些有特定朗读需求的读者提供诸如外语研读、歌曲训练、新闻播音等智慧服务，为他们打造专业的学习训练场所。

（2）伴读与对读服务模式

读者也可以选择多人对读模式，在文章需要多位读者共同朗读演绎时，可以由AI虚拟主播代替真人参与对读，且AI虚拟主播能以不同的形象扮演多个角色，形成具有一定学习氛围的"朗读空间"，为进馆读者提供场所或空间。

（3）"瀑布流"借阅机互动推介

瀑布流电子图书借阅系统，是集资源与颜值为一身的资源展示平台，它将传统纸质图书以数字的形式展示，电子图书由屏幕顶部缓缓落下，犹如一面"书瀑"，给人以全新的阅读体验[8]，AI虚拟主播技术同样可以融入"瀑布流"借阅机的应用中。首先，在借阅机的主屏幕可以加入AI虚拟主播的元素，加入AI虚拟主播与"瀑布流"的一体性，让画面更加生动和谐。其次，读者可以选择由AI虚拟主播为其从"瀑布流"中随机选取一本书或一段视频，增加互动可玩性。最后，在读者选中书籍或视频后，仍可自由选择是否由AI虚拟主播来为期朗读和播报。

当然，本文是基于AI虚拟主播技术现状展开应用的构想。而在未来，伴随着AI虚拟主播技术的不断进步和成熟，图书馆在资源空间服务的过程中也存在着更多的发展空间。例如AI虚拟主播技术在朗读亭当中的应用，我们完全可以期待它在未来可以实现朗读、导读之外的更多可能性，为读者创造独立的空间并提供语言学习、诗词朗诵、经典传唱、戏剧、话剧角色扮演等更多功能，让"朗读亭"不再只能"朗读"，转而成为名副其实的"多功能亭"。

（三）提升用户智慧化需求幸福感

1. 跨时空智能播报服务

在这里，移动智能播报服务主要指 AI 虚拟主播技术在图书馆领域的应用，可以不限于图书馆内，可以嵌入手机的移动智能播报服务中。比如图书馆中的图书可以传输到手机等移动设备中，将 AI 虚拟主播"带出图书馆"，无论身在何处都可以召唤 AI 虚拟主播为自己播报图书。抑或者可以在移动终端中设置电子图书库，选择某一本图书时，读者可以选择由 AI 虚拟主播来进行播报。

2. 信息推送智能播报服务

AI 虚拟主播还能够运用于面向用户的信息推送中。每位用户都可以选择开通图书馆的信息推送功能，开通之后，每天都会有 AI 虚拟主播来播报当日图书馆的推荐书单。同时，如果读者同时订阅了借还书功能，AI 虚拟主播还能在设置提醒的图书补货后为读者自动推送播报信息，也能在读者借阅图书即将到期时，及时推送播报信息提醒按时归还图书。

四、结语

一直以来，关于机器能否取代人类的探讨从未停止。与早期人工控制或提前制作的动画不同，虚拟主播披上了人类的外衣，更成熟的人工智能技术也仿佛为虚拟主播注入了灵魂，虚拟主播是否会抢了真人主播的饭碗也成为行业讨论的焦点。尤其是近两年，虚拟主播呈爆发态势，成为热门文化产品，引发社会各界关注。AI 虚拟主播技术是人工智能跨界融合的一个宝贵产物，经过二十余年的沉淀与发展，如今正逐步走向成熟，开始进入大众视野。该技术在展开应用的过程中给新闻播报、线下主持等领域都带来了巨大的进步与新动力，证明了 AI 虚拟主播技术的优势性与普适性，这也给其在图书馆空间、资源、用户服务领域的智能播报服务中的应用带来了可能性。

AI 虚拟主播技术将是智慧图书馆建设和发展的一个重要方向。目前 AI 虚拟主播技术仍然在进一步发展当中，如果该技术在图书馆智能播报中的应用能够得以实现，那么它为图书馆信息化进程带来的巨大推进将是值得我们期待的。本文试图对 AI 虚拟主播技术融入图书馆智能播报服务与智慧化服务的各个场景展开应用构想，希望能为未来图书馆智慧化服务发展提供一定参考价值。当然,各个图书馆的信息化建设都有自己的频率与步伐,需要认清自身定位,结合本馆实际情况来对包括 AI 虚拟主播技术在内的诸项技术加以合理化应用,才能使其达到最大效用。

参考文献

[1] 王粤海,贺黎骅."禧宝"开播,媒体智能化添新翼——无锡日报报业集团 AI 虚拟主播上线[J]. 城市党报研究,2020(2):25-26.

[2] 消费日报网. 2019 世界制造业大会,科大讯飞 AI 虚拟主播受瞩目[EB/OL]. [2022-04-30]. https://baike.baidu.com/item/AI％E8％99％9A％E6％8B％9F％E4％B8％BB％E6％92％AD#ref_[4]_24254369.

[3] 相芯科技 FaceUnity. AI 虚拟主播简史,带你走进虚拟主播的前世今生[EB/OL]. [2022-05-01]. https://baijiahao.baidu.com/s?id=1634743828201865382&wfr=spider&for=pc.

[4] 法制云播报. AI 元宇宙+教育,河南首位虚拟教师现身[EB/OL]. [2022-05-01]. https://baijiahao.baidu.com/s?id=1725805972901719927&wfr=spider&for=pc.

[5] 言有三. 浅析搜狗 AI 主播背后的核心技术[EB/OL]. [2022-05-02]. https://zhuanlan.zhihu.com/p/58625246.

[6] 量子位. 全球首个 AI 合成主播发布,效果以假乱真!揭秘背后技术原理[EB/OL]. [2022-05-03]. https://blog.csdn.net/yH0VLDe8VG8ep9VGe/article/details/83965902.

[7] 赵洪. 工会图书馆数字化建设——以二宫图书馆建设为例[J]. 科技传播,2021,13(11):129-131. DOI:10.16607/j.cnki.1674-6708.2021.11.045.

[8] 苏丽宣,徐方亮. 探讨数字化体验系统在智慧图书馆建设中的应用[J]. 科技视界,2021(16):57-59. DOI:10.19694/j.cnki.issn2095-2457.2021.16.23.

学术图书馆与云存储联盟

——基于云存储联盟的认知调查

◎ 沈婷婷　刘　华*

> **摘　要**：数字时代，数字资源已经成为重要的学术资源，而解决数字资源保存问题也显得更为迫切。本文通过调查我国部分学术图书馆馆长对云存储联盟的认知情况，了解学术图书馆对云存储联盟的建设意愿、影响因素和建设方式的认知和需求。学术图书馆云存储联盟是解决数字资源保存的有效途径，多渠道的资金来源是云存储联盟长期发展的保证。图书馆要根据自身发展需要来选择云存储联盟的资源保存模式，兼顾资源存储的独享与共享需求，拓展云存储联盟的服务功能，促进学术图书馆云存储联盟长期、稳定地发展，以保持图书馆在学术资源建设中的中枢地位。
>
> **关键词**：学术图书馆；数字资源保存；云存储联盟

数字时代，电子期刊、电子图书、科研数据等多种形式的数字资源已经成为科学研究必不可少的学术资源。随着数字资源总量的迅猛增长、数字资源短暂的生命周期以及科研用户对数字资源日益增长的需求，数字资源的保存问题也更为紧迫和棘手。大批量、多格式的数字资源保存对学术图书馆馆藏提出了新的要求，数字资源保存的技术、成本、管理和政策等问题使得数字资源保存面临很多困难。

---

* 沈婷婷，上海大学图书馆副研究馆员，研究方向：科学数据管理、数据素养；刘华，上海大学图书馆研究馆员，研究方向：资源建设。

在纸本时代,图书馆联盟被认为是一种解决资源共建共享的较佳的实践方法,那么,在数字时代,又有什么可行的方法呢?学术图书馆云存储联盟可能是解决数字资源存储的有效方案之一。学术图书馆云存储联盟是指基于"云技术"的学术图书馆馆藏资源共建共享,即两个或者两个以上图书馆为着共同的目标进行协作,集中资源、人员、技术、管理和服务,统一编目、建库、管理,最终搭建"云端"存储资源池[1]。云存储技术具有海量存储、低成本、易共享等优势,而基于云存储技术的图书馆联盟不仅能提高图书馆数字资源存储率,而且可以促进联盟成员间数字资源的共享利用。

国外在基于云平台的数字资源保存联盟的建设中已经取得了一定进展,成立了Portico、HathiTrust等专业组织,为数字资源保存发挥了重要作用。在国内,虽然中国科学院科学数据中心的"中国科学院数据云"和中国高等教育保障系统的数字图书馆云服务平台等项目实现了基于云平台的资源共享,但是我国数字资源保存工作仍较封闭,尤其对于学术图书馆来说,基本是各自保存本机构的数字资源,缺乏机构间相互合作。

为此,本文希望通过调查我国部分学术图书馆馆长对云存储联盟的认知情况,了解学术图书馆对云存储联盟的建设意愿、阻碍因素和建设方式等方面的认知和需求,为学术图书馆云存储联盟建设提供参考和建议。

一、云存储联盟

随着图书馆数字化进程的加快,数字资源存储已成为各个图书馆迫切需要解决的问题。大量数字资源的存储需求迫使图书馆必须增加相应的存储系统,而新增的存储系统增加了图书馆的设备成本和维护成本,而且各个图书馆对数字资源的重复存储又导致图书馆硬件设备及人力资源的浪费投入。因此,如何解决图书馆日益增加的数字资源存储问题已引起一批学者的关注。

云存储是在云计算概念的基础上发展起来的一种新的存储方式,它是指通过网格计算、集群文件系统、分级存储等现有技术,将网络中大量的存储设备通过硬件、软件的方式集合在一起,并对外提供标准的存储接口,以供个人或企业调用并存储数据的存储方式[2]。所以,云存储的一个特点就是用户只需要付少量的费用就可以拥有大量的存储空间,并实现随需随用。因此,云存储为图书馆数字资源保存提供了有效的解决途径。

目前,学者对于如何将云存储或者云计算技术运用于图书馆资源建设和服务中做了大量的实践和理论探讨。2009年,联机计算机图书馆中心(Online Computer Library Center,OCLC)启动的"Web级协作型图书馆管理服务"项目标志着云计算在图书馆领域应用的开始。随后,各种云存储项目也发展起来,如亚马逊公司的云存储S3项目[3]、美国国会图书馆与Dura Space公司的Dura Cloud项目[4]等,为图书馆数字资源云存储提供了实际应用。中国高等教育保障系统(CALIS)的数字图书馆云服务平台(Nebula平台)是国内图书馆领域最早应用云计算理念的项目,实现了数字图书馆的云服务方案[5]。在云计算应用于数字资源存储的过程中,有学者意识到云存储为图书馆联盟的发展带来了新的契机。图书馆界利用云存储技术成立了数字资源保存联盟,如欧盟数字图书馆Europeana Cloud项目[6]、美国高校云图书馆HarthiTrust项目[7]、中国国家数字科技文献资源长期保存体系NDPP项目[8]等。

理论研究方面,2008年,Jason Griffey提出了"云图书馆员"(Cloud Librarians)的概念,即图书馆员将依托云而非实体图书馆提供服务[9]。Buck认为,云计算为图书馆在设施投入、管理和维护上节约了大量的费用[10]。胡小菁和范并思分析了云计算给图书馆管理带来的可替代性问题、标准问题、数据安全和保密问题、知识产权问题上的挑战[9]。李卓卓等探讨图书馆联盟合作方式的转变,提出图书馆联盟长期保存合作的三种实现方式,即建设支持多种移动终端的资源整合和利用平台、构建私有云平台和提供个性化服务、整合机构库资源和实现联合保管[11]。刘万国等学者介绍了三种国外数字资源保存联盟,并认为云存储是数字资源存储联盟较好的选择,同时,安全性和可持续性是联盟评价的重要指标[12]。胡昌平等学者构建了云计算环境下国家学术资源信息安全保障联盟,厘清了学术资源信息服务机构和学术资源信息服务协作机构在学术资源的组织、开发和利用阶段的工作职责与关联[13]。

虽然我国对基于云存储的数字资源保存联盟做了相关实践,但是对于学术图书馆来说,尤其是中小型学术图书馆,如何组建云存储联盟,还尚未讨论。因此,本文在以上研究的基础上,通过对我国学术图书馆馆长或副馆长的调查,了解他们对数字资源云存储联盟的认知和需求,为我国学术图书馆云存储联盟的建设提供参考。

二、研究方法

本文采用问卷调查的形式展开,调查问卷共设置了25个问题,问题涉及学术图书馆对云存储联盟的认识,云存储联盟的存储模式、开放范围、资源获取方式等方面。

本次调查的对象是我国高校学术图书馆的馆长或副馆长,依靠问卷星平台,通过微信向这些老师发出调查邀请。本次调查的时间为 2019 年 4 月 10 日至 17 日,共回收有效问卷 94 份,其中来自"985"高校的问卷 14 份,来自"211"高校的问卷 16 份,来自普通高校的问卷 55 份,来自高等职业院校的问卷 9 份,调查范围涵盖上海、天津、浙江、江苏、广东、山东、云南、安徽、甘肃、河北、湖北和四川等省市。

三、结果分析

调查显示,有 75.50% 的馆长并不了解图书馆云存储联盟。但在简单介绍云存储联盟的相关概念后,有 95.70% 的馆长认为学术图书馆应组成数字资源云存储联盟,成员馆可以存储共有和特有的数字资源,实现数字资源的云服务。他们还认为,建立云存储联盟首先要得到财力支持(82.98%),制定相关的云存储联盟政策(81.91%),并完成云基础设施建设(78.72%),见表 1。

表 1 学术图书馆云存储联盟的前期基础

前 期 基 础	比例(%)
得到财力支持	82.98
制定云存储联盟政策	81.91
建设云基础设施	78.72
确保数据安全和保护	75.53
培训技术人才	74.47
制定数字版权政策	71.28

当问及学术图书馆云存储联盟的阻碍因素时,84.04% 的馆长认为资金还是首要因素,他们担心没有足够的经费支持联盟持续发展,其次是担忧数据安全无法保证(72.34%),以及担心联盟间沟通不畅(59.57%),见表 2。

表 2 学术图书馆云存储联盟的阻碍因素

阻 碍 因 素	比例(%)
没有足够的经费支持联盟持续发展	84.04
数据安全无法保证	72.34
联盟间沟通不畅	59.57
缺少数据加工的通用标准	56.38
其他	1.06

本文把云存储联盟的资源保存模式分为四种,即独立保存模式、分布式合作保存模式、馆社合作保存模式、第三方保存模式。总体来说,分布式合作保存模式是学术图书馆的首选,43.60%的馆长选择了这一模式,但是各类高校图书馆馆长们对采用何种资源保存模式还是各有看法的。"985"高校的馆长们倾向于分布式合作保存模式,他们认为让有能力的图书馆参与进来,采用分布式存储对资源进行管理,也有部分馆长希望采用独立保存的方式,由各自机构进行集中存储,个别馆长同意委托第三方机构进行保存;"211"高校的馆长们认为独立保存模式和分布式合作保存模式都是解决之道,有一小部分馆长认为可以采用馆社合作保存的方式,即由一个主导机构负责管理和保存数字资源,同时联合出版社、数据库商业伙伴等相关机构,共同进行资源建设;普通高校的馆长们也更倾向于分布式合作保存的方式,但也有不少馆长认为可以采用馆社合作保存方式;而对于高职院校的馆长们来说,馆社合作保存方式可能是他们的首选方案,然后才是独立保存或分布式合作保存的方式(此样本量较小,需辩证看待此结论),见图 1。

在问及中国学术图书馆能否引入国内外商业伙伴时,75.50%的馆长认为可以引入阿里、百度等国内知名的云存储商,只有 8.50%的馆长认为可以引入 Google、Amazon 等国外云存储商。

本文把云存储联盟的资源开放服务分为三类:全封闭存储服务,只在外界条件触发时才启动服务;半开放的存储服务,根据文献类型向不同等级的用户开放;第三种是全开放的存储服务模式。本次调查中,47.90%的馆长认为

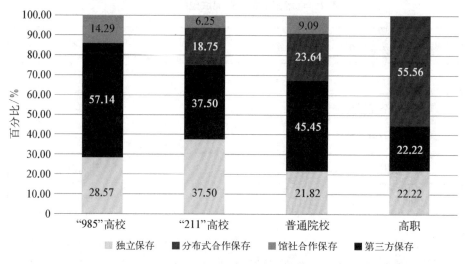

图 1 云存储联盟的资源保存模式

应采用半开放式,对不同用户进行分类,并按分类赋予用户不同的资源获取权限。另有43.60%的馆长则认为联盟中的数字资源可以对全社会开放获取。但对于不同类型的数字资源,馆长们认为其开放的范围也应不同。对于订购资源和自建资源,馆长们倾向于在本馆内开放或者在联盟范围内开放,而对于获赠资源和免费资源,馆长们则更倾向于在全国范围甚至全球范围内开放,见图2。

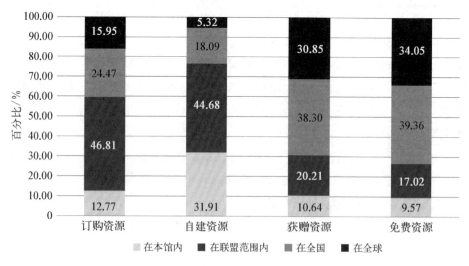

图 2 云存储联盟数字资源开放范围

对于用户获取联盟内资源的方式,馆长们认为不同类型的数字资源获取方式应该不同。对于论文、专著、视频和自建数据库之类的资源,馆长们倾向于在联盟内获取;而对于研究数据和数字化印本资源,馆长们则倾向于对用户分级别,限制获取,特别是研究数据,不少馆长认为可以通过支付一定费用后让用户获取;对于公共域资源,馆长们则认为可以免费获取,见图3。

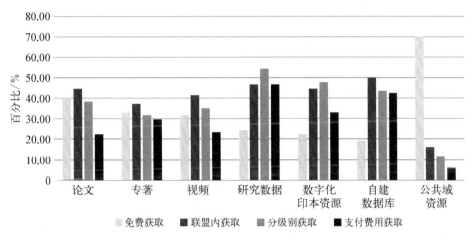

图3 用户获取云存储联盟内资源的方式

最后,当问及"学术图书馆云存储联盟将会在哪些方面影响学术图书馆的发展"时,馆长们认为通过云存储联盟可以丰富图书馆功能,结束馆舍粗放式增长,并促使图书馆转型,能更好地服务用户。除此之外,馆长们也认为在节约硬件设备和资金、建设特藏资源、消除信息鸿沟等方面会对学术图书馆的发展产生影响,见图4。

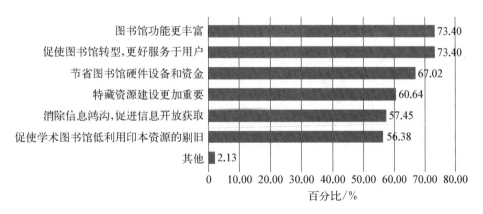

图4 云存储联盟对学术图书馆的影响

四、给学术图书馆云存储联盟的建议

2015 年 9 月 23 日,国家科技图书文献中心、国家图书馆、中国科学院文献情报中心、北京大学图书馆、清华大学图书馆等近 60 个文献信息机构集体签署了《数字文献资源长期保存共同声明》,这意味着中国顶尖研究型学术图书馆为数字资源的存储达成广泛共识,正在联合起来开展数字资源的长期存储[14]。而云计算技术的出现,给图书馆联盟开展这一艰巨工作带来了机遇和契机。因而,本文对 87 所高校的 94 位学术图书馆馆长进行了云存储联盟认知方面的调查,得到以下的结论和建议:

(一)云存储联盟得到普遍认可,但资金问题仍是首要障碍

学术图书馆馆长对云存储联盟是普遍认可的,超过九成的馆长认为学术图书馆应组成数字资源云存储联盟,成员馆可以存储共有和特有的数字资源,实现数字资源的云服务。云存储联盟可以为学术图书馆特别是中小型学术图书馆减轻资源建设方面的资金、人力、技术等压力,通过云存储联盟不仅能够存储本机构的学术成果,包括机构知识库的研究成果、论文、科学数据等,而且能够实现联盟内数字资源的共享,因而,云存储联盟是学术图书馆未来发展的途径之一。

虽然,云存储联盟可以减轻学术图书馆资源建设的资金压力,但是,云存储联盟的前期投入和后期维护都需要图书馆额外的资金投入。因而,无论是云存储联盟的前期基础还是相关的阻碍因素,馆长们首先顾虑的都是资金问题。云存储联盟的基本保障就是需要有稳定、充足的资金来源,资金不足会使云存储联盟的发展受到限制。国外云存储联盟或者数字资源长期保存项目拥有多元化的资金来源,如:政府拨款、基金会、企业赞助和会员费等。这一特点有效地保证了国外云存储联盟或数字资源长期保存项目拥有充足的资金,从而使其可持续地发展下去。如美国斯坦福大学的 LOCKSS 项目,原先受美国国家自然基金、Sun Microsystems Inc 以及 Andrew W. Mellon 基金支持,后建立 LOCKSS 联盟,向会员收取一定费用来维持联盟的正常运行和发展[15]。

相对而言,我国数字资源保存项目还未建立稳定的资金保障机制,主要从政府相关部门获取的资金,极个别项目受到企业资助。所以,这也使馆长们担

心,云存储联盟会因资金问题而无法持续发展,从而影响数字资源的保存,甚至造成数字资源的丢失。缺少多元化的资金来源,政府拨款成为我国数字资源保存项目的主要经济来源,但是,这种经费获得方式还是有一定的不确定性。缺乏完善的资金保障机制,导致学术图书馆云存储联盟在长期发展方面后继乏力,难以充分发挥云存储技术在数字资源共建共享方面的优势,这将不利于学术图书馆云存储联盟长期、稳定地运行。

为保证我国学术图书馆云存储联盟的运行和持续发展,需要完善云存储联盟的资金保障制度。首先,要得到政府对云存储联盟的财政支持,通过建立专项经费制度为云存储联盟提供基本的资金保障。其次,可以与社会企业、基金组织加强联系,鼓励他们对云存储联盟进行捐助,以获取发展经费。再次,要积极开拓资金来源,可以通过向联盟成员收取会员费,也可以通过对联盟内的数字资源做二次开发,生成附加产品,对使用者收取一定的费用。除此之外,云存储联盟应建立一套独立的财务管理制度,避免与图书馆因经费使用规则的不同而造成无法开展工作的问题。通过以上努力,构建学术图书馆云存储联盟多元化的资金保障制度,确保联盟免于资金短缺的困扰,有利于提高联盟的工作效率。

(二) 分布式合作存储是学术图书馆的首选,但存储模式的选择仍因馆而异

此次调查中,将近一半的馆长选择了分布式合作保存模式,可见,多节点、分布式合作存储是云存储联盟的首选存储模式。分布式存储模式是利用云存储的分布式保存技术,成员馆把数字资源存储到各自的服务器上,此模式充分利用云技术,不仅保证了数据安全,而且成员单位可以对联盟内的特色数字资源进行访问,英国大学图书馆联合体的 CEDARS 项目就采取这种存储模式[16]。这一存储模式的优点是可以加强诸如科研数据、自建数据库等特殊数字资源的保存,以联合建设模式对联盟内的数字资源进行保存。所以,这一模式特别受到"985"高校图书馆馆长的青睐,他们希望有能力、有特殊资源的图书馆一起加入,扩大其数字资源的保存内容。

馆社合作存储是图书馆与出版社合作,保存电子期刊、电子图书等数字资源以确保未来使用。此种存储模式如 CLOCKSS 项目,即在一定区域内,图书馆与出版社在有关各方合作协议的协调下,出版社通过协作平台,将数字资源传输给图书馆保存[17]。这种存储模式通过吸收更多的合作伙伴共同参与数

字资源建设,形成共建共享的利益联盟,使学术图书馆在有限的资金投入的情况下获得更多的数字资源,因而在本次调查的普通高校和高职院校的图书馆馆长中,有 28.10% 的馆长选择了这一存储模式,相对而言,"985"高校和"211"高校的图书馆馆长中,只有 10% 的馆长选择这个模式。

学术图书馆云存储联盟是各利益相关方的共同体,因而学术图书馆必然会从自身利益出发,选择最符合自身发展要求的联盟存储模式。所以,学术图书馆云存储联盟的资源存储模式可以是多样化的,学术图书馆应充分考虑自身的需求和优势,选择适合本机构长期发展的模式。另外,云存储联盟中,学术图书馆不仅要联合起来,也可以吸收出版社以及学校 IT 部门,形成利益共同体,共担责任、义务、风险,发挥各自的比较优势,共同制订存储战略、管理数字资源,保护数字版权,更好地保存、传播人类知识成果。

再者,云服务商、IT 软件平台供应商等商业公司是联盟不可或缺的合作伙伴,具有创新活力、稳定发展的商业合作伙伴,也是联盟发展成败的关键因素之一。此次调查中,四分之三的馆长表示可以接受国内知名云存储服务商的加盟。但是,用户在商业云存储服务商那里一般只能购买到存储空间,而其他服务却很难跟上。云存储联盟不仅需要足够的存储空间,而且对数据的安全性、可靠性和可用性等有更高的要求,因此,云存储联盟与商业伙伴的合作也是不断磨合、不断达到联盟目标的过程,这要求云服务提供商能够为学术图书馆云存储联盟提供更灵活、可定制的云存储服务。

(三) 不同数字资源的开放范围不同,资源存储要独享与共享兼顾

虽然学术图书馆云存储联盟的根本目的是达到联盟内的数字资源共建共享,但对于研究数据、图书馆自建数据库等一些特色资源,并不是所有的馆长都认为可以完全开放共享,至少他们会对用户进行分类管理,限制资源的获取权,甚至在必要时还会收取一定的资源使用费。

联盟内的资源共享是我们的最终目标,但是我国学术图书馆要完全达到所有资源的共享,还有一段漫长的路要走。出于本位主义影响,学术图书馆对于自己所特有的数字资源还是持有保留的态度。至于能把自己特有的东西拿出多少,怎样让别人获取资源还是个需要探讨的问题。所以,云存储联盟对于联盟内的资源共享可以采用循序渐进的方法,在联盟成立初期可以不要求联盟成员拿出所有资源,而只是为他们提供资源存储的环境;与此同时,也要完

善分级用户的权限管理,保证部分用户的资源获取权;随着时机不断成熟,云存储联盟应不断扩大共享内容的边界,逐步开放数字资源的范围,真正实现学术图书馆云存储联盟的数字资源共建共享。

因而,学术图书馆云存储联盟在实现联盟间数字资源共享的同时,也要满足各成员馆内部存储需求,努力做到独享与共享的合理兼顾,并积极推动联盟间的数字资源从独享走向共享。在云存储的模式上,混合云模式对于学术图书馆云存储联盟可能是比较好的选择。混合云模式可以方便联盟成员进行独享数据的安全维护,把一些需要控制用户使用权限的资源存储在本地数据中心进行保护,并且可以方便地进行数字资源共享而无需额外的管理工具和基础设施。

(四)云存储联盟需要从资源共建共享向服务拓展晋升

学术图书馆云存储联盟的初衷是借助云存储技术对数字资源进行存储和管理,实现联盟内数字资源的共建共享。然而,在本次调查中,馆长们却认为云存储联盟对学术图书馆影响最大的将会是云存储联盟可以丰富图书馆功能,并促进图书馆转型,能有更好地服务用户,而关于信息资源建设和获取方面的影响,则排到了后面。

在图书馆服务转型的大背景下,学术图书馆对云存储联盟的要求已不局限于资源的共建共享上,而是对云存储联盟提出了更高的期望。云存储联盟不仅要为联盟成员提供资源、技术等方面的支持,也要为他们创造更多学习交流的机会。加拿大西部高校图书馆联盟围绕保存的关于土著知识方面的特色资源,合作开展了一系列的服务,如建立土著知识工作组,促进成员间的沟通与合作;跟踪土著知识相关领域的专家、项目及服务进展;组织关于土著知识的研讨会;提高联盟内图书馆员的土著文化意识等,这一系列服务不仅扩大了特色资源的分享范围,而且对特色资源的知识管理也起到了促进作用[18]。

云存储只是一种技术手段,学术图书馆基于云存储技术的联盟可以有效改善数字资源的存储能力。但是,云存储联盟的关键还是要为学术图书馆的服务提供支撑,也就是说,能提供多样化的服务才是学术图书馆云存储联盟的落脚点。云存储联盟不仅要注重对数字资源特别是特色资源的保存,加强对这些资源的宣传和推广,增加联盟内数字资源的利用率,而且可以借助大数据、可视化等技术,深入挖掘这些数字资源,为用户提供数字资源分析、学科热点追踪、学术工具使用等一系列深入的学科服务。云存储联盟也可以借助云平台和网络社交媒体,为成员馆和用户提供资源利用和评价等方面的学术交流平台,分享他们在资源使用过程中的经验,提升联盟成员的专业化水平。

五、结语

资源建设和保存是图书馆永恒不变的主题,数字资源保存是新时代对图书馆提出的新要求。云存储技术为继续推进学术图书馆事业提供了新的契机和希望,学术图书馆可以发挥联盟的力量,合作开展数字资源的云存储,确保信息资源的保存、传播和服务。学术图书馆云存储联盟赋予学术图书馆发展新动能,保证文献信息这一战略资源的安全储备,进而为科技创新、人才培养和知识传播提供有力支撑。

参考文献

[1] 刘华,许新巧. 从共享到共有:学术图书馆云存储联盟研究[J]. 图书馆,2014(4):127-129.

[2] 傅颖勋,罗圣美,舒继武. 安全云存储系统与关键技术综述[J]. 计算机研究与发展,2013,50(1):136-145.

[3] Jose L Gonzalez, Ricardo Marcelin-Jimenez. Phoenix:A Fault-Tolerant Distributed Web Storage Based on URLs[C]. In Proceedings of the IEEE 9th International Symposium on Parallel and Distributed Processing with Applications. ISPA. 2011:282-287.

[4] What is DuraCloud? [EB/OL]. [2020-04-18]. https://duraspace.org/duracloud/about/.

[5] 王文清,陈凌. CALIS 数字图书馆云服务平台模型[J]. 大学图书馆学报,2009,27(4):13-18+32.

[6] Europeana Cloud[EB/OL]. [2020-04-22]. https://pro.europeana.eu/project/europeana-cloud.

[7] Welcome to HathiTrust! [EB/OL]. [2020-04-22]. https://www.hathitrust.org/about.

[8] 国家数字科技文献资源长期保存体系[EB/OL]. [2020-04-22]. http://www.ndpp.ac.cn/.

[9] 胡小菁,范并思. 云计算给图书馆管理带来挑战[J]. 大学图书馆学报,2009,27(4):7-12.

[10] Buck,S. Library in the Cloud:Making a Case for Google and Amazon[J]. Computers in Libraries,2009(9):6-10.

[11] 李卓卓,沈妍.云仓储环境下图书馆联盟数字资源长期保存合作模式研究[J].图书情报工作,2013,57(14):45-49+113.

[12] 刘万国,周秀霞,姜雷.数字资源长期保存联盟研究[J].情报资料工作,2016(3):75-79.

[13] 胡昌平,仇蓉蓉.云计算环境下国家学术资源信息安全保障联盟建设构想[J].图书情报工作,2017,61(23):51-57.

[14] 数字文献资源长期保存共同声明发布[EB/OL].[2020-04-28]. http://www.most.gov.cn/kjbgz/201509/t20150928_121823.htm.

[15] LOCKSS.[EB/OL].[2020-04-27]. https://www.lockss.org/about.

[16] CEDARS.[EB/OL].[2020-04-22]. http://www.leeds.ac.uk/cedars/.

[17] 钟源,吴振寰,刘灿姣.数字资源长期保存馆社合作模式调查分析[J].图书情报工作,2014,58(2):91-95.

[18] COPPUL Strategic Directions 2016-2018[EB/OL].[2020-04-22]. https://coppul.ca/sites/default/files/uploads/COPPUL%20strategic%20directions%202016-2018%20-%20final%20version.pdf.

在重大公共事件中高校图书馆电子资源智慧化远程服务模式

◎ 牛抗抗[*]

> **摘　要**：随着多种远程服务技术的出现，对图书馆电子资源远程服务模式研究有利于提升高校在重大公共事件中的电子资源服务能力。本文从电子资源常用远程服务方式和现有高校远程服务模式两个方面对高校图书馆电子资源远程服务现状进行分析，提出了电子资源智慧化远程服务模式及目标。
>
> **关键词**：重大公共事件；高校图书馆；电子资源；远程服务；智慧化

电子资源作为图书馆资源的重要组成部分，是高校师生获取图书馆信息资源的主要方式。由于版权保护的原因，电子资源的访问权限一般限制在校园网络范围内，这就给合法用户的校外访问带来一定的限制。为了保障用户资源使用的合法权益，提高电子资源的使用率，各高校图书馆纷纷提供了电子资源的远程访问服务。在2020年爆发的新冠肺炎疫情（以下简称"疫情"）的特殊时期，电子资源的校外远程服务就发挥了重要作用，与此同时，一些新兴的远程方式也被高校纷纷采用。熊拥军等在对疫情防控期间电子资源远程服务的研究中指出，电子资源校外远程服务将会是多种方式并存的模式[2]。面对较多的电子资源远程服务方式，读者在选择中也面临着一定的困难。对于读者来讲，其并不关心远程访问方式的学习和比较，而是需要能够智能地为读者推荐选择最优的远程方式。对于馆员而言，需要不断地收集各个电子资源

---

* 牛抗抗，上海大学图书馆助理馆员，研究方向：数字资源建设、智慧图书馆。

供应商提供的远程信息并进行更新,这就需要投入较多的精力。因此,在重大公共事件中,电子资源的智慧化远程服务将是读者、馆员及电子资源供应商所迫切需要的。

一、高校图书馆电子资源远程服务现状

(一)电子资源常用远程服务方式

电子资源远程访问是高校图书馆提供的重要服务之一,解决了师生在校外利用图书馆资源的问题。随着信息技术的发展,多种远程技术手段和工具在电子资源远程服务中被采用[14]。笔者对国内外高校远程服务进行调研,发现绝大部分高校提供不止一种远程服务方式。当前电子远程访问服务主要采用基于 IP 控制和账号认证两种方式。

1. 基于 IP 控制的远程访问方式

基于 IP 控制的远程访问方式,常见的有代理服务器和 VPN 远程访问技术。代理服务器方式在使用中一般需要用户在浏览器端进行配置或者通过"URL 重写"技术来访问目标网址[3]。常用的反向代理软件 EZ proxy[4],就是运用"URL 重写"技术,该软件被较多国外大学图书馆采用。有些国外大学图书馆提供了书签工具,其也是基于反向代理的"URL 重写"技术实现的。例如帝国理工大学采用的 Bookmarklet[5]、康奈尔大学创建的 Passkey[6]、芝加哥大学采用的 ProxyIt[7]等。VPN 远程方式是在校外远程服务中最经常被采用的远程技术,笔者对国内 42 所"双一流"高校调研中发现,绝大多数高校提供了 VPN 远程访问方式。目前,用户除了通过安装客户端登录 VPN 外,有些高校还提供了 Web VPN 方式[15],即用户通过浏览器即可登录 VPN。

2. 基于账号认证的远程访问方式

基于账号认证的远程访问方式是指用户通过账号认证登录成功后,即可被授权访问订阅的资源,资源提供商不再只根据 IP 来控制用户的访问权限。当前,账号认证的方式主要有机构身份认证、数据库商账号注册认证方式。

(1)机构身份认证

通过机构身份认证,实现合法用户的身份识别与资源获取,目前主要有在学校机构端认证和第三方机构认证两种方式。中国的 CARSI(CERNET Authentication and Resource Sharing Infrastructure)是跳转到各高校机构完

成身份认证[8],疫情期间,国内各高校及数据库商也纷纷加入了 CARSI 认证,缓解了通过网络控制访问数据库资源的拥堵问题。由于用户在使用 CARSI 认证访问不同数据库时需要进行不同的认证步骤和选择所在机构,为了简化操作,提出了 WAYFless(Where Are You From Less)方法,将 IDP 组合在 URL 地址中,访问该地址直接跳转到统一身份认证界面,省去了用户在不同数据库界面的复杂操作。与 CARSI 不同,一些账号认证方式是通过第三方机构完成,例如英国高等教育部实施的 Athens 项目,其是通过管理员分配的账号在 Athens 中心验证[3]。除此之外,还有一些采用浏览器扩展程序进行身份认证的第三方平台,用户通过机构邮箱等在平台完成账号注册,如 MyLOFT (My Library On Finger Tips)、Lean Library 等。其中,国内一些高校主要采用了 MyLOFT 远程工具,Lean Library 在国外高校中使用较多,例如哈弗大学图书馆[9]、宾夕法尼亚大学图书馆[10]等都提供了该远程访问服务。目前的机构身份认证都需要借助第三方联盟或平台来完成。通过机构身份认证进行远程访问服务,对数据库资源的覆盖面要求较高,需要机构订购的数据库资源能够加入第三方平台或者支持认证方式[17]。同样,MyLoft、Lean Library 等第三方平台也是需要纳入更多的资源才能为用户提供更全面的服务。

(2)数据库商账号认证方式

除了通过统一身份认证的远程方式,也有一些数据库商在数据库网站提供账号注册。一般通过机构邮箱或者在校园网 IP 范围内激活注册账号,账号注册成功后即可登录访问数据库,不受 IP 范围限制。通过机构邮箱注册是在创建个人账户时,通过学校邮箱进行身份验证,来获得校外访问权限。通过校内 IP 地址注册是指在校园网 IP 范围内创建个人账号并登录来激活远程访问功能,但该方式一般激活一次后具有一定使用期限,需要在使用期限内再使用校内 IP 登录一次,以延长账号使用期限。例如,Elsevier 的部分数据库提供的 Remote Access 远程访问方式,就是采用机构邮箱注册认证的方式。读秀、新东方多媒体学习库、库克数字音乐图书馆等提供的数据库漫游方式则是采用的校内 IP 地址注册账号的方式。

疫情期间,部分数据库商还为大学用户提供开通临时账号服务或者直接发布免费账号。例如,清华大学图书馆提供的读者可通过邮箱申请 CEIC、私募通、东方财富(Choice)的个人临时账号服务,由图书馆审核后发放。《大公报》、《申报》、万方数据等以大学用户为单位开通临时账号[2]。不过处于对知识产权的保护,这种方式只能作为在特殊时期的应急手段。

（二）现有高校图书馆电子资源远程服务模式

1. 多种远程访问方式并存

随着各种电子资源远程访问技术的出现，绝大部分高校提供多种远程访问服务。多种远程方式并存模式，一是能满足不同用户的个性化喜好，二是能够弥补不同远程服务方式存在的问题。用户在选择校外远程方式时具有不同的行为习惯和喜好，仅仅一种远程方式并不能完全满足用户需求。基于 IP 控制的远程方式仍然是当前高校普遍采用的技术服务手段，VPN 或代理服务器技术已经比较成熟，同时通过网络进行用户权限识别也是各大数据库商保护知识产权的一种方式。但是，基于 IP 控制的技术手段会存在网络拥堵的情况，或者需要用户进行安装软件或进行复杂设置来进行 IP 切换，这就给用户在使用过程中带来很多不便。因此，基于账号认证的远程服务方式逐渐受到用户青睐，通过合法账号的认证识别来控制用户权限。基于账号认证的方式虽然简化了用户操作，但对数据库商提出了较高的要求，若数据库商不支持账号认证，或者没有加入到第三方平台，用户只能选择资源供应商支持的方式来进行远程访问。因此，当前阶段，基于账号认证的远程方式并不能完全替代基于 IP 控制的远程方式。

2. 读者主动关注

高校图书馆在对电子资源远程方式的宣传推介方面，一般通过数据库导航列举出各电子资源对应的远程访问方式及使用说明，或者通过主页或微信等途径发布远程信息[16]，说明当前可提供的远程访问方式。读者在使用时需要主动关注发布的相关信息，才能了解到各资源所支持的远程访问。但是不同渠道发布的信息较分散，对于一些没有关注到该方面信息的读者，就不能及时地了解到最新支持的校外访问方式，导致一些新远程技术和手段不能很好地被普及利用[21]。同时，面对较多的远程访问服务，读者并不能及时准确判断出哪种远程方式最适合使用，需要人工去选择最适合的方式。

图书馆服务应该由被动式服务向主动式服务转变，主动发现并满足读者的个性化需求。柯平[11]在文章中提到，个性化服务是当代图书馆服务的创新趋势之一，大众化服务已经无法满足读者的特定需求，需要根据读者的不同类型、不同特征及个人定制提供个性化的服务。对于电子资源服务而言，传统的通过发布静态信息，让读者主动获取的方式已经不能很好地满足读者需要。此外，在电子资源使用过程中，读者和图书馆之间缺少互动，图书馆并不能很好地了解读者在使用中遇到的问题。

3. 馆员人工更新

现有电子资源远程方式信息是由馆员人工维护并更新的,其存在两种问题:一是对馆员要求较高,需要投入很大的精力和时间收集各个电子资源支持的远程方式或技术手段,例如CARSI、MyLoft、WAYFless[19]等账号认证方式,平台上的数据库资源不断扩充或减少,就需要更新相关信息;二是信息发布及时效性不能很好地满足,人工收集更新信息难免出现延迟情况,很难保证数据库远程方式被及时地更新。

图书馆服务不仅注重提升读者服务,同时也应该重视馆员服务质量和效率的提升。随着信息技术的发展,图书馆借助一些智能化设备或者信息系统助力馆员工作。以智能技术为代表的现代信息技术对图书馆的变革越来越明显[12],因此也对图书馆馆员的服务能力提出了更高的要求。只有将馆员从繁琐重复的工作中解放出来,才能投入更多的精力在图书馆服务创新及素质能力提高上。

二、电子资源智慧化远程服务模式

电子资源智慧化远程服务是指为用户提供统一的电子资源使用平台,并实现远程方式推荐、数据分析、电子资源信息变化的同步更新等智慧化服务。为用户选择推荐合适的电子资源远程方式是电子资源智慧化服务的核心,能够让用户在多种远程方式中轻松获得最便捷有效的访问途径。对用户行为及资源使用的数据分析服务能够帮助馆员和读者了解资源使用状况,有利于推进精细化的文献服务。通过供应商对电子资源服务信息的更新,可以实时获取电子资源的当前信息,提高服务的准确性。图1是图书馆电子资源智慧服务平台框架,其主要包括用户层、应用层和数据层。其中用户层是指平台的服务对象,应用层是指智慧服务模块,数据层是智慧平台需要的数据信息。

(一)用户层

图书馆电子资源智慧服务平台相关的用户对象是:图书馆读者、图书馆馆员、学校网络中心和电子资源供应商。图书馆读者通过该平台能够看到每个电子资源适用的远程方式及推荐情况。图书馆馆员在该平台能够对电子资源进行统一管理,并能够获得电子资源的使用情况。学校网络中心向平台提

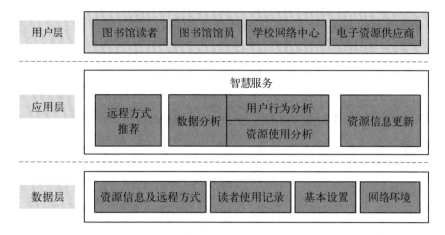

图 1 图书馆电子资源智慧服务平台框架

供网络情况监测接口,为远程方式选择提供依据。电子资源供应商通过平台接口更新中间知识库的电子资源信息,避免以往人工更新信息不及时、不准确的情况,实现电子资源的有效推荐。

(二)应用层

应用层是电子资源智慧服务平台的核心,主要提供智慧服务功能,其包括远程方式推荐、用户行为分析、资源使用分析和资源信息更新。

1. 远程方式推荐

智慧服务平台根据电子资源所具有的远程服务方式、读者使用偏好及网络环境向用户推荐选择最合适的远程访问方式。在使用高峰期,基于 IP 控制的远程访问会遇到网络拥堵等情况,此刻就不建议用户再通过该方式访问电子资源。因此,系统的智能选择能够为电子资源访问分流,为用户推荐合适的访问渠道。远程方式推荐主要基于三个方面:一是网络环境,二是用户使用偏好,三是系统设置。

(1) 网络环境

电子资源远程访问一般通过网络或者账号两种方式来进行控制。对于通过网络控制的电子资源,如果读者设备处在合法的网络环境下,且当前网络状况良好,则可以直接访问相应电子资源,无需展示其他远程方式;否则,如果读者设备处在非法网络环境下,智慧平台会通过学校网络中心接口获取当前网络流量情况,将其划分为 1、2、3、4、5 五个等级,数值越小表示当前使用人数越少,反之,数值越大表示当前使用人数越多。平台将网络等级情况作为远程方式选择的重要判断依据。

（2）用户使用偏好

智慧服务的一个主要特点是能够智能地满足用户需求,了解用户喜好。用户在使用校外远程方式访问电子资源时具有各自的使用习惯,每个人对不同远程访问方式的青睐程度不同。例如,有的喜欢使用VPN方式,有的喜欢使用代理服务器方式,有的喜欢账号认证方式等,因此,智慧服务平台应该根据用户的行为数据及使用偏好个性化地推荐选择电子资源远程方式。

（3）系统设置

智慧服务平台提供系统参数设置入口,包括用户类型、专业、常用数据库、常用远程方式、不喜欢的远程方式等。管理员和用户根据自己的需求进行相关系统设置,平台根据用户设置的系统参数来获取用户访问电子资源的个人喜好。

远程方式推荐流程见图2所示。用户访问电子资源,首先判断该资源是

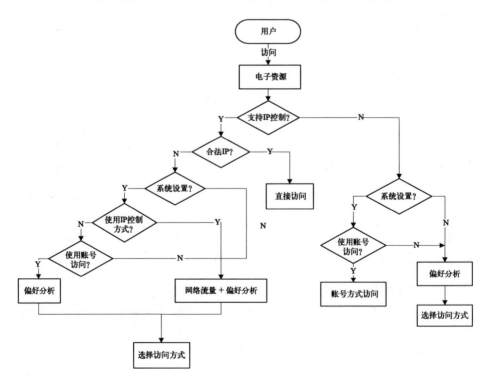

图2　图书馆电子资源智慧服务平台远程方式推荐流程

否支持通过 IP 来控制访问权限,如果是,则通过用户的网络环境、系统设置、用户偏好等进行访问方式选择,如果不是通过 IP 控制方式来限制访问权限,则根据用户系统设置、使用偏好等因素选择该资源支持的方式。

2. 数据分析

智慧服务平台具有的一个重要功能是提供数据分析功能,通过对存储的用户行为数据、资源配置数据等进行分析,主要包括用户行为分析和资源使用分析。

(1) 用户行为分析

用户行为分析,是指通过对用户的使用记录、属性、反馈记录等行为数据进行分析,从各种远程方式使用情况、不同人群使用情况、不同时段使用情况等方面进行分析。用户行为数据蕴含着丰富的数据信息,对其进行挖掘分析,能够帮助馆员了解用户及服务改进的方向。

(2) 资源使用分析

资源使用分析能够帮助馆员了解电子资源的使用情况,为电子资源的续订或购买提供数据支撑。对于没有电子资源管理平台的图书馆,馆员统计电子资源使用情况,一般是从数据库商处获得,因此不能直接对各电子资源进行对比分析,需要馆员通过对获取的数据进行重新整合处理。此外,图书馆不仅要了解电子资源利用情况,还要分析不同远程方式的使用效果[20]。智慧服务平台知识库存储了不同远程方式的使用记录及在用户中的受欢迎程度,有利于馆员对远程服务进行改进。

3. 资源信息更新

传统电子资源信息更新,是由图书馆馆员从各个电子供应商处收集信息,并进行手动更新,这大大增加了馆员工作量,并有可能出现信息更新不及时的情况,影响用户的使用。智慧服务平台创建一个存储电子资源远程访问信息的中间知识库,当有信息变更时,电子资源供应商通过接口更新中间知识库信息,智慧服务平台对中间知识库数据进行读取分析。接口传输的信息可包括:电子资源名称、简介、访问网址、支持的远程方式等,也可根据馆内的不同需求,进行个性化配置。

(三) 数据层

电子资源智慧服务平台的数据分别来自供应商、馆员、读者、学校网络中心,其中从供应商处可以获得电子资源的基本信息及远程服务方式;从馆员处获得其对平台的管理维护数据,如一些基本系统设置等;从读者处获取读者的使用记录、个人设置等个性化数据;从学校网络中心获得网络监测记录,以评估网络使用高峰、低峰等情况。图3是图书馆电子资源智慧服务平台中间知识库数据交互图,平台根据中间知识库存储的各个维度的数据分别向馆员、读者提供数据分析、智能推荐等智慧化服务。

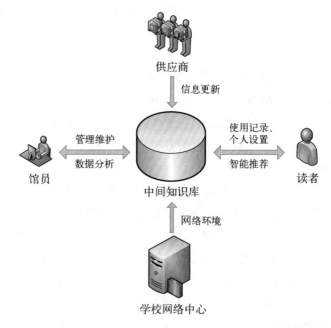

图3 图书馆电子资源智慧服务平台中间知识库数据交互图

三、图书馆电子资源智慧化远程服务目标

(一)电子资源统一智慧化管理

当前,大部分高校对电子资源的管理通常采用建立数据库导航或者电子资源访问控制系统的方式。电子资源数据库导航展示了图书馆订购的电子资源,有些平台列出了电子资源支持的远程方式,但对电子资源的信息更新需要管理人员进行手动操作。电子资源访问控制系统是针对某种特定远程访问方式的统一管理平台[18],用户登录系统后即可看到支持该远程方式下的所有电子资源。例如,清华大学图书馆、中国人民大学图书馆等高校提供的校外远程

访问控制系统,是基于代理服务器方式的电子资源管理。针对越来越多的电子资源远程访问技术手段,需要建立一个统一的管理平台,能够自动更新资源信息,并由用户自主选择或向其推荐合适的远程访问方式,提高服务的智能化。智慧化电子资源服务主要体现在信息的自动获取和更新,用户需求的匹配满足、管理决策的分析支持。电子资源供应商通过接口主动更新电子资源信息及相关远程服务,不需要人工进行收集并发布,保证信息发布的及时性和准确性。通过电子资源智慧服务平台,为用户利用电子资源提供统一入口,电子资源支持的远程方式被统一呈现,方便用户使用。智慧服务平台对电子资源使用的数据分析,帮助管理员全面及时了解电子资源的使用情况,为馆员在电子资源采购及服务改进方面提供决策支持。

(二)形成电子资源服务知识库

在大数据时代,数据的获取和存储是智慧服务的基础。图书馆作为公共服务机构,时刻生产着大量数据,这些数据蕴藏了巨大的价值。对数据的收集、储藏、挖掘和利用,是当今图书馆的一个重要工作内容。因此,图书馆在日常的工作和服务中应该重视数据的存储。

电子资源在服务过程中产生较多数据,例如读者历史记录、读者喜好设置、电子资源基本信息、电子资源管理记录等,这些都能够为电子资源服务提供重要价值信息。通过电子资源智慧服务平台,对电子资源服务数据进行存储,从而形成为智慧服务提供数据支撑的知识库。该平台中间知识库的来源数据主要有三个方面:图书馆馆员、资源供应商、图书馆读者。图书馆馆员对系统进行维护管理,可以配置对外提供的电子资源远程服务方式,作为基础设置存储到知识库中。电子供应商通过接口向中间知识库推送电子资源信息及支持的远程服务方式。知识库从图书馆读者获取的使用记录、个人设置、网络环境等个性化数据,是远程方式推荐选择的重要依据。

电子资源服务知识库不仅为图书馆电子资源智慧服务提供数据支持,同时也为进一步更加细致地刻画图书馆读者画像、分析读者行为增添新的数据维度。图书馆读者行为数据不仅包括入馆记录、借阅情况、选座情况,还包括电子资源的利用情况。通过多源数据的融合分析,才能更加准确地了解用户的行为习惯及喜好。例如,通过读者的借阅情况,分析出其可能需要的电子资源;通过读者入馆情况,分析出读者有可能在校外使用电子资源的时间段等。因此,电子资源服务知识库为图书馆服务的拓展能够起到重要作用。

（三）以用户为中心

以用户为中心是图书馆服务的基本准则[13]，对于图书馆来说，其用户主要是读者和馆员。对于读者，主要侧重的是个性化服务，围绕用户需求及个体特点进行精准服务。在当今信息爆炸时代，传统的被动服务模式已不能满足用户需求，而个性化的服务能够根据不同用户的特点及需求进行针对性的服务，能够较大地提升用户体验。对于不同的远程访问方式，影响用户选择的因素主要有三种，即读者行为习惯、读者访问环境、电子资源远程服务的便捷性。电子资源智慧服务平台通过收集用户数据及行为记录，通过利用大数据等技术进行数据挖掘，分析预测出用户常用的电子资源及喜欢的远程方式，根据用户访问环境及电子资源远程服务特点，向用户推荐选择合适的电子资源访问方式。图书馆馆员作为服务提供者，需要了解读者的需求，并根据需求改进服务。传统的人工收集、分析的方式需要馆员投入较大的时间和精力，因此，该智慧服务平台通过供应商与馆员共同维护中间知识库，提高了信息更新的有效性，减轻了工作人员压力。电子资源智慧服务平台的数据分析功能，也为管理人员进行资源调配及服务提升提供决策支持。

四、结语

电子资源远程服务为读者在校外利用图书馆资源提供了便利，尤其在面临公共突发事件情况下，是图书馆提供应急服务的一个重要手段。因此，在后疫情时代，电子资源远程服务仍然是各高校普遍关注的问题。本文对现有电子资源远程服务现状进行分析，提出了电子资源智慧化远程服务模式，从用户层、应用层、数据层三个方面构建了电子资源智慧服务平台框架。目标是实现对电子资源的统一智慧化管理，形成电子资源服务知识库，为用户提供个性化服务，提升工作效率。但是，电子资源智慧服务平台离不开学校网络中心、供应商等部门的配合，例如网络环境情况监测、中间知识库电子资源信息更新等，因此需要各部门能够达成一致意见。对于电子资源智慧化远程服务模式实施的相关细节及规则制定，仍需进一步研究和探讨。

参考文献

［1］ 赵来娟,张宁.高校图书馆电子资源校外访问方式调查研究——以甘肃省高校为例

[J].农业图书情报学刊,2016,28(8):89-91.

[2] 熊拥军,李哲,陈春颖.疫情防控期间电子资源远程服务面临的挑战与对策[J].图书情报工作,2020,64(15):33-39.

[3] 夏志方.远程访问图书馆电子资源技术综述[J].图书情报工作,2006(3):123-126.

[4] 刘卫国,高景祥.对高校图书馆远程服务技术工具的分析与选择[J].图书馆工作与研究,2010(3):34-37.

[5] Imperial College London. Bookmarklet | Administration and support services | Imperial College London[EB/OL].[2020-05-22]. http://www.imperial.ac.uk/admin-services/library/find-books-articles-and-more/passwords-and-working-off-site/bookmarklet/.

[6] SUNY Brockport. Passkey - Passkey: Off-Campus Access to Library Resources - Research Guides at The College at Brockport[EB/OL].[2020-05-22]. http://library.brockport.edu/passkey.

[7] The University of Chicago. Home - How do I access Library resources from off-campus? - Library Guides at UChicago [EB/OL].[2020-05-22]. https://guides.lib.uchicago.edu/off-campus

[8] 北京大学计算中心.CERNET统一认证与资源共享基础设施CARSI[EB/OL].[2020-03-10]. http://www.carsi.edu.cn/.

[9] Presidents and Fellows of Harvard College. Lean Library | Harvard Library[EB/OL].[2020-05-22]. https://library.harvard.edu/services-tools/lean-library.

[10] University of Pennsylvania. Using Electronic Resources - Using Electronic Resources - Guides at Penn Libraries [EB/OL].[2020-05-22]. https://guides.library.upenn.edu/usingeresources/overview.

[11] 柯平.当代图书馆服务的创新趋势[J].高校图书馆工作,2008(2):1-7+18.

[12] 李菲,柯平,郝广碧.现代信息技术与图书馆员素质提升的内在逻辑[J].图书与情报,2018(4):97-104.

[13] 初景利,秦小燕.从"地心说"到"日心说"——从以图书馆为中心到以用户为中心的转型变革[J].图书情报工作,2018,62(13):5-10.

[14] 谢秀芳,牛莉丽,于宁.高校图书馆远程访问服务现状与优化建议[J].数字图书馆论坛,2022(9):42-47.

[15] 金家琴.基于SSL VPN技术实现公共图书馆电子资源远程访问——上海图书馆电子资源远程访问服务系统"e卡通"实例[J].图书馆杂志,2009,28(3):64-68.

[16] 张杰龙,董瑜伽,李玲.新冠疫情下图书馆应急服务的挑战与思考[J].数字图书馆论

坛,2020(10):25-31.

[17] 张红芹.后疫情时代电子资源服务模式的发展趋势——从 IP 到 ID[J].图书馆学研究,2021(24):42-46.

[18] 焦阳.基于 URL 重写技术的 4 种数字资源授权访问系统比较[J].中华医学图书情报杂志,2017,26(9):56-59.

[19] 北京大学图书馆.WAYFless:更便捷的电子资源校外访问方式[EB/OL].[2022-07-31]. https://www.lib.pku.edu.cn/portal/news/0000002139.

[20] 孙瑾.高校图书馆数字资源远程服务比较研究[J].图书馆研究与工作,2022(4):43-48+59.

[21] 朱慧,刘宏斌,张立.高校图书馆应对突发公共安全事件的远程服务模式探析[J].新世纪图书馆,2021(5):39-43.